高等学校小学教育专业卓越教师培养系列教材

小学课程与教学论

主　编　杨钦芬

南京大学出版社

图书在版编目(CIP)数据

小学课程与教学论 / 杨钦芬主编. -- 南京：南京大学出版社，2017.7(2020.7重印)
高等学校小学教育专业卓越教师培养系列教材
ISBN 978-7-305-18964-7

Ⅰ.①小… Ⅱ.①杨… Ⅲ.①小学-课程-教学研究-高等学校-教材 Ⅳ.①G622.3

中国版本图书馆 CIP 数据核字(2017)第 163487 号

出版发行	南京大学出版社
社　　址	南京市汉口路 22 号　邮　编　210093
出版人	金鑫荣
丛书名	高等学校小学教育专业卓越教师培养系列教材
书　　名	小学课程与教学论
主　　编	杨钦芬
责任编辑	陈晨　钱梦菊　　　编辑热线　025-83592146
照　　排	南京南琳图文制作有限公司
印　　刷	南京京新印刷有限公司
开　　本	787×1092　1/16　印张 18.5　字数 430 千
版　　次	2017 年 7 月第 1 版　2020 年 7 月第 3 次印刷
	ISBN 978-7-305-18964-7
定　　价	42.00 元

网址：http://www.njupco.com
官方微博：http://weibo.com/njupco
微信服务号：NJUyuexue
销售咨询热线：(025) 83594756

* 版权所有，侵权必究
* 凡购买南大版图书，如有印装质量问题，请与所购
　图书销售部门联系调换

前　言

小学课程与教学论是教育学中一门重要课程，是小学教育专业学生的一门必修的核心课程，也是培养全科型小学教师的通识课。这门学科在小学教师教育中占据着十分重要的地位。

《小学课程与教学论》应我国小学教育现代化发展的新趋势、基础教育课程与教学改革纵深推进的新任务和培养小学卓越教师的新需求，结合编者七年对小学课程与教学论这门课的教学实践编写而成。全书共分为九个部分，具体涉及绪论、小学课程与教学本体、小学课程规划与教学设计、小学课程与教学目标、小学课程资源与教学内容、小学课程与教学组织、小学课程实施与教学过程、小学课程与教学评价、小学课程与教学改革等。本书力图整合小学课程与教学研究，着重围绕课程与教学领域中基本问题与重点问题，针对小学教育的特点，结合小学课程与教学的案例进行阐述和分析。内容充分反映了时代特点、小学特色、研究新成果和改革新动向，科学性、研究性、实用性和趣味性相结合，弥补了高等学校小学教育专业课程与教学论教材建设的不足。

本书旨在为高等院校小学教育专业提供教材，可以作为其他教育专业学生的学习拓展阅读教材，也可以作为在职小学教师自学和进修的专业资料。对我国从事小学课程与教学研究的学者、小学教育管理者和改革者，亦可以作为其了解小学课程与教学发展状况、研究小学课程与教学改革策略的重要参考。

在写作过程中，参阅、借鉴和引用了众多学者的观点和成果，采用了许多小学教师的优秀案例，感谢原作者们富有智慧的研究贡献。各章节对所参阅的资料基本都做了注明，但也可能有疏漏，在此一并表示感谢。

限于时间和水平，本书纰漏在所难免，真诚欢迎各位同行、广大读者不吝批评指正。

本身的编写和出版得到了江苏师范大学教育科学学院和南京大学出版社的大力支持和帮助，在此表示诚挚的谢意。还特别感谢责任编辑陈晨老师、钱梦菊老师，在本书的写作过程中做了很多认真、细致的工作，为本书的出版付出了辛勤的劳动。

杨钦芬

2017 年 6 月于徐州

目 录

绪 论 ……………………………………………………………………………… 1

第一章　小学课程与教学的本体 ………………………………………… 10
第一节　课程与教学的历史形态 …………………………………… 10
第二节　课程与教学的理解 ………………………………………… 42
第三节　小学课程与教学的关系 …………………………………… 52

第二章　小学课程规划与教学设计 ……………………………………… 58
第一节　小学课程规划 ……………………………………………… 58
第二节　小学课程设计 ……………………………………………… 70
第三节　小学教学设计 ……………………………………………… 78

第三章　小学课程与教学目标 …………………………………………… 90
第一节　课程与教学目标的理解 …………………………………… 91
第二节　小学课程与教学目标的确定 ……………………………… 98
第三节　小学课程与教学目标的陈述 ……………………………… 109

第四章　小学课程资源与教学内容 ……………………………………… 123
第一节　小学课程资源 ……………………………………………… 123
第二节　小学校本课程开发 ………………………………………… 131
第三节　小学教学内容 ……………………………………………… 144

第五章　小学课程与教学组织········154
第一节　课程组织的理解········154
第二节　小学课程类型········162
第三节　小学教学组织········185

第六章　小学课程实施与教学过程········199
第一节　小学课程实施········200
第二节　小学教学过程········211

第七章　小学课程与教学评价········224
第一节　课程与教学评价概述········224
第二节　小学生学业成就评价········236
第三节　小学教师教学工作评价········250

第八章　小学课程与教学改革········262
第一节　国际小学课程与教学改革走向········262
第二节　我国小学课程与教学改革的历史与走向········268
第三节　小学课程与教学改革研究的热点········277

主要参考文献········290

微信扫一扫

✓ 课件申请
✓ 教学资源
教师服务入口

✓ 教师资格考试历年考点与真题
✓ 加入学习交流圈
学生服务入口

绪 论

※ 学习目标

1. 明了小学课程与教学论的研究对象。
2. 了解小学课程与教学论的学科基础。
3. 理解学习小学课程与教学论的意义。
4. 掌握学习小学课程与教学论的方法。

※ 章 首 语

课程与教学是小学教育工作的重要组成部分,小学课程与教学论既是教育学一级学科中重要的二级学科,也是教师教育课程体系中的一门重要课程。在接触小学课程与教学论之前,你已经学过教育学类的哪些课程?你知道小学课程与教学论的研究对象吗?你了解学好小学课程与教学论需要哪些学科基础吗?你是否明了学习该门课程的意义及学习方法有哪些呢?在与其他教育学类学科相比较的基础上,请带着思考,阅读和学习本章内容。

一、小学课程与教学论的研究对象

著名科学家波普尔(Popper,K. R.)指出:"科学与知识的增长永远始于问题,终于问题——越来越深化的问题,越来越能启发大量新问题的问题。"① 小学课程与教学论实质是以小学课程与教学问题为其研究对象,去实现和完成了解小学课程与教学现象,挖掘小学课程与教学规律,以及指导完成小学课程与教学实践目的和任务的一门教育学的分支学科。课程与教学论是由课程与教学本体论、课程与教学认识论及课程与教学研究方法论构成的有机整体。小学课程与教学论研究的对象包括:教与学的关系、课程与教学的条

---

① [英]卡尔·波普尔著,纪树立编译.科学知识进化论——波普尔科学哲学选集[M].北京:生活·读书·新知三联书店,1987:184.

件及课程与教学的操作。

第一,教与学的关系是小学课程与教学的主要矛盾,是小学课程与教学论研究的核心问题。从活动的角度而言,小学课程与教学是一个有机的整体,包括目标、学生、教师、文本与环境等基本要素。在教育实践中,课程与教学的各个要素之间呈现出多维关系,如教师与学生、学生与学生、学生与文本、教师与文本等关系。其中,教与学的关系是最为根本的关系,它是其他关系存在的前提,是各类关系的价值导向,旨在促进教师的教和学生的学。

第二,课程与教学的条件是小学课程与教学论的重要载体和支持性因素。从外延范畴的角度而言,课程与教学的条件包括宏观条件和微观条件。前者是指一定社会时期的政治、经济、文化、科技、人口、地理等条件。小学课程与教学论的变革与发展一方面要以宏观的条件性因素为载体,并受其制约,另一方面也反作用于这些因素。后者包括课程与教学目标、教师与学生、课程与教学文本、教学环境、班级文化等条件。这些条件是保证小学课程与教学活动实施的直接因素,关系着课程与教学的质量。

第三,课程与教学的操作是小学课程与教学论实现理论转化和提高实践指导作用的关键要素。小学课程与教学操作研究的内容一般包括课程与教学目标的制定、课程与教学内容的组织、课程与教学方法的选择、课程与教学程序的设计以及课程领导与教学管理等。

综上所述,教与学的关系的研究形成了课程与教学原理,课程与教学条件的研究形成了课程与教学知识,课程与教学操作的研究形成了课程与教学技术。课程与教学原理是课程与教学本体论探讨的问题,其作用在于辨明课程与教学论的基本概念、构建课程与教学论的基本理论体系;课程与教学知识是认识论研究的问题,其作用在于帮助学习者全面而深入地理解课程与教学的基本内涵、原理等,从而更好地研究与指导课程与教学实践活动;课程与教学技术属于课程与教学研究方法论的范畴,其作用在于促进学习者掌握课程与教学研究的基本范式,更加有效地学习和研究课程与教学问题。

二、小学课程与教学论的学科基础

小学课程与教学论的学科基础,是指对课程与教学目标的确定、内容的选择、实施以及评价产生影响的一些相关学科。这些学科为课程与教学论提供了有效参考信息,是课程与教学论的理论来源。大部分学者认为哲学、社会学和心理学是课程与教学论的三大学科基础。

(一)哲学基础

哲学是关于自然、社会和人类思维最一般规律的学问。它从整体角度研究世界,回答世界的本质是什么,意识的本质是什么,世界是否可知、人如何认识世界等问题,为人们认识世界和自身规律的各种活动提供了最一般的指导。小学课程与教学工作者必须思考、确定课程与教学目标、内容、手段、方式方法等问题,哲学恰好为这一过程提供了理论与思路,指导着课程与教学实践的方向。哲学可以解释、说明课程与教学实践中的各种现象,为实践提供一种解决问题的框架。

哲学思想对课程与教学论的影响源远流长。课程与教学论的每一次进展都离不开哲学思想的支撑。

古代社会,各种学术思想还没有完全分化,古代哲学家往往在阐述自己的哲学思想时表达自己所主张的课程与教学观点。例如,古希腊哲学家柏拉图将世界分为现象世界和理念世界,感觉可以认识到现象世界,理念世界只能被思维所认识,它是永恒不变的、真实的。因此,柏拉图重视数学,他认为数学的命题都是确定的、不变的,把不存在于感觉世界,只有像数学这样的知识才是真正的知识;亚里士多德把世界看作统一的,事物则是"形式"和"质料"的统一体。世界上不存在无"形式"的"质料",也没有无"质料"的"形式","质料"只有获得"形式"才能产生现实的物体。亚里士多德根据其哲学观点,将知识分为四类:逻辑学、理论科学、实践科学、制作(生产)科学。其中,逻辑学是进行研究的必要工具;理论科学则以求知识为目的,包括哲学、数学、天文、生物等学科;政治学、伦理学属于实践科学范畴,探求作为行为标准的知识;制作科学研究具有实用价值或艺术价值的东西。亚里士多德最注重逻辑学和理论科学,因为它们是关于"形式"的知识,价值是高于后两类知识的。

近代,随着社会生产力的不断发展,教育学、心理学等各门学科从哲学中分离出来,成为独立的学科。但哲学对教育学的影响仍可从当时许多教育著作中体现出来。近代西方哲学包括两个派别,即经验主义和理性主义。经验主义注重感性知识和经验,因此强调描述性知识以及在生产和生活中较为实用的学科。他们把向受教育者传递知识看作教育的目标,忽视人能力的培养。在教学过程中遵循"感知知识—理解教材—巩固知识—应用知识"的教学模式。理性主义则更加强调理论知识,注重基本概念、原理的学习,例如数学、几何、文法、辩证法等就是他们重视的课程。他们在教学过程中遵循"学习—思考—辩论—训练"的模式,试图通过基本学科理论知识的学习培养学生的能力。

19世纪20年代后,随着社会的发展,新的哲学流派层出不穷,他们的思想对世界课程与教学改革产生了深刻的影响。以美国为代表的西方课程与教学理论,在不到一百年时间里,经历了赫尔巴特、进步主义、要素主义、社会改造主义、结构主义、后现代主义等课程与教学流派的变革,而这些课程与教学理论流派的争斗、变革,都伴随着相应的哲学观的更新,以不同的哲学理论做基础。

由此可见,不同的哲学派别在最基本的本体论、价值论和认识论上的不同主张,形成了关于课程与教学论的基本问题、基本原理的不同看法,哲学观念影响着课程与教学论的更新与繁荣。

(二) 社会学基础

课程与教学是一种社会行为,课程与教学的本质是社会的,它的产生与发展必定要符合社会发展的规律与要求。社会学是小学课程与教学的重要基础之一。在不同时期,人们的社会观念不同,对课程与教学的影响方式和影响层面就会有不同的表现。

在人类社会早期,中外古代诸多思想家立足各自的社会观对课程与教学问题做不同的思考。柏拉图是较早以社会背景来论述课程与教学的先哲,柏拉图的《理想国》是西方历史上最早的对教育进行相关论说的论著,在此书中,他从"理想国"的社会阶级构成出发,分析了不同社会等级所需要的不同的课程与教学;古希腊罗马时期,受社会风气影响,课程设置与教学方法以思辨为主;到了中世纪,教育被封建领主和宗教巨头控制,教会的势力凌驾于封建统治之上。这一时期,开设了一些教会学校和骑士学校,目的是为了培养僧侣和奴化人民以及满足封建主急需武士来维护自己领地的要求。我国古代社会政治对教育的影响尤为突出,无论是课程内容的选择,还是教学方法的运用,都突出了道德教化的特点。孔子主张教育的目的在于培养地主阶级的统治人才——士和君子,与此相应的,他把教育内容确定为道德教育和知识教育,其中以道德教育为重点。由此说明,课程与教学作为社会系统的一部分,要为当时政治经济服务,注定摆脱不掉政治经济对它的制约。

近代,西方资产阶级和工业革命爆发,自然科学迅速发展,课程与教学思想也随之发生了深刻的变化。在此阶段,捷克教育家夸美纽斯高举教育改革的旗帜,深刻地揭露和批判了扼杀儿童智慧发展的经院主义纯文字的课程与教学,系统地构建了以感觉主义、自然原则为基础的近代课程与教学理论体系。

20世纪初,在早期社会学家对教育问题所做的开拓性研究的基础上,孕育产生了教育社会学这门新的学科。教育社会学在其发展过程中,出现了诸多流派,这些流派在一定程度上都对学校课程与教学产生了直接或间接的影响,具有代表性的教育社会学流派有:功能理论、冲突理论和解释理论等。自20世纪60年代以来,西方教育社会学受知识社会学、符号互动理论以及民族志方法论的影响,把研究中心转向教育知识的社会性质方面。如知识社会学强调知识非固定不变,而是个体知觉的结果,知识的差异具有社会性;符号互动理论强调自我是社会互动的核心,学习是意义与符号在社会互动中产生交换、磋商的动态过程;民族志方法论研究人在日常生活中用什么方法来相互了解,从而共同构建社会秩序。欧美课程与教学论研究者特别重视社会学方法在课程与教学论研究中的作用。如新教育社会学利用解释学、文化人类学等基本方法,关注课程与教学知识编制过程中权力的渗透和师生的互动情形;美国教育社会学代表人物阿普尔等人用意识形态批判和历史唯物论的方法,试图整合宏观与微观、价值与事实的研究,更重视解释学方法,强调把这些微观研究置于特定历史背景和整体社会的政治、经济和文化结构之中,其方法论显得更加合理、科学且有意义。[①] 知识社会学、符号互动理论和民族志方法为课程与教学社会学研究的产生提供了方法论基础,促进了课程与教学研究的社会学转型,为当代课程与教学研究打开和拓展了新的视角、理论和方法。

由此可见,课程与教学论的发展离不开社会学,社会学不仅从政治、经济、科学、文化的视角考察课程与教学的发展与改革,而且还从理论框架和研究方法论的视角影响课程与教学论的建设。

(三) 心理学基础

促进学生的身心发展是小学课程与教学的主要目标,也是课程与教学设计的出发点和归宿。以个体心理发展规律为研究对象的心理学必然成为课程与教学论的基础学科之一。心理学的发展不仅促进了课程与教学论的独立,也提高了课程与教学论的科学化和繁荣程度。

在古代,心理学如同课程与教学论等其他学科一样,还处于萌芽状态,但许多先哲能

---

① 张传燧主编.课程与教学论[M].北京:人民教育出版社,2008:55.

对观察出的人们的种种心理活动进行分析,并在课程与教学活动中加以灵活运用。亚里士多德是第一个将心理学引入教育领域的人。他的主要贡献在于:首先,他按照儿童的年龄特征划分教育阶段,并为各个阶段设置相应的课程与教学。具体表现在:① 从出生到7岁,为学龄前幼儿教育阶段,应顺应自然,以身体发育成长为主,由家长训练;② 从7岁到14岁,为初级学校教育,学习阅读与书写,接受体育、音乐和道德教育,在学校中进行;③ 从14岁到21岁,为高级教育阶段,主要接受智育,并要博学,具备"百科全书式的知识"。不仅如此,亚里士多德认为灵魂由植物灵魂、动物灵魂和理智灵魂组成,并提供与之相应的三种教育——体育、德育和智育。尽管亚里士多德的心理学思想还不能称为真正的心理学,但为后来的官能心理学奠定了基础。

赫尔巴特是真正在科学的意义上为课程与教学论建立起心理学基础的教育家。他以统觉理论为基础规划课程与教学。其统觉理论的基本内容是:当新的刺激发生作用时,表象就通过感知的大门进入到意识阈中;如果它具有足够的强度能唤起意识阈下已有的相似观念的活动,并与之联合,那么,由此获得的力量将驱逐此前在意识中占据统治地位的观念,成为意识的中心,新的感觉表象与已有观念的结合,形成统觉团;如果新的表象相似的观念已经在意识阈上,那么二者的联合就进一步巩固了它的地位。赫尔巴特还指出,统觉只有在条件允许的时候才会发生,所谓统觉的条件,主要是指兴趣。以心理学观点为基础,赫尔巴特指出:① 课程与教学的目的不是训练学生的官能,而是形成"统觉团",因此,要构建系统化的课程与教学内容;② 根据儿童的兴趣来决定课程与教学,因为儿童的兴趣能使新旧知识联合起来;③ 因为新观念必须与旧观念相联合才能使新旧观念相类比,因此,课程设置、教材的组织和教学的程序必须遵循这一原则,加强课程结构的整体性,重视教材的排列和教学的步骤。赫尔巴特努力把课程与教学与其心理学全面地联系起来,形成了影响深远的传统课程与教学论,对于课程与教学论的后续发展做出了重要贡献。

心理学在成为独立的学科后,形成了诸多流派,其中,行为主义心理学、认知主义心理学、人本主义心理学、多元智力理论,表现出同课程与教学论更为密切的关系,也为课程与教学论所要解决的各种理论及实践问题提供了更为丰富和具体的帮助。

作为理论基础,心理学的许多研究成果直接促进了课程与教学论的发展,不仅影响了课程与教学论的基本要素、课程与教学内容的选择与组织、课程与教学的实施,心理学的研究取向还为课程与教学论的研究提供了一些比较成熟的观点和重要的方法。心理学的发展和完善,为课程与教学论研究的深入和繁荣奠定了更为丰富的理论基础。

三、小学课程与教学论的学习意义

课程与教学是小学教育的基本工作,小学教师每天都需要解决实际的课程与教学问题。课程与教学论需要系统学习,系统学习是掌握学科知识的技术和基本途径,也将帮助小学教师在今后更好地胜任小学教育工作。

(一) 树立科学课程与教学观

科学课程与教学观是小学教师从事课程与教学工作的根本指导思想。要想有效地开展教学工作必须有科学的课程与教学观指导。课程与教学观是对课程与教学的根本观点和看法,课程与教学观不同,对于课程与教学的本质、作用、意义与方法的认识就会大相

径庭。

科学课程与教学观的科学基础是课程与教学规律。只有正确反映课程与教学规律的课程与教学观才是科学的课程与教学观。所以,课程与教学观是否合理,关键在于能否正确认识课程与教学规律。小学课程与教学论就是描述小学课程与教学现象,揭示小学课程与教学客观规律的科学。小学课程与教学论必然反映小学课程与教学的科学规律,提出科学的课程与教学原理和根本方法。所以,要树立科学的课程与教学观,就必须研究和掌握课程与教学论。

(二)科学阐释课程与教学问题

小学课程与教学论作为一门独立学科,其基本任务在于描述小学课程与教学的客观现象,揭示小学课程与教学规律,指导小学课程与教学实践。小学课程与教学具有独特的研究方式,在研究过程中,遵循课程与教学规律,通过科学的研究方式科学地阐释小学课程与教学问题,即通过"猜测"与"反驳"而进行的从旧问题到新问题的认识活动,其最终目的不是为了获得对于小学课程与教学问题的"终极诠释",而是为了寻求更全面的、更有效的诠释。

小学课程与教学论对课程与教学问题的科学阐释,意味着小学课程与教学论是以课程与教学问题为逻辑起点和对象,研究的主要任务就是对小学课程与教学问题提供超越日常习俗认识和超越传统理论认识的新诠释。因此,提升并界定小学课程与教学问题是课程与教学论中科学认识的基本功。同时,小学课程与教学论作为对小学课程与教学问题的科学解释,需要使用专门的语言、概念或符号;小学课程与教学论作为对小学课程与教学问题的科学诠释有其独特的理论视角、扎实的实践根据,而不是直接建立在感性经验与判断基础上,因而是一种理性的诠释。正是通过对小学课程与教学问题的科学诠释,小学课程与教学论的范畴才能持续不断地增长,才能满足不断发展的课程与教学实践的需要。因此,从事小学课程与教学工作的小学教师,一个基本的任务就是要促进小学课程与教学论知识的传承与创新,提供对于当代课程与教学问题切实的、有效的诠释。

(三)升华课程与教学经验

小学课程与教学论对小学课程与教学问题的科学诠释必然会促进小学课程与教学论研究者对日常经验的超越和升华。人们对课程与教学问题的认识大致有两种基本形式:一种是习俗的形式,即人们在日常教学活动中对课程与教学问题自然形成的一些态度、看法、评价或信念;另一种是系统、科学的形式,即通常所说的"课程与教学论"。它诉诸专门的范畴、方法和表达方式,力图对课程与教学问题形成系统、合理与深入的认识。它们构成了课程与教学理论或学说。因此可以说,对课程与教学的科学认识,是对课程与教学的习俗认识即日常经验的一种历史性升华,是习俗性认识历史发展的必然。

在小学课程与教学实践活动中,这两种认识形式都是存在的,它们共同构成了课程与教学活动的认识论基础。小学课程与教学的习俗认识不仅大量地存在于小学课程与教学活动中,而且也存在于学校教育生活中。因为许多教师在分析和解决教育问题时,主要依据他们从习俗性认识中获得的日常教学经验。教师个体的日常经验固然重要,但已经不处于支配地位。而且,教师还经常通过小学课程与教学论的学习和研究来重新审视自己的日常经验,并将其纳入自身的知识体系框架中。

(四) 提高课程与教学质量

小学课程与教学工作是一项十分重要而艰巨的复杂活动,为了使小学课程与教学活动符合课程与教学规律,不断提高教育教学质量,小学教师必须深入学习课程与教学论。学习小学课程与教学论有助于提高教育质量。一方面,小学课程与教学论是以现实中的小学课程与教学问题为研究对象,通过对问题的全面描述和深入剖析,揭示问题的症结所在,从而为小学课程与教学问题的解决提供依据和策略;另一方面,小学课程与教学论的研究不仅要总结经验教训,还要学习古今中外的先进的课程与教学理论,构建和丰富小学课程与教学理论体系,为小学课程与教学实践提供科学有效的指导。因此,正是小学课程与教学论的理论性、实践性与科学性等品性,为小学课程与教学论现实功能的发挥提供了前提,并促进了小学课程与教学质量的提升。

(五) 深化课程与教学改革

小学课程与教学会随着社会的发展而发展,所以,小学课程与教学只有不断变革才能跟上时代发展的步伐。小学课程与教学改革的有效推进需要课程与教学理论的指导。进行小学课程与教学改革,必须建立在对小学课程与教学现状的科学分析的基础上,揭示新的矛盾,提出科学的解决办法。小学课程与教学改革还需要经过科学论证和实验,这些都需要小学课程与教学论的指导。失去理论指导,仅靠经验行事或盲目冲动,违背课程与教学规律,改革往往会失败。同时,课程与教学改革是勇于实践和富于创新的事业。改革就是要破除之前不合理的课程与教学制度、教学内容和教学方法等,甚至要走前人没有走过的道路。小学教师应坚持学习和研究课程与教学论,以确保课程与教学改革切实稳步地推进。

四、小学课程与教学论的学习方法

小学课程与教学论不仅是一门理论学科,也是一门应用学科。因此,对小学课程与教学论的学习不仅要掌握其深厚的理论基础,积极关注与参与教学实践,而且还要坚持理论与实践相结合的原则,通过理论的学习,认识、理解与改进小学课程与教学实践。

(一) 加强理论的学习,注重学思结合

从学习内容上看,学好一门课程,关键是掌握学科基本结构。所谓学科基本结构,就是一个学科的基本概念、原理、方法和价值观。在课程与教学论的学习中,要掌握课程与教学的理论性。小学课程与教学论的理论性主要体现在三个方面:一是课程与教学论的基本概念、命题和原理。基本概念是学科形成与发展的"细胞",通过概念之间的相互连接又形成命题和原理。小学课程与教学论的基本概念、命题和原理构成了小学课程与教学论学科的基本结构。二是课程与教学论的发展历史。一门学科的历史体现了该学科的厚重感和文化底蕴。课程与教学论的发展历史是小学课程与教学论学科理论性的重要体现。三是课程与教学论的理论基础。在课程与教学论学科形成和发展过程中,课程与教学论深受其他学科的影响,同时也对其他学科的发展发挥着积极作用,具体而言,哲学、社会学、心理学、人类学以及生态学等是课程与教学论学科的重要理论基础。因此,在小学

课程与教学论学习过程中,首先,要扎实地掌握课程与教学论的基本概念、命题和原理,对课程与教学论学科形成整体的认识和理解;其次,要对课程与教学论学科的发展脉络形成清晰的认识,为课程与教学论学科的学习奠定坚实的史实基础;再次,要全面掌握课程与教学论学科的理论基础,形成分析课程与教学论的理论视角和学科立场。

从学习方法上看,要边学边思考,注重学思结合。在学习过程中,应充分发挥思维的作用,多方面展开分析、对比、归纳、概括、抽象、质疑和猜想等思维活动,从而在有效思考和理解的基础上接受知识。

(二)理论联系实际,注重学以致用

课程与教学实践是小学课程与教学论学科形成的重要基础,是小学课程与教学论学科发展的动力源泉,是小学课程与教学论研究的生命力所在。一般而言,小学课程与教学实践主要是指小学课程与教学活动,涉及教学目标的设置、课程内容的筛选、教学方法的选择、学生学习互动、教师的日常教学、课程资源开发以及教学评价等方方面面的内容。正是课程与教学实践的生动性、丰富性和开放性,为课程与教学论的学习和研究提供了广阔的平台。

在学习过程中需要积极关注并参加小学课程与教学实践。一方面,在学习过程中,我们要充分借助个人经验、经典案例、实际情境等因素,对理论进行阐释和理解,以促进我们对概念、原理的掌握;另一方面,要学以致用,努力运用所学理论去分析和解决现实问题。可以深入小学实践,开展课堂观摩、教学实习等活动,运用学到的理论知识描述课程与教学现象,揭示课程与教学问题,并为小学课程与教学实践的改进提供建议。因此,积极关注与参加小学课程与教学实践,有助于加深对小学课程与教学实践的感性认识和切身体验,促进小学课程与教学理论的学习。

本章小结

小学课程与教学论研究的对象包括:教与学的关系、课程与教学的条件及课程与教学的操作。教与学的关系是小学课程与教学的主要矛盾,课程与教学的条件是小学课程与教学论的重要载体和支持性因素,课程与教学的操作是小学课程与教学论实现理论转化和提高实践指导作用的关键要素,哲学、社会学和心理学是小学课程与教学论的三大学科基础。树立科学课程与教学观。

学习小学课程与教学论,有助于树立科学课程与教学观,科学阐释课程与教学问题,升华课程与教学经验,提高课程与教学质量,深化课程与教学改革。学好小学课程与教学论,需要掌握其深厚的理论基础,积极关注与参与教学实践,做到加强理论的学习,注重学思结合、理论联系实际,注重学以致用。

思考训练

1. 小学课程与教学论的研究对象是什么?
2. 小学课程与教学论的学科基础有哪些?

3. 如何理解学习小学课程与教学论的意义?

4. 从自己的体会出发,谈谈学习小学课程与教学论的方法。

拓展阅读

1. 丛立新著.课程论问题.北京:教育科学出版社,2000年版.

2. 施良方著.课程理论——课程的基础、原理与问题.北京:教育科学出版社,1996年版.

3. 张传燧,纪国和.课程与教学论.北京:人民教育出版社,2008年版.

4. 吴康宁主编.课堂教学社会学.南京:南京师范大学出版社,1999年版.

5. 吴永军著.课程社会学.南京:南京师范大学出版社,1999年版.

线上学习

1. 中国课堂教学网:http://ktjx.cersp.com

2. 《课程·教材·教法》杂志社:http://pep.com.cn/kechjcjf

3. 新思考网:http://www.cersp.com/

4. 中国教育报:http://paper.jyb.cn/zgjyb/html/2017-05/28/node_2.htm

5. 人民教育出版社课程教材研究所:http://pep.com.cn/indexl.htm

第一章
小学课程与教学的本体

"课程即学习经验"视频

※ 学习目标

1. 熟悉历史上不同时期课程与教学的历史发展。
2. 理解几种主要的课程观、教学观,学会用自己的语言来解释课程与教学,表达自己的课程观、教学观。
3. 理解课程与教学的关系。

※ 章 首 语

小学课程与教学活动是国内外小学教育界工作者十分熟悉的一种教育现象,每一位小学教师在自己的教育生活中都在从事课程开发与教学实践活动。当提到课程与教学时,你的脑海中可能会浮现出一张张课程表,课堂上教师激情昂扬的讲课……但是究竟什么是课程?什么是教学?课程与教学的关系如何?回答这些问题却不是一件简单的事情。课程与教学这两个复杂的概念,既相互联系又有各自的内涵,在不同历史时期、不同的教育家有不同的理解。为了更好地揭示课程与教学的本质,本章先了解课程与教学的历史形态,在此基础上再理解课程与教学的内涵及其关系。

第一节 课程与教学的历史形态

为了揭示课程与教学的本质,首先要了解课程与教学的历史演变过程,即弄清楚在不同的历史条件下课程与教学的表现形态和主要特征,以便借鉴过去,立足现在,展望未来。本节将课程与教学的历史发展分为课程的历史演变和教学的历史演变两个方面加以考察。

一、课程的历史形态

(一) 西方课程的历史形态

1. 前科学时期的课程形态(奴隶社会—文艺复兴)

前科学时期,即课程发展的原始萌芽时期,时间历程包括从奴隶社会到文艺复兴时期。当时在社会生产水平很低的条件下,学校课程根据统治阶级培养政治继承人的要求和教育家、思想家们对人的身心发展的粗浅认识建立起来的。课程设置以古典人文主义为主要标准,构建了学科课程的雏形,属于课程的孕育与萌芽阶段。

(1) 古代希腊的课程

古希腊的课程最有代表性的是斯巴达和雅典的教育。这两个希腊城邦国家,由于地理环境不同,社会政治经济发展也不平衡,因而他们的课程设置也有很大差别。

斯巴达位于伯罗奔尼撒半岛南部的平原上,交通闭塞,便于农业生产。斯巴达是农业奴隶制国家。从阶级力量对比上看,三万左右的农业贵族,统治着近三十万名奴隶。这决定了斯巴达教育的特点,即通过严酷的军事体育操练把贵族子弟训练成为体格强壮的武士,它的课程内容主要是"五项竞技"——赛跑、跳跃、角力、掷铁饼、投标枪,此外还有游泳、骑马、射箭、音乐和舞蹈等。

雅典位于希腊半岛的东南部,交通方便,手工业和商业相当发达。地理条件的优越使雅典成为一个繁荣富强的国家,这决定了雅典的教育是注重培养多方面和谐发展的人。智者派创立的"三艺"是古希腊最早的课程内容。

柏拉图(Plato,公元前427—前347)认为教育的目的首先是培养国家最高统治者——哲人;其次是培养和训练保卫国家和维持国家秩序的武士;第三是平民(农民和手工业者)。依据这一目标,他在教育史上第一次提出了"四艺"课程:算术、几何、天文和音乐,规定了"四艺"科目:他认为学习算术,在于掌握"调兵列阵",计算船只的数目等;学习几何学,在于掌握建造兵营,争取据点的本领;学习天文学,有助于战时观测气候、天象等;学习音乐,可使武士培养乐观、勇敢、严肃、高尚的精神境界。对于平民的教育,他认为只要给予初步的读、写、算知识,养成他们对统治者顺良的品格就行了。柏拉图的"四艺"构成了希腊完整的课程体系,为"七艺"的产生做出了重要贡献。

(2) 中世纪的课程

欧洲中世纪,宗教教育与封建主的世俗教育并存,其中以宗教教育为主干。在"七艺"中,始终贯穿着神学思想,渗透着宗教教育的目的和要求。如学习文法,掌握拉丁语用以指导阅读圣经;修辞学的学习是为了分析经书的文体,训练宗教的口才;学习辩证法则是为教会宗教信条辩护,并打击"异端邪说"等。中世纪教育的另一重要分支是骑士教育,盛行于11世纪至14世纪,它是一种特殊形式的家庭教育,骑士教育不重视知识的掌握,以尚武精神为主,教育内容有"骑士七技":骑马、游泳、投枪、击剑、打猎、弈棋、吟诗。

宗教教育和骑士教育构成了中世纪教育的特点。宗教教育妄图通过向劳动人民灌输宗教迷信,麻痹人民的思想,从精神上奴役人民,维护封建统治。骑士教育则是通过尚武精神灌输和军体训练来培养武士,维护封建统治,两者方式不同,目的一致。

(3) 文艺复兴时期课程

中世纪宗教课程的否定归功于公元14世纪到17世纪欧洲意识形态领域里向封建主义和天主神学体系发动的一场伟大的文化革命运动。文艺复兴不仅仅是复兴,而且是新文化对古代文化的继承、利用和发展,古典文化成为表达新文化的媒介。人文主义者维多利诺、拉伯雷、伊拉斯莫斯、蒙旦,空想社会主义者康帕内拉、奠尔等人深刻地鞭挞了宗教教育对儿童个性的压抑和摧残,提出了适应人的能力发展的课程内容。

文艺复兴时期的人文主义思想家、文学家的课程思想虽然不尽相同,但一般具有以下共同特点:

第一,从对人的崇拜出发,要求热爱儿童,相信儿童,把他们培育成为体魄健康、知识广博、多才多艺、富于进取精神、善于处理公私事务的人。这实际上是积极从事经济、政治、文化等各方面事业的活动家、开拓者。这个培养目标与造就僧侣、训练骑士的封建教育相比,可谓发生了重大变革,反映了时代要求,具有巨大的进步意义。

第二,主张恢复古代希腊的体育、德育、智育、美育等多方面的教育,培养和谐发展的人。首先恢复体育。这个时期的智育不仅重视传授知识,而且还注意到发展智力,要求在教学过程中激发求知欲望和培养思考能力;美育方面,文学、艺术的空前繁荣,促进了人文主义教育重视审美能力的培养,学校中设置音乐、图画等科目,加强了美育的实施。总之,适应资本主义经济的发展和社会生活日益复杂的需要,人文主义者要求通过多方面的教育,发展人的身心的各种能力,使之成为身心协调发展的完人。

第三,在教学方法上,反对经院主义的强迫注入,呆读死记和棍棒纪律,主张启发儿童的学习兴趣,发挥儿童的主动性和积极性。人文主义教育注重观察,强调直观,提倡参观、访问;要求尊重儿童,反对体罚。还提出用本族语言进行教学。这些新的方法逐步在实践中推广,后来夸美纽斯对此进行了总结,形成了系统的教学原则和方法。

文艺复兴时期的人文主义教育努力摆脱宗教的束缚,对于人们冲破中世纪宗教神学的束缚、解放思想、推动资本主义生产力发展起了很大的作用。但也无疑带有新兴资产阶级的局限性。这种教育主要服务于上层阶级的子弟,而其内容仍以古典主义教育为主,课程在范围和内容的更新程度上仍然是有限的,而且宗教教育仍占有一定地位。

综上所述,前科学时期的课程,从古希腊到文艺复兴,经历了曲折的演变过程。柏拉图完善了古希腊的"七艺"课程,昆体良则丰富了它。在奥古斯丁时代,一切科学成了神学的奴婢,"七艺"成了无内囊的空壳。文艺复兴以来,课程论出现了复苏,时代的发展要求新兴资产阶级用科学内容武装新生的一代,夸美纽斯肩负起这一重任,他的"泛智论"思想,为百科全书式课程设置提供了理论依据,奠定了近代课程发展的基础。

小结:前科学时期的课程形态具有以下特征:第一,处于孕育和萌芽阶段,并没有科学的概念和系统的理论体系,有关课程的思想都交织在哲学、伦理与政治等论述中;第二,对课程的研究仅仅停留在描述上,并没有把课程作为专门的研究对象;第三,这个阶段的课程已经初具现代课程的雏形。

2. 形成系统理论的时期(17世纪—19世纪)

17世纪到19世纪,受文艺复兴的影响,欧洲各国从英国率先进行资产阶级革命,先后建立了资产阶级政权。随着资本主义制度的确立,民主主义思潮也在蓬勃兴起。加之生产力的发展、科学技术的进步、产业革命的推动,资产阶级为了它的工业生产和自身的革命,必然要用科学的方法和手段去探索世界。因此,自然科学在同宗教斗争中迅速发展起来并进入学校课程领域,传统的古典中心课程的垄断地位面临挑战。加之教育科学、心理学科的迅速发展与运用,使学校课程发生了很大的变化,这时的教育科学也从哲学中分化出来,教育理论家相继出现,课程研究也逐步繁荣形成系统理论。这一时期比较具有代表性的课程思想有夸美纽斯的泛智主义课程,赫尔巴特的主知主义课程,斯宾塞的科学主义课程以及杜威的经验课程论。

(1) 夸美纽斯:泛智主义课程

阿姆斯·夸美纽斯(Johann Amos Comenius,1952—1670)是17世纪捷克的伟大教育家。他所著的《大教学论》是独立形态的教育学的开端。夸美纽斯提出泛智主义教育思想。"泛智"要求"把一切事物交给一切人"。具体指一切人都能接受的知识,包括语文方面、自然科学方面和社会科学方面的知识。主张人人受教育、人人均须学习一切、人人都应具有全面智慧的理论。在泛智主义教育思想的指导下,他提出了关于课程的比较系统的理论:

第一,课程分类。夸美纽斯把课程分为三类:主要课程、次要课程和第三类课程。课程内容包括自然科学、人文科学、宗教神学等方面,除此以外,还有体育、音乐、游戏等。主要课程包括智慧、辩才、正直行为和笃信宗教的本质、核心和内容;次要课程主要是指为主要课程服务的辅助性课程;第三类课程主要是指增进健康和焕发精神的娱乐游戏等课程。

第二,课程体系。夸美纽斯提出和论证了第一个现代意义上的课程体系。他提出,在国语学校,除了当时普遍开设的读、写、算和教义问答外,主张增加几何测量、自然常识、地理、历史、唱歌和手工技艺等;在拉丁学校,除了当时普遍开设的七艺之外,主张增加物理、地理、历史,还要学习拉丁语、希腊语、本民族语和一门现代外语课程。

第三,教材的编写。夸美纽斯认为教科书应当是简明扼要的,内容排列应当是有系统的,而且应当从儿童的年龄特征出发,用儿童能够理解的明白简单的语言来阐释。他提出了圆周式的排列方法。他主张"在前期的学校里面一切事物都是用一种一般的、不确定的方式去教授的,而在后期的学校里面,所授的知识就是细致的、确切的了"[①]。夸美纽斯主张采取圆周式的教材排列,逐步扩大知识范围和加深程度,他的创见对后来的课程编订起了很大作用。

泛智主义课程不仅在反对中世纪愚民政策的教育中起过划时代的进步作用,而且夸美纽斯在课程方面有两大贡献:第一,提出和论证了第一个现代意义上的课程体系,增加了教学科目的门类,扩大科目内容的范围;第二,在教科书编写方面提出很多理论和思想。他坚守适应自然的原则,初步根据儿童的身心发展阶段来编排课程。

(2) 赫尔巴特:主知主义课程

约翰·弗里德里希·赫尔巴特(Johann Friedrich Herbart,1776—1841)是德国著名的哲学家、心理学家和教育家,科学教育学的奠基人,主要著作有《普通教育学》《教育学讲授纲要》等。他对课程的主要贡献在于,将心理学作为课程的理论基础,认为在知情意三

---

① [捷]夸美纽斯著,傅任敢译.大教学论[M].北京:人民教育出版社,2010:215.

者当中,知是主要的,情和意的存在与表现都依靠知,使得课程获得了重要的理论基础。其有关课程理论思想方面的论述主要表现如下:

第一,经验、兴趣和课程。赫尔巴特课程理论的一个基本主张是:课程内容的选择必须与儿童的经验和兴趣相一致。他提出六种独立的不同兴趣,并认为中学课程的设置应同这六种兴趣相适应:

经验的兴趣:与其相适应的科目是自然、地理、物理和化学;

同情的兴趣:与其相适应的科目是古代的和现代的外国语;

思辨的兴趣:与其相适应的科目是语法、数学和伦理;

社会的兴趣:与其相适应的科目是政治、历史和法律;

审美的兴趣:与其相适应的科目是文学、唱歌和图画;

宗教的兴趣:与其相适宜的科目是神学。

第二,统觉与课程。统觉理论是赫尔巴特课程理论的又一重要基础。根据统觉原理,新的观念和知识总是在原有的理智背景中形成的,是以原有观念和知识为基础产生的。这就必然要求课程的安排应当使儿童能够不断地从熟悉的材料逐渐过渡到密切相关但不熟悉的材料。根据统觉原理,赫尔巴特为课程设计提出了"相关"(correlation)和"集中"(concentration)两项原则。所谓相关,是指学校不同课程的安排应当相互影响、相互联系。所谓集中,是指在学校的所有课程中,选择一门科目作为学习的中心,使其他科目都作为学习和理解它的手段。赫尔巴特把历史和数学当作所有学科的中心。这两项原则的基本目的是,保持课程教学的逻辑结构和知识的系统性。

第三,儿童发展与课程。把儿童发展和课程问题相联系,是赫尔巴特课程理论的一个重要特征。赫尔巴特主要是从席勒那里接受了文化纪元这种心理学理论。他认为,在人类历史早期,感觉在人的认识中起主导地位,以后,想象逐渐发展起来;最后,当理性发展起来时,人类就进入到成年。不同时代的文化成果反映了人类认识的不同发展水平。儿童个性和认识的发展重复了种族发展的过程。因此,儿童在一定发展阶段上最理想的学习内容应当是种族发展在相应阶段上所取得的文化成果。

以此为基础,赫尔巴特深入探讨了儿童的年龄分期,进而提出了课程的程序。他认为,儿童经历了四个发展阶段:婴儿期(0~3岁);幼儿期(4~8岁);儿童期(9~15岁);青年期(16~20岁)。依据这个划分,他认为课程的程序应当是:在婴儿期,对身体的养护优先于其他一切,与此同时应大力加强感官训练,发展儿童的感受性;在幼儿期,教学内容应以《荷马史诗》等为主,以发展儿童的想象力;在童年期和青年期,分别教授数学、历史等,以发展其理性。

在欧美近代教育史上,赫尔巴特所提出的课程理论是最为完整和系统的。他继承了前人的合理思想,使之融合到一个有机联系的整体中,并力图赋予它以严格和广泛的心理学基础,从而使课程的设置与编制有了明确的依据,这就避免了课程设置中的盲目性和随意性,克服了课程设计中的散乱现象,以保证教学工作的有效进行。

(3)斯宾塞:科学主义课程

十九世纪中叶的英国,工业生产进入到蓬勃发展的时期,但是与德国和美国相比,其教育的实施情况却显得十分落后。

斯宾塞(Herbert Spencer,1820—1903),英国哲学家、社会学家、教育家。斯宾塞针对当时英国的古典主义教育远离生产和远离科学的情形,于1859年发表了《什么知识最有价值》一文,斯宾塞在文中批判了当时英国重虚饰而轻实用的知识价值观,并在区分各种知识的相对价值和比较价值的基础上,确定了一个衡量知识的尺度,即是否有利于人完美的生活。怎样运用我们的一切能力使对己对人最为有益?怎样去完满地生活?因此,"我们的第一步显然应当是按照重要的程度把人类生活的集中主要活动加以分类。它们可以自然地排列成为:① 直接有助于自我保全的活动;② 从获得生活必需品而间接有助于自我保全的活动;③ 目的在抚养和教育子女的活动;④ 与维持正常的社会和政治关系有关的活动;⑤ 在生活中的闲暇时间用于满足爱好和感情的各种活动"①他详细地论证了这五种活动与科学的关系,得出科学知识对人类生活最有价值的结论。根据生活准备说和知识价值论,他提出学校应开设以下五类型的课程:

第一类是生理学和解剖学。它是直接保全自己的知识,是合理的教育中最重要的一部分。第二类是逻辑学、数学、力学、化学、天文学、地质学、生物学和社会科学,是间接保全自己的知识,是使文明生活成为可能的一切过程能够正确进行的基础。第三类是生理学、心理学和教育学。这是履行父母责任必需的知识。人们养育了子女之后才可能有国家,家庭福利是社会福利的基础。第四类是历史。它实际上是一门描述的社会学,利于人们调节自己的行为,履行公民的职责。第五类是文学、艺术等。它是满足人们闲暇休息和娱乐的知识。

斯宾塞对课程的贡献至少有:第一,论证了近代课程的科学基础;第二,奠定了分科课程的基本框架;第三,通过论证课程与个人和社会的关系并且将二者联系起来,建立了重要的方法论。

(4) 杜威:经验课程论

约翰·杜威(John Dewey,1859—1952),美国著名的实用主义哲学家、教育家。杜威又称他的哲学为"自然主义的经验主义"。从"经验"这一中心概念出发,确认"一切学习都来自经验","教育是在经验中、由于经验、为着经验的一种发展过程"。基于自然主义经验哲学,他的课程思想表现如下:

第一,儿童是课程的中心。杜威从经验论出发,把儿童的本能作为他们获得"经验"的基础,作为教育的出发点。他认为,在儿童身上存在着四种本能,并相应地表现为四种活动。这就是:语言和社会的本能和活动;制作或建造的本能和活动;研究和探索的本能和活动;艺术的本能和活动。他认为,课程的设置只能顺应这些自然的倾向,发展和满足这种自然倾向,并提出:"学校科目互相联系的真正中心,不是科学,不是文学,不是历史,不是地理,而是儿童本身的社会活动。"②因此,儿童与课程构成一个单一过程的两级:儿童是起点,课程是终点。他认为只要把教材引入儿童生活,让儿童直接去体验,就能把两点联系起来,使儿童从起点走向终点。

---

① [英]赫·斯宾塞著.胡毅、王承绪译.斯宾塞教育论著选[M].北京:人民教育出版社,1997:59.
② 华东师范大学教育系、杭州大学教育系编译.现代西方资产阶级教育思想流派著选[M].北京:人民教育出版社,1996:27.

第二,实施课程的方式——从做中学。以其经验论为基础,杜威提出"从做中学"。在1896至1903年,杜威创办芝加哥实验学校,其课程以各种不同形式的"活动作业"(如纺织、烹饪、木工、园艺、绘画、唱歌、阅读等)为核心;随年级上升,他们对自然科学、数学、文学、历史、社会研究等安排了较为系统的作业。在杜威看来,这些活动既能满足儿童的心理需要,又能满足社会性的需要,还能使儿童对事物的认识具有统一性和完整性。

综上所述,尽管这一时期课程还没有被独立出来,但课程理论体系已经基本形成,其发展的特点表现在:

其一,系统化。这一时期虽然还未出现独立的、完整的课程论,但诸多教育家在对课程进行研究和思考时,从不同角度入手,不仅涉及课程的门类、内容,还考虑到课程与学习者各方面的关系,考虑到课程的结构、教材的编写等,进行相对系统的课程理论的研究。

其二,科学化。将心理学作为自己的理论基础,改变了几乎完全附庸于哲学、政治、伦理学的状态,迈出了课程论上具有深远意义的一步。

其三,专门化。出现了一些课程论基本理论层面的重要命题,并且积累了丰富的观点和理论,如活动课程与学科课程的安排、知识与能力的使用与训练、分科与综合等,这些问题的出现,已表明课程研究在向专门化方向发展。

3. 成为独立的专门学科时期

尽管课程思想源远流长,但课程作为一个独立研究领域从教育中分离出来(这种分离是相对的)还是20世纪初的事情。1918年,美国著名教育学者博比特(F. Bobbitt)出版了《课程》(*The Curriculum*)一书,主张建立课程的基本原理和采取编制课程的科学方法,这是世界教育史上专论课程的第一部著作,是课程成为专门研究领域诞生的标志。之后,关于课程专门研究的著作相继出版,各科课程研究方式、方法及理念的改变,使课程研究逐渐趋于科学化。1934年,美国著名教育学家、课程理论专家拉尔夫·泰勒出版了《成绩测验的编制》(*Constructing Achievement Tests*)一书,从而确立其"评价原理"。1949年,泰勒又出版了《课程与教学的基本原理》,由此确立其"课程基本原理"。"泰勒原理"被公认为课程开发原理最完美、最简洁、最清楚的阐述,达到了科学化课程开发理论发展的新的历史阶段。《课程与教学的基本原理》也因而被誉为"现代课程理论的圣经",拉尔夫·泰勒也被誉为"现代课程理论之父""当代教育评价之父"。下面主要对泰勒及其泰勒原理进行介绍。

(1)"泰勒原理"的思想渊源

泰勒攻读博士学位期间,其学位论文的指导老师是教育心理学家贾德(C. H. Judd),也是在这个时期,美国著名教育心理学家桑代克的卓越研究不仅确立了教育心理学的学科体系,宣告了教育心理学的独立,而且强烈地冲击了教育的每一个领域。泰勒把桑代克的工作对课程的重要性称为"20世纪最重要的五大课程事件之一"[①]。贾德和桑代克都继承并发展了德国实验心理学的创始人冯特(W. Wundt)的实验心理学的研究路线,倡导行为科学的研究方法。他们对人的学习和动机展开了系统的实验研究,并确立了"行为的—联结主义的学习观"。为提高学习效率,他们积极主张对人的学习进行心理测量,这

---

① 转引自张华著.课程与教学论[M].上海:上海教育出版社,2000:10.

极大地影响了教育领域,美国由此兴起了"教育测验运动"。贾德和桑代克的研究观点和方法为"泰勒原理"奠定了心理学基础和方法论基础。

泰勒后来谦虚地承认,他在1949年发表的课程原理的阐述不过是试图归纳和综合博比特、查特斯、杜威、波特(B. Bode)、拉格(H. Rugg)和哈罗普(H. Harrap)等课程学者早先说过的东西而已。美国著名教育史学家克雷明也曾指出:"哈里斯(W. Harris)在19世纪末就提出了与泰勒的课程问题相关的问题。"①由此看来,"泰勒原理"是前人研究的升华。

(2)"泰勒原理"的实践基础

泰勒在20世纪80年代初曾经指出,泰勒原理"是作为特定环境下的产物而形成的,并且是为了给处理这类情境提供一个可靠而井然的程序。"②这里的"特定环境"主要是指"八年研究"(the Eight-Year Study,1934—1942)。

"八年研究"的直接起因是20世纪30年代震撼资本主义世界的"经济大萧条"。从1929—1933年,席卷美国,波及全球的经济大萧条,对学校课程提出了新的挑战。经济大萧条给美国经济以沉重打击,生产力水平急剧下降,工人失业率骤增,劳动力市场上难有中学毕业生的一席之地。据统计,在1930年,成年人中有25%失业,而青少年几乎100%无法找到工作。这样,大批青少年在就业无门的情况下,无可奈何地又回到学校注册。许多学生进入高中,主要是为了避免在社会上闲荡,他们并不打算将来升大学。而在事实上,当时美国几乎所有高中的课程都是为升入大学做准备的,尽管实际上只有1/6的高中毕业生能够进大学深造。当时美国学校教育与社会生活相脱节,学校对社会环境的变动反映迟钝,不能有效地参与社会生活的过程,所以,如何提高教育的社会效率以及缓和日趋激化的社会矛盾,成了当时美国教育界亟待解决的问题。

为了寻找帮助学校走出绝境的途径,美国进步教育协会率先发起一项著名的"八年研究"。1930年,"进步教育协会"在年会上决定,要从根本上对美国中学的课程进行尝试性的改革研究,其目的是要考察使中学与大学更好地合作与衔接的途径。具体说来,就是如何使高中有更多的机会自由地修订课程,同时又不影响部分学生入大学的可能性。参与这项实验研究的,除了专业研究人员外,还有横贯美国300所大学、学院和选择出来的30所中学。在实验期内,中学可按各自愿望和实际可能自行设计课程;学院则放弃正规的入学条件,招收由上述中学推荐的学生入学,并对这些在校学生表现进行抽样调查。为了消除中学领导、教师、家长和学生的顾虑,"进步教育协会"在1931年任命了一个"学校与学院关系协调委员会",目的是帮助学生适应社会生活,使中学与大学更好地合作与衔接。

这项历时八年(1934—1942)、横跨美国大陆的数百所学校、耗资百万的研究,其结果如何呢?以泰勒为首的测量评价专家小组,对从30所实验高中毕业后入大学的1 475名学生,与具有类似背景和能力的、从其他中学毕业后入大学的1 475名学生做了配对比

---

① Cremin, L. (1971). Curriculum-Making in the United States, Teachers College Record, 73(2), p. 196 - 200.

② Tyler, R. (1983). A Rationale for Program Evaluation, in Madaus, G. F., Scriven, M. & Stufflebeam, D. (eds.)(1983), Evaluation Models, Kluwer-Nijhoff.

较。每一对学生在性别、年龄、种族、学业能力倾向、家庭和社区环境、职业兴趣和其他嗜好等方面尽可能相似。通过对照比较后发现:"来自30所实验高中的毕业生:① 总的平均分略高一些;② 在大学四个年级中每一年接受的学术荣誉略多些;③ 具有更强的理智好奇心和动机;④ 在思维方面表现得更精密、更系统、更客观;⑤ 对教育的意义有更清晰的看法;⑥ 在遇到新情境时,显示出更强的应变能力;⑦ 在遇到同样的问题时,提出的解决办法更有效;⑧ 常常更多地参加有组织的学生团体;⑨ 获得非学术性荣誉更多些;⑩ 对职业选择有更好的定向;⑪ 更积极地关注全国和全世界的事务。"①

"八年研究"不仅对美国学校教育的实践产生了重大影响,而且引起了教育理论界的思考。泰勒认为,"八年研究"的主要结果有四:第一,现在人们广泛接受了这样的观念,即学校可以编制既满足大多数学生的兴趣和需要,又为学生进大学后获得成功经验做好准备的教育计划。许多大学对中学课程的特殊要求因此也大大减少了。第二,大学和学院认识到在没有达到特定科目要求的中学毕业生中,在大学期间取得成功的不乏其人。这就使另一种入学考试(如学习能力倾向测验)得到了广泛应用。这种考试不是测验具体的内容,而是评定一般的能力。第三,使在职研讨得到了发展。这种研讨班是在"八年研究"期间发明的,目的是为教师编制教学计划和教材、掌握新知识和新技能提供帮助。这种方式,现在已被公认为是许多领域对专业人员进行继续教育的有效手段。第四,人们普遍接受用教育评价来替代测验。"八年研究"提醒教育工作者,教师在教一门课时,通常都寻求达到若干个教育目标,单凭一个测验分数是不能客观地概括教学结果的。通过使用问卷、观察、产品样本和测验,可以评定学生在每个主要目标上进展的情况。这已成了一种普遍的评价观。"八年研究"的主导思想和实验成果使美国中学的课程脱离了传统的学术性的束缚,增加了一些富有生活意义和实用性的课程,使中学课程结构由传统走向现代。泰勒的课程编制理论在相当长一段时间内成为美国教育界占统治地位的教育评价的指导思想,并风靡于全世界的教育改革,人们把这一时期称之为教育评价史上的"泰勒时期"。

(3)"泰勒原理"的基本内容

"泰勒原理"即泰勒在《课程与教学的基本原理》一书中所指出的开发任何课程和教学计划都必须回答的四个基本问题:学校应该试图达到什么教育目标?提供什么教育经验最有可能达到这些目标?怎样有效组织这些教育经验?我们如何确定这些目标正在得以实现?

这四个基本问题可进一步归纳为"确定教育目标""选择教育经验""组织教育经验""评价教育计划"这四个基本环节构成。泰勒并不试图直接回答这些问题,因为具体的答案是因学校性质、教育阶段的不同而有所差异的。在他看来,这本身就构成了考察课程与教学问题的基本原理。

(4)"泰勒原理"的历史贡献

"泰勒原理"从兴起产生至今,其影响远远超出美国,不仅对西方课程编制(包括评价)理论的发展产生了重要影响,而且极大地促进了全世界中小学和大学课程编制实践的发

---

① D. Chamberlin et. al. Did They Succeed in College. New York and London: Harper and Brothers, 1942: 207－208.

展。拉尔夫·泰勒对课程的贡献主要表现在:

第一,提供一个课程研究的范式。"泰勒原理"力图有效研制课程开发过程,使课程开发成为一种理性化、科学化、普遍被采用的模式程序,为人们提供了一个后被广为采用的课程研究范式,引起人们在课程研究中的方法论思考,是其突出的贡献。目前在西方课程编制界经常提及的"塔巴模式"(Taba Model)、"惠勒模式"(Rowntree Model)就是在泰勒课程编制原理基础上的进一步发展。

第二,将评价引入课程编制过程。在这一评价模式问世之前,教育评价并没有成为独立的科学领域,那时学校流行的是各种测试,其目的主要用以鉴别学生的才智,对测试结果的分析主要集中于学生,预测学生是否可能在各种课程的学习中取得更好的成绩。泰勒的课程评价模式则把评价与测试严格区分开来,测试仅是评价的手段之一,课程评价的目的在于通过对学校实现教育目标程度的评价来诊断教学中存在的问题,改进课程编制,创设一个适合学生学习的教育环境。泰勒将评价纳入课程编制过程,大大提高了课程编制的科学性。

第三,建立了课程编制的目标模式。将目标贯彻到课程编制的各个环节之中,使得目标模式具有极强的可操作性。

当然,泰勒课程编制原理作为一定历史条件下的产物,不可避免地存在着时代局限性:

第一,泰勒课程编制原理预先规定行为目标,虽然具有具体性、明确性的特点,但并非所有的课程目标都能充分转化成可测性的行为目标,如理解力、鉴赏力、想象力等课程目标很难行为化。

第二,课程评价重结果轻过程,具有片面性。泰勒的课程评价模式只强调终结性评价,而忽视了必要的形成性评价,因此,不可能全面、准确地反映教学的实际效果。

第三,从表面上看,泰勒课程编制原理回避对目标做价值判断,并由此而造成了缺乏选择课程内容的价值标准的缺陷。但从实质上看,它是有价值取向的。泰勒为课程编制实践提供了科学的、系统的、同时适合于一切课程编制活动的框架。虽然提出了课程编制必须回答的问题,并且指出了学校教育目标选择的三大来源,但他不对学校究竟应该追求哪些教育目标做出回答,进行价值判断,而是采取一种"中立"的态度。因此,泰勒课程编制原理没有提出选择课程内容的价值标准,这不能不说是泰勒原理的一大缺陷。

成为独立专门学科时期的课程特点有:第一,课程研究作为一个专门的研究领域,变以前零散的研究为系统的研究;第二,形成独特的课程编制理论和技术,极大地促进了课程编制的科学化、技术化;第三,形成了课程的群体共同意识和专业研究队伍;第四,形成了诸多理论流派。

4. 课程的繁荣发展

继拉尔夫·泰勒之后,课程走向了繁荣发展,众多课程流派出现,课程研制模式呈现多样化趋势。比较有影响的有布鲁纳的学术中心课程,施瓦布的实践性课程开发理论以及概念重建课程范式。

(1)学科结构运动与学科结构课程

20世纪50年代末至60年代末,西方世界发生了一场指向教育内容现代化的课程改革运动,即"学科结构运动"。该运动肇始于美国,影响波及全球,其中心内容是用"学科结构观"重建课程。在这场运动中,诞生了一种新的课程形态——"学术中心课程"。

学科结构运动的产生背景:

第一,学校教育不适应科技发展的形势。"二战"后尖端科学技术突飞猛进,知识量迅速增加,新的技术发明创造层出不穷。但"二战"后一段时间,美国教育的教学内容和手段方面没有多大变化,学校教与学仍然受杜威实用主义教育思想的影响,中小学课程仍然承袭着20世纪初所形成的模式和惯例。以注重兴趣养成和发展、培养学生生活适应能力为主旨的小学课程结构,淡化了学生学术能力的培养,进而导致美国科学事业大幅度滑坡。另外,课程设置庞杂,过于多样化。据1951年联邦教育总署的调查,全国设置的学科多达247种,学生无法学习全部课程。当时大多数中学规模小,师资也不足,一些学校无法开设物理、化学、生物、数学、外语等学科。针对这种现象,应美国各界要求,课程改革势在必行。

第二,美、苏国际竞争的需要。"二战"后,全球处于冷战状态,美、苏两大国在军事、经济、科技等各个方面进行了激烈的竞争。1957年,苏联第一颗人造地球卫星发射成功,美国朝野为之震惊。美国人意识到,军事竞争实际上是科技竞争,科技竞争实际上是人才竞争,而人才竞争归根结底是教育竞争。美国之所以在军事、科技方面落后于苏联,归根到底是美国的教育落后。他们强烈呼吁改革学校的课程和教学方法,要求提高课业的标准,加强科学和数学的训练,给有天资的学生加重学习分量,改进外语教学等。1958年,美国颁布《国防教育法》,美国政府拨出数百亿美元援助教育事业。该法推动了课程改革,强调学科结构的"新课程"纷纷出台,包括:物理科学研究委员会开发的PSSC物理课程;生物科学课程研究会开发的BSCS生物课程;学校数学研究组研究开发的SMSG数学课程;化学键取向研究会开发的CBA化学与CHEMS化学;地球科学课程设计研究会开发的ESCP地学等。这些课程可统称为"学术中心课程"(discipline-centered curriculum)。

学科结构的内容如下:

1959年9月,美国科学院召集了约35位科学家、学者和教育家在马萨诸塞的伍兹霍尔集会,会议的中心议题是讨论怎样改进中小学的数理学科的改革,造就足够的科学家和工程师。会议主席布鲁纳(J. S. Bruner)所做的题为《教育过程》的总结,阐明了美国这次课程改革的指导思想。布鲁纳的结构课程论可以概括为四个方面:

第一,"中间语言"的批判。布鲁纳指出,伍兹霍尔会议期间专家们一致认为传统课程的最大弊端是充斥着"中间语言"。所谓"中间语言"(middle language),是指只是谈论某一知识领域的结论,而不是集中于知识的探究本身。"中间语言知识谈论学科而不是研习学科"[①],"中间语言"课程只重视学科的现成结论,却舍弃了结论由以获得的探究过程。对学习者而言,这种课程强调的是对学科结论的接受与记忆,漠视了学习者探究与发现的心智过程。一句话,"中间语言"课程忽视了课程的智力训练价值。课程的现代化,要求变"中间语言"为知识的探究过程本身,要求重视学科结构的价值。

第二,学科结构的重要性。布鲁纳在《教育过程》中写道:"不论我们选教什么学科,务

---

① [美]布鲁纳,邵瑞珍译. 教育过程再探[J]. 教育研究,1979(1).

必使学生理解该学科的基本结构。"①什么是学科的基本结构？布鲁纳写道："掌握某一学术领域的基本概念，不但包括掌握一般原理，而且还包括对待学习和调查研究、对待推测和预感、对待独立解决难题的可能性的态度。"②这样看来，学科的基本结构指一门学科的一般原理和概念以及相应的学习和探究该学科的基本态度。布鲁纳认为，掌握学科的基本结构有四个优点：懂得学科的基本原理可以使得学科更容易理解；掌握学科的基本结构有助于记忆；领会基本的原理和观念是通向适当的"训练迁移"的大道；强调学科结构和原理能够缩小"高级"知识和"初级"知识之间的差距。

第三，螺旋式课程。强调学科结构，布鲁纳认为这需要对课程进行"螺旋"式组织。所谓螺旋式课程，就是以与儿童的思维方式相符合的形式尽可能地将学科的基本结构置于课程的中心地位，随着年级的提升，使学科的基本结构不断拓广与加深。这样学科结构在课程中呈螺旋式上升的态势。布鲁纳提出一个惊人的假设："任何学科都能用在智育上是诚实的方式，有效地教给任何发展阶段的任何儿童。"③这个假设基本精神是，使学科结构或学科结构的某一方面适合儿童的能力和智力发展特征。

第四，发现学习。在布鲁纳看来，在掌握学科的基本结构的同时，也要掌握研习这一学科的基本态度或方法，即发现的态度或方法，通常称作发现学习（learning through discovery）。何为"发现"？布鲁纳写道："我将运用这一个假设，即发现，不论是在校儿童凭自己的力量所做出的发现，还是科学家努力于日趋尖端的研究领域所做出的发现，按其性质来说，都不过是把现象重新组织或转换、使人能超越现象再进行组合，从而获得新的领悟而已。"④发现学习不是把学习内容直接呈献给学习者，而是由学习者通过一系列发现行为（如转换、组合、领悟等）而发现并获得学习内容的过程。布鲁纳提出发现学习具有如下价值：一切真知识都是自己发现的，发现学习因而成为教育追求的目标；发现学习有助于直觉思维能力的发展，有助于引起学习的内部动机和自信心，有助于记忆的保持。

学科结构运动对课程理论与实践的卓越贡献至少可以概括为两方面：

第一，学科结构运动是课程现代化过程中的里程碑，"学科结构课程"是现代化课程的一个范例。现今信息时代的一个基本特征是知识的激增，对信息的良好的敏感性和加工处理能力是现代人的基本素质。怎样使人适应信息社会的需要并能引导信息社会健全发展是现代课程改革的重大使命。结构主义课程范式以学科结构为核心构筑现代课程体系，使纷繁复杂的知识信息得以简化、统整、完善，创造了现代化课程的一个范例。

第二，学科结构课程将发现能力与探究精神作为内在追求，从而使学科课程发展到新的阶段。学科结构课程吸取了经验课程的尊重人的解决问题能力和探究精神的积极因素，并确立了"同时诚实地尊重学科本身的逻辑和儿童的心理逻辑"的课程理想，这确实使学科课程发展到一个新的阶段。

这将近10年的学科结构运动虽不能笼而统之地以"失败"二字结论，但应当承认没有达到预期效果。这既有结构主义课程范式理论本身的原因，也有教育实践领域的问题。

---

① ［美］布鲁纳著，邵瑞珍译. 布鲁纳教育论著选[M]. 北京：人民教育出版社，1989：27.
② ［美］布鲁纳著，邵瑞珍译. 布鲁纳教育论著选[M]. 北京：人民教育出版社，1989：27.
③ ［美］布鲁纳著，邵瑞珍译. 布鲁纳教育论著选[M]. 北京：人民教育出版社，1989：42.
④ Bruner, J. (1961). The Act of Discovery. Harvard Educational Review, Vol. 31.

人们在反思学科结构运动中,对结构主义课程范式提出了批评意见,如:学科结构课程强调专业化,但当科学技术呈现跨学科发展趋势时怎样重新估价知识的分化与综合的关系?固守学科疆域行吗?学科结构课程强调结构化,但现实的学科中是否存在各个专家所一致认可的基本结构?将学科结构从学科领域中抽取出的标准是什么?实践证明这些问题并不简单。学科结构课程强调学术性,这些高度抽象、高度理论化的课程怎样与社会现实问题联系?看来,结构主义课程存在许多困难,但不能因此而否定它为课程理论和实践做出的卓越贡献。

(2) 实践性课程开发理论:施瓦布的贡献

施瓦布(J. J. Schwab,1909—1988)是美国著名的课程论专家、生物学家。他曾是泰勒的学生,受过"泰勒原理"的训练。施瓦布曾与布鲁纳并驾齐驱地领导了结构课程改革运动,被认为是仅次于布鲁纳的结构课程的第二号旗手。

20世纪60年代的结构主义课程改革进行了十年,但并未取得预期结果。这次运动失利后,施瓦布陷入深深的思考之中:第一,"泰勒原理"试图为所有教育情境提供一种普适性的课程开发模式,这可能吗?有效吗?第二,人们纷纷谴责结构课程论的缺陷,然而这些课程究竟有没有被广大教师真正认同过?实践证明,这种以各学术领域的专家(大学教授)为核心进行的、将广大教师排除在外的课程开发,是脱离教育实际的。经过深入思考,施瓦布发出如此声音:"课程领域岌岌可危。运用目前的方法和原理,它不能继续其工作,也不能对教育的进展做出重要贡献,它需要新的原理,这些原理将会形成新的课程观并产生新的问题。它需要新的方法以适应这些新的问题……"①从1969年至1983年,施瓦布历经14个春秋,撰写了四篇具有里程碑式的文章,分别是《实践:课程的语言》;《实践:折中的艺术》;《实践3:转换成课程》;《实践4:课程教授要做的事》。由此建立起了一个植根于实践的新的课程开发理论——实践性课程开发理论。

① 实践性课程:四要素间持续的相互作用。施瓦布在《实践3:转换成课程》一文中确立了一种新的课程理念——"实践性课程"(practical curriculum)。在施瓦布看来,课程是由教师、学生、教材、环境四个要素构成的,这四个要素间持续的相互作用便构成实践性课程的基本内容。教师和学生是课程的主体和创造者,其中学生是实践性课程的中心。教材是课程的有机构成部分,是由课程政策文件、课本和其他教学资源构成的。但是,教材只有在成为相互作用过程中的积极因素时,只有在满足特定学习情境的问题、需要和兴趣时,才具有课程的意义。因此,教材具有很大的灵活性和变通性,可以根据不同学习情境的需要进行选择和取舍。与教材比,"学习情境的问题、需要和兴趣具有优先性"②。课程环境是由除教师、学生、教材之外的物质的、心理的、社会的、文化的因素构成的,它直接参与到课程相互作用的系统之中,是"实践性课程"不可或缺的组成部分。

② 实践性课程的开发方法:集体审议。施瓦布认为,课程事业只有在总体上从理论追求走向实践、准实践和折中这三种运作方式,课程领域才将有一次新的复兴。这种新的

---

① [美]Lan Westbury,Nell J. Wilkof主编,郭元祥、乔翠兰主译.科学、课程与通识教育[M].北京:中国轻工业出版社,2008:237.

② [美]Lan Westbury,Nell J. Wilkof主编,郭元祥、乔翠兰主译.科学、课程与通识教育[M].北京:中国轻工业出版社,2008:239.

运作方式需要有新的课程开发方法——集体审议。施瓦布建议以学校为基础建立"课程集体",该集体由校长、教师、学生、教材专家、课程专家、心理学家和社会学家等组成。施瓦布特别建议在"课程集体"中产生一位主席来领导课程审议的进程。该主席必须具有娴熟的审议技能,善于发现课程要素间的不平衡;必须是经常阅读课程文献者,还必须是博雅教育(liberal education)的坚定追求者;必须熟悉社会科学与行为科学,并与教育问题联系起来,还必须熟悉课程实践的过去与现实。

施瓦布主张,课程开发的基本方法是"审议",审议就是在特定情境中通过对问题情境的反复权衡而做出的行动决策。为了使集体审议能够有效地解决课程问题,施瓦布提出了三种课程审议的艺术:实践的艺术(arts of the practice)、准实践的艺术(arts of the quasi-practical)和折中的艺术(arts of eclectic)。施瓦布认为,课程审议的重点应放在教师、学生、学科内容、环境四个基本要素之间的平衡上,其宗旨就是谋求课程四要素间的动态平衡,它们之间相互作用、相互影响的过程是课程审议的核心内容。课程审议其实就是课程参与者不断对话与交流、在课程决策和课程行动方面最终达成共识的过程。这一过程体现了"实践性课程开发"的民主精神,体现了实践理性的价值追求。

③ 学校本位的课程开发。在传统的目标模式尤其是中央集权的课程开发模式中,课程是按照规定的目标预先编制好的,教师和学生只是按照规定的目标来接受和完成课程,教师和学生被目标所控制,被排除在课程之外,缺乏课程主体性。实践性课程开发是以具体实践情境的特殊需要为核心进行的课程开发,它必然根植于具体实践情境。在"课程集体"中,教师和学生是课程的主体和创造者。教师是课程的主要设计者,可以在实施课程的过程中根据实际教育情境的需要,对课程内容进行适度增删、调整和加工,发挥自己的创造性,从而更好地适应学生的学习。同时,学生也是课程的重要主体和创造者。虽然由于自身条件的限制,他们不能直接设计、开发课程,但他们仍然可以以多种形式参与进来。这种因人而异、因情境而异地进行的课程开发,也可以称为"学校本位的课程开发"(school-based curriculum development)。

④ 实践性课程开发理论的本质:追求"实践兴趣"。实践性课程追求课程的实践价值,倡导对具体实践情境的理解与相互作用,强调课程理论必须经过课程实践的改造。它在本质上是追求"实践兴趣"的。"实践兴趣"亦称"实践理性",是建立在对意义的"一致性解释"的基础上,通过与环境的相互作用而理解环境的人类的基本兴趣。可以说,对问题情境的理解、课程四要素之间的相互作用、通过审议获得一致性的课程决策是实践性课程开发的基本要点。

与"泰勒原理"相比,施瓦布的实践性课程开发理论充分尊重教师和学生的主体性,是以具体实践情境的特殊需要为核心进行的课程开发,为校本课程的兴趣和发展奠定了重要的思想基础和舆论准备。但是实践性课程依然是有缺陷的,它并不能保证人的主体性的彻底解放,这主要是因为"实践兴趣"缺乏自我反思的特性,这样,"即使经过公开辩论和审议,人的思想倾向性有时也难免受到蒙蔽,达成一致也可能作为一种控制的方式使用"①。

---

① 张华著. 课程与教学论[M]. 上海:上海教育出版社,2000:24.

(3) 课程领域的概念重建：追求"解放兴趣"

20世纪中叶以来，迅猛发展的科学技术给人类带来物质丰富的同时也招致空前的精神贫困。技术理性膨胀，价值理性衰微，人性的丰富性消失了，课程则是这种再生产的工具。进入70年代以来，美国一批先进的课程学者率先组织起来，对传统的课程观念展开系统的清算，尽管这批学者的理论观点并不一致，但在追求"对传统课程观念进行重建"这一点上是共同的。由于"概念重建主义者"之思想基础和关注焦点的差异，使概念重建主义课程范式分为两翼：一翼以现象学、存在主义、精神分析为理论基础的"存在现象学"课程论，派纳、格鲁梅特(M. R. Grumet)、格林(M. Greene)、休伯纳(D. Heubner)等为主要代表；另一翼以法兰克福学派、哲学解释学、知识社会学为理论基础，着眼于社会意识形态的批判与社会公正的建立的"批判课程论"，阿普尔(M. W. Apple)、麦克唐纳、吉鲁(H. Giroux)为主要代表。20世纪60年代末70年代初兴起的概念重建活动中虽然没有直接使用"后现代""后现代主义"等术语，但以一种后现代的立场，运用后现代的观点，借鉴后现代的方法，对传统的课程领域进行概念重建。80年代以后，随着后现代主义立场及其方法在社会科学各研究领域影响的进一步扩大，课程学家们开始超越政治和文化视野，出现了女性、后结构、种族、美学、生态、自传、多元文化、建设性后现代主义等方面的研究，课程领域呈百花齐放之势。

① 概念重建主义课程的主要特点：

第一，将课程视为一种开放体系，关注课程在促进人的心灵成长方面的价值。后现代主义者认为，现代课程是为传播特定价值观念和意识形态的工具，忽视了课程在促进人的心灵成长方面的价值，不利于学生主体意识、批判意识和创新意识的激发和培养。与现代课程的封闭性相对，后现代主义课程范式的基本特征是开放性。"作为现代主义课程中关键要素的预测和控制变得较少'有序'而更为'模糊'了。"①为了促进心灵成长与个性自主发展，后现代主义者认为课程应该具有激发和培养学生自我意识和批判意识的功能与任务。为此，后现代课程观主张课程要与学生的生活世界紧密联系，将课程视为一个开放的体系，允许和鼓励教师和学生的个人经验和体会进入教育和课程之中，并将这些经验和体会视为重要的课程资源。

第二，从过程的角度界定课程，强调师生对话和探究的教育价值。这一理论创新的提出是建立在对现代课程范式对师生对话和探究价值的漠视进行批判与反思的基础之上的。正如加拿大课程专家大卫·杰弗里·史密斯(David G. Smith)所说："从教育领域看，现代主义导致了理论与实践的分离，因为现代主义总是集中关注智力发展和认知活动，而忽视学生的日常生活。将他者客观化为公式化的、可操作的、理论的范畴，便意味着自我与他人之间任何必要的联系都被切断了。他者烟消云散了，只是供你用作你已全知全懂的某个东西的例子；自己与他人之间再也没有深刻的人性或连续性的联系"②。课程专家多尔也看到了现代主义课程范式的缺陷，所以他主张从过程的角度来界定课程。在他看来，从过程的角度来界定课程，将课程视为一个发展、对话、探究、转变的过程，将会消

---

① [美]小威廉姆斯.E.多尔著,王红宇译.后现代课程观[M].北京:教育科学出版社,2000:19.
② [加]大卫·杰弗里·史密斯著,郭洋生译.全球化与后现代教育学[M].北京:教育科学出版社,2000:147.

解现代课程"王国"里的意识形态和教条主义。这在一定程度上是后现代主义课程观对课堂教学及师生关系所带来的积极影响。

第三,关注多元文化与边缘叙事,强调课程的启迪与解放功能。以吉鲁为代表的后现代主义教育家主张"去中心"和"边界松散",在课程设置上提倡消除学科之间的界限,主张科际整合,认为课程不应该分主题及科系。在吉鲁看来,尊重差异不仅体现于对空间、种族、民族和文化等方面的差异的认可和肯定,而且体现于对公众和教育斗争中的"历史差异"的认可和肯定。他认为这些"差异不仅必须被容忍,而且必须被看作必要的多极化的源泉"①。在后现代课程观念中,文化并不被看作单一的和同质的,而是多元的和异质的。后现代提倡将包括边缘叙事在内的多种声音引入课程之中,用吉鲁的话来说就是"呈现不可呈现者",这不仅有利于促进各文化的共同繁荣和发展,提升被压迫者的社会地位,而且有利于实现教育赋权,帮助学生更好地理解社会,培养学生的主体意识、批判意识和创新意识,激发学生进行社会改革的责任感,以此来发挥教育的启迪和解放功能。

② 概念重建主义课程范式的评价。概念重建主义课程范式并未充分显露出来,就已显露的部分,我们可以获得如下若干基本认识:

第一,对课程开放性、多元性、过程性的提倡和强调是概念重建主义课程观的理论创新之所在,这些充满睿智的观点有力地推动了现代课程观念的变革与创新。

第二,概念重建主义不属于科学主义课程哲学和人本主义课程哲学中的任何一个或者两者的融合,它是两者的超越;概念重建主义课程范式并未切断与现代主义的联系,比如它反对现代主义科学观,却很关注生态科学、量子力学、耗散结构论、模糊数学、超巨作用的研究等领域,它提倡一种"反魅的科学"。后现代主义课程范式反对的是渗透于课程中的现代主义不合理的东西,谋求对现代主义的合理超越。

第三,概念重建课程范式尚处于一种变化发展的状态之中,对其特征很难完整把握。但它总是力图在人、自然、社会之间的新型关系的背景上把握课程的本质,并力图使课程发挥有助于完善这种新型关系的功能,这是人们对21世纪课程理论与实践的共同企盼。

小结:课程在繁荣发展时期呈现的特点有:第一,课程流派众多而且并存;第二,课程理论本身日益丰富、深刻;第三,课程发展从片面走向综合。从19世纪末教材中心课程到20世纪50年代前的儿童中心课程和社会中心课程,从60年代的学科中心课程到70年代的人本主义课程,这一课程的历史发展预示着今后的课程是一种人性、理智同社会相互协调的新型课程。

(二) 中国课程的历史演变

课程论作为教育学的一门分支学科,其研究领域主要涉及学校课程设计、编制、实施和课程评价等的理论与实践。从先秦以来,我国教育家已有许多有关这一领域的论述,但课程论作为一个正式的研究领域在我国还只有较短的历史。

1. 课程论初具雏形(1922—1949)

课程作为一个正式研究领域,在我国始于20世纪20年代初期,并和当时的学制改革

---

① [美]亨利·A.吉罗克斯著.刘慧珍等译.跨越边界:文化工作者与教育政治学[M].上海:华东师范大学出版社,2002:300.

紧密联系。围绕1922年新学制改革,我国学者纷纷开始研究课程,揭开了我国课程论研究的序幕。

(1) 发表了一系列课程论文

1922年5月,《教育杂志》刊出第14卷号外《学制课程研究号》,在教育界和社会上都产生了较大的影响。廖世承在这期杂志上发表《关于新学制草案中等教育课程之研究》,论述了编制中学课程的三原则。1925年上海商务印书馆出版的《新学制中学的课程》收录了廖世承、王克仁等关于中学课程的四篇研究论文。这些是我国比较早的关于课程的研究论文。另外,当时的全国性教育期刊,如正中书局的《教育通讯》和商务印书馆的《教育杂志》都发表了不少关于课程论的论文。

(2) 出版了一批课程论著作

商务印书馆1923年出版的程湘帆著《小学课程概论》是笔者所见到的我国近现代最早的课程论专著。广西教育厅编译处1928年出版了王克仁著《课程编制的原则和方法》,全书分11章,讲述了课程问题的重要性、课程适应普通的生活和特殊的生活、编制课程的步骤等几方面,是我国比较早的综合性的课程论著作。此后一批关于课程的著作陆续问世,如徐雉著《中国学校课程沿革史》(上海太平洋书店1929年版);朱智贤编《小学课程研究》(商务印书馆1931年版),分三编对课程的概念、课程的原理和课程的编制进行了研究;熊子容著《课程编制原理》(商务印书馆1934年版),分课程之功用、现代课程之领域、现代课程编制、各级学校课程编制四章论述中小学课程;盛朗西编《小学课程沿革》(中华书局1934年版)和李廉方著《小学低年级综合课程论》(中华书局1934年版);陈侠著《近代中国小学课程演变史》(商务印书馆1944年版)。

(3) 翻译出版了一批美国课程论著作

这一时期,一些美国的课程论著作也得以翻译出版,如美国庞锡尔著,郑宗海、沈子善翻译的《设计组织小学课程论》(F. G. Bonser, The Elementary School Curriculum, 商务印书馆1925年版);博比特著,张师竹译《课程》(商务印书馆1928年版);博比特著,熊子容译《课程编制》(商务印书馆1943年版)。

(4) 课程论作为专门领域与教学论并行研究

20世纪30年代出版的教育学著作也已经把课程或课程论作为教育学的一个重要组成部分,与教学论或教学方法并行研究。如当时比较有影响的著作中,罗廷光著《教育概论》(上海世界书局1933年版)将课程和教材作为单独的部分论述;孟宪承编《教育概论》(上海商务印书馆1933年版)把课程和教学分别作为不同的章节;胡忠智编《教育概论》(北平文化学社1934年版)已分列课程论(教育工具)、教学论(教学方法)。

(5) 课程论开始作为大学课程在高等院校进行教学

1930年国民党教育部编的《大学科目表》中,课程编制列为教育系第三、四、五年级选修课。30年代和40年代,中山大学、中央大学、复旦大学、湖南大学、云南大学、桂林师范学院、贵阳师范学院、东北大学、北京大学、北平师范大学、燕京大学等院校的教育系都开设了课程论。如北平师范大学教育系1931—1932学年已将课程论列入第二、三年级的选修科目,占4个学分,该校研究院教育科学门同年也将课程论列为选修科目,每周2学时计4学分。

20世纪20—40年代是我国近现代教育史上第一个改革和实验比较活跃的时期。这一时期对课程论的研究与美国等西方国家是同步进行的,并取得了重要的成果。但是,这一时期的研究主要集中在小学课程教材和课程沿革史方面,在课程理论方面主要介绍和移植美国的课程论,课程论研究的深度和广度上都有所欠缺。尽管如此,课程论作为教育学科类的一门独立学科,得到了重视。我国课程论学科已具雏形,并得到教材研究和课程史研究的有力支持,初步展现了课程论研究的辐射力。

2. 课程发展的相对停滞(1949—1978)

新中国成立以后,受苏联的教育科学的影响,我国在一个相当长的时期没有把课程论作为教育学的一门分支学科来研究,也很少有专门的研究论文,师范大学教育也不再开设课程论。其原因有:① 社会和教育制度中缺少课程论产生和发展的直接需求;仿效苏联模式,课程管理上高度统一。② 学术传统上的原因。在教育理论研究上也多是借鉴苏联,而在苏联的教育理论中,主要是在教学内容的范畴内进行有关课程的研究与探讨。因而我国的学者也很少能从课程本身、从课程发展的规律入手进行专门的课程研究,而仅仅是把课程作为教学论的一个部分加以研究。

3. 新时期课程论研究的复苏(1978—1988)

(1) 1981年《课程·教材·教法》创刊

1981年,教育部直属的,以研究、编写中小学教材为主要任务的人民教育出版社设立课程教材研究室,并创办了全国第一家《课程·教材·教法》杂志,我国课程研究工作者有了集中发表自己关于课程教材的意见的园地。创刊号发表的戴伯韬《论研究学校课程的重要性》一文,奏响了新时期我国课程研究的序曲。在同年出版的该刊第2~4辑中,刊登了陈侠《课程研究引论》、叶立群《中小学课程设计的三个问题》、刘英杰《中小学课程设置的几个问题》等研究文章。1983年,教育部批准成立了课程教材研究所,与人民教育出版社合署办公。

(2) 一些课程译著与专著的问世

人民教育出版社编辑出版的《外国教育丛书》中,有关中小学课程研究与改革的内容,占了一定的篇幅。接着又编辑出版了一些课程译著。如英国丹尼斯·劳顿等著、张渭城等译《课程研究的理论与实践》(1985年版);日本伊藤信隆著、邢清泉等译《学校理科课程论》(1988年版)。除此之外,一些国内学者课程研究专著的出版也推动了这一时期的课程研究。1988年,河北大学王伟廉编著的《课程研究领域的探索》(四川教育出版社1988年版),介绍了欧美课程研究领域的一些情况,引起了研究者的关注;华东师范大学瞿葆奎主编,陆亚松、李一平选编的《教育学文集·课程与教材》(上)(人民教育出版社1988年版),为推动课程论这一教育学领域比较薄弱的环节的研究提供了比较系统的材料。

(3) 课程研究论文增多

这一时期,关于课程研究的论文在全国各个刊物上逐渐多起来,同时,对国外课程研究情况的介绍也逐步增多。1984年,山西大学史国雅发表了《课程论的研究范围及指导原则》一文,介绍了国外和我国课程论研究的概况,他提出课程论研究的范围应当包括课程设计和课程实践两个方面,他第一次将课程论研究的领域扩大到了教学论的领地。80年代中期以后,随着《九年制义务教育教材编写规划方案》的出台,在各种教育刊物上刊登

的课程方面的论文数量更是呈增长趋势。与此同时,越来越多的攻读教育学硕士学位和博士学位的研究生,把研究方向对准了课程领域。

(4) 教学论研究者开始重视对课程的研究

从80年代中期开始,教学论研究者也开始重视对课程的研究,杭州大学董远骞、张定璋、裴文敏著《教学论》在该书的第八章"课程论"部分,阐述了课程论是关于教学内容的理论的看法,并结合我国的实际,论述了课程的"双基论"。北京师大王策三在其《教学论稿》中,分三章论述了课程的历史发展、课程的本质和结构、课程设计的方法。东北师大吴杰在其编著的《教学论——教学理论的历史发展》分四编探讨教学论问题,其中第一编就是"课程论",他探讨了中外课程论的历史发展、当前世界主要工业国家课程改革的趋势、从课程论的历史发展和当前情况所看到的问题以及我国课程论所要研究的问题。他认为,课程论要回答的问题是教什么、为什么教和怎样教这三大问题。

(5) 我国义务教育课程教材的改革与发展的步伐加快

从80年代中期以后,我国九年义务教育课程教材的改革与发展的步伐加快。1986年国家教委成立了全国中小学教材审定委员会,并于1988年颁发了《九年制义务教育教材编写规划方案》,明确提出把竞争机制引入教材建设,逐步实现教材的多样化,以适应各类地区、各类学校的需要。全国出现了多套义务教育教材同时开始研究、编制和试验的形势。课程教材研究和编制的需要,客观上大大促进了课程论的研究。

小结:尽管在这一时期,从某种程度上讲,课程论还是作为教学论的一个组成部分来进行研究,但它也是我国课程论开始学科重建的准备时期,课程论作为教育学的一个分支学科的酝酿时期,课程研究队伍逐步形成和壮大的时期。在这一时期,课程论研究的中心问题在不同程度上得到重视,阐释课程问题的深度和广度都有相应的加深和扩展。

4. 课程作为教育学分支学科的重建时期(1989年以后)

1989年以后,教学论继续把课程论作为自身的一个组成部分加以研究,并越来越注意课程的理论和方法的研究。例如:李秉德主编《教学论》,吴文侃主编《比较教学论》,等等。随着两本比较有影响的课程论专著出版,我国课程论开始形成了独立的研究领域。

(1) 两本代表性著作问世

1989年我国正式出版了两本课程论专著,一是课程教材研究所陈侠著《课程论》(人民教育出版社1989年版);一是华东师大钟启泉编著《现代课程论》(上海教育出版社1989年版)。此后我国又陆续出版了一些课程论的专著,课程论研究在我国教育学界渐成热点。

《课程论》结合中国的实际情况进行论述,形成了独具特征的结构体系。从论述课程研究的对象、目的和方法,考察中西方学校课程的演变和课程理论的流派,到论述制约学校课程的各种因素,把学校课程编订与教育目标挂钩,分别阐述学校课程在培养全面发展的人和实施全面发展的教育中的地位和作用,教育目标和课程的性质、任务、类型、编订、实施和评价的关系,最后探讨课程编订的趋势。

钟启泉《现代课程论》的特点是借鉴国外特别是日本学者的材料,系统地研究了学校课程的发展、课程论遗产和课程理论的进步;考察了课程编制的基本理论,如课程概念、类型、结构、课程编制原则、课程基础,以及教育目标、课程开发、教材教具、课程评价、课程管理等;介绍了美国、西欧、苏联和日本的现代课程研究;用较大篇幅对美国、苏联、英国、法国、联邦德国、日本等国学校课程的实施及其特点做了比较研究。该书向我国的课程研究人员全面展示了国外课程研究的现状和所取得的成果。

(2)"课程发展与社会进步国际研讨会"召开

1990年10月,"课程发展与社会进步国际研讨会"在上海举行,这是我国第一次在课程领域主办的国际性学术研讨会,课程改革问题在我国受到了空前的重视。这一时期,我国中小学课程问题在国家、地方和学校三个层面上得到了不同程度的研究与改革,义务教育和普通高中课程改革引起了教育学界的普遍关注,国家教委制定新的义务教育课程计划,部署义务教育课程教材多样化的改革,以及上海市中小学课程教材整体改革和浙江省义务教育综合课程教材的改革,引发了人们对课程理论问题的重新思考。一些课程论著作从不同的视角对课程问题进行了理论阐释。

(3)一大批课程论专著出版

华中师大廖哲勋著《课程学》(华中师范大学出版社1991年版),从大学教育系专业课的角度对课程问题做了系统的科学研究。近年来,一大批课程论专著的出版表明,我国课程研究的范围已有所拓展,并开始对课程专题进行探讨,我国的课程研究初步走向繁荣。这些著作包括《国外课程改革透视》(钟启泉等著,陕西人民教育出版社1993年版)、《中国课程变革研究》(杨玉厚等著,陕西人民教育出版社1993年版)、《现代课程论》(靳玉乐著,西南师范大学出版社1995年版)、《中国古代学校教材研究》(熊承涤著,人民教育出版社1996年版)、《课程理论——课程的基础、原理和问题》(施良方著,教育科学出版社1996年版)、《潜在课程论》(靳玉乐著,江西教育出版社1996年版)、《课程变革概论》(白月桥著,河北教育出版社1996年版)、《阶梯型课程引论》(黄甫全著,贵州人民出版社1996年版)、《课程论问题》(丛立新著,教育科学出版社2000年版)、《课程研制方法论》(郝德永著,教育科学出版社2001年版)、《课程研究:现代与后现代》(汪霞著,上海科技教育出版社2003年版),等等。同时,数学、物理、化学等学科课程论的研究也取得了成果。

(4)"全国课程专业委员会"成立

1997年3月,中国教育学会教育学分会正式批准成立全国课程专业委员会,这是我国第一个专门从事课程研究的学术性团体,它的主要成员不仅包括课程理论工作者,还包括课程实践工作者。1997年11月,由全国课程专业委员会和课程教材研究所等单位主办的首届全国课程学术研讨会在广州召开。大课程论专著的问世和全国性课程研究学术团体的成立,表明课程论作为教育学的一个正式分支学科的重建已基本完成。

(5)《基础教育课程改革纲要》颁布

《基础教育课程改革纲要》的颁布,不仅在实践上开创了我国课程领域一次重大的、全面的改革,更是掀起了一个全国性的课程理论研究高潮。

这段时间课程之所以得到重建并取得快速发展,其原因有:第一,理论研究环境的改善。在改革开放的环境中,教育理论获得了前所未有的宽松氛围,长期困扰和禁锢人们的禁区不复存在。第二,教育改革的需求。改革开放带来了中国社会各方面的迅速发展变化,也对教育改革提出了要求。1985年,《中共中央关于教育体制改革的决定》提出了教育内容陈旧的问题,1986年颁布了《义务教育法》,1993年颁布《中国教育改革和发展纲要》,此后又颁布出台了一系列关于教育改革的文件,如:《面向21世纪教育振兴行动计划》(1998)、《中共中央关于深化教育改革,全面推进素质教育的决定》(1999)、《国务院关于基础教育改革与发展的决定》(2001)。20多年来,基础教育改革在不断深化的过程中,人们越来越强烈地感觉到,大多数的教育改革都与课程有关,都经常在最后归结到课程。

第三,课程本身的发展。随着教育改革的不断推进和深化,课程本身也得到了不断的改革与发展,课程结构、课程门类、课程评价、课程管理等总是需要课程论的解释与说明,这就对课程的专门研究提出了要求。直到2001年教育部《基础教育课程改革纲要》的颁布,更是在全国范围掀起了一个课程研究的高潮,促进了当今我国课程论研究的发展与繁荣。

二、教学的历史形态

(一)西方教学历史的演进

1. 古代萌芽期(产生—16世纪)

从教学产生到公元16世纪的数千年中,教学经历了一个漫长的萌芽时期。这一时期,学校教育规模比较小,为社会的统治阶层强权垄断,主要是上层社会的贵族教育和宗教教育。典型的代表有雅典的"七艺"。此时,教育教学问题还没有成为独立的研究对象。许多教育家在教育实践中总结自身及他人的教学经验,已经形成了一定的教学思想,但这些思想还是分散的、个别的,未能形成系统的教学理论体系。

在西方,古希腊和古罗马是西方文明的主要源头,也是教学思想的发源地,曾先后出现了苏格拉底、柏拉图、亚里士多德和昆体良等著名思想家。苏格拉底首次提出归纳法,认为学习不是单纯集聚知识材料,而是学生和教师共同寻求答案的过程。他强调完善人格的道德教育,并提出"产婆术"的教学方法,引导学生自己进行思索、自己得出结论。古罗马昆体良的《雄辩术原理》,较全面总结了演说家培养的教学原则和方法,是西方教育史上第一部系统的教学法专著。他明确地提出了儿童发展的广泛可能性,认为教学应以人的成长和发展阶段为基础,教学应适应学生的特性。他在学习方法上所提出的三个顺序递进的阶段:模仿—理论—练习以及使记忆完善地发展等方面的见解都是很有价值的。在4世纪到14世纪的中世纪时期,教育领域为基督教所控制,神学主宰学校,变产生了基督教的教学思想。从14世纪到17世纪,尊崇人性的西方的文艺复兴运动在教育上批判封建教育脱离实际的教学内容和忽视儿童学习的主动性、积极性的教学方法,阐发系列促进儿童身心和谐、尊重儿童天性、加强人文教育、改革教学方法和因材施教等重要教学思想。这一切为教学形成系统理论奠定了思想基础。

受特定历史条件的限制,这一时期教学论还没作为研究对象,对教学的研究仅局限于经验的积累和现象的描述,所形成的教学思想是片断的、零星的、缺乏系统的阐述和论证。

2. 近代建立期(17世纪—20世纪初)

文艺复兴后,欧洲经历了从封建社会向资本主义社会的转型,新型的资产阶级为了稳固自己的统治,在政治、经济和文化领域迫切需要大量的人才。这种社会需求极大地促进了学校教育的发展,推动了教育教学思想的变革。在这一时期,开始出现教学论专著,有关教学的理论体系建立。主要代表人物有夸美纽斯、卢梭、裴斯泰洛齐、赫尔巴特等。

(1)夸美纽斯的教学思想

夸美纽斯(Johann Amos Comenius,1952—1670)是17世纪捷克著名教育理论家和实践家,近代教育学的奠基人。他在长期的教育实践基础上,于1632出版了《大教学论》,这是教学论成为一门独立学科的标志。《大教学论》在历史上第一次比较系统、完整地论述了教育教学的主要问题。夸美纽斯所说的教学论是指"教学的艺术",即"把一切事物交给一切人类的全部艺术"。其教学思想主要包括:

第一,教学对象普及化。他的教学论是为"一切人类"服务的,人人都可受教。夸美纽斯提出一个响亮的口号:"一切男女青年都应该入学校","不仅有钱有势的人的子女应该进学校,而且一切城镇乡村的男女儿童,不分富贵贫贱,同样应该进学校的"①。

第二,教学内容"泛智化"。"泛智"就是"把一切事物教给一切人类"。他认为人们所受的教育应该是周全的,包括"博学""德行""虔信"三个方面。为此,夸美纽斯为各级学校拟定了一个包括自然、人文、社会、宗教等各方面知识的"百科全书"式的课程体系。

第三,教学组织学年制和班级制。在中世纪,西欧各国学校工作的组织基本上处于混乱无序的状态,学生在一年中可以随时入学。为了改变这种状况,夸美纽斯制定了统一的学年制,要求所有公立学校在一年之中只招一次学生,秋季始业,同时开学,同时放假。在教学组织形式方面提出"班级授课制",即把不同年龄、不同知识水平的儿童,分成不同年级,通过班组进行教学,一位教师可向全班几百个学生同时授课。并论证了这种组织形式的优越性:"教师看到跟前的学生数目愈多,他对工作的兴趣便越大……教师自己愈是热忱,他的学生便愈会表现热心。同样,在学生方面,大群的伴侣不仅可以产生效用,而且也可以产生愉快(因为人人乐于劳动的时候有伴侣;因为他们可以互相激励,互相帮助)。"②夸美纽斯创立的学年制和班级授课制是学校教学共组制度上的重大改革,大大提高了学校工作效率,符合近代学校教育发展的需要,因而为后世所广泛采用。

第四,教学"适应自然"的原则。夸美纽斯的自然适应性原则,最主要的是指教育必须遵循自然界的普遍规律。夸美纽斯认为,自然界有一种普遍规律,人是自然的一部分,因而人类的教育活动必须与自然界的普遍规律相适应。此外,自然适应性原则还包括教育必须适应儿童本身的"自然",即儿童身心发展的特点。他根据自然"秩序",对新学校的教学提倡五条原则,即延长生命的原则;精简科目,使知识能够更快地获得的原则;抓住机会,使知识准确获得的原则;开发心智,使知识容易获得的原则;把判断力磨砺敏锐,使知识能够彻底获得的原则。

夸美纽斯在教学历史上的贡献是有目共睹的:第一,他在教学论方面做出了比较全面的贡献,奠定了近代教育教学理论的基础;第二,他提出教育适应自然原则使教学理论取得突破性的进展,这一主张不仅力图将以往零散的教育经验加以理论化,引导人们注意遵循教育规律,而且使教育理论在从神学束缚解放出来的道路上跨出了一大步,给人们教育思想上的解放以重大的启示;第三,他是教育史上第一位系统地总结教学原则的教育家,他的教学理论包含了大量宝贵的教学经验,在一定程度上反映了教学工作的客观规律性,

---

① [捷]夸美纽斯著,傅任敢译.大教学论[M].北京:教育科学出版社,1999:52.
② [捷]夸美纽斯著,傅任敢译.大教学论[M].北京:教育科学出版社,1999:139.

具有普遍的指导意义；第四，他的"泛智论"教育思想是探索将一切有用的实际知识教给一切人的理论，这一理论适应了弘扬理性、尊重知识的时代潮流，表达了普及教育、普及知识的民主精神。

（2）卢梭的自然主义教学思想

卢梭（Jean-Jacques Rousseau，1712—1778），启蒙时期法国著名思想家、社会哲学家、教育理论家。他的旷世教育名著《爱弥儿》被认为是继柏拉图《理想国》之后西方最完整、最系统的教育论著。他在其著作《爱弥儿》开篇便说："出自造物主之手的东西，都是好的，而一到了人的手里，就全变坏了。"①他的自然主义教育思想在扫除封建教育和建设现代教育的历史转折时期占据着里程碑地位。他的自然主义教育理论内含如下特质：

第一，以培养"自然人"为教育目的。卢梭指出，"遵循自然，跟着它给你画出的道路前进"②。卢梭所讲的"自然人"主要有三个特质：首先，"自然人"是相对于城邦公民而言的。"自然人"完全为自己而活，充分遵循自我天性的发展规律。其次，"自然人"不依从于任何固定的社会地位和社会职业，不被传统所束缚，是具有独立生活能力且勤于从事劳动实践的自由人。再次，"自然人"是身心协调发展的人，能掌握自己的命运，保持人的主体地位，适应客观环境的发展变化。

第二，以传授有用的知识为教学原则。卢梭反对教给学生百科全书式的知识，更反对用书本知识束缚儿童的头脑，他认为这些都不是真正有用的知识。他强调通过启发性教学，调动儿童学习的自主性和主动性，培养学生的求知欲、好奇心。因此，在教学内容的选择上遵循实用和兴趣两个原则。另外，卢梭根据儿童身心发展规律的研究，指出人生的每一阶段都有各自的特征和教育任务。他认为，儿童在12岁之前处于前理智期，其认识主要靠感觉和活动。在这个阶段，"纯理论的知识是不大适合于孩子的，即使孩子在接近于长成少年的时候，对他也是不大适合的"③。

第三，以顺应学生的天性为教育方法。在教育方法上，卢梭要求教育要以儿童的经验为基础，要顺应儿童的天性，让儿童独立观察和研究大自然中的各种事物，主张依据不同的年龄阶段，循序渐进地开展教育。其一，他从感觉经验论出发，认为儿童先是通过感觉去认识世界，再经历理性加工分析。因此，在教学过程中，主张充分调动学生的自主性和主动性，充分发挥学生的感官功能，让学生自己去看、去听、去摸，因此激发学习兴趣。其二，反对强制教育，反对盲从教师权威，强调教学互动和能力培养。卢梭提出了一系列相关教育理念和方法，如在体育方面提倡锻炼身体，主张让学生接受困难和危险考验，反对娇生惯养；在智育方面，主张让儿童通过参与活动和接触实物锻炼其观察探索能力，反对死记硬背陈腐的知识教条。最后，卢梭积极倡导以身作则的示范教育，主张在任何事情上，教师的教育都应该是行动多于口训，"因为孩子是容易忘记他们自己说的和别人对他们说的话，但是对他们做的和别人替他们做的事情，就不容易忘记。"④

综上所述，教学应以尊重儿童及其自然天性为前提，激发和保护儿童那源于生命自然

---

① [法]卢梭著.爱弥儿(上册第一卷)[M].北京：人民教育出版社，2001：1
② [法]卢梭著，李平沤译.爱弥儿(上册第一卷)[M].北京：商务印书馆，2003：3.
③ [法]卢梭著，李平沤译.爱弥儿(上册第一卷)[M].北京：商务印书馆，2003：91.
④ 李平沤著.如歌的教育历程[M].济南：山东人民出版社，2008：25.

的好奇心和兴趣,以儿童在教师导引之下的自主发现的教学过程和方法,依性而教,淡化竞争,培养身心和谐发展、自由自主的行走于文明社会的"自然人",卢梭的这些教学思想在今天仍然散发出质朴和超越的思想光芒。

(3) 裴斯泰洛齐的教学思想

裴斯泰洛齐(J. H. Pestalozzi,1746—1827),瑞士民主主义教育思想家、教育改革家。裴斯泰洛齐深受卢梭的影响,在长期的教育改革实践中,他创造性地发展了卢梭的教学思想,形成了自己的教学思想体系。

第一,提出"和谐发展"的教学观。裴斯泰洛齐从培养和谐社会的成员出发,主张所有的人都应受到教育,并提出体育、劳动教育、德育和智育的和谐教育思想。他认为,教学的任务就是和谐地发展一个人的各种能力。

第二,提出教学心理化的思想。从对人的自然发展的认识出发,裴斯泰洛齐认为,人的心理发展是有一定顺序和规律的。他主张应探寻人的发展规律和心理发展特点,并依照人的心理发展规律和特点,对儿童进行教育和教学指导。裴斯泰洛齐研究了教学过程中必须遵循的原则,他认为,在教学中,学习知识应从最简单的开始,并逐步向复杂过渡。同时,知识的学习环节循序渐进,以适合儿童的本性。裴斯泰洛齐关于教学心理化的论述,为依据儿童身心的发展需要而选取和利用客观材料,进行适合儿童特点的教学提供了有利的条件。

第三,提出要素教育论。裴斯泰洛齐的教学心理化思想主要是通过他的要素教育论的方法体系实现的。在他看来,要素是构成事物的最简单的基本单位。要素教育就是依据儿童先天能力的最初表现,寻求教学内容的最简单要素进行教学的方法体系。他说:"最复杂的感觉印象是建立在简单要素的基础上的。你对简单的要素完全弄清楚了,最复杂的感觉印象也就变得简单了。"①

第四,建立初等教育各科教学法。从要素教育论出发,裴斯泰洛齐研究了初等教育的语文、算术、测量等学科的教学,认为数、形、词完全适合这三科的教学。关于语文教学,他提出语文教学最简单的要素是词,而声音是语文教学的基本手段。语文教学有三个阶段,先是发音教学,其次是单字或某个事物教学,最后是语言教学,因而有发音教学法、单词教学法和语言教学法;关于算术教学,他认为,由于数目是可以计算的,因而,算术教学的目的是得到清楚的概念。算术教学应先让学生对个位数的运算及其关系有所了解,然后再以同样的方法了解十位数和百位数。在算术教学中,裴斯泰洛齐强调要与实物教学结合起来进行;关于测量教学,他主张先从直线开始,进而练习转角、正方形、平行线、正方形的分割,然后练习曲线和几何图形等。此外,他还研究了地理教学法。

总之,裴斯泰洛齐的教学思想的可贵之处在于他把教学理论与现实教育紧密地结合起来,创立了一套依照儿童的心理特点进行教育和教学的方法体系。正是这一贡献,使他的工作受到许多国家的重视,在欧美各国出现了研究"裴斯泰洛齐"的运动,揭开了教育心理化运动的序幕。

---

① 张焕庭主编.西方资产阶级教育论著选[M].北京:人民教育出版社,1979:207.

(4) 赫尔巴特的教学思想

赫尔巴特(Johann Friedrich Herbart，1776—1841)是近代德国的哲学家、心理学家和教育家。1806年，赫尔巴特撰写的《普通教育学》这部划时代的教育性巨著，被誉为教育科学第一部理论专著。他以系统的实践哲学和心理学为基础建立起西方近代教育史上最严整的教育学、教学论体系。其教学论思想的主要内容如下：

第一，提出教学的教育性原则。赫尔巴特认为教学工作的最高目的在于养成德行。知识与道德具有直接和内在的联系，人只有认识了道德规范，才能产生服从道德规范的意志，从而形成符合道德规范的行为。赫尔巴特说："教学可以产生思想，而教育则形成品格，教育不能脱离教学，这就是我的教育全部。""我得立刻承认，不存在'无教学的教育'这个概念，正如反过来，我不承认有任何'无教育的教学'一样。"①在赫尔巴特看来，教学必须具有教育作用，教师在进行教学时，不能只限于如何使学生掌握某种实际的知识技能，而应着眼于学生的良好人格和五种道德观念。赫尔巴特进一步指出，虽然教学具有教育性，但并非一切教学自然而然具有教育性。决定教学具有教育性的主要因素在于强化教学工作中的教育目的性，使教学目的与整个教育目的保持一致，它要求教师必须严格按照一定的教育目的来组织教学过程，以使教学真正成为造就社会所需要的人的有效途径。

第二，教学形式阶段理论。赫尔巴特注重研究个体兴趣的变化过程来说明教学过程，他认为兴趣活动可以分为四个阶段：首先，"注意"。所谓"注意"是指心智活动使一种表象突出于其他表象，就使兴趣活动对它产生一种倾向。其次，"期待"。所谓"期待"是指新引起的表象活动往往不能立刻出现在意识中，兴趣活动因而转向对它产生期待。再次，"要求"。所谓"要求"是指从兴趣中产生欲望，这种欲望通过对于对象的要求，使它本身显示出来。最后，"行动"。当人的能力为"要求"所使用时，便进而为"行动"。在此基础上，赫尔巴特提出了"教学形式阶段"的理论以及相应的教学方法。他认为，任何教学活动都经历如下四个阶段：

第一阶段：明了。当一个表象由于自身的力量突出在感官前，兴趣活动对它产生了"注意"。这时，学生处于静止的"专心"活动，教师应运用"单纯的提示教学法"即直观教学法和讲解的方法，进行明确的提示，使学生获得清晰的表象，以做好观念联合的准备，即学习新知识的准备。

第二阶段："联想"。由于新表象的产生并进入意识，激起原有观念的活动，因而产生新旧观念的联合，但又尚未出现最后的结果。这时，兴趣活动处于获得新旧观念前的"期待"阶段，教师应运用"分析教学法"，即对同时出现在感官面前的表象和观念进行区分，以便发现它们之间相似、相同和不同，和学生进行无拘束的谈话，运用分析的教学方法。

第三阶段："系统"。新旧观念最初形成的联系，并不是十分有序。因此需要对前一阶段由专心活动而得到的结果进行"审思"。兴趣活动正处于"要求"阶段。这时，教师应运用"综合教学法"，把知识组织得有条不紊，使新旧观念联合系统化，从而获得新的观念。

第四阶段："方法"。新旧观念的联合被系统化之后，必须加以强化，这就要求学生自己进行活动，通过实际练习，巩固新获得的知识。

---

① [德]赫尔巴特著，李其龙译.普通教育学·教育学讲授纲要[M].北京：人民教育出版社，1989：36.

赫尔巴特的"教学形式阶段"理论,后来为他的学生齐勒尔、维尔曼、赖因等人所广泛宣传。赖因把"四阶段"发展成为"教学五阶段":预备、提示、联合、系统、应用,即"五段教学法"。

赫尔巴特对教学论的贡献是巨大的:他继承并发展了裴斯泰洛齐"教育心理学化"的理念,充分阐释了心理学对教育学的意义;他第一次明确论述了"教育性教学"的理念;他把"兴趣"概念引入教学论,指出教学须以培养"多方面兴趣"为任务;他指出教学顺序应建立在掌握知识的心理顺序的基础上,并确立了教学的"形式阶段"。当然,赫尔巴特的教学理论也有不少缺陷:过于强化教师对教学过程的控制作用,对学生的主体性的发挥重视不够,从而陷入"教师中心论";过于强化学科的重要性,对学生活生生的经验重视不够,从而陷入"学科中心论"。

3. 现代发展期(20世纪初—20世纪70年代)

现代教学理论产生阶段跨度为20世纪初至20世纪70年代。在西方,从19世纪到20世纪的转折期,传统教育的矛盾和缺陷亟待克服,西方教育出现重大转型,以赫尔巴特为主要代表的传统教育思想开始受到批判和改造,形成了以欧洲"新教育运动"和美国"进步主义教育运动"为代表的现代教育运动,以杜威教学理论的创成和实践为代表的现代教学论逐渐萌生。特别是20世纪50年代以来,为了解决知识增长的无限性与学生学习时间有限性之间的尖锐矛盾,在世界范围内形成了丰富多彩的教学理论流派,教学发展出现多元化发展的趋势。这种多元化特征是以三大理论流派的共同发展来体现的,它们是:苏联赞可夫的"发展性教学论"、美国J.S.布鲁纳的结构主义教学论(前文已涉及,在此省略介绍)、联邦德国M.瓦根舍因的范例教学论。

(1) 杜威的教学思想

约翰·杜威(John Dewey,1859—1952),美国著名的哲学家、心理学家、社会学家。他以其卓越的智慧和非凡的气魄,总结、批判、继承了自古希腊以来几乎所有教育家的教育与教学理论,在现代教育史上他第一次对赫尔巴特的以教师、书本、课堂为中心的"传统教育"的概念提出系统的批评。他认为,传统教学的第一个弊端是脱离社会生活,以课本和课堂为中心;第二个弊端是压抑儿童的个性和主动精神;第三个弊端是教学目的的不统一;第四个弊端是只注重向儿童灌输和注入知识,忽视了儿童的能力培养、技术训练和职业培养。在实用主义或经验主义哲学的基础之上,创造性地确立了自己的教育哲学命题和教学理论。具体教学思想包括以下内容:

第一,"教育无目的"的目的观。杜威主张"教育本身并无目的",他在《民主主义与教育》中说:"我们要提醒自己,教育本身并无目的。只是人,即家长和教师才有目的:教育这个抽象概念并无目的。"① 杜威的教育目的观是建立在对传统教育目的的批判与继承的基础上的,他反对外界强加于教育过程的目的,认为这种教育目的是呆板的,杜威主张将教育目的建立在儿童经验的基础上,认为儿童的经验是具体的、现实的,教育的目的要着眼于现有的秩序,立足于学生的发展特点和年龄特征进行,而不是依据遥远的未来。

第二,"做中学"的教学方法。为了培养学生的思维能力,杜威认为教学方法应根据思

---

① [美]约翰·杜威著,王承旭译.民主主义与教育[M].北京:人民教育出版社,1990:119.

维的方法,而由于"思维起于歧路的交叉点",有了问题的情境才能引起思维的活动,所以教学要从儿童的生活和直接经验出发,让儿童"从做中学"。因此,在教学实践上,他主张通过"主动作业",用纺织、园艺、木工、金工、烹饪、缝纫等各种活动方式促进儿童的经验得以发展。主动作业应具有三个特点:一是它要适合儿童经验的生长的要求;二是它要源于社会生活,可以代表社会的情境;三是它作为科学地理解自然的原料和过程的活动中心,可以不断地指向科学的逻辑经验的发展。主动作用于课堂教学的实践就是"问题教学法"。

第三,"问题五步"的教学过程。由于儿童的学习是在活动中进行的,在活动中培养学生的思维能力要通过一个从尝试失败到成功的复杂过程。杜威认为,面临一个问题时,人们的正确思维过程大致可以归纳为五个步骤:在情境中感觉到要解决某种问题的暗示;明确要解决的疑问是什么;提出解决问题的做法;推断所定假设的内在含义;在行动中检验假设,从而解决疑问,取得直接经验。在此基础上形成了教学过程中相应的五个步骤:创设疑难情境;确定疑难究竟在什么地方;提出解决问题的种种假设;推断所可能导致的结果,看看哪个假设能解决这个问题;进行实验以证实、驳斥和修正这个假设。可以看出,杜威把获取知识的根源归于学生亲自投入其中的学习实践活动。他把教学过程看成是学生做、思、学三者的统一,强调学生自主的尝试和发现。

第四,开放性的教学组织形式。杜威对当时学校的教学组织形式提出了批评,认为传统的班级授课是一种教师主动独断、学生被动消极的陈旧教学形式。在教室里整齐排列的课桌课椅约束了学生的大脑。因为没有了活动的情境,学生只能"静听",这就无从调动学生学习的积极性,也无法培养儿童的创造性思维。杜威主张在课堂上要为儿童准备充分的活动场所,备有适合儿童活动所需要的多种材料和工具,要在学校设立实验室、工厂和活动园地,让儿童在手工制作活动中学习,而且要通过这样的一些教学活动,使得艺术、文学、科学、历史以及地理方面的知识与儿童的活动经验联系起来。

第五,"儿童中心,教师主导"的师生观。杜威的教学理念中比较明显地表现了他的"儿童中心"立场,他主张教育和教学要来自儿童自己的活动,而儿童自己的活动的来源则是儿童的本能和需要。在这种学生观下,教师在教学中的主要任务,是在儿童做的过程中给予提示。这要求教师要有一定的教学与活动组织能力,要具有时代的精神。教师的具体作用体现在:要为学生创设一个活动的、进行探究的课堂环境;教师必须认识到,兴趣是学生探究活动中至关重要的因素;教师是这个探究活动的组织者。

杜威建立了系统、完整、有独创性的教学理论。这一理论针对传统学校中死板教学的种种弊端,提出了不少合理的见解,他把教学重点转移到人的方面,是对教学理论的重要贡献。杜威的教学理论对美国、西欧乃至苏联和我国都产生了持久深远的影响。

(2) 赞可夫的发展性教学理论

赞可夫(1901—1977),苏联著名教育家、教育科学院院士。他自1957年开始组织和领导"教学与儿童发展"课题的大规模实验研究和理论研究。在长达20多年的实验与理论研究中,形成了他的发展性教学理论体系。与此相关的思想理念在赞可夫的《学生在教学过程中的发展》《教学与发展》等著作中都有着系统的阐述。

第一,教学要促进学生"理想的一般发展"。在教学与发展的关系上,他认为传统教学偏重知识的传授,忽视学生能力的发展,这不能适应学生毕业后所遇到的实际问题。他倡导的"一般发展",是指儿童个性整体的发展,即儿童智力、情感、意志、集体精神等各方面的全面和谐发展。赞可夫认为这种一般发展应当成为学校教学的首要目标,"教学要在学生的一般发展上取得尽可能大的效果"。

第二,提出"一般发展"教学的指导性原则。为了达到使教学能够有效地促进学生一般发展的目的,赞可夫提出了新的教学原则体系,共包括五条原则:以高难度进行教学的原则;以高速度进行教学的原则;理论知识起指导作用的原则;使学生理解学习过程的原则;使全班学生包括"后进生"都得到发展的原则。赞可夫认为,这些教学原则是相互联系、相互制约而起作用的,在教学过程中它们各自的作用和功能也有所不同。

第三,提出促进学生"一般发展"的教学策略。赞可夫认为,教师在教学活动中应该运用以下教学策略来促进学生的一般发展:其一,要重视学生在学习活动中的内部诱因,使学生成为学习的主体;其二,要重视学习的"情绪生活",建立融洽、和谐的师生关系;其三,精心挑选、设计、编排需要学生进行思考和推理、并具有一定思维负荷的练习,让学生在练习中发展自己的创造性思维能力。

总之,赞可夫倡导的教学与发展关系的实验研究及其教学论体系,反映了当前世界科学技术和人类本身发展的需要,具有很多积极因素,有些问题可资我们在探索教学改革时的参考和借鉴。它的缺点是对教学过程未能做出总体上完整的研究和表述,特别是教学原则体系还没有得到令人满意的论述,我们应当根据实践进一步进行研究和探讨。

(3) 瓦根舍因的范例教学

20世纪中叶,德国著名的教学理论专家瓦根舍因(M. Wagenschein)、克拉夫斯基(W. Klafki)等人针对传统教学模式的弊端,在对教学内容和教学方法改革的实践中,形成了一种新的教学思想与教学模式——范例教学。所谓"范例教学",指的是通过对典型事例和教材中的关键性问题的教授和探索,促使学生理解从个别到一般、带动学生理解和掌握基础性和普遍性知识的一种教学模式。

"范例教学"的基本思想是:要精选教材,使教材变为本质的、典型的、原则性和结构化的知识和规律,在教学中起到举一反三的作用;教学不是再现和传授知识、技巧,而是要启发、引导、辅助学生积极地通过思考进行学习;教与学的目的不是获取知识和技巧,更重要的是获得良好的学习态度和认识、批判、解决问题的能力以及继续学习的能力。范例教学的主要特点是:强调激发学生的学习动机;帮助学生主动学习;强调引导学生掌握范畴性的知识及其内部逻辑结构;重在逐步显示教材的内部逻辑关系。

小结:以上教学流派虽各有侧重、各有特长,但不约而同地都体现出现代教学论的核心思想:既重视传授知识,更重视发展智能和培养创造性。从发展智能出发去传授知识,传授知识的目的是发展智能,故教学的重点放在发展智能方面。而就现存的现代教学论的各流派来说,它们共同具备的本质特征可以概括为:主体性、发展性、科学性和现代性。

4. 批判构建期(20世纪70年代—至今)

教学理论从20世纪70年代以来进入新的发展和构建时期。70年代以来,由于科学技术的迅猛发展和国际政治经济竞争的加剧,世界教育进入新的发展时期。这种发展和变化使教育理论与实践出现了新现象,即"教育先行""教育预见""社会拒绝使用学校的毕业生"。以《学会生存》的发表为标志,人类教育理论与实践有了指向未来的理念:其一,科学的人文主义教育目的;其二,学习化社会的理想以及作为学习化社会基石的终身教育的思想。正是在社会巨变和现代教育思想的感召下,现代教学走向了伴随自身困惑与批判的新的发展阶段。

(1) "学问中心"和"唯智主义"教学论的困惑

20世纪80年代,由于科学的"超常"发展以及由此带来的种种危机和人的异化,使科学理性主义在人类自身的发展中再一次经受历史的审视。因此,50年代出现的"学问中心"的教学论在新条件下遭遇困惑。美国的西尔曼尖锐抨击教室里的危机,提出学校是人性的学校,教育必须是培养自由的真正的人的教育。显然,他所抨击的是人格教育的危机。可见,70年代以来的教学论已经开始批判和反思50年代杜威教学论"矫枉过正"的错误做法。尽管教学的历史发展已经证明"儿童中心"主义教育不再存在于教育实践,甚至不可能再度成为主流,但只要正视80年代以来的教学的现实发展就应当承认,杜威的教学论已融入现代教育。

(2) 80年代以来现代教学论向人本化思路的演变

现代高科技发展给人类带来繁荣经济的同时,随之而来的人口爆炸、环境污染、资源枯竭等危机已成为阻遏人的发展的悖谬性难题。在借鉴历史和面临现实的两难选择中,人本主义教学论成为一种时代的必然。其中,最具有典型的就是基于对唯理智主义、学问中心主义的困惑而抉择的人本化思路。主要流派包括:

第一,以沙勒和舍费尔为代表的前联邦德国"批判—交往教学论"流派,该派重视学生个性和能力的发展,强调对和谐融洽的师生关系的研究,主张轻松而快乐的学习、个性解放和自我实现。

第二,以马斯洛、罗杰斯为代表的美国"人本主义教学论"流派,主张教学应当以人本主义心理学为基础,反对行为主义和认知心理学,重视人的尊严,主张发展人性和追求自我实现,认为学习者是教学的中心。人性化是其教学论的核心思想。

第三,以雷先科娃、阿莫拉什唯利为代表的苏联"合作教学论"流派,其主张在教学过程中建立起人道主义的合作师生关系,强调学习的快乐和成功,注重没有强制性的自由学习,并致力于探索民主合作的教学活动中人的全面和谐发展。

(3) 20世纪90年代以来的多元建构取向

20世纪90年代,一个世界文化思想大变革的年代,随着新思想、新科技和新产品的大量涌现,科技革命引领下的全面改革在全世界掀起了新的浪潮,世界仿佛一夜之间进入信息化时代,同时,保护环境、公平民主、爱好和平的思潮也在潜滋暗长。此阶段研究的热点是教学模式、教学艺术、素质教育和教学。一些美国学者认为当下最普遍的教学论是建构主义的教学论,与建构主义一起诞生的还有解构主义、重构主义等理论。从教学研究范式上来看,主要形成了三种范式:过程—成果范式、中介过程范式和课堂生态范式。[①] 由此可见,这三种范式是对20世纪70—80年代激情澎湃之双股潮流的"变相"演绎与重构解读:过程—成果范式代表的是科学主义的精神,中介过程范式和课堂生态范式体现的是

---

① 赵明仁,黄显华. 近20年以来西方教学研究的新进展:对教学的理解及其改变[J]. 比较教育研究,2006(2).

人文主义的内涵。只不过从90年代以来研究的趣味来看,建构主义的韵味更加浓厚,同时教学研究的重心有回归教师的趋向。

(二) 中国教学论发展的历史演进

中国教学论学科的现代发展,经历了以下四个阶段:

1. 萌芽形成期(战国时期—新中国成立前)

中国的教学思想是伴随中国学校的产生、发展和人们理性思维能力的不断发展而逐步产生、形成和发展的。在我国,远在战国时期的《论语》里就记载了许多不系统但很精辟的教学思想,诸如"学而不思则罔,思而不学则殆""不愤不启、不悱不发""学而时习之""温故而知新"等。战国末期的《学记》被认为是世界上最早系统论述教育教学思想的著作。它在内容上论述了教学的作用、目的、内容、原则、方法以及师生关系等问题,提出了如"不陵节而施""教学相长""循序渐进""长善救失"等教学思想。自汉武帝后,我国历代王朝推行独尊儒术的文教政策,所以,自西汉至清末的教学思想就呈现出儒家一枝秀的局面,诸如董仲舒、韩愈、朱熹、颜元、王夫之等著名教育思想家均对教学问题提出了不少独创见解,都为今天的教学理论留下宝贵的财富。

2. 发展停滞期(新中国成立—1978)

从新中国成立到1978年间,我国教学论发展以引进学习以凯洛夫为代表的苏联教学论为主,同时开始了当代教学论的初步探索。但在引进学习苏联现代教学论的同时,却对古代教学论思想、清末民国以来引进学习赫尔巴特传统教学论、杜威派实用主义教学论及我国学者的理论和实践探索成果采取坚决批判和彻底否定的态度。"文化大革命"期间,这种批判和否定被推向了极端,我国当代教学论发展的正常轨道遭到了严重破坏而陷于停顿状态。尽管在十分艰难的情况下,也进行了一些教学的理论与实践探索,但总体上看成效甚微。

3. 反思重建期(1978—1984)

党的十一届三中全会重新确立了为社会主义现代化建设服务的目标,实现了战略重点的转移,通过真理标准的大讨论,倡导和确立"解放思想,实事求是"的精神,教育界也重新认识教育的本质和功能,引发出一系列深刻的理论问题。这个时期要解决的问题是:教学论学科学术传统的建构及教学制度的完善问题。在这个阶段,不仅恢复了教育学课程,而且教学论从教育学学科中分化出来,成为一门独立的学科,并于1981年开始在全国范围内招收教学论专业方向的硕士学位研究生,培养专业研究人才。

教学论学科以独立形态出现后,首要的工作是清理"地基"。一是对原有的学科理论体系、思维方式及研究方法进行批判、分析基础上的扬弃,重新认识教育本质,重新认识知识分子,重新认识知识;二是对新中国成立后教学论学科发展的经验教训进行了初步反思,对学习苏联模式进行了检讨,重新评价历史上中外教育家的教学论思想,并开始恢复在"文化大革命"中一度中断的教育实验。在理论研究领域,开展了关于教育是不是上层建筑、关于传授知识和发展能力的关系、关于人的全面发展和全面发展教育等问题的讨论。这个时期的理论研究和学术讨论还不充分,学理性不强。尽管如此,教学论学科开始关注教育的相对独立性和能动性,从而为引进西方现代学术理论、思想资源开辟了广阔的空间。

4. 引进借鉴期(1985—1992)

遵循邓小平同志关于"教育要面向现代化、面向世界、面向未来"的重要指示,按照《中共中央关于教育体制改革的决定》的要求,这一时期教学论学科发展要解决的问题是,教学论学科的现代化如何起步,以及要形成什么样的思路问题。聚焦于这一中心,教学论学科发展进入全面引进、借鉴国外教育理论和经验及国内相关学科研究成果时期。

一是对国外教育思想的引进。在改革开放的时代背景下,学习发达国家教育改革与发展的经验成为人们关注的焦点,从1978年邵瑞珍、杜殿坤在《外国教育资料》杂志上介绍布鲁纳的课程理论和赞科夫的教学论思想开始,很快形成风行全国的引介热潮。通过引介,中国的学者了解了国外教育理论研究的最新动态,开阔了学术视野,在较高的起点上开始研究,在一定程度上有了与外国同行进行对等交流的话语权。

二是对国内相关学科研究成果的移植,特别是对哲学、心理学和文化学领域的研究成果的移植,如哲学界关于实践、主体性、价值等范畴问题的讨论,心理学界关于学习理论的研究,这些移植大大扩展了教学论的理论视角和研究的理论内涵。在引介学习的基础上,中国学者以揭示教学规律为核心进行了专题性探讨。首先是一些学者对系统科学观点及研究方法的介绍,涉及教育信息论、教学系统论、教学控制论、教学结构论等,旨在运用数学、物理学、工程学、信息科学的基本方法来重新认识、研究教学过程;其次是教学认识论的研究,王策三牵头成立课题组,通过立项对教学认识论问题进行了全面系统深入的研究,并于1989年出版了《教学认识论》一书是为重要成果。

三是对第二渠道、第二课堂、非智力因素、教学模式等问题的研究,尝试揭示教学与发展、智力与非智力因素、教师与学生的关系。基于"教学不仅是科学,也是艺术"这一命题,教学艺术的探讨也进入了人们研究的视域。这一研究并没有限于教学技能技巧水平,而是与美学、语言学、心理学相结合,探讨教学艺术的风格、教师的言语艺术、教师的幽默智慧等。

1985年6月正式成立中国教育学会教学论专业委员会,依托这一学术组织,全国高师院校的教学论工作者进行了系统深入的学科建设研究,从而促进了教学论学科地位的确立。

这个时期,学者们着手于中国教学论教材建设,出版的成果主要有:王策三的《教学论稿》(1985),吴杰的《教学论——教学理论的历史发展》(1986),关甦霞的《教学论教程》(1987),罗明基的《教学论教程》(1987),刘克兰的《教学论》(1988),陈侠的《课程论》(1989),扈中平的《教学论》(1990),徐名滴的《教学概论》(1990),李秉德、李定仁的《教学论》(1991),吴也显的《教学论新编》(1991)等。

5. 构建体系期(1993—2000)

1993年,《中国教育改革和发展纲要》提出了科教兴国战略以及教育体制转轨的目标,以教育体制改革为主线的教育改革全面启动。这个时期教学论学科发展要解决的问题是,如何进行中国化的理论研究与实验,形成符合本土特色的教学理论,形成有中国特色的教学体制的基本框架和发展模式。

基于对时代发展要求的把握,中国教学论工作者以"教学论的跨世纪思考"为题,于1994年5月在北京召开了专题学术会议。同年6月,中国教育学会教育实验研究会在杭州宣告成立,中国教学论工作者以现代化的反思为核心,研究视野集中到现代教学的功能与价值(元教学论问题)、人的存在方式、现代化进程中中国传统文化与现代西方文化的沟通、科学与人文两大思潮及其相互关系、学校教学的发展问题以及学科发展思想史等方面。

20世纪90年代下半叶,人们开始关注当代西方哲学的进展,引介了存在主义、现象学、解释学、批判理论、交往实践理论的观点,特别是一些学者撰文集中介绍了后现代主义的课程观与教学观。尽管存在过度批判、怀疑、解构以及对不确定性、偶然性过度推崇等方面的问题,但它"在不同程度上对传统的知识观、学习观、师生关系观和教学观进行了批判和解构","是在方法论和元认知的层面上的超越"。

在教育实验研究方面,1980年,《教育研究》编辑部召开的小型座谈会上提出"教育科学的生命在于教育实验"这一重要命题。在20世纪80年代,不仅恢复了60年代着手进行的"中学数学自学辅导实验"(卢仲衡)、集中识字等实验,而且在国外教育思想影响下进行了整体改革实验(华中师大)、小学生最优发展综合实验(杭州师大)、情境教学实验(李吉林),以及继后的以语文、数学为主题的单科单项教学改革实验等,形成了继20世纪20年代第一次教育实验高潮后的第二次教育实验研究的热潮。

20世纪90年代,依托一批具有本土特色的典型教育实验,如以主体性教育思想为学校变革基本理念的学校主体教育实验和以个体精神生命发展理论为变革理念的新基础教育改革实验,教育实验研究的主题和研究范型发生了重要转变。这就使以"发展"为核心的研究主题,从对传统教育的改造提升到开拓创新型人才的培养;从社会学、文化学、心理学、哲学等多学科视角诠释教育现象及其本质,形成了科学与人文互补的教育实验规范观。

基于理论的探讨以及教育实验研究,教学论学科发展开始实现从"体系意识"到"问题意识"的转换,重在理论范式的重建,从规律的证实,走向意义的解释。教学论学科的发展已从学科体系的构建逐渐步入深入研究的成熟阶段。1998年研究生学科专业目录调整,学科教学论与教学论合并,改为课程与教学论,正式成为教育学下设的二级学科。

6. 综合创建期(2001年至今)

进入21世纪,在构建和谐社会大背景下,《中共中央国务院关于深化教育改革全面推进素质教育的决定》,正式启动了国家基础教育课程改革。这是一次国家规模的课程改革,为教学论学科发展搭建了一个前所未有的实践研究平台。通过深入教学实践,直面教学实践又超越教学实践,教学论学科发展进入综合创建、深化阶段。

由于长期积累下的学术传统自身存在的问题,特别是学术研究一定程度上受制于外国的学术话语和逻辑,存在"西方文化倾向"以及"教条主义、形式化倾向",教学论要实现超越和创新。需要解决的问题是:如何在古——今、东——西文化背景下,融通思想资源,超越体用之争,从知识移植走向学术自主性发展,建构本土化的教学论。这个时期,研究的基本特色是:超越知识,走向文化的学术追求;打破固有的学科壁垒,多学科相互渗透、交流与对话;拓展以现代性为核心的广阔的问题域,并介入国家新课程改革的应用对策研究。

第二节 课程与教学的理解

无论是人们进行课程与教学研究,还是一线教师开展教学活动,都离不开对"课程"与"教学"的理解,它是人们从事这些活动的逻辑起点。"课程观"和"教学观"支配着教师的教学实践,也影响着学生的发展。那究竟什么是"课程"?什么是"教学"?教育界对"课程"与"教学"的理解有哪些?我们应该如何看待和理解"课程"与"教学"呢?

一、课程的理解

(一)课程的词源

"课程"一词在我国文献中的出现,始见于唐代。唐朝孔颖达在《五经正义》里为《诗经·小雅·小弁》的注疏:"教护课程,必君子监之,乃得依法制之。"南宋朱熹在《朱子全书·论学》中亦有"宽着期限,紧着课程""小立课程,大作功夫"等句。这里的课程已含有学习范围、进程、计划之义,这与我们现在许多人对课程的理解有相似之处。

在西方,"课程"一词的英语是 curriculum,其词根源于拉丁语的动词"currere","currere"是一动词,意为"跑";"curriculum"则是名词,原意为"跑道"(race-course)。根据这个词源,西方最常见的课程定义是"学习的进程"(course of study),简称"学程"。指在学校里孩子们也要沿着学习的"跑道"进行学习。譬如,在西方,英国著名哲学家、教育家斯宾塞(H. Spencer)在1859年发表的《什么知识最有价值》中最早提出"curriculum"一词,指"教学内容的系统组织"。在这里,斯宾塞强调课程作为静态的、外在于学习者的"组织起来的教育内容"的层面,相对忽略了学习者与教育者动态的经验和体验层面。这一解释在各种英文字典中很普遍,如《国际教育字典》就是这样解释的,课程既可以指一门学科,也可以指学校提供的所有学科。然而,在现代社会,这种界说受到越来越多的批评,甚至对"课程"一词的拉丁文词源也有不同的看法。因为"currere"的名词形式是"跑道",重点在"道"上。课程就是为不同的学生设计不同的轨道,从而引出了一种传统的课程体系;而"currere"的动词形式是指"奔跑",重点在"跑"的过程,这样,个体自身的体验、对自己经验的认识就成为课程的重点。

(二)几种主要的课程观

课程是什么?国内外有关课程的定义,从广义到狭义、从词语本义到引申意、从要素到功能、从课程设计者到实施者和受施者、从静态到动态、从过程到结果、从设计到评价,应有尽有。课程定义的多样性,反映了课程观的多样性。课程是一个使用广泛而含义多重的教育学术语。不同的人,在不同的时代,不同的情境中,所使用的课程概念的内涵和外延是不同的。因此,导致人们在认识课程并对课程做出界定时,形成了各种类型和各种取向的课程概念。

1. 从课程的要素或属性方面界定

(1) 课程即教学科目

把课程等同于所教的科目或教材,在历史上由来已久。比如,我国古代的课程有"六艺"(礼、乐、射、御、书、数),欧洲中世纪初的课程有"七艺"(文法、修辞、辩证法、算术、几何、音乐、天文学)。西方学校就是在此学科基础之上,增加其他学科,从而形成完整的学校课程体系的。"课程即教学科目"的定义影响很大,在我国权威的《辞海》《教育大辞典》《中国大百科全书》(教育卷)以及许多教育专著和教育学教材中,普遍把课程看作学问知识或学科。例如,《教育大辞典》将课程定义为:"① 为实现学校教育目标而选择的教育内容的总和。…… ② 泛指课业的进程。…… ③ 学科的同义语,如语文课程、数学课程等。"①《中国大百科全书》(教育卷)将课程定义分为广义和狭义两种,"广义指所有学科(教育科目)的总和。……狭义指一门学科。"②

"课程即教学科目"的定义意在表明通过对教学科目这一工具性形态的传递和授受来完成对人类经验的整体描述和薪火传递,在一定程度上揭示了其本质属性的教学科目维度,反映了课程作为一种工具和手段的物质载体形式和可操作性的蓝本。但这种定义过度强调学科知识的学术性、结构性和逻辑性维度,把课程内容与教学过程割裂开来,并片面强调内容,而且将课程内容仅限于静态文化遗产的学科知识,其最大的缺陷在于把课程视为外在于学习者的静态的东西,过于重视向学生传授系统的学科知识体系,往往忽视学生情感、态度、价值观等非智力因素的关注;过多注重教学效率和教学控制,而使学生沦为毫无主体性可言的被动存在。

(2) 课程即学习经验

把课程看作"学习经验"(learning experience),这是 20 世纪初期以来以杜威为代表的一批西方课程学者最早所持的课程本质观。强调"课程即学习经验",很重要的一点是理解关键词"经验"。"经验"用英文表示即"experience",其解释有:

① (the gaining of) knowledge or skill from practice rather than from books.

② something that happens to one and has an effect on the mind and feelings.

杜威对经验的解释是:"经验是有机体与环境、人与自然之间的相互作用,它同时包括主动的因素和被动的因素……这两个因素以特有的形式结合着……在主动的方面,经验就是尝试,在被动的方面,经验就是承受结果,我们对事物有所作为,然后它反过来对我们有所影响。这就是一种特殊的结合。"③杜威强调主体经验过程,主体内在的亲身体验、尝试。这种课程观把课程视为学生在教师指导下所获得的经验或体验,以及学生自发获得的经验或体验。强调"只有那些真正为学生经历、理解和接受了的东西,才称得上课程"。学生的学习取决于他自己做了什么,而不是教师做了些什么。以经验论为基础,杜威要求从做中学、从经验中学,要求以活动性、经验性的主动作业来取代传统书本教材的统治地位。这种活动性、经验性课程的范围很广,包括园艺、烹饪、缝纫、印刷、纺织、油漆、绘画、

---

① 顾明远主编.教育大辞典(第1卷)[A].上海:上海教育出版社,1990:257

② 顾明远.教育大辞典(第一卷)[M].上海:上海教育出版社,1991:283.

③ [美]约翰·杜威著,王承绪译.民主主义与教育[M].北京:人民教育出版社,2005:153.

唱歌、演剧、讲故事、阅读、书写等形式。

由于经验是在学习活动中思考形成的,把课程界定为学习经验,是试图把握学生实际学到些什么。课程是指学生体验到的意义,而不是要学生再现的事实或要学生演示的行为。这种课程定义的突出特点是把学生的直接经验置于课程的中心位置,把课程的重点从教材转向个人,也就是学习者本身,与学科课程观强调课程的逻辑性形成了鲜明的对比。经验中常常渗透着人的情感、意志、态度等心理因素,利于消除课程中"见物不见人"的倾向,消解了内容与过程。

从理论上讲,把课程定义为经验似乎很有吸引力,但在实践中也有局限性。首先,因为不同学生的经验背景存在很大差异,这就要求教师建构多方面的情境,以便使经验多样化,对班上的每个学生都提供可能对其有重要意义的经验。在实际教学情境中,一个教师如何同时满足一个班级几十个学生独特的生长要求?如何为每个学生制定合适的课程计划?在实际教学情境中,这一点很难做到。其次,它过多地看重学生的主观体验及心理需求,把学生当下的现实需要当作课程存在的根本依据,在一定程度上忽略系统知识在儿童发展中的意义的倾向。片面强调直接经验,不能正确处理直接经验与间接经验的关系。20世纪美国进步主义教育改革导致学生学习成绩下降的现象也说明了这种局限性。

2. 从课程的功能或作用层面界定

(1) 课程是社会文化的再生产

这种课程观认为:个体是社会的产物,教育就是要使个体社会化。课程应该反映各种社会需要,以便使学生能够适应社会。鲍尔斯和金蒂斯是这一主张的重要代表人物。在他们看来,任何社会文化中的课程,事实上都是该种社会文化的反映,学校教育的职责是要再生产对下一代有用的知识和价值。政府有关部门根据国家需要来规定所教的知识、技能等,专业教育者的任务是要考虑如何把它们转换成可以传递给学生的课程。换言之,课程就是"从一定社会的文化里选择出来的材料"。

这种课程观将课程的重点从教材、学生转向社会,认为课程应该不加批判地再生产社会文化。其观念前提是"社会现状已经达到完满的状态,社会文化的变革已经不再需要了"。然而,现实社会中依然存在大量不公正的现象,如果不加批判地再生产这样的社会文化,那就会使现存的偏见和不公平永久化。

(2) 课程是社会改造的过程

一些激进的教育家认为,课程不是要使学生适应或顺从社会文化,而是要帮助学生摆脱现存社会制度的束缚。因此,有人提出了"学校要敢于建立一种新的社会秩序"的口号。他们认为课程的重点应该放在当代社会的问题、社会的主要弊端、学生关心的社会现象等方面,要让学生通过社会参与形成从事社会规划和社会行动的能力。学校的课程应该帮助学生摆脱对外部强加给他们的世界观的盲从,使学生具有批判的意识。①

这种课程观的代表人物是巴西教育家保罗·弗莱雷。他1921年出生于巴西一个中产阶级的警官家庭。家庭境遇的变迁、童年的辛酸生活,使他很早对社会上普遍存在的贫富差异、阶级差别和社会不公平问题有所认识。曲折坎坷的人生经历和颠沛流离的流亡

---

① 施良方著.课程理论——课程的基础、原理与问题[M].北京:教育科学出版社,1996:7.

生活,深刻地影响了弗莱雷教育思想的形成和发展,他在其著作《被压迫者教育学》一书中,批评资本主义学校课程已成了一种维护社会现状的工具,充当了人民群众与权贵人物之间的调节者,使人民大众甘心处于从属地位,或者归咎于自己天性无能。所以,他主张教育的一大功能在于改变社会压迫的现状,以使他们成为"自为的人"。并明确地提出"教育即解放"的主张,以唤醒人们对变化世界的批判意识,鼓励人们不断反思自身的生存方式,进而把教师和学生从"驯化教育"中解放出来。他主张课程应该使学生摆脱盲目依从的状态,即要使学生在规划和实施课程的过程中起主要作用。

"课程即社会改造的过程"这一观点,另辟蹊径地高度重视课程的社会批判功能。儿童更多地了解社会,可以增强他们认识问题的理性能力和批判意识,有助于独立个性的养成。但是,学校课程能起到指导社会变革的作用吗?社会的偏见和不公平现象难道就可以通过学校的小修小补而得到改观吗?在很多情况下,学校并不是一个特别有影响力的机构,它还不足以在政治上强大到能够促使社会发生重大变革的地步。

3. 从课程的运作过程来界定

(1) 课程是有计划的教学活动

将课程看作有计划的教学活动,是以教学计划为本的课程观。将课程的本质视为"计划"在20世纪50年代以后流行起来。塔巴认为,"课程是一种学习计划"①。J. G. 塞勒(J. G. Saylor)将课程定义为"为受教育者提供一系列学习机会的计划"②。奥利瓦也认为,"课程是学校指导下所获得的全部经验的计划和方案"③。我国有学者认为:"课程是指一定学科有目的、有计划的教学进程。这个进程有量、质方面的要求,它也泛指各级各类学校某级学生所应该学习的学科总和及其进程和安排。"④

这种课程定义的范围要比"课程即教学科目"的定义广泛一些,但这一定义本身就存在疑义。何谓"有计划"?人们对此理解会有很大差别。有人认为,课程是指有关学校教育计划的范围和安排的书面文件,例如教学计划、课程标准、教科书、教学参考书、练习册,甚至还包括教师备课的教案。但有人通过对教师教学活动做仔细观察后认为,许多教学活动是基于非书面计划的课程。当过教师的人都知道,实际计划比书面计划范围要广泛得多。另外,把有计划的教学活动安排作为课程的主要特征,往往会把重点放在可观察到的教学活动上,而不是放在学生的心理体验上,容易导致教师将教学看成是制度化、标准化的过程,缺少个性。

(2) 课程是预期的学习结果

这种课程观认为,课程不应该是教学活动计划,而应该是教育者企图达成的一组教学目标或预期的学习结果。它以行为主义心理学和科学管理原理为基础,强调目标预测、行为控制和工作效率。把目标看成是至高无上的,这就要求在课程设计时,事先制定一套结

---

① Hilda Taba(1962). Curriculum Development: Theory into Practice. New York and Burlingame: Harcourt, Brace & World, Inc., p. 11.

② J. G. Saylor, W. M. Alexander and A. J. Lewis(1981). Curriculum Planning for Better Teaching and Learning. New York: Holt, Rinehart and Winston. Inc., p. 10.

③ Peter F. Oliver (1982). Developing the Curriculum. Boston: Little, Brown and Company, p. 10.

④ 李臣著. 活动课程研究[M]. 北京:教育科学出版社,1998:52.

构化和序列化的学习目标,所有教学活动都围绕这些学习目标而展开。这种课程观的代表人物有博比特、拉尔夫·泰勒、塔巴、凯尔、奥利瓦等。

从预期结果和目标维度界定课程,强调课程的预设性、操作性和控制性,增强了对实践的指导,使课程概念更容易把握。这种定义通常遇到的诘难是,预期应该发生的事情与实际发生的事情之间总是存在着差异。首先,在课程实践中,预期的学习目标是由课程决策者制定的,教师作为课程实施者,尽可能按照这些目标组织课堂教学活动。课程目标的制定与课程实施的过程客观上是分离的,课程目标是否达成以及达到何种程度,并不取决于目标制定者的主观愿望,而是取决于课程实施者(教师和学生)对目标的把握程度。因此,有人提出,制定目标与实施目标之间的差距,应该成为课程研究的基本焦点。其次,由于每一个学生的身心发展千差万别,要使实现预设的课程目标适合每一个学生的实际需要,几乎是不可能的;另外,把焦点放在预期的学习结果上,往往会忽略非预期的学习结果。而研究表明,师生互动、学校文化和隐性课程对学生的成长有很大的影响。所以,尽管从表面上看,所有学生都显示出已达到预期的学习结果,但这种结果对不同的学生来说是很不相同的。

4. 从课程的层次来界定

美国著名课程专家古德莱德(J. I. Goodlad)对课程理论做了大量研究,并在研究基础上为课程层次建立了概念框架。在对课程概念框架的研究过程中,古德莱德发现人们对课程的探讨实际涉及了多个层次、不同内涵的课程概念。在此基础上,古德莱德对课程概念体系进行了划分,认为存在五种层次的课程:理想的课程,正式的课程,领悟的课程,运作的课程和经验的课程。

理想的课程,即由研究机构、学术团体和课程专家提出的应该开设的课程。除了一些以操作验证目的的实验之外,一般并不做具体实施,多以观念及理念的形式存在并表达,且极少能够以最初的形式呈递给学生。理想的课程设计建立在教育学和心理学等原理基础之上,从理论以及实践的角度论证课程的必要性,其体现了人们对课程与教学的期望,而为了能够具有实践价值并发挥作用,在制定的时候须有一定的活动与过程的指导的相关内容。

正式的课程,即由教育行政部门规定的课程,也即列入学校课程表中的课程,包括课程计划、课程标准与教材等相关内容。与理想的课程相比,正式的课程在内容上并没有做多少修改,只是获得了官方的批准、认可与推广实施。正式的课程是理想的课程中的那些被官方认可与授权的部分。

领悟的课程,即任课教师对正式的课程所领会而形成的课程。由于不同教师对于正式的课程有着不同的理解与解释的方式,所以他们对课程的领会与正式的课程之间会有一定的差距,而这个差距会影响课程所预期的结果的获得。

运作的课程,即在课堂上或课外实际实施的课程。教师领会的课程与所实施的课程之间的差距也是很大的,此差距的产生很大程度上受到教师的理论认识、理解深度、实践教学能力、学校课堂条件以及学生的发展水平的影响。

经验的课程,是学生在课堂学习中实实在在体验到的东西,也即课程经验。由于学生有着不同的经验基础,从而形成了自己对事物特定的理解,不同学生听同一堂课会有不同的体验或是学习经验。这些经验才是该课程最终对学生的实际影响,决定了课程对学生的作用以及效果。

这五个不同层次的课程概念涵盖着不同的课程领域,发挥着不同的作用,具有一定层级性,并且可以视为课程在实施过程中几个不同阶段的不同体现形式。由此,可以粗略地把课程对学生的作用过程视为理想课程的设计、正式课程的制定、教师对正式课程的领悟、教师对课程的实施以及学生的经验课程的建构五个阶段。从这五种不同形态的课程中不难发现,如果意识形态课程未经批准,便不可能进入学校成为正式课程;如果强行推行某种意识形态课程,在实践中可能招致教师的抵制而无法达到预期的结果;如果教师对正式课程的理解发生障碍,在实际运作时便会走样,反过来说,即使教师对课程领悟透彻,也不能保证在课堂教学中完全实现课程意图;由于每个学生具有自身的独特性,因此面对同一课程情境,所获得的课程经验均会出现差异。而在各个阶段,这些不同层级的课程的实施又受到不同因素的影响,最终影响课程对学生的效果与价值。

(三) 如何定义课程

上述每一种课程定义,多少都有某些积极的特征,但也都存在明显的缺陷,可以预料,关于课程的定义的讨论还会继续进行下去。面对各种冲突的定义,不应仅仅停留在概念的分析上,更要考察一下给课程下定义的方式。

1. 问题情境:研讨会上的交锋

> 在一次学术研讨会上,与会者就课程改革遇到的问题进行了激烈的讨论。
> 一位教师说:"我是一名中学教师。对这次课程改革,我表示支持并积极参与。这次课程改革提出的一些新观点、新理念,我也非常赞同。但是,理论家告诉我们,课程既包括书本知识,又包括学生的活动经验;既有教材内容,又有教师、学生、环境;既有看得见的,又有看不见的;既有校内的,又有校外的。总之,我感觉理论家似乎在告诉我们处处是课程,时时有课程。这样的课程概念似乎有点玄、空。真到了实际工作中,我还是不知该如何理解和把握课程,还是不知该怎样做。"
> 张教授说:"现在理论界给'课程'下的定义的确是五花八门,有些繁杂,给老师们造成了理解上的困难。不过,这种现象的背后实际上隐藏着各种价值观的斗争。不同的课程定义反映了定义者的价值倾向性。倾向于儿童中心、学生中心的,就把课程定义为学生的经验;倾向于学科中心的,就把课程定义为学科知识;倾向于社会改造的,就把课程定义为各种社会问题及其解决过程。对教育工作者来说,重要的不是选择这种或那种课程定义,而是意识到各种课程定义所要解决的问题,以便根据课程实践的要求,做出明智的决策。总之,期望有一个精确的课程定义是不可能的。老师们要充分发挥主体性,创造性地运用理论解决各种问题。"
> 张教授话音刚落,会议室里就炸开了锅,议论纷纷。有的认为张教授的话有道理,头脑要解放,思维要灵活,不要期望有一个明确的课程概念;有的则强烈反对,认为这种态度不可取,是消极对待,隔靴搔痒,把问题像踢皮球一样又踢回来了,并没有解决实际问题。不确定一个较为明确的概念,难道爱怎么说就怎么说?那样的话,还

> 要理论干什么?
> 听了上述的争论,你如何看待多元的课程定义方式?

2. 课程定义的方式

课程定义的分歧是一种客观存在,如何建设性地分析这些冲突的定义?在我们看来,应该树立这样几种认识:

(1) 每一种课程定义,都是在特定历史时期、特定社会条件下产生的

每一种课程定义,就像每一个课程问题一样,都是在特定的历史时期、特定的政治经济背景下出现的。例如,澳大利亚课程论者史密斯(D. L. Smith)与洛瓦特(T. J. Lovat)在考察百年来一些有影响的课程改革和课程定义后发现,每当经济强劲、求职机会充沛时,很少有人关注学校课程;而当经济衰退时,会有很多人指责学校课程。企业主和公众往往把年轻人找不到工作归咎于他们没有掌握有关的知识技能,国家会注重课程目标的具体性。因此,当20世纪70年代西方经济繁荣时,课程专家把重点放在个人的经验上,制订了各种各样可供选择的课程计划;而在80年代经济不景气时,一直以课程自由著称的英国开始确立"国家课程",这不是一种偶然现象。另外,据说,当年用来作为与苏联军事竞争的工具的结构课程,现在又成了与日本经济竞争的工具。所以,我们从这些现象可以得出,每一种课程定义都可能反映了其历史的、社会的、经济的、政治的背景。

(2) 不同的课程定义,有时是指在不同层次上起作用的课程

我们通过古德莱德的课程定义分析可以看出,课程从规划、设计到实施,从课程决策者、编制者到教师和学生,经历了好几种转换。从中可以看出,每一种代表性的课程都有一定的指向性。对于教育工作者来说,重要的不是选择哪种课程定义,而是要意识到各种课程定义所要解决的问题以及伴随产生的新问题,以便根据课程实践的要求做出明智的决策。因为,我们通常只是从课程的某一个层次来理解课程,比如,专家理想的课程或者学校课程表上规定的课程,而很少从一个整体的角度分析课程。古德莱德从动态的角度探究课程层次,建立了一个概念框架,涉及不同的范围,既有课程的决策者、实施者,又有学习者;既有理论层面又有实践层面。关于在正式的课程中如何解决目标问题,课堂上如何实施运作的课程,如何找到传递给学生的途径,这之间如何衔接,如何有效转化等问题,古德莱德的研究给我们一定的启示,即课程实施效果的评价标准是教师如何运作课程以及学生真正体验的内容,而不是学校课程表所列出的课程。古德莱德的课程层次也说明课程、教材、教法是一个统一体,教法是实施课程的一个手段,从正式的课程出发到学生实际体验的课程,在这两点之间采用何种教法促使内化,决定着学生体验课程的深度。

(3) 处理好结果与过程的关系

要动态地、整合地来理解课程的规定性。例如,把课程定义为"教学科目"的课程观,往往不会包括在教这些学科时课堂中发生的偶发事情,比如,教师采取什么策略来应对偶然事件,课堂上学生有怎样的体验等。有些人认为,根据这些教育理论实现具体规定的东西,很可能对学生是有害的,而关注课程有利于教师与学生灵活处理,并由此提出了课程

的过程模式。课程的过程与结果是不可分离的,如何将两者加以整合,是摆在我们面前的一个课题。

(4)课程的定义是不断发展的

事物是发展变化的,课程的定义也是如此。课程定义在某一时期必有其存在形式,是稳定的。但随社会的发展和人们对课程认识的深入,课程的定义又将不断丰富、完善和发展,如果认为对课程定义的探讨可以在某个早上以终极真理的形式画上句号,那是不科学的。因此,在对课程定义的探讨过程中,新的定义将层出不穷,但每一个新定义,都是在继承前人研究结果基础上的更进一步发展,而决不代表课程定义的终结。

对于课程的定义,我们关注的不是一种精确的课程定义,而是关注课程的性质。每一种课程定义都有其特定的社会背景,而且都隐含着作者的一些基本假设和价值取向。对于教育工作者来说,重要的不是选择这种或那种课程定义,而是要意识到各种课程定义所要解决的问题以及相伴随的新问题,并根据课程实践的要求,做出明智的决策。

二、教学的理解

(一) 教学的词源分析

中国古代殷商时期的甲骨文中分别出现了"教"与"学"两个字。比较甲骨文中"教""学"两个字的构成,一般认为"教"字来源于"学"字。把这两个字连在一起使用则是在《尚书·兑命》中最早出现的"敩学半"(敩,xiao,同教)。据宋朝蔡沈注解:"敩,教也……始之自学,学也;终之教人,亦学也。"说明其词意只是一种教者先教后学、教中又学的单方向活动。《礼记·学记》中引用"教学相长"来说明教和学相互促进:"学然后知不足,教然后知困。知不足,然后能自反也,知困然后能自强也。故曰:教学相长也。"[1]在《礼记·学记》提出的"建国君民,教学为先"中,"教学"的含义却极为广泛,几乎是"教育"的同义语。随着社会的发展,客观上产生了有组织有计划传递社会经验的需要,有了专门化的教学活动,"教学"便开始有教师传授、学生学习的专门含义。这种含义最早见于宋代欧阳修所作《胡安定先生墓表》中:"先生之徒最盛,其在湖州学,弟子来去常数百人,各以其经传相传授,其教学之法最备……"这里"教学之法"中的"教学"与我们今天的"教学"含义相接近。

在西方,人们是将教师的教与学生的学分开进行研究的。在英语世界,大多使用teach、instruct、learn等来表征"教学"。这三个词各自的侧重点有所不同。用teach(教学、教导)和instruct(教、教导)来表示"教";用learn(学、学习)表示学。在英文文献中经常看到teaching-learning的合成形式,这种合成词的含义与我们通常所理解的教与学的"教学"相等同。teach和instruct这两个词在某种意义上都表征"教"的含义,绝大多数人把它们当成同义词。但在具体的使用过程中,还是把teach多与教师的行为相联系,作为一种活动;而instruct则多与教学的情境有关,作为一种活动的过程。

通过对中西方"教学"词源的考察可以发现,教学的含义多种多样,从语词含义上看,教学的概念存在以下含义:

---

[1] 傅任敢著.《学记》译述[M].上海:上海教育出版社,1982:6.

第一,教学即"教授"。即仅从教师、教育者的角度理解教学概念,偏重于教师"教"的一方。

第二,教学即"学习"。即从学生的角度理解教学概念,偏重于学生"学"的一方。

第三,教学即"教学生学"。即从"学"的角度界定教学概念,教学被强调为教学生学,强调教源于学,教的目的是为了学生的学,这实际上是"学生中心"教学观的体现。

第四,教学即教师的教和学生的学。从构成教学活动的要素而言,活动的主体是教师和学生,教师和学生以课程内容为中介,以一定的目的为追求而共同参与到同一活动中去,构成完整的教学活动,即教师的教和学生的学。教师的教,目的是引起学生的学以达到社会要求;学生的学,目的是在教师有意识、科学的指导下加速个体社会化的进程。因此,教师的教和学生的学是教学活动同一过程的两个方面,彼此不可分割地联系着。

(二) 教学的界定

目前,研究者们对"教学"概念的不同定义存在着属类规定上的差异。归属的视角、层次不同,对教学概念的理解也就相去甚远。一般而言,大致存在以下归属类型:

1. 教学概念的逻辑归属与评析

(1) 把教学归属于"教育活动"

把教学的属概念确定为"教育活动",是教学概念归属的最常见的模式。南京师范大学教育系主编的《教育学》一书中,将教学归属于"教育活动":"教学是教师引导学生按照明确的目的、循序渐进地以掌握教材为主的一种教育活动。"[①]其逻辑前提是,教学作为学校教育的基本途径而具有教育学意义。

(2) 把教学归属于"认识活动"

这种"认识"归属类的教学概念,强调教学活动中学生的学习或认识方面及其作用和结果。如,上海师大编写组的《教育学》将教学归属于"认识活动":"教学……是在教师的指导下,学生自觉的积极的认识活动。"[②]这种教学定义将教学活动以师生的认识为基础,获得认识是师生共同活动的目标。

(3) 把教学归属于"实践活动"

对教学归属于"实践活动"这种观点,强调教学中学生的发展既是实践的结果也是实践的过程,突出教学的实践属性。例如,钟启泉教授认为:"所谓教学,是借助'学科'这一特殊的媒介促进'学生发展'的教育实践。"[③]将教学活动看作学校中师生基本的生活实践方式。

(4) 将教学归属于"交往活动"

这类观点认为,教学作为人类的一种重要的社会活动,其本质也是人与人的交往。这种交往既体现了一般人际关系的特点,又具有教育的独特内涵,是在教育的情境中"产生"着教育,推动教育的发展。教学交往主要表现为师生及生生之间为着共同的目的、围绕共同的问题展开对话与合作,进行探讨与研究,从而获得对问题的认识。例如,张华教授认

---

① 南京师范大学教育系主编.教育学[M].北京:人民教育出版社,2005:89.
② 上海师范大学《教育学》编写组.教育学[M].北京:人民教育出版社,1979:25.
③ 转引自李定仁、徐继存主编.教学论研究二十年[M].北京:人民教育出版社,2001:105.

为,"教学是教师与学生以课堂为主渠道的交往过程,是教师的教与学生的学的统一活动。通过这个交往过程和活动,学生掌握一定的知识技能,形成一定的能力态度,人格获得一定的发展。"①这类观点认为,交往是教学存在的基本形态,是教学的存在域。

上述几类归属,是目前所见的对教学概念界定中比较典型的。其他各种歧解,虽然很难条分缕析,但基本上介于这几类典型性归属的交叉或边缘领域,对此不再赘述。

以上将教学归属于"教育活动""认识活动""实践活动""交往活动"等,对"教学是什么"的看法在一定程度上具有合理性。但是,在这种实体思维的支配下,容易导致教师首先关注的是"活动""交往""知识"等实体的"有",容易忽视"活动""交往""知识"背后潜藏着的意义。

2. 教学概念的理解

对"教学是什么"的追问,实际上是关于教学存在的基本问题。教学何以存在?张广君教授认为:"对于教学存在而言,关系重于并先于实体;具体教学存在是教学关系、活动、实体的统一。""教学首先是一个关系概念,其次是活动概念,最后才是实体概念。"②可见,任何教学活动都不是事实中立的,而是意义负载的。一切教学领域应该是意义的领域。美国教育哲学家费尼克斯从课程哲学的角度论述了意义,他说:"意义这一术语试图表达理智或心智的全部内涵。这样,在人的机体适应活动中、在感知中、在逻辑思维中、在社会组织中、在言语中、在艺术创造中、在自我意识中、在目的决定中、在道德判断中、在时间意识中、在礼拜活动中,就存在不同的意义。"③并提出:"如果人性的实质在于有意义的生活之中,那么,教育的正当目的就是要促进意义的生长。"④"意义的生长"应该可以理解为唤醒学生沉睡的潜能,使其生命价值不断拓展和升华。可见,意义立场是超越了教育的技术取向,从教育的内在价值考虑教育。它引导学生求真、求善、求美,以促进生命不断成长,不断超越现实和生成新的自我。

由此,我们认为,教学是师生基于文本和活动建立意义场域的过程。在这个界定中,"意义"是教学首要关注的问题,"文本"和"活动"是实现"意义"的手段。教师首先考虑的不是如何有效地教学,而是思考带给学生什么样的教育经验,包括什么样的知识对学生最有发展价值?什么样的主题探索最有意义?受过教育的人应该是怎样的?教育承担怎样的使命?如此一来,作为教师关注的就远远不止是课堂教学行为、教学策略、教学模式等问题,而更应该关注我们为什么需要教学?教学的目的是什么?等。这样,将学生在教学中的地位凸显出来。要做到这点,教师需要加强对"什么是有意义的教学"的理解,也需要把握"如何生成意义"。

教师在促进学生发展的过程中,应该对教学目标、内容进行分析鉴别,做出理性的价值选择。这里涉及三个问题:第一,意义的预设。教师要尽可能地把每一种教育的意义预设出来。如果没明确教育意义,就不可能有好的教育效果。第二,价值和意义的多种可能性。教师要揭示价值实现的可能性,从教育过程中揭示教育过程的价值丰富性。第三,意

---

① 张华著. 课程与教学论[M]. 上海:上海教育出版社,2001:73.
② 张广君著. 教学本体论[M]. 兰州:甘肃教育出版社,2002:3.
③ 瞿宝奎主编. 智育[M]. 北京:人民教育出版社,1993:152.
④ 瞿宝奎主编. 智育[M]. 北京:人民教育出版社,1993:152.

义的结果和意义的评价。教师要明确,哪些是在过程中产生的意义,哪些是在预设中产生的意义,以及如何对意义的结果进行评价。

第三节 小学课程与教学的关系

课程与教学是教育学的一对重要范畴,长期以来,由于学者们对课程与教学概念的界定不同,对这一对范畴以及这两个分支学科的关系一直存在歧义,导致课程与教学的关系呈现不同的状态。比如,课程被视为学科科目、教学计划、教学内容,即"教什么"时,教学则意味着"怎么教",即教的过程,课程与教学则是内容与过程、目的与手段的二元分离。当课程被视为一个开放的动态的情境时,教学为不断开发与生成课程的过程,课程与教学走向融合。科学地认识与处理课程与教学的关系,有利于教育科学的健康发展。

一、不同观点的博弈

在课程与教学的关系上,有"小课程与小教学观""大教学观""大课程观"以及"课程与教学整合观"四种不同的看法。具体如下:

(一)"小课程与小教学观":二元分离

这种观念认为,课程和教学是属于教育学下属的两门独立的分支学科,各自有其特定的研究对象和任务,需要分别进行深入研究。如蔡斯就主张将课程与教学分离研究,他的观点是将课程作为一个广义的概念,教学则是一个特殊的现象或亚系统,在某种程度上,教学是课程的延续[①]。我国学者廖哲勋教授指出,"课程论确有特定的研究对象,它与教学论的研究对象确有质的区别。所以,把课程论从教学论中分化出来形成一门独立的教育学科,是实践的需要,是科学发展的必然。"[②] 也有学者明确指出"课程与教学是教育实践的两个领域"并阐述了课程与教学"两者相互独立和相互分离"的观点。[③] 即课程是在教学过程之前、教学情境之外预设的目标、内容与计划,是规定的、制度化的文本;教学是忠实地执行课程计划、传授教学内容的方法、手段与过程。

(二)"大教学观":教学包含课程

"教学包含课程"这种大教学观,主张将课程视为教学内容,认为课程论的研究对象是课程,即教学内容,教学论的研究对象包括教学内容、教学方法等。从夸美纽斯的"大教学论"到赫尔巴特等人的教学思想都有鲜明体现。在苏联的教育学著作中,自凯洛夫时代起,"课程"一词就极少见,"课程"为"教学内容"所取代,属于教学论研究的范畴。二十世纪八九十年代,我国大教学论著作大多将课程作为其中的一部分加以探讨,如王策三的

---

① 黄宗芬. 课程与教学:从二元对立走向整合[J]. 教学研究,2005(1).
② 廖哲勋. 课程论的研究对象[J]. 教育研究与实验,1985(2).
③ 刘要悟. 试析课程论与教学论的关系[J]. 教育研究,1996(4).

《教学论稿》、李秉德主编的《教学论》、吴杰主编的《教学论——教学理论的历史发展》等。何汉志指出，"课程问题就是学校教什么和学什么的问题。通常称为教学内容。西方国家把它作为一门独立的学科进行研究，成为教学论的一个分支，叫课程论。课程论就是研究教学内容的理论。"① 吴也显在《教学论新编》中还明确指出，"课程是教学系统中的构成要素之一"，并阐明了其中的原委。

（三）"大课程观"：课程包含教学

这种观念自二十世纪中期以来广泛盛行于欧美。他们认为，课程是一项完整的系统工程，通常叫作课程系统或课程工程，它由前期研究、课程设计、课程开发、课程实施及课程评价等几个阶段或部分组成。其中的课程实施即教学，因此教学是课程系统的一个部分或一个环节。甚至在一些课程专家看来，课程几乎囊括了教育的所有问题，课程即教育，教育即课程。我国也有学者认为："课程本质上是一种教育进程，课程作为教育进程包含了教学进程。"② 而且，我国新一轮基础教育课程改革在一定程度上也体现出"大课程"的倾向，如《基础教育课程改革纲要（试行）》就是将教学作为课程的实施过程来阐述的，在改革实践中，教改是作为课改的落实环节来进行的。

（四）课程与教学整合观

主张"整合论"的学者一般是从教学与课程是两个密不可分、相互交叉的有机整体的角度，以及教学论与课程论是分裂局面造成了课程研究与教学研究的分离、课程实践与教学实践的分离、课程与教学的分离的角度出发，认为教学必须与课程进行整合。课程与教学整合的观念发端于二十世纪初，杜威在《民主主义与教育》（1916年）等著作中深刻地解释了传统教育中课程以学科为中心、远离儿童以及课程与教学分离等问题及其根源。他提出了认识的"连续性"原则并系统地阐述了以"经验"为基础将儿童与学科统一起来、将课程与教学整合为一体的思想。他说，"完善的经验是物我两忘的，真正的教育是心理与逻辑、方法与教材、教学与课程彼此间水乳交融、相互作用、动态统一的。"③ 之后，西方一些课程专家渐渐认识到教学不只是忠于课程的运作，更是生成课程的过程，课程包含不了教学，从而认识到了课程与教学整合的必然性。当代学者们则从社会学、人类学、现象学、哲学解释学等理论高度，认识到课程与教学是一个有机的、共生的整体，即教学作为课程开发过程与课程作为教学事件合而为一。美国学者韦迪（R. Weade）用了一个新的术语来表达，这就是"课程教学"④。我国学者杨启亮教授表达了这样的见解：课程与教学既有着本源性的一致性和统一性，又有着各自发挥作用的领域和空间，它们虽可分析研究却不可能各自独立运作，因此用"和而不同"更能表达其间的关系。⑤

二、课程与教学关系的思考

到底如何看待课程与教学的关系？是相互独立？包含？还是整合？本文认为课程与

---

① 何志汉著.教学论稿[M].重庆：西南师范大学出版社，1988：276.
② 刘晓玲，黄甫全.大课程论初探[J].课程·教材·教法，2000(5).
③ 张华著.课程与教学论[M].上海：上海教育出版社，2000：56.
④ 张华著.课程与教学论[M].上海：上海教育出版社，2000：83.
⑤ 刘晓玲，杨启亮.课程改革中的教学问题思考[J].教育研究，2002(6).

教学关系的发展经历了一个过程。

首先,从历史发展来看,它们经历了由形成、分化和整合的过程。教学作为一个独立的研究领域,至今已经有400多年的历史,以特拉克发表的《教学论》与夸美纽斯的《大教学论》为标志。而课程在这期间则被看作教学科目。同时,课程作为一个独立的研究领域,是以1918年博比特《课程》一书的出版为标志。随着对课程的深入研究,产生了课程(论)包含教学(论)说的倾向。20世纪80年代中期以来,有人明确提出和阐述了"两者相互独立和相互分离"的新观点,主张"课程与教学:教育实践的两个领域"[①],20世纪末,整合课程与教学概念的提出进一步推进了课程与教学发展的趋势。

其次,从课程与教学的内容来看,简单地将课程与教学看作谁包含谁的关系是很牵强的。课程从教学论中分离出来是不争的事实,它们有内在的天然联系,但是也有各自相对成熟的研究体系及理论框架。比方说,课程目标的来源、定位,课程内容的筛选和组织、课程实施的取向和策略,以及课程评价的定位和模式等,这些在教学论中是没有被深入了解的部分。同时,课程与课程论还不具备足够的包容力,有很多问题是课程论无法掌控的。例如,关于师生关系的探讨、教师专业发展的问题、教师素养及背景知识对教学的影响、教学评估等,对这些问题的探讨,主要还是基于教学理论领域。

再次,课程与教学不是简单的线性关系,而是一种多维的、立体的发展关系。不可否认的是,它们在发展中有其独立的部分,也有交叉部分。独立发展可以加强单支学科理论的深入研究,而交叉部分则体现在现实的教学活动中,并直接或间接影响二者理论的再发展。所以,我们在分析二者关系时,应避免刻意将二者割裂开来,避免由于不当处理两者关系而走向极端。

三、小学课程与教学关系的表现

小学课程与教学在教育实践中的关系主要表现在以下四个方面:

(一)课程编制主体与教学主体的关系

课程编制主体主要指从事课程研究和编制的教育工作者,一般包括课程专家、学科专家、教育专家、出版人员、教育行政人员、教师等,教学主体主要指参与教学对话的教师和学生。在教育实践中,课程编制主体与教学主体之间有没有相互作用以及怎样相互作用,是决定他们关系性质的关键,主要涉及三个方面:一是两类主体相互参与对方的活动的程度;二是两类主体沟通机制是否健全;三是两类主体在指导思想上达成的共识性。如果两类主体相互参与的程度较高、沟通机制健全、具有共识性,他们之间就会形成"主体间性",容易达成一种"同情"关系。否则,就会导致两类主体之间的"分裂性",形成一种敌对或控制关系。

(二)课程标准与教学目标的关系

课程标准主要是对学生在经过某一学段之后的学习结果的行为描述。教学目标是师生通过教学对话所要达到的预期结果。在教育实践中,教师根据课程标准来确定教的目

---

① 李本东,徐学福.为了重建的反思——近十年来课程与教学关系研究综评[J].中国教育学刊,2010(3).

标,并通过与学生的对话引导学生形成学的目标。但是,课程标准与教学目标并不是控制与被控制的关系,而是相互补充和创建的关系。首先,课程标准是对教学所要达到的程度的一般的、基本的规定,教师在根据课程标准确定教学目标时必须因学生而异,将其转化为适合具体班级和具体学生的目标,建立一个多层次目标体系。其次,由于课程标准建立在对学生已有水平的假设之上,因此,教学目标就必须以课程标准为基础,因"生"施教,建立一种教学补充目标,帮助学困生达到课程标准的基本要求和帮助学优生超越课程标准的基本要求。如果教学目标仅仅是课程标准的简单移植,那么就会忽视课程标准所隐含的对学生水平的假设,形成课程标准与教学目标的异质性关系和控制与被控制的关系。

(三)课程内容与教学内容的关系

课程内容在课堂教学中主要以教材的形式出现,教学内容是师生为达到教学目标所进行的对话内容。课程内容仅仅是提供给师生的基本的、共同的对话材料,用以发起、引导师生的对话行为,教学内容不仅涉及教材,而且也可能涉及师生的生活经验,以及为帮助学生提高的补充材料。课程内容是理性的体现者,教学内容则结合具体的师生经验进一步深化和发展了这种理性,这就形成了课程内容与教学内容之间继承和发展的关系。如果教学内容不经过师生的重构和转化,而是照搬课程内容,就会使教学内容受制于课程内容,使教学对话完全受制于课程,使教学脱离学生实际发展水平。

(四)课程评价与教学评价的关系

在拉尔夫·泰勒看来,"评价过程实质上是一个确定课程与教学计划实际达到教育目标的程度的过程。"在教育实践中,教育的目标主要是学生的发展,而学生的发展又是课程和教学的合力所致,因此,在对课程和教学进行评价时既不能离开课程来评价教学,也不能离开教学来评价课程,而是要使课程评价和教学评价相互取材、相辅为用,在对课程进行评价时对教学过程进行审视和检讨。只有这样,才能认清在课程和教学中究竟是谁、在哪些方面阻碍或促进了教育目标所关注的学生发展,从而找准问题之源,进行着力研究和解决。如果课程评价与教学评价各自为政,将会在两种评价之间形成一个"黑箱",彼此缺乏做出正确评价的充要条件。

本章小结

西方课程发展的历史阶段分为前科学时代、形成系统的理论时期、成为独立的专门学科时期以及课程的繁荣发展时期四个阶段。我国课程作为一个正式的研究领域只有较短的历史,发展经历了初具雏形、相对停滞、复苏、重建时期;西方教学的发展经历了古代萌芽期、近代建立期、现代发展期和批判构建期四个阶段。中国教学论学科的现代发展,经历了以下六个阶段:萌芽形成期,发展停滞期,反思重建期,引进借鉴期,构建体系期,综合创建期。

常见的几种主要的课程观有:课程即教学科目,课程即学习经验,课程是社会文化的再生产,课程是社会改造过程,课程是有计划的教学活动,课程是预期的学习结果。古德莱德认为存在五种层次的课程:理想的课程,正式的课程,领悟的课程,运作的课程和经验的课程。课程定义的分歧是一种客观存在,我们应该认识到:每一种课程定义,都是在特定历史时期、特定社会条件下产生的;不同的课程定义,有时是指在不同层次上起作用的课程;处理好结果与过程的关系;课程的定义是不断发展的。目前对教学概念大致存在以下归属类型:把教学归属于"教育活动""认识活动""实践活动""交往活动"等。本书认为,教学是师生基于文本和活动建立意义场域的过程。

在课程与教学的关系上,有"小课程与小教学观""大教学观""大课程观"以及"课程与教学整合观"四种不同的看法。首先,从历史发展来看,他们经历了由形成、分化和整合的过程;其次,从课程与教学的内容来看,简单地将课程与教学看作谁包含谁的关系也很牵强;再次,课程与教学不是简单的线性关系,而是一种多维、立体的发展关系。课程与教学在教育实践中的关系主要表现在以下四个方面:课程编制主体与教学主体的关系,课程标准与教学目标的关系,课程内容与教学内容的关系,课程评价与教学评价的关系。

思考训练

1. 举例说明不同历史阶段课程与教学研究的主要特点。
2. 评述几种主要的课程观。
3. 评述几种主要的教学观。
4. 结合自己的学习经验或教学实践,谈谈你对课程、教学的理解。
5. 案例分析:

当教师以前,我常常会想象我教学生的情景:他们将参加一个测验,然后我依据他们测验的成绩来对教学进行评价。事实上,这种循环过程很少。这就仅仅是教学中的一部分,对于学生而言,能否鼓励他们,能否与他们一起享受乐趣,才是在完善教学形式的过程中他们更关注的方面。鼓励、尊重和信任——这些是有区别的。我对我所教的学科——数学有很浓厚的兴趣,同时我也十分关注在学习过程中对学生和对我都有极大推动作用的教学环节。当我从学生那里获得激情的时候,教学过程将会更加出色。

分析以上案例,你认为案例中的"我"是如何理解课程与教学的关系的?你同意其观点吗?你是怎样理解课程(论)与教学(论)之间的关系的?

拓展阅读

1. [美]丹尼尔·坦纳、劳雷尔·坦纳著,崔允漷等译. 学校课程史[M]. 北京:教育科学出版社,2006年版.
2. [美]小威廉姆·E. 多尔著,王红宇译. 后现代课程论[M]. 北京:教育科学出版社,2000年版.
3. 李定仁、徐继存主编. 教学论研究二十年[M]. 北京:人民教育出版社,2001年版.
4. [日]佐藤正夫著,钟启泉译. 教学原理[M]. 北京:教育科学出版社,2001年版.
5. 施良方著. 课程理论——课程的基础、原理与问题[M]. 北京:教育科学出版社,1996年版.

6. 钟启泉著.现代课程论[M].上海:上海教育出版社,1989年版.

7. 施良方.课程定义的方式[J].教育评论,1994,(3).

8. 单丁著.课程流派研究[M].济南:山东教育出版社,2000年版.

9. [美]H.林恩·艾里克森著.概念为本的课程与教学[M].北京:中国轻工业出版社,2003年版.

线上学习

1. 中华人民共和国教育部:http://www.moe.edu.cn
2. 美国教育部:http://www.ed.gov
3. 中国基础教育网:http://www.ceb21.com
4. 中国教育政策法规信息网:http://www.cnepl.net/update/index.asp

第二章
小学课程规划与教学设计

学校课程规划案例

※ 学习目标

1. 理解学校课程规划的内涵。
2. 掌握研制学校课程规划的依据、路径和条件。
3. 熟悉课程设计的目标模式、过程模式和实践模式。
4. 熟悉行为主义教学设计模型、认知主义教学设计模型和建构主义教学设计模型。
5. 掌握教学设计的过程。

※ 章首语

  课程和教学是小学教育工作的中心环节。做好学校课程规划与教学设计，是落实好小学课程与教学工作的前提，也是提高教育教学质量的保证。学校如何有针对性地根据本校课程现状进行课程规划？怎样做好小学课程与教学设计？本章试图对这些问题进行探讨。

第一节 小学课程规划

  我国基础教育三级课程管理体制的确立，使小学学校具有了一定的课程管理和开发权，同时也对小学学校提出了新的挑战并要求其具有课程规划的能力。在以往高度统一的集权式课程管理下，学校主要是课程的执行者，而三级课程管理体制的推行要求学校必须对国家课程、地方课程以及校本课程进行整体设计、实施、评价与管理，必须对学校课程进行整体规划。什么是学校课程规划？小学应该如何进行本校的课程规划？对这些问题的探讨，有利于课程教学改革的深度进行。

一、小学课程规划的理解

(一) 学校课程规划的内涵

在《现代汉语词典》中,规划指比较全面的长远的发展计划。在英文中,用"plan"表达,释义为"a set of things to do in order to achieve something"(为达成某一目标而做的一系列事情)。在《教育大辞典》中,课程规划(curriculum planning)指课程编订的过程与结果①。课程规划是对课程进行比较长期的、全面的、系统的策划过程。由于所涉及的范围不同,课程规划存在不同的层次。比如,美国实行学校独立制,将课程规划区分为"教室""班级""学校""学区""州""地区""国家"和"世界"等八个层次。②而我国现行的课程体制是"三级管理",课程规划层次有"课堂""班级或年级""学校""市县""省"以及"国家"等。近年来,随着国际化程度的不断提高,以联合国教科文组织为首的"国际"层次课程规划也蓬勃兴起,并对其他层次产生越来越大的影响。按照课程规划的主体,可以分为国家层面的课程规划、地方层面的课程规划和学校层面的课程规划。本文所说的课程规划指学校层面的课程规划。

学校课程规划是指学校在国家、地方和学校三级课程管理体制下,基于对本校传统与优势的清晰认识,依据学校培养目标、学生需要和校内外教育资源等,持续不断地对学校课程(包括国家课程、地方课程和校本课程)进行整体设计、实施和评价的过程,进而构建适应学生发展的、高效的、具有学校特色的课程体系,其实质是学校课程的校本化过程。其具体内涵包括:

1. 学校课程规划是学校整体发展规划的重要组成部分

学校整体发展规划旨在通过对学校发展方案的设计、实施与评价的持续不断的系列活动,科学定位学校发展目标,精心提炼学校办学特色,全力创建学校文化,最终促进学生的全面发展与提高。一般来说,学校整体发展规划包括三方面内容:学校总体发展规划,课程和教师队伍建设规划以及校园发展规划。其中,课程和教师队伍建设规划服务并影响着学校的整体发展规划。由于不同学校存在文化背景、历史传统、教育资源等方面的差异,学校课程发展不可能有统一的标准和模式。学校课程决策权的获得,赋予了学校自主规划课程的权利与义务,要求本校管理者和教育实践者从学校实际出发,继承发扬、努力挖掘并积极创造出某些方面的优势,科学合理地制定出本校的课程规划,进而有效地促进学校的整体发展。

2. 学校课程规划是对学校课程的整体设计与安排

"整体"有两个层面的含义:一是指这种整体设计包括一个阶段,如三年或六年的一个学段内学校课程整体发展的总规划;二是指学校课程规划是基于学校,也是关于学校的。它是学校课程管理和领导的核心工作,是学校课程设计、实施和评价的重要依据。学校课程规划是以学校为本位的,应重视学校已有的课程传统,关注学校已有的创新和改革,必须考虑学校教师和学生的需求和声音,尤其强调学校的愿景和使命。学校课程规划需要

---

① 教育大词典编纂委员会. 教育大辞典,第1卷[Z]. 上海:上海教育出版社,1990:262.
② Oliva, P. E., Developing the Curriculum. (3rd ed.) N. Y.: Harper Collins, 1992:60.

从资源整合的角度出发,立足于学校的整体发展,通盘设计、统筹安排学校中的全部课程。其课程规划的内容包括课程方案的制定、有效教学的研讨、课程评价的改进、综合实践活动的实施、校本课程的开发、相关组织结构和各种保障系统的建立健全等。

3. 学校课程规划的主体是学校成员

实施这种课程规划的主体是学校。国家和地方都不能代替学校来实施学校课程规划。凡是追寻学校课程愿景、关心学校课程使命或参与学校课程规划与发展的学校内部人士,包括学校行政人员代表、教师代表、学生代表等,都可以成为学校课程规划共同体内的一员。学校成员作为课程规划的主体,主要体现在学校课程规划必须考虑本校师生的需求与声音。为此,学校首先应建立课程规划组织机构,成立课程发展委员会。委员会成员应涵盖学校行政人员代表、教师代表、学生代表以及家长代表等。

4. 学校课程规划是持续不断的改善过程

学校课程规划是对学校课程蓝图的勾勒,但它不仅仅是提出学校课程的目标或设想,而是在制定、实施和评价课程的系列活动与过程中,努力将学校课程愿景一步步转化为现实。然而社会政治经济文化的发展,学生身心状态的变化,学校办学条件的改善,教师专业技能的成长以及课程理论研究的不断深入等因素,决定了学校课程的发展没有终点,而是总处在一个持续不断的改善过程中。

(二) 学校课程规划的意义

1. 学校课程规划有利于学校课程建设

我国基础教育课程管理制度从"控权"到"赋权",从"大一统"到"多元",这种课程管理体制赋予了学校进行课程规划的更多权责,对学校课程资源和办学条件提出了更高的要求。为了使课改精神真正转化为学校的课程实践,学校要改变完全按照上级行政部门指令实施课程的观念,树立进行课程规划的权力意识。这些意识包括学校课程现状与课程规划目标有哪些差异?存在差异的原因是什么?哪些因素影响着学校进行课程规划?学校应如何规划课程内容来实现国家课程和地方课程的校本化?学校如何从自身的条件出发对课程实施和课程评价等方面进行规划?学校要不断努力建构符合本校发展的课程,要求不断调整结构,选择与组织课程内容,合理地安排课程,促使国家课程、地方课程和校本课程以不同的方式融入学校的课程体系中,使得国家课程和地方课程更具体化,使得校本课程符合学生的需求,促进学校课程体系不断完善和成熟。只有寻找出基于课程建设的方式,才能更好地探寻基于学校文化建设的途径,进一步推进素质教育,全面提高教学质量。

2. 学校课程规划有利于创建学校特色

学校特色是学校在长期办学过程中逐渐形成的具有某一方面或几方面区别于其他学校的独特、优质且相对稳定的办学气质和个性风格,是学校在办学整体意义上具备独特化、个性化的教育风貌,进而多样化地在学校资源、办学理念、课程开发、教学方式、教师专业发展及学校管理模式、校园文化建设等多方面的体现。基于学校建设的课程是学校特色的前提和基础,是发展特色文化的需要,也是特色学校的一个重要组成部分。学校特色的形成需要一定的特色课程作为支撑。

长期以来,我国基础教育千校一面,缺乏特色,其主要原因就在于课程的高度统一。

在新课程背景下,学校课程权力的赋予为学校特色的形成提供了新的契机。学校要利用这种契机合理规划学校课程。学校课程规划不只是简单实施国家课程和开发校本课程,它要求学校将国家课程、地方课程和校本课程作为一个整体来通盘考虑和设计,以反映出一所学校的办学思路和特色。在基础教育课程改革背景下,学校课程规划将成为学校发展规划的重要组成部分,在很大程度上服务于并制约着学校的整体发展,也会在很大程度上决定学校的发展特色。学校课程规划是从本校的实际出发,建立在学校的课程传统、已有的课程基础以及教师和学生的课程需求基础之上的,这一过程是积极地发掘、提炼、建设和凸显学校课程特色的过程。基于学校的课程规划建设根据学校的现实情况,以学校为基地,以学校的教育目标为理念,以地区和学校教育资源为依托,构建具有学校文化特色的课程,有助于形成学校的特色文化。

3. 学校课程规划有利于学生个性发展

教育是一种有目的地培养人的社会活动,这一本质特点决定了教育要以学生为本。教育要尊重学生的发展,尊重他们的兴趣爱好、情绪情感体验和个性的发展。三级课程管理体制的实施为发展学生的个性提供了广阔的空间。基于学校的课程规划要依据学生的身心发展规律、学习兴趣与需要,从学生的实际出发,与学生的生活相通,让课程回归学生的生活,为学生的发展提供更广阔的舞台,凸显学生的个性。基于学校的课程规划,开发与研制可供学生选择的多彩课程,满足学生成长的需要。

二、小学课程规划的研制

学校要有效地规划高品质的课程,就必须追问三个问题:即学校规划高质量的课程需要依据什么?需要规划什么?以及怎样规划?对这三个问题的回答是学校进行课程规划时的基本思路和策略。

(一) 学校课程规划研制的依据

学校在课程规划过程中必然会做出一系列决策,为了确保决策的合理性,学校就必须寻求一些依据来作为判断和解决学校课程规划行为是否正确的基础。尽管不同学校可以根据具体情况寻求诸多依据,但有些因素是每个学校都必须涉及的。主要包括以下方面:

1. 基于课程政策

学校课程规划并不是指学校可以对整个国家课程计划进行任意的增删更改,学校课程规划具有很强的政策制约性,必须在政策允许的范围之内,在新课程的框架之内,否则就难以保障国家对学生素质的基本要求,就会偏离教育目的。课程政策是一个国家对课程改革与发展做出的官方规定,其核心在于对教育的课程权力分配做出回答。课程政策不仅反映了本国的政治、经济和文化情况,而且对课程实践给予相当的约束力,因而也就必然地成为学校规划课程的重要基础。具体而言,课程政策能够回答学校课程规划所需要解决的关键问题,这些问题包括:学校是否为课程设计、课程开发、课程实施、课程评价、课程研究以及课程改革等课程行为的合法主体?学校能够在什么时候、什么地方、哪些方面和多大程度上成为这些课程行为的合法主体?这些问题都应该在学校进行课程规划之前得到明确的回答。

2. 基于课程理论

无论是采用从学校和教学的实际出发的现象学观点所建构的课程理论,还是采用通过逻辑手段可论证的诠释学观点所建构的课程理论,它们表达的都是"课程应该是什么或可能是什么"的旨趣。当学校成为课程规划的责任主体时,为了获得高品质的学校课程,学校就必须寻求课程理论对其课程规划行为进行规范和指导。课程理论可以帮助学校解决课程规划中无法回避的理论性和技术性难题,主要包括:学校规划课程需要持什么样的课程观,学校课程规划的具体范围及其内部各组成部分的关系怎样,有些课程规划的做法为什么比其他课程规划的做法更符合学校课程规划的价值取向,完成课程规划的各项具体工作的计划、方法和程序是怎样的等一系列诸如此类的问题。基于此,课程理论是学校课程规划必不可少的重要基础。

3. 基于学校

学校课程规划不能完全沿用国家或地方的课程计划,也不能照搬其他学校的课程规划。学校课程规划的制定必须从本校的实际出发,建立在学校的现状与愿景的基础之上。第一,基于学校现状。学校现状是课程规划的基本立足点,学校课程校本化的程度就主要取决于对该要素的重视程度。在我国,实行学校课程规划的价值就在于关照校际间的差异性,而这种差异性的主要来源就是不同学校现状的不同。学校现状是学校各项工作的总和,是一个学校综合实力的体现,通常从两个方面进行彰显:一方面是学校外在环境,主要涉及学校在整个学校系统中的位置,与其他学校建立的联系,与其他社会机构建立的联系,学校的社会声誉以及学校占有的其他社会资源;另一方面是学校的内在环境,主要包括学校目标、组织机构、学校文化、教师素质、学生素质、学校资源、硬件设备等。第二,基于学校愿景。"愿景"是一个内涵丰富而又富有争议的概念。诺尔·高夫(Noel Gough)认为,在通常情况下,它可以指代信息在人们感觉系统中的体现,在教育系统中"指代一些对未来不见其人的、不着边际的、抽象的、毫无根据的无法让人信服的预设"[①]。本文认为,愿景是根据现有条件和信息对未来景象的有远见的预测或期待。学校愿景是指从学校现状出发对学校未来的一种有远见的预测或期待,它保证了学校课程规划的长远性和方向性。

(二)小学学校课程规划的路径

小学学校课程规划是一项复杂的工作。这一工作的具体落实和完成需要综合考虑各方面的因素,其中最主要的就是如何在课程规划中既体现学校的课程愿景,又能紧密结合学校的传统和实际。学校课程规划的过程实质就是在学校课程愿景和学校实际之间不断调适的过程,它需要课程规划者的精心谋划。学校课程规划一般包括定位学校教育目标与教育理念、形塑学校的课程愿景、编制学校课程方案和制定课程评价方案。

1. 定位学校教育目标与教育理念

学校课程规划建立在学校鲜明的育人目标和清晰的核心教育理念基础之上。"学校究竟要培养什么样的人"是对学校育人目标的清晰定位,"学校究竟如何培养这样的人"是

---

① [美]小威廉姆 E. 多尔,[澳]诺尔·高夫著,张文军等译. 课程愿景[M]. 北京:教育科学出版社,2004:4.

对学校核心教育理念的准确凝练。鲜明的学校育人目标和核心的教育理念,是学校课程规划中仅次于教育原点的"顶层"。在小学课程规划与建设的实践中,很多学校不是没有育人目标的定位和教育理念的提出,而是普遍缺乏实质的内涵、内容和内在的逻辑特点。主要表现在:① 丧失个性。无论是育人目标还是教育理念,都趋于雷同而缺乏学校的个性特质。② 言之无物。无论是育人目标还是教育理念,都流于形式而缺乏实质性的内涵和内容。③ 缺乏核心。无论是育人目标还是教育理念,都限于杂乱而缺乏核心或灵魂。④ 相互分离。学校的育人目标与教育理念关联不大而缺乏内在的契合度。明确学校的育人目标和教育理念,可以从如下方面着手:

首先需要学校从两个维度进行厘清:一是回溯历史。回溯学校发展历史的实质,这是追寻学校发展的文化之根。学校文化的核心是学校在长期的教育追求过程中积淀下来的教育理念和教育精神,它集中体现在学校全体师生最为基本的价值追求、思维及行为方式上。二是把握现实。把握学校发展现实的关键,是对支撑学校发展的核心优势、影响学校发展的突出问题以及制约学校发展的主要瓶颈进行客观具体的分析与诊断。学校可以采用"SWOT"分析方法(态势分析法)来确定学校发展的优势、劣势、机遇与挑战及相互关系,从而为学校课程建设的顶层设计提供较为可靠的基础。SWOT,即 strengths(强势)、weaknesses(弱势)、opportunities(机会)和 threats(威胁)四个英文单词第一个字母的组合。SWOT 分析,即通过访谈、座谈、民主调查等方式,把与学校课程密切相关的各种主要内部强势因素和弱势因素、外部机会和威胁因素客观、全面、有次序地排列起来,然后运用系统分析的思想,把各种因素相互匹配后加以分析,并从中得出相应结论的一系列过程。在分析过程中,着力要解决三个基本问题:① 我们的优势与劣势是什么?学校之外存在着的发展的机会与威胁是什么? ② 哪些人和事有助于发展?哪些人和事可能滞后于发展?这一问题涉及教师的经验、利益相关者的承诺、资源供应等。③ 什么人或事是最重要的、最急需改变的?

其次,学校育人目标和教育理念的凝练需要体现学校特色。学校在确定育人目标和教育理念时需要遵循以下几个要求:① 遵循基础教育的基本特性,同时为学生的共通性发展和个性化发展奠定基础;② 集中体现具有学校特色的学生培养思路,尤其是对具有学校特色的学生发展特质进行凝练;③ 明确体现素质教育改革的核心精神,着力培养学生的社会责任感、创新意识与实践能力;④ 抓住学生学习与发展的根本,准确提炼需要重点培养的核心素养。学校确立起来的教育理念是学校课程规划的灵魂与核心。一般而言,一个准确而深刻的教育理念同时蕴含了教育目的、教育思想、教育内容和教育方式等方面的多重内涵。如何准确地揭示学校核心教育理念所蕴含的根本内涵和根本意义,深度挖掘核心教育理念所蕴含的思想方法,充分释放核心教育理念所蕴含的教育改革力量,这不仅直接影响学校课程规划各个层次、环节、方面和要素之间的有效整合,而且还直接衍生出学校课程教学实践的实际改革点。

再次,分析出学校育人的核心素养。"核心素养"是指学生应具备的适应终身发展和社会发展需要的必备品格和关键能力,突出强调个人修养、社会关爱和家国情怀,更加注重自主发展、合作参与、创新实践。从价值取向上看,它"反映了学生终身学习所必需的素养与国家、社会公认的价值观"。从指标选取上看,它既注重学科基础,也关注个体适应未来社会生活和个人终身发展所必备的素养；不仅反映社会发展的最新动态,同时注重本国历史文化特点和教育现状。一方面,核心素养指导、引领、辐射学科课程教学,彰显学科教学的育人价值,使之自觉为人的终身发展服务；另一方面,核心素养的达成,也依赖各个学科独特育人功能的发挥,学科本质魅力的发掘。

2. 建构学校的课程愿景

在确立学校育人目标和教育理念的基础上,学校课程规划接下来要回答的问题应该是：学校课程要发展学生哪些核心素养或能力？这些素养或能力分别通过什么类型或什么样的课程去实现？实现这些能力或素养的标准是什么？这样就需要清晰界定学校的课程愿景。学校课程愿景是根据学校现状对学校课程未来发展的一种有远见的预设或期待,是课程规划的灵魂,也是学校课程的归宿。学校课程愿景形成可以通过对学校优劣机危的调查分析形成一系列目标,然后运用系统分析的思想将其按照一定的次序排列起来,把各种因素匹配分析,形成学校课程愿景。具体步骤如下：第一,学校课程领导者要先有自己的个人愿景,利用自己的个人愿景来引导大家进行讨论；第二,通过充分协商形成共同的课程愿景；第三,将共同的课程愿景转化为课程文本陈述；第四,让所有的教师明了学校课程发展愿景。建构与形塑学校的课程愿景需要做到：

（1）拥有清晰的课程思维逻辑路径

课程规划主要考虑的问题是：现行的课程内容及组织方式是否体现学校的育人目标和教育理念？需不需要进行学校课程重建？学校是对课程进行局部调整还是重新统整规划？如果重新统整课程,就要思考学校课程目标的定位问题,然后围绕学校课程目标思考课程设置与聚焦课程内容,考虑课程内容的选择与组织、选择知识的原则以及可能遇到的困难是什么等问题。此外,课程内容的合理性思考的前提除了知识之外,更应考虑学生学习的时间与能力的限度,这是课程规划的逻辑前提。

（2）确立学校课程理念与目标

学校课程理念是在学校课程发展所面临的矛盾困惑中形成的解决矛盾困惑的理性认识,是指导学校课程发展的一种思想和方法论。不同的学校面临着不同的发展矛盾和困惑,因此会形成不同的课程理念。在学校课程理念的指引下可以确立学校的课程目标。学校课程目标的确立需要考虑学校课程结构是否体现了学校的育人目标和教育理念,是否反映了社会发展提出的要求,是否反映了学生发展的多样化需求,是否反映了本校的历史文化传统,是否反映了本校所处社区的特殊定位,等等。基于学校课程现状的分析,如现有课程、生源特点、教师队伍、学校设施、学校区位、家长社区、社会需求等方面,确立适合本校的课程理念与目标。

（3）建构符合目标的课程菜单

依托课程目标,学校可以设计课程结构。构建符合目标的课程结构可以有多种方式,可以依据学生的素养发展目标,可以依据课程功能,可以基于学习领域统合课程门类,也可以对国家规定的课程进行校本化重组,等等。构建符合学校课程目标的课程单,需要明确三个问题：一是学校应该开设哪些课程？二是学校为什么要开设这些课程？三是如何有机组织学校开设的课程？目前很多学校对应该开什么课、为什么开这些课并不明确,也有很多学校不明确每门、每类课程的价值功能,因而导致学校缺乏拥有某种价值功能的课程门类，或者已有课程之间存在交叉混乱的现象。所以，在构建符合学校课程目标的课程单时，需要明确各门类课程的价值功能。还需要平衡各种类别课程的关系，兼顾选修课程与必修课程、综合课程与分科课程、学科课程与活动课程、显性课程与隐性课程等之间的比例。

(4) 编制《各学科质量目标指南》和《学科学习手册》

根据国家课程标准，在分析学情的基础上，整合加工教学内容，制定学科目标体系，编制出版《各学科质量目标指南》。指南中明确本学科教什么、怎么教、教学评价等一系列相关问题，形成课程标准与学科教材之间的桥梁。与此同时，研发供学生课堂及课外学习使用的《学科学习手册》，打通课前、课中、课后的通道，使学生明确学什么、怎么学、怎么练等问题。

3. 编制学校课程方案

学校课程方案是学校课程规划的主要内容之一。课程方案是一个从宏观到微观不同层次内容构成的系统。制定课程方案需要进行如下工作：

(1) 分析三类课程内容，找出相交叉重复的课程内容

由于国家课程与地方课程设计者的差异，以及地方课程教材开发的方式一般以年级为单位，使得不同年级国家课程与地方课程存在交叉重复。这样就有必要将三类课程中交叉的内容整合，重复的内容删除，将交叉内容整合到相关学科中。

(2) 厘清学校课程方案的主要内容

学校课程方案就是在国家课程方案以及地方课程方案的规定下，根据学校的现实条件和学生的需求，对课程进行整体规划的结果。核心问题是：学校到底需要哪些课程？怎样提供这些课程？提供这些课程需要怎样的条件？主要内容包括学校生态分析、课程发展委员会的组织、学校课程的愿景、课时分配及课程特色安排、学校课程总表、各类课程计划、推动策略、课程评价等项目，各项目的内容如表2-1：

表2-1 学校课程方案主要内容

项目	内容
学校生态分析	研究学校的基本资料，总结学校课程发展的条件
课程发展委员会的组织	学校课程发展组织、学校课程规划发展的流程
学校课程的愿景	学校教育愿景、课程愿景的落实方式
课时分配及课程特色安排	课时分配原则及决定过程、弹性课程的课时分配与运用、学校特色课程的安排
学校课程总表	学校课程设计的原则、特色及过程与结果
各类课程计划	学习科目、领域及弹性学习课程的分析；学年或学期学习目标；教学材料；教科书以及教学活动选编原则及来源；校本课程实施计划
推动策略	教师分工与排课原则、学校行政支援、配合措施及方法、课程实施相关行政措施及专业计划
课程评价	课程评价组织及运作方式、课程评价的计划与实施及评价结果的应用

(3) 确定学校课程方案的研制步骤

一个学校要想真正发展,就不能被动地仅仅接受"外来的"方案,而应在此基础上研究适合本校的课程方案。学校课程方案的制定首先要考虑的是能够反映学校发展特色;其次注意新的学校课程方案具有一定挑战性。因此,一项完整的学校课程方案至少应考虑以下几个方面:第一,拥有民主的学校课程协商平台,即学校课程利益攸关者在审视、批判和修改课程标准的过程中积极发表自己的意见;第二,建构课程架构;第三,规划课堂中的课程;第四,制定评价策略。

(4) 课程结构的建立与教学改进的规划

课程开发的设计重点在于课程结构的建立。课程编制者尽可能对若干知识要点做结构化的处理,试图避免给人以"知识碎片"的印象。根据国家新课程改革的精神实质与中小学校课程建设的实践经验,课程结构的建立需要遵循以下思路:第一,确立"学习领域+课程平台+课程模块+微型课程"的课程结构建立路径;第二,课程结构的各个组成部分在分类标准上要尽量保持一致;第三,尽量体现出课程结构在整体上的均衡性、选择性、综合性与层次性。

学校课程结构直接指向的是学校育人目标,在构成上一般包括领域、平台、模块和具体课程四个组成部分,即基于学生的学习领域,开发出若干课程平台;每个课程平台包括若干课程模块,每个课程模块又包括若干具体的微型课程。其中,课程平台的组合设计又是关键,学校可以根据以下几个线索进行课程平台的组合设计:根据学生学习的性质与方式设计;根据学生学习与发展的层次设计;根据课程本身的性质与类型设计;根据学校教育理念的内涵直接生成等。课程实施的设计重点,在于教学改进的构想。教学改进的构想需要做好以下几件事情:第一,深度分析学校教学现状,对学校教学存在的明显优势和突出的劣势加以准确的诊断;第二,紧紧抓住"学习与发展"这一教学改革主题,分析和把握当前教学改革的价值潮流;第三,明确提出学校教学改进的目标与愿景,提炼学校教学改进的思想、模式及方法。

4. 制定课程评价方案

课程评价是学校课程规划的有机组成部分,它对学校课程发展起着重要的监控和评估的作用。所谓监控是回答"我们在做的是我们想要说和做的事情吗?"它集中关注的是搜集与组织信息;所谓评估是回答"我们所做的事情的价值是什么?"它集中论述的是学校课程规划及实施的价值问题。监控与评估的对象是我们对学校课程发展所做的全方位工作,涉及学校课程规划及实施的整个过程,所得资料用于反思学校环境,重新思考学校发展方向,重建学校组织制度,重新规划学校课程及其行动方案。

在学校课程规划过程中,应确立"发展性课程评价"的理念[①]:① 评价关注的重点是"行为"而不是"人"。评价应当树立"学习评价而不是学生评价、教学评价而不是教师评价"的观念;要关注个体的行为及其成因分析,而不是不顾背景与需要,忽视个体间的差异,单纯以一种分数或等级来表征教师、学生的价值。② 评价的目的在于改进而不是鉴定。评价的价值取向是提高学校办学质量,提高教师的专业水准,促进学生的全面发展,

---

① 骆玲芳,崔允漷主编.学校课程规划与实施.上海:华东师范大学出版社,2006:8-12.

而不是追求对评价对象的有效控制;发展性评价关注的不是评价的结果,而是评价后的行为改进。③ 评价是一种对话交流、共同协商的建构过程。只有评价为被评价者所认同,评价才能具有发展性价值;被评价者不能成为评价结果的被动接受者,而应是评价的主动参与者,应通过协商建构评价的发展意义。④ 评价应采用多样的手段和方法。既有量化评价与质性评价,也有内部评价与外部评价;既有学生评价、自我评价,也有同伴评价、督导评价,应强调多主体评价。

学校课程评价方案主要是对以下几方面内容的设计:① 学习评价。学习评价倡导评价不是针对学生,而是针对学生的学习行为。学校在课程标准的指导下,制定科学的、可操作的评价标准,设计评价工具,支持教师系统地对学生评价;教师应给予学生自我评价的机会,促使他们对自己的学习进行回顾和反思,让评价成为他们学习经历的一部分。② 教学评价。教学评价的重心是教师的教学行为,而不是教师本人。教学评价是一种专业行为,主要由教师自己或同事来完成。③ 方案评价。对于课程方案的评价主要涉及"对国家课程组织实施方案的评价"和"学校自行开设的校本课程的评价"两个方面,其目的在于通过对课程开发和实施情况周期性地进行分析,促进课程方案的改善,进而促进课程的不断革新。

杭州市安吉路实验学校课程规划的内容框架

为全面贯彻党的教育方针,全面推进以创新精神和实践能力为核心的素质教育,杭州市安吉路实验学校在我国基础教育三级课程管理的框架内,制定了《杭州市安吉路实验学校课程规划》。其具体内容包括以下八个方面:

一、学校的愿景与使命

(一) 愿景

关爱——安吉路实验学校是一所人人受关怀、奉爱心的学校。

卓越——安吉路实验学校是一所尽心尽力提供学生发展机会的学校。

引领——安吉路实验学校是一所持续革新、引领教育潮流的现代实验学校。

(二) 使命

提供丰富而适切的课程,使每一位独具个性的学生在智力、情感、道德、社会、身体等方面得到充分发展,为在多样化社会中做一个终身学习者和负责任的公民做好准备。

打造一支具有高度专业水准的教师队伍,善于做人,精于从业,乐于生活,努力成为一个运用知识、经验和研究以改进实践的学习型共同体。

建立与家庭、社区的积极伙伴关系,保障各利益相关者的知情权、决策权和问责权,基于共同的责任,积极参与合作的教育事业。

秉持高度负责的实验精神,发展与校外优秀专家的合作关系,聚焦于为实现学校愿景而进行的富有价值的课程发展与教学革新。

二、九年一贯的课程方案

在充分研究和对话的基础上,安吉路实验学校制订了适合自己的课程蓝图,并把它真正落实好。

（一）设计原则

基于政策；基于学校；基于研究；基于对话。

（二）课程设置方案

本方案由语言文学、社会与人文、科学与信息技术、艺术、体育与健康、综合实践活动与校本课程等七个领域组成，其中综合实践活动与校本课程领域主要体现课程的选择性。

（三）课程设置与课时安排（略）

（四）重要主题教育的安排（略）

三、有效教学纲要

（一）有效教学的理念

有效教学旨在促进学习；有效教学关注全人发展；有效教学强化效益意识；有效教学需要自我创新。

（二）有效教学的策略框架

创造促进学生学习的环境；研究并理解学生；明晰目标与组织内容；提供多样的学习机会；促进学生学会学习；持续的教学反思与创新。

四、发展性课程评价纲要

（一）发展性课程评价的理念

评价关注的重点是"行为"，而不是"人"；评价的目的在于改进，而不是在于鉴定；评价是一种对话交流、共同协商的建构过程；评价应采用多样的手段与方法。

（二）发展性课程评价的框架

学习评价；教学评价；方案评价；包括对《年度学校课程实施方案》《课程纲要》和教案的评价。

五、综合实践活动的实施

（一）课程目标

（二）课程安排

（三）实施建议

六、校本课程开发的框架

（一）组织建立

（二）需求分析

（三）校本课程规划的框架

（四）校本课程的评价与管理

七、学校课程发展委员会的运营

（一）功能

（二）成员的产生与组成

（三）组织架构

> **（四）运营规则**
> 议题确定；开会规则；议事规则；公布规则。
> 八、教师知识管理与专业发展
> **（一）教师个人知识管理的策略**
> 反思自己的教学行为；建立交流与分享的信息平台；掌握个人知识管理的方法；养成积累自己知识的习惯。
> **（二）学校知识管理的平台与机制**
> 建立知识学习与分享的机制；组织教师进行专题培训；建立教学档案和知识库；建立知识交流的平台；建立适当的保障机制。
> 资料来源：骆玲芳、崔允漷.学校课程规划与实施[M].上海：华东师范大学出版社，2006:1-18.

（三）学校课程规划的保障条件

学校课程规划是一项比较复杂的工作，要顺利地发挥其功能，需要多方面的保障条件。其保障条件有：

1. 要有正确的课程规划观

充分实现学校课程规划的价值，需要校长以及学校成员明确以下几点：首先，学校课程规划是"发展"性的规划。"发展"是目的，"规划"是手段，作为手段的规划必须是一种发展性的谋划，是指向未来、为学校课程发展寻求新空间的，学校课程的使命、愿景、特色的提炼、行动方案等都必须在原有基础上进一步发展。其次，学校课程规划是学校"自己"的规划。任何人不能替代学校的领导和教师来做规划，而且学校课程规划只能建立在自己学校课程发展的基础上，重视学校已有的课程传统并关注已有的创新和改革；考虑教师和学生的需求和声音，尤其强调学校的愿景和使命。如此，才能真正起到理想和现实之间的中介作用，才能保障学校、教师和学生获得适宜的课程。再次，学校课程规划也是促进每一位课程主体发展的规划。学校课程规划要结合每一位课程相关者个体发展的规划，使他们意识到学校课程发展与自己发展的关系，唤醒他们的规划意识。当每一位课程主体形成规划意识后，他们就会逐渐成为一种自我更新的主体，就会不断地反思与重建，不断丰富与发展自己，并以自己的个体规划丰富、支持着学校的整体课程规划，从而使得学校课程发展获得更强内在动力的支持。

2. 较强的学校课程领导力

学校的课程领导是指学校中的课程领导者与追随者在学校课程事务上，通过互动而相互影响，以期达到学校课程愿景的过程。校长、教导主任、骨干教师都应成为学校课程的领导者。在不同情境中，领导者与追随者角色是互换的。在课堂层面，教师通常是领导者，学生是其追随者；在年级或学校层面，通常校长、骨干教师或教导主任是课程的领导者，其他人成为追随者。对课程领导的考察，就是要判断学校课程领导者在多大程度上为学校课程目标的达成做出了影响和努力，而他们的追随者又在多大程度上"追随"着他们。学校领导团队应拥有深厚的课程专业知识和课程领导能力。学校能否做出适合本校的课程规划,根本取决于学校领导团队,特别是校长的课程专业知识背景和课程领导能力。

3. 学校应当寻求专业力量的支持

学校课程规划是学校"自己"的规划,但并不拒斥校外人员的参与。规划过程需要社区人士、家长代表等多方参与、共同合作,需要他们的理解与支持,特别是校外课程专家与学者的支持与帮助。课程规划在理论研究与教育实践中虽然不是一个全新的问题,但学校课程规划在我国目前还是一个崭新的领域。由于过去的基础教育中没有培育学校领导和教师课程意识的环境,也没有支持学校领导和教师课程领导能力发展的实践,而学校获得规划课程的权力的时间也不长,要求学校独立进行课程规划还存在诸多困难。在目前的学校课程规划实践中寻求课程专家的合作与支持是非常必要的。专业力量的加盟可以为学校课程规划提供理论支撑与咨询服务,帮助解决学校课程规划中无法回避的理论性、技术性难题,确保学校获得高品质的课程。

4. 完善的教师队伍专业发展制度

学校课程规划的理念落实需要与之相适应的专业教师队伍。学校需要着重思考系列问题:适应学校的发展目标,尤其是育人目标与核心的教育理念以及相应的课程与教学要求,学校究竟需要一支怎样的教师队伍?目前的教师队伍与学校需要的这支教师队伍还存在哪些差距?学校教师专业发展的现实需求究竟是什么?根据教师队伍专业发展的差距及需求,学校应当为教师开发和提供什么样的专业发展课程?什么样的专业发展课程对学校教师队伍发展最有价值?如何评价、保障和激励教师专业发展课程的有效实施?根据这些问题,建立一套促进教师队伍专业发展相关的制度。

第二节 小学课程设计

如何根据一定的指导思想来设计学校课程,是小学课程建设所要解决的重要问题。在长期的实践中,逐渐形成了三种课程设计模式,它们是目标模式、过程模式和实践模式。这三种"模式"并不详细阐明在实际中如何设计课程,而是为进行课程设计提供指导思想。下面具体介绍这三种小学课程设计模式。

一、目标模式

目标模式(objectives model)是课程设计领域随着目标运动的发展而出现的第一个较为完整的理论派别。该理论从产生至今,其影响远远超出英美两国,曾促进了全世界中小学和大学课程的发展。

(一) 目标运动的发展

早在20世纪初,因受工业和科技进步的影响,发达国家社会中出现了一股追求"功效"和"唯科学主义"的思潮。在这种思潮影响下,教育科学领域相应出现了"教育功效运动"和"教育科学化运动"。由于这两个运动的发展,一时间,教育研究领域出现了大量为制定教育目标服务的"活动分析""职业分析"和"需要分析"研究。其中在课程编制领域,比较有代表性的是博比特(F. Bobbitt)和查特斯(W. Charters)的"活动分析"理论。博比特认为,必须以对社会需要和人类生活活动进行的分析来确定课程,主张课程编制者的任务是:① 分析人类生活活动,找出这些活动的细目并揭示完成特定活动所必需的能力、习惯、态度和知识等,以此作为课程目标;② 根据上述目标选择内容;③ 对选出的内容加以组织。查特斯也力主通过职业分析来确定课程教学。其目的就是要把工业管理中精确度很高的科学方法引进课程领域。

30年代,随着教育科学运动的深入发展,教学方法或教学技术科学化问题开始受到普遍重视。尤其是由于受到桑代克行为主义心理学研究成果的鼓励,各种学习测验、测验器具、教学机器成了教育的组成部分。此时目标运动就更加配合人们对教育测验及其手段的广泛兴趣,并从课程编制服务于保证学校标准这一现实需要的效果方面加强了目标与评价间的联系。美国30年代进行的"八年研究"就说明,课程目标的确立为课程评价提供了依据,同时评价手段也有助于阐明课程目标,为教师提供了关于新课程和教材的反馈信息。

此外,目标运动还得到杜威进步教育运动的支持。当时,由于受到经济危机的冲击,西方世界不再是先前那种欣欣向荣的景象。为了恢复经济,社会进步人士纷纷呼吁由社会来掌握生产资料,利用教育力量控制和预测人的行为,从而建立没有经济萧条的新秩序。迫于形势,进步教育协会开始纠正其"儿童中心论"的偏极主张,重新研究杜威论述中关于教育控制的概念,关于实现儿童创造自由的社会条件,关于有组织、有目的的学校教育与课程。这样,目标运动就在客观上为此时的教育控制目的指明了方向。

目标运动在30年代的发展为40年代泰勒课程设计目标模式的诞生奠定了基础。

(二) 方法论基础

目标模式是一种以实用主义哲学为其指导思想,并直接受行为主义心理学影响的理论。这不仅因为该模式的创建者以及为该理论提供知识基础的主要教育家、心理学家都是美国芝加哥大学进步教育派的代表,同时又是行为主义心理学家,更重要的是因为该理论在多方面体现了进步教育运动从30年代起开始提倡的原则,即教育为改造社会、为建设新社会秩序服务,坚持实用主义教育学必须包括教育控制概念,必须阐述教育目标,必须研究科学逻辑对教育的意义,这一根本转折体现了这一时期行为主义心理学在学习理论方面的研究成果。

实用主义哲学形成于19世纪末的美国,20世纪初发展为一种世界性的哲学思潮,其方法论的基本特征是:强调立足于现实生活,把确定信念当作出发点,把采取行动当作手段,把获得效果当作最高目的。因此,以实用主义方法论为基础的泰勒理论强调课程编制目标模式,"教育是改造人类行为模式的一种历程,学校要通过课程,在学生身上引起行为模式的必要变化"。因此,课程编制的首要任务是确定目标,"指出欲使其在学生身上发生的那种行为,以及该行为所将处理的生活内容或领域"①。进而根据目标,选择学习经验。

---

① [美]拉尔夫·泰勒著,施良方译.课程与教学基本原理[M].北京:人民教育出版社,1994:26.

行为主义心理学也是实用主义思潮的产物。它与以往的心理学不同,主张研究人类的行为而不是意识,主张用"尝试错误""条件反射"来解释人类学习过程,从心理学角度配合了实用主义哲学关于"经验""效果"和"行动"的解释,配合了"从做中学"的教育主张。50年代,《教育目标分类学》的产生就是行为主义心理学为课程编制目标模式提供的关于以学习最终行为来确定目标、评价目标的分类依据。此分类保证已确定的教育目标能与一种学习心理学相联系,使教师有可能根据可能的条件和学生情况,对行之有效的目的与难以如期达到的目的加以区别;有可能确定各种目标在学习顺序中的确切位置;有可能发现能够达到某一目标的学习条件,以及提供一种确定各种目标之间恰当的相互关系的方式。

(三) 主要思想

目标模式强调先确定目的和目标,再以精确表述的目标为依据来进行评价。首先将目标概念化并应用于课程发展上的是博比特(F. Bobbitt),目标模式经博比特和查特斯(W. W. Charters)的倡导,经泰勒(R. Tyler)及塔巴(H. Taba)的系统发挥,以及布卢姆(B. Bloom)、格朗兰德(N. Gronlund)、梅里特(J. Merritt)的进一步研究,再由波帕姆(J. Popham)、古德莱德(H. Goodlad)和里克特(M. Richter)等的热心拥护和补充,而历久不衰。乃至目前,目标模式的拥护者更强调目标的明确、清晰和特殊化。下面从泰勒的四个步骤出发,来看看目标模式的特征。

1. 目标方面

就目标模式在目标方面的观点的发展而言,博比特主张通过"活动分析"即对社会需要和人类生活活动的分析,来确定课程的目标。查特斯则运用"职业分析"来确定课程目标。到泰勒以后,目标模式进一步主张要以行为主义的观点来确立明确而不含糊的行为目标,然后依据这些目标进一步实施编制课程的其他程序。布卢姆等人则进一步对目标加以细分,形成了包括认知、情感、动作技能三个领域的教育目标分类学。及至今日,目标模式的拥护者进一步强调目标的明确化、清晰化和特殊化。目标用语也由教育目标变为教学目标,再变为行为目标。

目标模式的目标有以下特征:① 强调具体明确的目标。目标模式主张,只有明确指出儿童学习后能够做什么,才能进一步实施课程编制的其他步骤。② 由于目标模式以行为主义心理学为基础,所以其主张行为导向的教学目标。如梅格(F. Mager)就认为,良好目标要详述儿童学习后应该能做的事或能表现的行为。③ 强调目标的结构和阶层性。如博比特将目标分成终极目标和渐进目标,惠勒将目标分成近程目标、中程目标和远程目标。布卢姆等人不仅从结构上将目标分成三个领域,而且注意同一领域的目标的层次性。如情感领域,由低层向高层,目标可依次分为接受、反应、评价、组织、由价值或价值复合体组成的性格化。每一目标又可再细分,如反应可分为反应中的默认、反应中的意愿、反应中的满足。

2. 内容选择方面

目标模式对内容持工具主义的观点,认为内容只是达到目的的手段,是工具而已。内容的选择不是依据其自身的价值,而是视其是否达到了某些外在的目标。因此,目标模式认为知识只有功利主义的价值。目标模式认为课程的主要功能在于发现有效的手段,以达到预先决定的、毫无疑问的目的(所以也称其为目标—手段模式)。目标模式不很关心课程内容,但十分注意如何设计课程。因为它是基于这样一个前提的:学习是在有系统的、可预测的、可控制的情境中进行的,如果能用恰当的方法编制课程,则学习效果将极完美。正因为这样,目标模式主张课程编制主要是技术性的问题。

3. 内容组织方面

泰勒在其《课程与教学的基本原理》中认为,组织的原则是要注意"继续性""程序性"和"统整性"。泰勒的这种思想为加涅(R. M. Gagne)所继承和发展。加涅认为知识是有阶层性的;儿童学习由简单的、特殊的开始,一直发展到复杂的、一般的学习。因此,课程内容的组织也要依据最终目标,分析所要达到的各种目标,并依据这些目标的阶层顺序来相应地组织课程内容。

4. 评价方面

因为目标模式主张从明确的行为目标出发,所以,其评价是依据行为目标的,是目标参照评价。由于评价有明确的目标作为参照,所以它进行的是量化的评价。其评价顺序是,先编制课程,然后进行实验,并根据实验的结果进行修订,如此反复,直到课程能达到预定的目标。

(四) 特征及评价

尽管目标模式目前仍占绝对的统治地位,但它已经暴露出许多问题。如斯腾豪斯(L. Stenhouse)就提出了以下问题:目标如何决定?个人是否知道追求的目标?目标是否阻碍了课程革新?目标是否使内容流于工具?综合各家观点,本文认为目标模式主要有以下特征:

1. 强调预先规定行为目标

课程编制目标模式的基本特征之一,就是强调应该根据预期的学习最终行为确定课程目标,以保证课程内容的选择与组织,为课程教学效果的评价提供确定性的依据。本文认为,就其积极性而言,该特征有助于提高课程编制活动的科学程序性,以及课程与教学的高度计划性和有效性。这比起以往只是笼统地提出"掌握各学科基本内容"的课程要求要明确具体得多。然而,由于其模式的行为主义立场,该特征同时也暴露出许多缺陷。首先,并非所有的课程目标都能充分转化成可测性的行为目标,例如,理解力、鉴赏力、想象力等课程目标就很难行为化。其次,并非所有学科的学习结果都能预先得以确定。尤其对于人文、艺术这样特别强调高智慧品质和创造性思维的科目来说,若预先确定行为目标,则易引起不符合学科要求的格式化和标准化反应。再次,这些行为化的课程目标也给教学实践带来困难。往往会有这样的趋势,即教师把注意力集中在能够被详述的低级目标上,如对知识的再认与回忆,而忽视了那些无法被严谨地加以表述,却又十分重要的高水平目标,如理解、应用、分析和综合等。

2. 形成层次分明的目标体系

课程编制目标模式的第二个特征就是将那些已被确定为课程目标的东西,按其不同的心理领域、不同的水平,做进一步细分,以形成一个意义明确、层次分明的目标体系。本文认为,就其合理性而言,该特征由于承认较高水平的技能需要建立在较低水平学习的基础上,因而对于安排课程目标先后顺序、难易深浅,保证课程目标的实现都是有重要意义的。同时也正是通过这种从简到繁的目标体系,使得课程评价更加精确了。然而,这一特征又极其明显地反映了行为主义学习理论的缺陷。这种目标体系过于简单地把复杂的学习过程分隔为一个个步骤,而且按规定的步骤往前跃进,这在很多时候不符合学习实际。比如,学习不一定要先掌握了"知识"然后才获得"理解",相反,掌握知识和获得理解往往是同时发生的。

3. 回避对目标做价值判断

受实用主义方法论的影响,泰勒虽然提出课程编制必须回答四个基本问题,并指出了学校教育目标选择的三大来源,他不对学校究竟应该追求的教育目标做出回答。同样,布鲁姆在阐述教育目标分类中也认为,在设计目标分类时,应该尽一切努力避免对各种目标和行为做出价值判断。相反,应该通过建立一种在目前范围内能囊括所有教育流派的目标的体系,对各种教育原理和教育哲学采取中立的态度。总之,他们都主张,为课程编制实践提供一个科学的、系统的,同时适合于一切课程编制活动的框架。如同一切方法都必然反映一定哲学观一样,课程编制目标模式也反映了它对人的本质、知识本质的看法。例如,该模式强调预先规定学习结果,以学习的最终行为来叙写目标和评价目标;把知识当作工具,重视经验的学习和当前效用,这些都体现了实用主义哲学和行为主义心理学指导下的课程价值观和方法论。

综上所述,课程编制目标模式是一个技术性很强,也较为完整的编制理论。它强调编制活动的效率,讲究活动的科学程序,重视评价学生的学习进展,因而深得实践的欢迎。当然,它的缺陷也是明显的,这主要来自实用主义和行为主义方法论的影响,在学习借鉴的过程中应加以扬弃。

二、过程模式

过程模式(process model)是课程设计领域继目标模式之后出现的第二个编制理论。它的诞生是与20世纪50年代末"学科结构运动"在世界各国的发展密切相关的。1960年布鲁纳的《教育过程》一书的出版为该模式的形成提供了核心的知识基础,1975年斯腾豪斯《课程研究与编制导论》一书的出版标志着该模式的正式形成。下面将介绍过程模式的方法论基础及主要思想。

(一)方法论基础

与目标模式不同,过程模式是以结构主义哲学和认知心理学为方法论基础的。结构主义哲学对学科知识的看法、认知派心理学对人类学习过程的理解以及它们的研究方法无不体现在作为该模式知识基础的论说中。

结构主义是一种借助于学科结构理论而发展起来的哲学思潮。它源于法国,20世纪60年代风行于欧美和西方各国。作为一种思潮,它首先是一种方法论,其基本特征是:强调认识事物内部的结构,反对单纯地研究外部现象;强调整体性的研究,反对孤立的局部性研究,强调从系统、功能、关系中把握事物,反对单纯性的经验描述。正因为如此,以结构主义方法论为指导的过程模式认为,任何学科中的知识都可以引出结构,这种结构就是构成该学科的那些概念、原则和方法。课程设计应该从分析学科结构入手,按照一种能反映学科基本结构的方式去设计各门课程。在这里,过程模式完全否定目标模式一味分解教育目标、不研究知识本质、仅预先规定行为结果的做法。

(二) 主要思想

过程模式与目标模式不同,过程模式主张目标是暂时的、多变的,在教学过程中要随时修改;课程设计并非始于详细地阐述目标,而是注重一般的目标和编制的程序、原则和过程。简言之,过程模式主张课程的中心问题不是目标或内容,而是过程或程序的原则。过程模式还主张教育并非达到目标的手段,因此课程编制要依据构成课程的活动和经验,以及教育过程本身的价值,而不是依据所要达到的目标。过程模式的代表人物有布鲁纳(J. S. Brunner),斯腾豪斯和阿特金(Atkin)。

这种设计模式认为,课程不是达成目的的手段,而是一种过程。课程编制不应该以事先规定好的结果(即目标)为中心,而应通过详细说明内容和过程中的各种原理、原则的方法,通过积极的教学活动来设置课程,即应以过程为中心。其基本特点是:并不预先指定行为化的目标,而是根据一般目标进行创造性的教学活动,其课程内容的选择也不是根据想要在学生身上产生什么样的行为变化,而是内容在多大程度上反映了知识本身;对课程的评价也并非拘泥于行为目标,而是根据一般目标对多样化的活动结果进行判断,以为进一步修订课程服务。

过程模式的具体步骤是:先确立一个一般目标,但与目标模式不同,它并不把一般目标分解成行为化的目标,而只是把一般目标当成一种原理和原则,根据这种原理和原则确定创造性地实施教学活动,然后尽可能从不同的观点来详细地叙述教学活动的结果,最后依这些实际结果来评价一般目标的实现程度。

(三) 评价及特征

过程模式之所以称为过程,是因为它强调通过详细阐释反映各学科领域所特有的基本概念和过程这样的课程内容来编制课程,并注重课程学习的过程,以结构课程和过程教学思想为依据。从该模式的方法论和主要思想的探讨中,可以将这一模式的特征概括为以下几点:

1. 强调课程内容必须具有内在价值

过程模式的基本特征之一,就是主张通过分析知识本质,根据各知识形式特有的结构,确定具有内在价值的课程内容。与目标模式相反,过程模式重视对课程内容做价值判断,并认为,尽管关于目标的价值判断决定了课程教学的方向,但并不能因此认为课程内容自然就被决定了,更不能把它等同于目标本身。所以,根据这一精神所选择的课程内容就不再是提供行为表现的"经验",而是能够代表各学科领域所特有的概念和过程,具有内在的价值。应该说,这一特征在重视研究知识本质,承认知识内在逻辑性,强调精选内容等方面都是可取的,它有利于学校实现传授系统知识、发展学生能力的总目标。然而,由于该模式坚持结构主义唯心论的立场,因此在阐述知识本质、规定学科结构课程时,大都用主观推断代替客观研究,结果使得这种人为构想出来的基本概念、原则和方法过于简单,难以反映各种知识形式或各学科领域的复杂性,以及它们之间的有机联系性,而且往往忽视了应用知识的价值。布鲁纳及其"学科结构运动"之所以强调,教学应该着重传授各个学术研究领域所特有的基本概念和过程,课程编制应该以学科基本结构为核心,其用意之一是想通过这一方式来压缩知识总量,加强对课程教材的精选,发展学生的自学能力。然而,实际问题是,在现实的知识领域里是否存在一种公认的"形式"或"结构"?如果存在,又该怎样从中抽取出来?关于这些问题,该模式未做明确回答。这必然会影响课程决策的科学性。

2. 设计有效的课程教学形式

过程模式的另一特征是,强调设计有效的课程组织形式和课堂教学方法,来恰当地"组织"和"传授"这种反映各学科领域内在价值的课程内容,使之既能按照学生了解的思维方式、为任何阶段的任何儿童所接受,又不失其知识的特质。这就是布鲁纳提出的螺旋式课程组织和斯坦豪斯主张的课堂教学讨论法。我们认为,这两种方法都是很有意义的。螺旋式课程综合了直线式和圆周式课程组织的特点,在兼顾知识的逻辑系统和学生认知发展特点方面,促进了逻辑与心理的课程组织统一。而课堂教学的讨论法又配合了螺旋式课程组织。课堂讨论不但能加深学生对课程内容的理解,而且能促进知识的个别化,有利于发展学生的思考力。然而,并非任何知识形式,任何学科结构都易作适当的转换,也不是任何概念、原则和方法都能转换为学生所能了解的形式。同时,在课堂教学中广泛采用讨论法也不恰当。

3. 回避阐述表示教学结果的课程目标

过程模式的第三个特征是,这一模式否定通过阐述课程目标来编制课程,而主张通过确定课程内容和过程原则来编制课程。其基本思想是,课程内容是有其内在价值的,它包含了各学科领域特有的概念和过程,因此无须从外部加以论证,无须用目标来预先指定所希望达到的结果。由于"目标"仅仅指活动过后一阶段的终极结果,所以,如果我们的课程编制以详细规定课程目标为特征,势必会歪曲课程编制的本来意义,而且可能限制课程教学中非计划性的发展,不利于培养和发展学生的能力。为此,过程模式主张用"原则"来取代目标,只提总要求,不提具体课程结果。以"原则"来指导课程活动、评价课程活动。本书认为,这一特征主要是针对目标模式在确立目标方面存在的一系列错误而形成的,有一定的道理,但它同时也反映了过程模式的片面性。事实上,原则与目标在任何活动中都是并存的。两者既有区别又相互联系。课程编制同样要涉及各种目标,如果只强调课程内容和过程原则,就会降低课程活动的效果。

课程设计过程模式的上述特征在一定程度上弥补了目标模式的局限性,并在重视传授各学科领域所特有的概念与过程、重视培养智力等方面配合了60年代以来要求加强科学教育、提高教育质量的强烈呼声。其最大的成功之处在于它否定了目标模式关于确立和表达课程目标的行为主义和机械主义的错误,肯定课程内容的内在价值,并强调通过系统知识的学习,发展学生的思考力和创造力。但是,该模式给实践带来许多困难。根据该模式设计出来的课程往往偏难,过程模式在实践中的影响也许不及目标模式,但它在理论界目前尚未受到很多批评。我们相信,随着当今教育潮流从重视人才数量转向重视人才质量,人们愈来愈倾向于把教育教学看成是一门艺术而不仅仅是一门科学,过程模式将得到进一步的研究。

三、实践模式

(一) 实践模式的基本主张

美国课程理论专家约瑟夫·施瓦布(Joseph J. Schwab)发表的《实践1：课程的语言》一文被公认为对传统课程理论的最有影响的挑战之一。他提出来的实践课程探究模式主要是针对传统的"理论的"课程探究模式而提出来的。施瓦布认为，研究和制定课程的重点在于以下四个共同要素，即"教材"，指作为课程内容的知识；"学生"，指课程审议要从学生实际出发；"环境"，指影响学生学习的各种因素；"教师"，指课程审议要考虑教师的因素。集体审议就是要对共同要素进行慎重思考并且做出协调。"对教师、学生、教材或环境的某一方面关注过多或过少，都是打破班级或其他教育情境的生态平衡。"①他建议成立由校长、社区代表、教师、学生和课程主席组成的"课程小组"，由课程主席领导，通过小组合作进行集体审议，做出有关课程的各种决定。

"实践模式"主张课程问题不是关于"教什么"和"学什么"的问题，而是关于"应该教什么"和"应该学什么"的问题。这些问题往往是不确定的。所以问题解决的原理应是实践的推理，而不是逻辑的推理。反对大一统的课程理论，追求在多元背景下的多元理论，而且大多是从行为科学中借鉴来的。关于"教什么"和"学什么"的课程问题的决策，不是某一种理论的直接应用，而是根据学校课程的具体情况，有目的、有根据地对所有有关的理论进行分析、选择。

(二) 实践模式的特点

实践模式有以下几个主要特点：

第一，终极目的是"实践兴趣"。这种"实践兴趣"指向的是建立在对意义的一致性解释基础上，通过与环境的相互作用而理解环境的基本兴趣，它强调过程和行为自身的目的，强调理解环境以便能与环境相互作用。

第二，师生是课程的主体和创造者。实践模式把教师和学生看作课程的有机构成部分。教师是课程的主要设计者，或者可以在执行课程的实践中根据特定的情境发挥创造性，学生则有权对于什么学习和体验是有价值的以及如何完成这种学习和体验等问题提出怀疑和要求解答。

第三，强调课程要素的相互作用。实践的课程模式强调课程开发的过程与结果、目标和手段的连续统一。施瓦布认为，脱离具体实践情境的抽象结果是没有意义的，真正有意义的结果是在适应实际的兴趣、需要和问题的过程中实现的，是内在于过程之中的。课程开发中关注的焦点应该是课程系统诸要素间相互作用的连续过程，尤其是学习者兴趣和需要，把学习者和学习群体置于研究的中心。

第四，强调集体审议解决课程问题。实践的课程模式强调的审议是在特定情境中做出行动决策的。施瓦布认为，课程问题的提出与解决，都需要依靠实践的语言。为了使集体审议能够有效地解决课程问题，施瓦布主张运用实践的艺术和择宜的艺术。

---

① William H. Schubert. Curriculum: Perspective, Paradigm, and Possibility, Allyn & Bacon, 1985.

四、目标模式、过程模式与实践模式的比较

我们可以看到,几种课程设计模式各有自己的优点与不足之处:

目标模式的课程设计过程有条理、系统性强。将一般目标具体细化为各个次级明确化行为目标,对教师而言,简单明了、操作方便,对学生而言,有利于促进学生获得系统的知识和技能。但这种模式单纯强调可测量的行为目标的实现,忽略了对教学过程的研究,忽略了对学生的个性特征、情感特点、兴趣态度等的培养。同时,在一定程度抑制了师生创造性精神的发挥。

过程模式和实践模式针对目标模式存在的弊端,提出了令人耳目一新的理论观点。这两种模式注重学生课程的学习过程,提倡将课程学习同学生实践中的问题结合起来,明确了要解决的具体问题,通过课程的学习得到问题的解决办法。过程模式倡导课程以"过程"为中心,实践模式倡导课程围绕着"实践"进行。这两种模式有着一定的异曲同工之效,为课程理论的发展起到了积极的促进作用。然而我们也认识到,完全依据这两种模式编制课程是不现实的,对学生巩固掌握知识技能也存在着一定的缺憾。

如何权衡几种模式之间的利与弊,恰当地选择一个合理编制模式成为课程设计的关键问题。在这个问题上,我们认为选择何种模式并没有唯一的定势。理想的课程设计模式应该采用目标模式、过程模式、实践模式互相结合、相互补充的形式,为课程设计实践提供更为广阔的空间。

第三节 小学教学设计

教学是一项有目的地培养人的社会实践活动。在这个社会实践活动中,使学习者学习和掌握基础知识和基本技能,发展学习者的智力,培养学习者的能力,使学习者形成一定的思想品质,促进学习者身心健康地发展。为了实现课程与教学目标,减少教学活动中的盲目性和随意性,教师必须依据一定的教学理念,结合自己对教学过程的理解和认识,以各种方式方法对师生双边活动进行周密的思考和精心的设计。

一、教学设计的理解

"设计"是人们在创造某种具有实效性的新事物或解决面临的新问题之前,所进行的探究性的系统计划过程。罗兰德(Gordon Rowland)指出,设计有以下一般特征:"① 设计的目的性:设计是由构想和实现某种新东西的目的所指引的过程。② 影响设计过程的主要因素:设计者的洞察力、设计者对设计对象的理解、设计过程中的社会性交互作用。③ 设计过程的本质性问题:设计就是为创造某种具有实际效用的新事物所进行的探究。"①在这个意

---

① [美]罗伯特·D. 坦尼森等主编,任友群等译. 教学设计的国际观(第一册)[M]. 北京:教育科学出版社,2005:7.

义上说，设计注重的是规划和组织，即设计着重对计划的对象进行分析，明确相关的因素，并对其进行有效的控制。

教学设计，也称教学系统设计，是一种教师为达成一定的教学目标，所使用的研究教学系统、教学过程，制定教学计划的系统方法。具体来说，教学设计有着比较具体的操作程序，它是以现代传播理论和学习理论为基础，科学合理地运用系统理论的思想和方法，根据学生的特点和教师自身教学观念、教学经验、个性风格，分析教学中的问题与要求，确定教学目标，设计解决问题的步骤，选择和组合相应的教学策略与教学资源，为达到预期的优化教学效果而制定实施方案的系统的计划过程。

从现代基础教育的学校教学活动领域所涉及的主要问题，将教学设计归纳为：(学科)课程教学设计、单元教学设计和课堂教学设计三个层面。

(学科)课程教学设计主要是指一门具体课程的教学设计，从它所针对的教学设计的任务来说，可以称它为长期设计。在学校教学活动中，(学科)课程教学设计工作一般需要一个专门的小组来共同研究完成，例如学校的学科教研组。

单元教学设计是介于(学科)课程教学设计与课堂教学设计之间的一种阶段性教学设计。单元教学设计除了要保证教学任务的顺利实现之外，还起着协调年级教学进度等方面的作用。单元教学设计一般由同年级同一课程的任课教师共同参与完成。

课堂教学设计一般是针对一节课或某一个具体问题所进行的教学设计活动，所以也称为即时教学设计。课堂教学设计一般由任课教师来完成。

教学设计的过程实际上是教师为即将进行的教学活动制定蓝图的过程。可以说，教学设计是教学活动能够得以顺利实施的基本保证。通过教学设计，教师可以预先实现对教学活动的基本过程的整体把握，良好的教学设计同时也为教学活动的有效实施提供科学合理的行动纲领，有利于调动教师和学生双方在教学活动中的积极性、主动性，有利于引导教学活动取得良好的教学质量和教学效果。

二、小学教学设计的模式

目前，小学教学设计的模型可谓林林总总，不同的教学设计模型反映了学者不同的研究视角和研究取向。依据心理取向可以对教学模式分为三种有代表性的小学教学设计模式：行为主义教学设计模式、认知主义教学设计模式和建构主义教学设计模式。

(一) 行为主义教学设计模式

在众多的行为主义心理学流派中，在教学设计领域影响最大的是著名的心理学家斯金纳。他把当时行为主义心理学的主要研究成果应用到教学活动的设计之中，在教学目标的拟定、学习需求的评估、活动理论与策略的采用、教学媒体的选择与决定、教学评价等各方面，均强调外显可观察及可量化的行为，为如何安排教学提供了一系列的规则。

1. 行为主义教学设计模式的基本特征

在行为主义者看来，人的思维或心理过程是内在的，它是无法被直接观察到的，只能研究人的外显行为。甚至认为学习过程与内部心理过程无关，只要控制外部刺激，就能控制和预测学习效果。学习成为一个刺激与反应之间形成联结的过程，教学就是通过适当的强化使学生形成种种正确的行为反应，并使这些行为反应受到各种刺激的控制。

行为主义教学设计模式不考虑人的意识问题,认为学习不是建立观念之间的联结,而是建立在一定的情境刺激与某种正确反应之间形成联结。这样一来,就把人类的学习行为简单地归纳为消极的、机械的操作强化过程,人就成为消极被动的存在物而任由环境摆布。这种理论忽视并否认学习的内部过程和内部条件的探讨,给复杂事物的学习带来较大困难。

2. 行为主义教学设计的代表模式

斯金纳以操作性条件反射和强化理论为基础,主张把心理学的东西还原为可观察的行为进行研究。通过著名的操作条件作用实验发现:人和动物的许多行为并不是刺激和反应之间形成的简单联结,在周围复杂的环境中,人和动物不是一味被动地等待刺激后再做出反应,而是不断地改变自己的行为方式,主动作用于操作环境,在这种作用下获得环境对人和动物的一定刺激。斯金纳还进一步发现,在操作性活动受到强化之后,其明显的后果是这一操作性的活动频率增加了,而在反应之后不予强化则反应就会减弱。

程序教学设计的过程是将教材内容依据学习过程分解成许多小的项目,并按照由浅入深的逻辑顺序加以编排,每一项目都要事先做出解释,然后依次呈献给学习者,供他们学习。每一个小的单元或项目学完后,提出学习者要求回答的问题,以测验其学习效果,每个问题都要有正确的答案。当学习者回答问题后,通过出示正确的答案,使他们确认自己反应的正误,当反应正确后再进入下一项目的学习。

进行程序教学设计模式,必须遵循其一些特定的原则:

(1) 积极反应。利用程序教材和教学机器,进行各种读写算等学习活动,让学习者对每一个问题都有所反应,并不断得以强化,以澄清以前混乱的知识体系,使他们从消极接受学习变为积极反应学习。

(2) 分步教学。把教学内容按它的内在联系分成若干小的单元,变成程序,每次只给一个小单元,每个单元出现的顺序都经过仔细的安排,单元之间的难度增量是很小的,以降低学习的难度。

(3) 及时强化。学习者在对每一个问题做出反应之后,教师必须及时反馈,进行"及时强化"或"及时确认",以某种方式让学生立即知道自己的反应正确与否,以增进、保持和巩固已有的知识。

(4) 自定进度。在学习速度上,应允许学习者自定步调,不要求统一的进度,根据自己学习能力和水平进行学习。

斯金纳的程序教学设计模式开辟了教学设计研究的一个新视角,保证学习者在学习中得到及时反馈,并在每一小步上得到强化,较好地适应了个别差异性和多样化的个体需求,有效地克服了传统教学设计中过于侧重整体而忽视个体的不足。程序教学设计也有其显而易见的缺憾,即只能提供那种不要求解决问题的思维材料。这适合常识领域、实际规律性东西,而不适合那些涉及理解行为、带有判断色彩、评价和认识过程等的东西。

(二) 认知主义的教学设计模式

20世纪60年代以后,认知心理学得到迅速发展,行为主义在心理学领域的主导地位逐渐被认知心理学所取代。由于认知主义注重对新的教学技术的应用,强调以直观的形式向学习者呈现学科内容,学习材料的显示适应学生的发展水平,开始关注教育情境中不同知识与技能领域内的能力发展,而逐渐成为教学设计模式的主流指导思想。

1. 认知主义教学设计模式的基本特征

认知心理学致力于研究人的智能或认知活动的性质及其过程,旨在对人在学习过程中所经历认知转变以及复杂行为的相应转变做出深入、全面的探究与思考。于是,认知主义的教学设计就强调如何使得知识更有意义和帮助学习者组织新信息及将它们与记忆中原有知识联系起来。

认知主义的教学设计模式有一个共同特征,那就是基于学生的认知发展进行教学设计,其要旨在于发展学生的认知能力和水平。认知主义的教学设计强调知识获得的内部心理结构,关注学习的过程中的信息是如何接收、组织、贮存以及如何提取的。在此基础上,提出了基于认知发展的教学策略(譬如类比、隐语、框架提纲、层级关系、图表、记忆术、概念匹配和先行组织者等),而这些策略都有利于指导和支持准确的心理联结。

2. 认知主义教学设计的代表模式

认知主义模式的代表有很多,如瓦根舍因的教学设计、加涅的教学设计、布鲁姆的教学设计、奥苏伯尔的教学设计等。但具有一定代表性的是加涅的教学设计模式。

加涅认为,设计教学的最佳途径应该依据所期望的学习结果来安排教学工作。加涅将学习结果区分为五类,包括言语信息(解决世界是什么的知识)、智慧技能(学习运用符号办事的能力)、认知策略(学生用来指导自己注意、学习、记忆和思维的能力)、动作技能(学习协调自身肌肉活动的能力)和态度(获得决定个人行为选择的内部态度)。这五类学习结果适用于所有学科,与布鲁姆的三大领域的分类基本吻合。

加涅从信息加工理论出发,认为学习的过程类似于电子计算机的工作过程,提出了认知学习信息加工模型,有效地解释和描述了学习的过程。该模型把认知学习过程看作由加工系统、执行控制系统和预期系统三方面协同作用的结果。加工系统由感受器、感觉登记器、短时记忆(或工作记忆)、长时记忆、反应生成器和反应器组成。执行控制系统对加工系统的各个部分起调节与控制的作用,包括调节选择性注意,调节工作记忆的加工方式,对工作记忆和长时记忆的表征形式的选择以及长时记忆中知识的提取线索的选择等进行监控。预期系统是指人的信息加工活动受到目的的指引。有效学习是操作系统、执行控制和预期系统这三个内部系统协同活动并与外界环境相互作用的结果。这个信息传递和转换的过程可由图2-1所示。

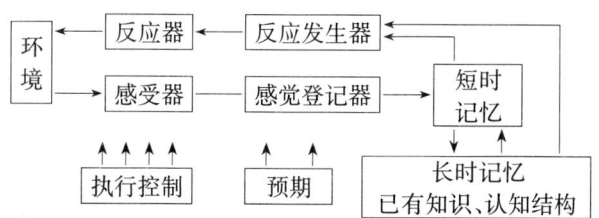

图2-1 学习过程模式

加涅根据信息加工过程来安排教学事件,这些教学事件就是学习的外部条件。包括:① 引起注意;② 告知学习者学习目标;③ 回顾所需的先决技能;④ 呈现刺激材料;⑤ 提供学习指导;⑥ 引发学习行为;⑦ 提供行为正确与否的反馈;⑧ 评估学习行为;⑨ 增强、保持与迁移。加涅指出,在上述九大教学事件中,具体的教学设计主要集中在④、⑤、⑥三个步骤上。按以上顺序展开教学是最合乎逻辑的,但也并非机械刻板、一成不变的,丝毫不意味着必须在每堂课提供全部的教学事件。

(三) 建构主义的教学设计模式

建构主义认为,知识并不是对现实世界绝对准确的表征,它仅仅是一种解释和假设,而不是问题的最终答案。知识不可能以实体的形式存在于具体个体之外,知识总是由个体建构的,意义在本质上是合作产生的,它取决于个体特定情境下的学习历程。相应地,学习不单是知识由外到内的转移和传递,而是学习者在与外部环境交互作用的基础上,主动地建构自己的知识经验的过程。外部世界的知识既可以同化到学习者原来的认知结构中,又可以通过顺化机制来改变学习者已有的认知结构。

1. 建构主义教学设计模式的基本特征

尽管人们对建构主义教学设计的理解还存在一定的差异,但还是可以概括其显著的共同特征:建构主义教学模式是一个递归的和非线性的过程,不像传统教学设计在简单的设计之后就能加以实施,而是在学与教的演化中,从一个粗略的、模糊的计划开始,不断加以调整与改进的过程。

建构主义教学设计模式把学习者对知识的意义建构作为整个学习过程的最终目的,在协作互动中逐渐显现和明晰教学目标。它认为学习总是与一定的情境相联系,教学应该创设符合教学主题,并接近真实的情境。另外,在教学设计评价方面取向于形成性评价,把评价嵌入学习过程之中,不在教学与评价相分离的状态中使用评价。

2. 建构主义教学设计的代表模式

比较成熟、典型的有抛锚式建构主义教学模式、支架式建构主义教学模式、社会建构教学模式等,其中最典型的是抛锚式教学设计模式。

抛锚式教学设计模式,是由美国温特比尔特大学皮波迪教育学院的布兰斯福特领导下的认知与技术课题组开发的。所谓抛锚式教学是指在多样化的现实生活背景中(或在利用技术虚拟的情境下),运用情境化教学技术促进学习者提高解决复杂问题和迁移能力的一种设计模式。目的是"使学生在一个完整、真实的问题背景中,产生学习的需要,并通过镶嵌式教学以及学习共同体中成员间的互动、交流,即合作学习,凭借自己的主动学习、生成学习,亲身体验从识别目标到提出和达成目标的全过程"。

在建构主义看来,要想让学生完成对所学知识的意义建构,最好的办法是让学生到现实世界的真实环境中去感受、去体验来获得直接经验,而不是仅仅聆听教师关于这种经验的介绍或讲解。这种教学要求建立在有感染力的真实事件或真实问题的基础上,因而确定这类真实事件或问题被形象地比喻为"抛锚"。由于抛锚式教学就是以真实的事例或问题为基础来确定教学内容和教学进程,所以有时也被称为"基于问题的教学"。

抛锚式教学必须遵循两条重要的设计原则:其一,学习与教学活动应围绕某一"锚"来设计。所谓"锚"指的是支撑课程与教学实施的支撑物,它通常是一个故事,一段历险,或者是学生感兴趣的、包括一系列问题的情境;其二,允许学习者对教学内容进行探索。其方法有搭建脚手架、镶嵌式教学、主动学习、允许学生探索问题的多种可能解答、由学生担任教学的指导者、发展有关体验的表征、学生自己生成项目、智能模拟、合作学习等。

抛锚式教学设计模式的基本程序如下：① 创设情境。给学习者一个有意义的、有故事情节的逼真的学习情境。② 确定问题。在情境中选择出与学习主题密切相关的真实性事件或问题作为学习的中心内容。③ 自主学习。教师只是向学习者提供解决问题的有关线索，发展其"自主学习"的能力。④ 协作学习。与同伴或教师讨论和交流，加深学习者的理解。⑤ 效果评价。不需要进行独立于教学过程的专门测验，由学习者进行自评或互评。

建构主义教学设计模式与行为主义、认知主义教学设计模式只是一种并存的关系，而不能理解为一种替代的关系，各自都有独到之处。我们在教学设计实践中，不应该受制于某一理论，从而倡导一种模式而否定其他模式，而应努力思量前人在研究学习时已经得出的各种基本结论，在给定的学习任务类型、学习者现有的能力水准和具体的学习环境下，选择对具体教育情境最有价值的理论，设计出一种最适宜的教学模式。

三、小学教学设计的过程

在兼顾多种教学设计模式的基础上，以系统思想为根本指导，本文认为，小学教学设计的一般过程是：教学背景分析—教学目标设计—教学过程设计—教学评价设计。

（一）教学背景分析

教学背景分析是对教学展开的条件或前提进行分析，主要包括学习需要的分析、教学内容的分析和学生情况的分析。

1. 学习需要的分析

学生是学习活动中的主体，教学设计的主要目的就是为了有效地促进学生的学习。因此，全面分析和了解学生的现实发展水平，准确把握教学的起点，是课堂教学设计的一项重要内容。

在教学设计过程中，准确地把握学生的现实发展水平，具有如下意义：第一，有利于教师比较恰当地确定课堂教学活动的起点，有利于教师合理准确地确定课堂教学目标，科学合理地组织教学内容和设计教学过程；第二，有助于教师科学地选择恰当的教学方法、教学媒体，为学生创造良好的学习环境，提供有意义和有效的背景知识；第三，有助于教师清楚地了解学生在学习过程中的差异性，有利于因材施教，力求通过实际教学活动使每个学生都能达到自己的最好发展程度和水平。

学生学习需要的分析，主要是指学生目前的学习状态水平与教学所期望学生达到的学习水平之间的差距分析。在教学设计过程中研究和分析学生，一般来说要考虑的主要因素应包括：① 学生的认知因素，主要包括：学生已有的智力发展水平，现有的知识基础和知识储备，学习的基本技能和技巧，个体的认知结构和学习方式特点；② 学生的非认知因素，主要包括学生的一般生理发展水平与成熟程度，学生的学习动机与状态，例如学生的学习兴趣、学习态度、学习需要、学习过程中的主要意向以及情绪情感、意志品质等方面的情况；③ 社会性因素，主要包括学生的家庭背景、学生的社会交往和生活经验特点，师生、生生之间的人际关系特点等。而对学生的期望学习水平主要是由课程目标所决定的。

2. 教学内容的分析

教学内容的分析是基于对学习需要的分析而确定的教学内容，并对教学内容进行加工、组织的过程,它为教学设计任务做准备。对教学内容的分析具体涉及:第一,对学科性质定位的分析和解读是教学内容分析的首要任务,因为它确定教学目标的指导思想。第二,教材是教学内容分析的主材料,教师需要对教材内容进行梳理,明确内容的前后联系、深广程度,理解并明晰地把握教材编写背后蕴藏的意图,在把握教材的总体编写意图和编排体系的基础上,明确教学的重点。第三,对与教学内容相关的资源开发进行分析,如对图书、历史、社会生活经验等蕴含的与教材内容相关的素材的分析,明确这些素材与教材内容的关联度,并确定它们对教材内容所起的补充、完善、拓展或颠覆等作用,从而把握教学中对这些材料的利用度。第四,对教学内容的性质加以归类分析,以便在教学设计时对教学方式和活动做出决策。

3. 学生情况的分析

学生情况的分析是指对学生多方面特点的分析,包括对学生学习风格、发展水平、学习速度、学习起点、学习态度、学习方法与意志状态等的分析。其中,对学习起点和发展水平的分析是基本,因为学习起点主要是学生已有的基础,包括学生在学校、家庭和社会生活中已经获得的知识与能力基础;发展水平是学生身心的成熟度,只有在一定的身心成熟度上学生才能进行相应的学习。分析学生,一是要摸清学生的认知障碍。任何一个知识点,学生在学习时,总会遇到或大或小的障碍。教师应当着力分析学生学习中遇到的问题是什么,以及这些问题为何成为学生的障碍,这些问题对学生造成的障碍有多大等。二是把握学生的学习心理。学生在学习知识过程中的学习心理会影响他们对知识和技能的掌握度。这个学习心理,指的是学生学习时的心理状态,或者说是情感态度。如是否身心愉悦地参与了,是否积极主动地探究了,是否思维活跃地思考了等。只有经过深入的了解与分析,准确把握学生各方面的情况,才能客观地确定教学的起点,把握教学的深度和广度,明确教学的难点,增强教学设计方案的针对性,做到因材施教。

(二) 教学目标设计

在对教学多种背景分析的基础上,我们可以把握学习的主客观需要,明确教学内容的范围、广度、深度和结构关系,确定教学的起点、难点和重点,这为教学目标设计提供了前提。课堂教学目标设计是对教学活动所要达到的结果的规划,是开展有效教学的首要环节。教学目标设计是否合理有效,直接关系到课堂教学质量和教学效果。在制定教学目标时,应贯彻如下原则:

1. 系统性原则

教学目标设计是教学设计的重要组成部分。在设计时,要从系统论的角度整体上把握目标要求。一方面,应从"新课程总目标—学段目标—单元目标—课堂教学目标"线索进行相互联系、衔接分析;另一方面,要依据课程标准、教学内容、学生实际进行教学目标的设计。

2. 全面性原则

全面性包括两个方面:一是教学目标要面向全体学生,以课程标准为依据,确保每一个学生达到课程标准规定的基本要求;二是教学目标要促进学生的全面发展,课堂教学目标不仅促进学生认知的发展,还促进学生情感体验、感受过程与方法,以及价值观的形成。

3. 差异性原则

教学目标的设计必须考虑学生的个别差异。因为学生之间的差异是一种客观存在，要面向学生就必须充分认识到这种差异的存在，并针对这种差异制定不同层次和不同要求的教学目标，让学生在各自的基础上通过努力都能够达到。

4. 操作性原则

只有明确而具体的教学目标设计，才能在教学实践过程中具有可操作性，才能引导师生围绕教学目标的实现有效地开展教学活动，并对教学效果进行准确的评价。教学目标的可操作性要做到：其一，教学目标能表明可观察到的学生学习的过程与结果；其二，教学目标能表明学生学习行为结果的衡量条件与标准。

（三）教学过程设计

教学过程设计是指对具体教学活动过程的设计。它是教学诸要素在一定时空中的协调组合。包括教学内容设计、教学方法设计及教学环节的设计。

1. 研究和分析教学内容

对教学内容的研究与分析，是对教学目标确定所要达成的教学活动的终点目标、学生在学习开始时的起点能力转化为终点能力所需要的知识、技能以及它们之间的关系，进行比较详细的剖析的过程。在教学设计过程中，对教材中以书面方式所呈现的知识内容和知识系统，一般要经过教师的再选择、再组织和再加工的过程，即把教材的知识内化成教师自己的知识，这应该是教师在教学设计过程中完成研究与分析教材任务的灵魂。研究教学内容包括：

第一，研究教材的科学性。研究教材的科学性的目的，是掌握教材的知识体系和逻辑体系，真正理解教材的实质，从而为教学设计提供科学依据。包括研究教材中的概念、公理、定理、公式和法则、方法等。

第二，研究教材的系统性。教材的系统性体现在教材的知识体系和逻辑结构中，教材的逻辑结构和体系既有联系又有区别。逻辑结构只考虑内容间的逻辑关系；教材体系的建立除必须考虑逻辑关系外，还要考虑思维发展的特点。研究教材的系统性可以从两方面进行：一是从整体到局部，首先把握教材的整体结构和知识体系，然后再深入研究每章每节的结构和体系；二是可以先从章、节入手，最后整理出教材的整体结构。

第三，研究教材的思想性。教材思想寓于教材内容之中，一般体现在以下几方面：研究教材体现的辩证唯物主义观点。教师要注重研究教材中体现的辩证观点，如对立统一、发展变化、质量互变等观点；研究教材中表现出来的爱国主义思想，对学生进行情感态度价值观教育。

第四，分析教材的重点难点和关键。"重点"是对教材而言的，是一节课、一个单元、一册书乃至整个学段阶段都起作用的基础知识和思想方法。通常概念、性质、法则、公式、解题思路和方法等都可定为教学重点；"难点"指学生难理解、难辨析、难计算、难解答、不易接受的学习内容。难点是由学生的认识能力与教学要求之间的差距而形成的。难点有两方面含义：一方面，针对教材中的部分内容，指那些用到的基础知识较多，或论证方法比较复杂的内容，为知识上的难点；另一方面，针对学生实际，指那些较抽象难理解的教学内容，为认识上的难点，如定理的证明等。"关键"是理解、掌握某一部分知识或解决某一类问题的突破口，它是突出重点、突破难点的中介和桥梁，抓住了关键，就突出了重点，还能使难点得到突破。一堂课的教学重点不可太多，一般1~2个，教学难点和教学重点可以相同。

第五，处理教材和组织教材。组织教材是备教材中非常重要的一环。如果教材组织安排得好，在教学过程中，就能更好地集中学生的注意力，调动学生的学习积极性，就能一环套一环地开展课堂教学活动。所谓组织教材，就是一堂课的全部教学内容，按照教学过程的特点和学生认识事物的规律组织起来，即对教材进行由易到难、由浅入深、由简到繁、由特殊到一般地组织与安排的过程。通过备教材，最终要做到"懂、透、化"。"懂"即对教材基本结构、基本思想、基本内容一清二楚；"透"即对教材了解得详尽而深入，熟悉而精确，能够融会贯通，运用自如；"化"即教师的思想和教材的思想融合为一体，这是教学设计的最高境界。

2. 教学方法的选择

教学方法指教师在教学过程中为了完成教学任务所采用的教的方法和学生在教师指导下进行学的方法。设计教学方法，就是在解决"教什么"的基础上落实"怎么教"。即根据教学目的、教材内容和学生实际进行教法的设计、选定和加工。

（1）教学方法的分类

根据不同的标准，教学方法可以做出不同类型的划分：

从学习活动对象的形态及所使用的媒介的不同，可以分为符号性学习活动，即以文字符号作为对象和媒介，如听讲、阅读、书面作业、答问等；感知性学习活动，即以对实际事物及其模型、形象的感知为特征，如观察、参观、调查等；动作性学习活动，即以对实际事物的操作或身体器官动作为对象，如实验、实习、制作、游戏、音乐、绘画、舞蹈、体育活动等；交往性学习活动，即以他人为活动对象，如对话、交流、讨论等。

从不同的学习方式分，如按照学习活动的社会组织形式，可以分为个体性学习、群体性学习；按照学习活动的探索性，分为接受式学习、探究性学习；按照学习者的独立性，可以分为自主性学习、他控性学习；按照学习者对信息的加工方式，可以分为分析理解式学习、整体感悟式学习；按照学习内容与学习者已有心理结构的联系，可以分为机械性学习、有意义性学习。

（2）教学方式的合理选择

没有最好的学习方式，只有最合适的学习方式。实现不同的发展目标要求学习者以不同的方式学习。如情感、态度和价值观最好以感悟、体验的方式学习，言语信息或陈述性知识可以用符号性的、接受性方式学习，实践能力最适宜于用做中学的方式学习，而创新能力则以探究性的方式学习为最有效，等等。教师在进行教学方式选择的时候，应考虑以下几点：

第一，发展目标。学习是以一定的内容为对象的，而不同的内容要求学习者以不同的方式学习。比如语文学习一般以整体感悟和积累的方式为佳；数学的内容以形式逻辑思维为主要特征，因此宜于用分析或形式逻辑思维的方式学习；在物理、化学、生物等实验科学的学习中，感知性学习（如观察）及动作性学习（如实验）是很重要的。

第二，学习者的特点。学习是学习者以自己已有身心结构为基础，能动地作用于学习对象的过程,因此,不仅学习目标和内容影响学习方式,学习者的年龄特征、已有知识经验、学习倾向、习惯的认知方式等也对学习方式的选择产生重要影响。比如,小学生一般以动作性学习和感知性学习为主,纯粹符号性或抽象性的学习对于小学生不太适宜;相反,对于高中生或大学生而言,学习不能仅仅局限于感知性和动作性的学习方式,而要更多地使用符号性学习方式。

第三,具体在选择学习方式时,就要综合分析和评估发展目标、学习内容和学习者的特点,而不只是根据某一种因素确定学习方式。由于某种学习方式是根据特定的发展目标、学习内容和学习者的特点综合确定的,因此,学习方式具有特定的适应性,每一种学习方式都有其特定的功能价值和使用范围。

第四,学习方式的选择还要考虑不同学习方式的组合问题。在某一学习中,通常并不是使用单一的学习方式,而要根据学习内容和学习目标以及每一种学习方式的特定功能,将多种学习方式组合起来。因为,在学习某一内容中,学习者通常要追求实现多个方面的目标,如认知的、情感的、价值取向的、动作技能的等,不同的发展目标往往要求以不同的方式去实现。另外,学习任务通常也不是单一的,其中可能包含着要用不同方式学习的内容。比如,在语文学习中,对生字、生词,要用练习和训练的方式学习;对文学作品的中心主题,要用一定的分析理解的方式把握;对作品的情感、价值取向则要用感悟和体验的方式去了解。

3. 教学过程结构的设计

教学目标、教学内容、教学方法等设计最终都要落实到具体的教学活动过程之中。教学过程结构的设计是指教学各要素统整在连续的活动情境之中,使其彼此作用,共同实现教学目标的过程。它主要涉及教师活动、学生活动、教学目标、教学内容与教学方法等在时间和空间上的组合和安排。其中,时间上的组合主要是教师和学生进行教学活动的时间顺序,空间上的组合主要是指教师和学生进行教学活动的内容层次关系和展开逻辑。

无论教学过程如何展开,教学过程结构的设计应该遵循如下原则:

第一,发挥教师主导作用,体现学习者的主体作用及媒体优化作用。教师的主导作用应体现为引导学习者自行获取知识和培养能力,而不是灌输知识;学习者的主体应体现在能充分发挥学习者的学习积极性,让他们有更多的参与机会,真正做到动脑、动口、动手,使他们不仅学会,而且会学,从被动接受知识转变为主动获取知识;媒体优化作用指各种媒体应各施所长,互为补充,相辅相成,形成优化的媒体组合系统。

第二,遵循学习者认知规律和学习心理。学习者的认知规律和特点,取决于他们的年龄心理特征。年龄小,知识、经验少,感知能力差,依赖性比较强,无意注意占主导地位,以具体形象思维为主。随着年龄不断增大,知识、经验增加了,感知能力提高了,能通过一定的意志努力,集中注意力参与学习活动,其思维也由具体形象思维逐步过渡到抽象思维。在设计教学过程中,必须遵循这些认知规律,符合学习者特有的认知要求才能获得满意的效果。

(四)教学评价设计

在常规课堂教学过程中,教学评价的主要目的是为了及时获得教学活动的反馈信息,便于检测学生学到了哪些知识,学到了何种程度,比较准确地判断预定课堂教学目标的达成度。一般来说,要针对整个教学过程的各个不同的阶段设计相应的教学评价。在教学前要有"准备性评价",主要目的在于了解学生对即将开始的学习内容,是否具备了所需要的起点行为和基本技能;在教学过程中要设计"形成性评价",及时了解学生学习的情况和已达到的水平;必要时还应该进行"诊断性评价",诊断学生在学习过程中的问题的原因,并对症下药采取相应的补救性措施。

本章小结

学校课程规划是指学校在国家、地方和学校三级课程管理体制下,基于对本校传统与优势的清晰认识,依据学校培养目标、学生需要和校内外教育资源等持续不断地对学校课程(包括国家课程、地方课程和校本课程)进行整体设计、实施和评价的过程,进而构建适应学生发展的、高效的、具有学校特色的课程体系,其实质是学校课程的校本化过程。学校课程规划有利于学校课程建设,有利于创建学校特色,有利于学生个性发展。进行学校课程规划的研制主要基于课程政策、课程理论、学校实际。研制学校课程规划的路径一般包括定位学校教育目标与教育理念,形塑学校的课程愿景,编制学校课程方案和制定课程评价方案。学校课程规划是一项比较复杂的工作,要顺利地发挥其功能,需要多方面的保障条件。其保障条件有:正确的课程规划观,较强的学校课程领导力,专业力量的支持,完善的教师队伍专业发展制度。

课程设计有三种主要模式:目标模式、过程模式和实践模式。理想的课程设计模式应该采用目标模式、过程模式、实践模式互相结合、相互补充的形式,为课程设计实践提供更为广阔的空间。

依据心理取向可以对教学模式分为三种有代表性的小学教学设计模式:行为主义教学设计模式,认知主义教学设计模式,建构主义教学设计模式。小学教学设计的一般过程是:教学背景分析—教学目标设计—教学过程设计—教学评价设计。

思考训练

1. 什么是学校课程规划?学校如何规划课程?

2. 对于新课程中的很多理念教师是模糊的,例如对于学校课程愿景,多数教师认为:"我们的目标就是让学生考出好成绩。"还有不少学校教师对此感到质疑:"既然已经有了国家课程目标,考试时也主要以此为标准,学校实施就可以了。我们认为学校没有必要再有额外的课程愿景或学校课程目标。以前学校没有这些愿景,不也和现在一样进行教学?还需要每所学校确定自己的愿景吗?"就上述观点你有什么看法?你认为每一所学校都需要确定课程愿景吗?为什么?

3. 评价不同的课程设计模式。

4. 评价不同的教学设计模式。

5. 结合熟悉的小学课程,任选教材中的一节课进行教学设计。

拓展阅读

1. [加]大卫·布莱特著,张慧芝等译.课程设计[M].台湾桂冠出版公司,2000年版.
2. 裴新宁著.面向学习者的教学设计[M].教育科学出版社,2005年版.
3. 李龙编著.教学设计[M].北京:高等教育出版社,2010年版.
4. 谢利民主编.教学设计的应用指导[M].上海:华东师范大学出版社,2007年版.
5. 上海市杨浦区教育局、上海市杨浦区人民政府教育督导室编.用课程办好每一所学校:上海市杨浦区义务教育阶段学校课程建设17例[M].北京:高等教育出版社,2012年版.
6. 皮连生、刘杰主编.现代教学设计[M].北京:首都师范大学出版社,2005年版.

线上学习

1. 教育技术通讯(教学设计):http://www.ect.edu.cn
2. 小学教学设计网:http://www.xxjxsj.cn/
3. 中国基础教育课程改革信息网:http://kcgg.edcn.cn/
4. 中国教育在线:http://www.eol.cn/

第三章
小学课程与教学目标

课程与教学目标设计案例

※ 学习目标

1. 理解课程与教学目标的含义。
2. 明了课程与教学目标的取向。
3. 掌握课程目标的基本来源及课程目标的分类。
4. 掌握课程与教学目标表述的方法,能够进行课程目标的设计。
5. 理解新课程三维目标的关系,并能叙写小学不同类型课程与教学目标。

※ 章首语

目标是课程与教学运作的方向和灵魂,也是课程与教学活动的出发点和归宿,它影响着教师对课程内容、教学方法的选择,也是小学课程与教学质量评价检测的参照物。因此,科学合理的课程与教学目标是开展小学课程与教学活动的重要前提。教师在理解课程与教学基本属性的基础上,接下来需要思考的是,小学课程与教学的目标是什么?如何制定小学课程与教学目标?这是本章探讨的主要问题。

情景再现:

心理学家曾经做过这样的一个实验,组织三组人,让他们分别向着10公里以外的三个村子进发。

第一组的人既不知道村庄的名字,又不知道路程有多远,只告诉他们跟着向导走就行了。刚走出两三公里,就开始有人叫苦;走到一半的时候,有人几乎愤怒了,他们抱怨为什么要走这么远,何时才能走到头,有人甚至坐在路边不愿走了;越往后走,他们的情绪也就越低落。

第二组的人知道村庄的名字和路程有多远,但路边没有里程碑,只能凭经验来估计行程的时间和距离。走到一半的时候,大多数人想知道已经走了多远,比较有经验的人说:"大概走了一半的路程。"于是,大家又簇拥着继续向前走。当走到全程的四分之三的时候,大家情绪开始低落,觉得疲惫不堪,而路程似乎还有很长。当有人说:

> "快到了!""快到了!"大家又振作起来,加快了行进的步伐。
>
> 第三组的人不仅知道村子的名字、路程,而且公路旁每一公里就有一块里程碑。人们边走边看里程碑,每缩短一公里大家便有一小阵的快乐。行进中他们用歌声和笑声来消除疲劳,情绪一直很高涨,所以很快就到达了目的地。
>
> 同样的路程,仅仅由于目标的因素,人们抵达目的态度、效率和情绪状态却不一样。由此可见,目标是多么的重要。

第一节 课程与教学目标的理解

一、课程与教学目标的含义

(一) 不同层次目标的含义

在目标领域,国内外使用的相关术语概念比较多。在西方教育界,人们常常使用四个相互联系又相互区别的术语,即"意图"(purpose)、"宗旨"(aims)、"目的"(goals)和"目标"(objectives)。首先,在这几个术语概念中,"意图"这一概念是总括性的,从抽象到具体,从宽泛到特定,涵盖了"宗旨""目的"和"目标"的概念。其次,在教育、课程和教学领域,人们用得比较多的是"教育目标"(educational objectives)这一术语,并用以代替和包含"课程目标"和"教学目标";而"课程目标"和"教学目标"则分别各自主要在"课程""教学"领域里使用。在我国教育领域,与"目标"相关的术语有"教育方针""教育目的""教育目标""课程目标""教学目标",它们分别表征教育领域目标问题的不同层次,彼此之间既有联系又有区别。

"教育方针"是指"国家为了发展教育事业,在一定阶段,根据社会和个人两方面的发展需要和可能制定的具有战略意义的总政策或总的指导思想。内容包括教育的性质、地位、目的和基本途径等。"[①]它一般包括教育的性质和指导思想,教育工作方向(特定时期的教育工作方针),教育目的(培养人的质量和规格要求),实现教育目的的根本途径和基本原则。其中,教育目的是教育方针的核心和基本内容。

教育目的是指教育的总体方向,它所体现的是普遍的、总体的、终极的教育价值。"教育目的"是最宏观的教育价值,它具体体现在国家、地方、学校的教育哲学中,体现在宪法、教育基本法、教育方针之中。教育目的的核心是规定培养什么样的人,即把受教育者培养成什么样的社会角色。它具有历史性,不同的社会、不同的历史时期具有不同的教育目的。1999年6月13日,第三次全国教育工作会议颁布的《中共中央国务院关于深化教育

---

① 顾明远主编.教育大辞典(增订合编本·上)[M].上海:上海教育出版社,1998:744.

改革全面推进素质教育的决定》中,提出"实施素质教育,就是全面贯彻党的教育方针,以提高国民素质为根本宗旨,以培养学生的创新精神和实践能力为重点,造就'有理想、有道德、有文化、有纪律'的德智体美等全面发展的社会主义事业建设者和接班人",这是我国当前对教育目的的表述,阐明了培养人才的规格和方向。可见,教育目的是对受教育者总的要求或为培养受教育者而确定的总的质量规格,是教育活动的出发点和归宿。

教育目标是"教育目的"的下位概念,它所体现的是不同性质的教育和不同阶段的教育的价值。如基础教育、高等教育、职业教育、成人教育分别具有不同的教育目标。教育目的只有具体化为各级各类学校的培养目标,才能现实操作和具体落实。教育目标根据教育目的来制定,而教育目的又只能通过各级各类学校的培养目标才能实现,两者是一般与个别、整体与局部的关系。

课程目标是"教育目标"的下位概念,是学校全部教育内容和教育实践活动的直接目标。它是具体体现在课程开发与教学设计中的教育价值。它既指总体目标,又指学科目标。总目标是某一类学校或专业所有课程设置和实施所要达到的目标,学科课程目标是指从某一门或几门学科的角度规定的人才培养的具体规格和质量要求。有学者认为,课程目标也有宏观、中观和微观之分①:① 宏观目标是指新课程的培养目标,它反映时代、社会、国家对学生成长发展的总体要求,具有较强的抽象性和概括性,它存在于国家制定的课程方案之中。② 中观目标是指基础教育课程改革的具体目标,包括六方面的基本要求,即课程功能要转变;课程结构要体现均衡性、综合性和选择性;课程内容要改变'难、繁、偏、旧'的现状,密切与生活和时代的联系;课程实施要关注学生学习活动方式的改变;课程评价要改变过分强调甄别与选拔的功能,同时发挥评价的发展、提高和改进的功能;课程管理要实行三级课程管理。课程的中观目标反映了国家对课程内部运行系统的整体要求,对课程改革与发展具有明确的指导性和规定性。③ 微观目标就是具体学科课程标准中的目标,它涉及某一具体学科在某一领域方面对学生成长与发展的预期要求,具有较强的学科性,要求充分体现学科自身的特色。比如,语文课,使学生学会汉语拼音,掌握三千左右常用汉字,会说普通话,打好听、说、读、写的基础,初步培养观察思维能力并进行思想品德教育;数学课,使学生能够掌握整数、小数、分数的最基础知识,正确地、迅速地进行整数、小数和分数的四则运算,学会简单的几何图形和珠算知识,培养初步的逻辑思维能力,并能够运用所学的知识解决一些简单的实际问题。微观课程目标是宏观和中观目标的具体化,具有更强的操作性和评价性。它更多地在实际操作层面产生影响。微观课程目标的制定,要真正落在实处,要与宏观课程目标和中观课程目标一脉相承。

教学目标是教学中师生预期达到的学习结果的标准,是培养目标和课程目标的具体化。它既指向课程目标,又指向教学单元目标和具体课时。教学目标从总体目标起可以依次划分为课程目标、单元目标、课时目标等不同系列。每门课的课程目标(课程标准)是某门课在教学上总体要达到的结果;"单元目标"是对一门课程结构中各个组成部分的具体要求;"课时目标"是每课时所提出的具体要求。课程目标带有指向性和统领性,学段目标、单元目标以及课堂目标都是对课程目标的逐级分解和层层细化。

---

① 刘启迪.课程目标:构成、研制与实现[J].课程·教材·教法,2004(8).

(二) 不同层次目标的关系

教育目的、教育目标、课程目标和教学目标是不同层次的教育目标(见图3-1)。教育目的的范围最宽泛,层次最高,指导范围最广,它是一个长期的目标;教育目标次之,是针对一个学段或一种类型的学校,教育目标对教育目的的解释具有独特性、针对性。教育目的决定教育目标的状态、内容和方向,而教育目的又是基于某种教育价值而选择的,它必然体现了一定的教育哲学观。因此,以何种教育哲学为依据制定何种教育目的,决定了教育目标以及课程目标的内容、性质与方向。课程目标和教学目标的制定必须考虑教育目的、培养目标的要求。

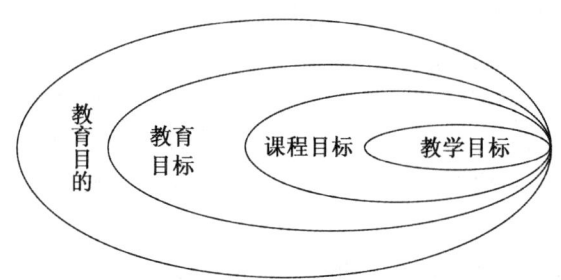

图3-1 教育目的、教育目标、课程目标与教学目标的外延关系

二、课程与教学目标的功能

(一) 导向功能

课程与教学目标在一定程度上制约着课程开发与教学设计的方向,使师生的整个活动有明确的指向,并能与教育目的对接。例如,课程与教学内容的确定和组织、课程实施与教学过程的具体步骤、课程与教学的评价、教学方法的选择、教学手段与媒体的使用、教学时数的安排等,都要依据课程与教学目标来确定。课程与教学目标能够避免无关刺激的干扰,促成学习者能够把注意力集中到与目标相关的活动上来,也便于教师对课程实施的全过程进行自觉控制。

(二) 激励功能

目标不仅仅是一种结果的期待,也能给个体带来为实现某种期待而聚精会神、克难奋进、抵制干扰的精神动力。课程与教学目标同样也具有这种激励功能。在教学开始时,向学习者明确陈述具体目标,能激发学习者学习新知识的欲望,调动积极性和主动性。课程与教学目标所体现的个体需要,必须与学习者的内部需要保持一致。当目标明确之后,学习者原有知识水平和需求之间形成的差距就会产生认知的不平衡,而这种不平衡,就是学习需要,这种需要是自觉性、积极性的源泉,能激励学习者知难而进,探索未知,实现认知平衡。

(三) 聚合功能

课程与教学是一种生态系统,由多种要素组合而成。在课程与教学系统内各要素之间相互制约、相互影响,课程与教学目标在整个课程组织系统中居于核心地位,对其他要素具有统整、支配和协调作用。一般而言,合理清晰的课程与教学目标能使课程与教学活动不偏离主线,聚合各方面教学资源,自觉围绕目标,优化系统的结构(内容结构和方法结构),充分发挥各要素各自的功能,发挥出整体效能。反之,课程教学目标偏离或模糊,课程与教学就可能像一盘散沙,尽管各要素都发挥出了自身功能,也难以使系统形成合力产生综合效应。

(四)评价功能

课程与教学评价是师生经常要面对的一项工作。课程与教学目标一旦确立,就成了测评课程实施效果的重要标准。这种测评必须参照课程与教学目标在行为与内容方面的具体要求,对学习者的知识技能、过程与方法和情感态度价值观的状态进行比较和考量,判断学习者的学习效果是否达到或在何种程度上达到了标准。课程与教学目标既有宏观的一般要求,又具有操作性指标,可以帮助教师确定适当的评价标准,编制科学合理的试卷,准确地评价和检验学生的学习状况,并根据检验的结果,及时采取矫正性措施,实施补偿性教学。

随着课程改革的不断深入,课程与教学目标功能的价值取向也不断发生着变化,课程与教学目标已从外在赋予的制度化、工具化功能,逐渐向以学生的成长和发展为要求的内在功能转变。课程与教学目标的本质功能是引导和促进学生自身学习体验的增加,是学习过程的规范和调控,同时也是促进学生学习方式变革和课堂教学变革的依据。

三、课程与教学目标的取向

课程与教学价值观是一定教育价值观在课程与教学领域的具体化,任何课程与教学目标总是有一定的价值取向。基于美国课程论专家舒伯特(W. H. Schubert)的见解,我们将典型的课程与教学目标取向归结为四种:"普遍性目标取向""行为目标取向""生成性目标取向""表现性目标取向"。

(一)四种目标取向

1."普遍性目标"取向

"普遍性目标"(global purposes)取向是基于经验、哲学观或伦理观、意识形态或社会、政治需要而引出的一般教育宗旨或原则,这些宗旨或原则直接运用于课程与教学领域,成为课程与教学领域一般性、规范性的指导方针。这种目标的特点是把一般教育宗旨或原则与课程教学目标等同起来,因而具有普遍性、模糊性、规范性,可运用于所有教育实践。

"普遍性目标"是一种古老的课程与教学目标取向,可追溯到中国的先秦,西方的古希腊、古罗马时代。中国古代的经典文献《大学》规定的教育宗旨是"大学之道,在明明德,在亲民,在止于至善"。古希腊的柏拉图把"有德性的生活"视为教育的终极目的,亚里士多德认为教育的终极目的是"幸福",他们为教育实践所设置的科目就直接指向"有德性的生活"和"幸福"。实际上这种"普遍性目标"所体现的是"普遍主义"的价值观,认为任何课程与教学目标都能够并应当运用于所有的教育情境,所以它所提供的不是具体的要求与标准,而是宏观的一般性的宗旨或原则。教育工作者可以根据具体的教育实践情境对其做出解释,以适应各种需要。

"普遍性目标"所体现的是"普遍主义"的价值观,认为任何课程目标都能并应当运用于所有的教育情境。由于这种目标取向所给出的课程目标是一般性的宗旨,而不是具体的目标单,所以,教育工作者可以对这些目标创造性地做出解释,以适应各种具体教育实践情境的特殊需要。但是,这种"普遍性目标"取向也存在一些缺陷:第一,这类目标往往缺乏充分的科学依据,受日常经验所局限;第二,这类目标在逻辑上不够彻底、不够完整,往往以教条的形式出现,表现出一定的随意性;第三,这类目标在含义上不够清晰、确定,而且常常出现歧义,容易成为一种"语言游戏"。例如,任何身心健全的人都不会否认"健康"的价值、"良好的家庭成员"的价值、"闲暇时间的良好利用"的价值,但对这些目标的含义的解释却存在很多歧义。

2."行为目标"取向

"行为目标"(behavioral objectives)是以具体的、可操作的形式陈述的课程与教学目标,它指明课程与教学过程结束时学生所发生的行为变化。这种目标的基本特点是目标的精确性、具体性和可操作性。

古代师徒制中,师傅常常要求徒弟在规定的时间内完成确定的、具体的任务,这些任务实际上就具有"行为目标"的性质。行为目标是博比特在其《课程》一书中提出的一种课程编制目标,他在1924年出版的《怎样编制课程》一书中,曾用"活动分析法"对人类经验和职业进行了系统分析,由此提出了10个领域中800多个目标。拉尔夫·泰勒在1949年出版的《课程与教学的基本原理》一书中系统发展了博比特和查特斯的"行为目标"理念。他认为,在课程与教学目标确定后,要用一种最有助于学习内容和指导教学过程的方式来陈述目标。在泰勒看来,陈述目标的最有效的形式,是"既指出要使学生养成的那种行为,又言明这种行为能在其中运用的生活领域或内容。"[①]也就是说,每一课程与教学目标都应该包括"行为"和"内容"两个方面。由于泰勒对课程与教学目标的贡献主要是强调以行为方式来陈述目标,人们因此把泰勒称为"行为目标之父"。20世纪50—60年代,美国著名教育学家、心理学家布卢姆等人继承并发展了泰勒的"行为目标"思想,在教育领域确立起"教育目标分类学",从而把"行为目标"取向发展到新的阶段。

行为目标的优点是具体性和可操作性,它克服了"普遍性目标"的模糊性的缺陷。由于行为目标具有精确性、具体性、可操作性等特点,当教师将其教学内容以"行为目标"的形式陈述时,他们对教学任务会更加清楚明了,便于有效控制教学过程。但是,行为目标取向也有其缺陷,主要表现在:第一,人的行为富有主体性、创造性,"行为目标"对课程开发、教学设计、人的学习过程进行有效控制,从而将动态生成的过程变为一个可预先决定的和操纵的机械过程,它把目标与手段、结果与过程间的有机联系割裂开来,把课程开发与教学设计过程中的创造性、人的学习的主体性泯灭了;第二,"行为目标"追求目标的精确化、具体化,人作为"完整体"是不可分割的,除了一些简单的适于训练的知识技能可以进行一定程度的分解和具体化之外,人的高级心理能力和素质很难分解开来进行培养;第三,人的许多高级心理素质(如价值观、理解、情感、态度、欣赏、审美情趣等)是很难用外显的、可观察的行为来预先具体化。即使某些价值观和态度能够被结合进显性课程来培养,

---

① [美]拉尔夫·泰勒著,罗康,张阅译.课程与教学的基本原理[M].北京:中国轻工业出版社,2008:24.

但更多的价值观和态度是通过隐性课程来培养的,这些通过隐性课程来培养的价值观和态度是不可能被预先具体化的。

3. "生成性目标"取向

"生成性目标"(evolving purposes)是在教育情境中随着教育过程的展开而自然生成的课程与教学目标。这种目标所关注的不是外部事先规定的目标,而是师生根据课程教学的实际进展情况而提出的相应的目标。如果说"行为目标"关注的是预期的结果,是在教育过程之前或教育情境之外预先制定的作为课程指令、课程文件、课程指南而存在的话,那么"生成性目标"注重的则是过程,是教育情境的产物和问题解决的结果。这种目标的教育哲学观是基于教育是一个演进的过程,在此任何阶段上的目的都不是终极目的,因为目的是演进着的,而且不是预先存在着的。

"生成性目标"的思想渊源可以追溯到杜威"教育即生长"的命题。杜威反对把某种外在的目的强加于教育,在他看来,教育是儿童经验的不断改造,是儿童的生活和成长,生活、成长以及经验的改造本身即构成教育的目的。只有将目的融入教育过程中,才能真正促进儿童的成长。课程与教学目标不是一种指向遥远的未来结果,而是引导着现在的生长和发展的手段,它是从各个特殊的现时状态中自然引发、生长出来的。

美国著名课程论专家斯腾豪斯的"过程模式"从另一种角度对"生成性目标"进行诠释。他认为,学校教育主要包括"训练""教学"和"引导"三个过程:"训练"是使学生获得动作技能的过程;"教学"是使学生获得知识信息的过程;"引导"是使学生获得以知识体系为支持的批判性、创造性的思维能力,这是使学生进入"知识的本质"的过程。斯腾豪斯认为,真正的教育是使人类更加自由,更加富有创造性,因而教育的本质是"引导"。"教育即引导儿童进入知识之中的过程,教育成功的程度即它所导致的学生不可预期的行为结果增加的程度。"[①]比如,知识或艺术领域中,学生学习的最重要的结果是"尝试",尝试进行画画、演奏音乐、设计、制作等,对这些"尝试"的评价应着眼于创造,而非根据事先规定的模式或标准。

生成性目标消解了过程与结果、手段与目的之间的二元对立。当过程与结果、手段与目的被内在地统一起来之后,课程与教学目标就是学生在教育过程中,在与教育情境的交互作用中所产生的自己的目标,而不是课程开发者和教师所强加的目标。当学生从事与自己的目标相关联的学习时,他们会越来越深入地探究既存的知识。随着问题的解决和兴趣的满足,学生会产生新的问题、新的价值观和新的对结果的设计,这个过程是持续的。师生的主动性都得到调动和发挥,学生的主体地位也得到实现。但人们也批判它过于理想化:首先,运用"生成性目标"意味着教师要能够与学生进行有意义的对话,但大多数教师并没有受过这方面的训练,很难在课程与教学活动中发挥同学生对话、交流与引导的能力和水平。其次,即使有许多教师受过对话方面的训练,有些教师也不可能运用这种互动性教学方法,因为这需要教师额外的计划和努力。第三,教师很难同时与一个班级的几十名儿童展开对话。因为教学方法的选择,教学时间的控制,额外时间的投入,社会、家长对

---

① Stenhouse, L.(1975). An Introduction to Curriculum Research and Development. London: Heinemann Educational Book Ltd., p. 82.

学生学习的各种要求等因素必然阻碍教育教学过程中目标的生成与发展。第四,在漫无目标的教育过程中,学生的知识水平与能力结构并不一定能把握什么知识对自己最有价值,什么知识没有价值,况且生成的目标又是随机的。

> **情景再现:**
> 　　有一次,一个文质彬彬的女老师接了一个乱糟糟的后进班。几个出了名的淘气鬼想吓吓这位女教师,就故意在老师的粉笔盒里放了一只癞蛤蟆,并等着看这位女教师的笑话。当这位女教师走到讲台上时,果然被粉笔盒里的癞蛤蟆吓了一跳。但她知道,她勇敢地伸出手来,居然一把抓起了那只面目可憎的癞蛤蟆。
> 　　全班人吃了一惊,教室里一下子变得鸦雀无声。这可是千载难逢的好机会,只见女教师从容一笑,很生动地对大家说:"真该感谢这位不速之客,感谢大家送我这份珍贵的礼物。这玩意儿我认识,它俗名叫癞蛤蟆,学名叫蟾蜍。别看它怪模怪样,其实很有本领,对人类的贡献也很大。请大家注意它身上的疙瘩,这里可以分泌出一种毒液,这种毒液不仅可以帮它抵御强敌,还可以被采集加工做成中药,用来治病救人。蟾蜍的颜色很怪,是由黄绿黑三种颜色组成,极像海军陆战队的迷彩服,这样才便于伪装,从而有效地保护自己……关于蟾蜍,我知道的还有很多,今天就先讲这些。我想,既然大家送了一个无比吉祥的蟾蜍给我,老师也就一定回赠大家一份礼物,这礼物的名字就叫——知识。"
> 　　阅读完上述材料,你如何看待这位老师的课堂教学行为?

4. "表现性目标"取向

"表现性目标"(expressive objectives)是指每一个学生在具体教育情境的各种相互作用中所产生的个性化表现。当学生的主体性得到充分发挥、个性充分发展的时候,他在具体教育情境中的具体行为表现及所学到的东西是无法准确预知的。因此,"表现性目标"所追求的不是学生反应的同质性,而是反应的多元性。它关注的是学生在活动中表现出某种程度上首创性的反应的形式,是从事某种活动后所得的结果,而不是在活动之初预先规定的目标。

"表现性目标"源于美国学者艾纳斯(E. W. Eisner),他认为,行为目标可能适合于某些教育目的,但不适合用来概括大多数教育期望,因而他主张在设计和评价课程时,除了有行为目标外,还应该有表现性目标。"表现性目标"旨在培养学生的创造性,强调个性化。"表现性目标"不是规定学生在完成一项或多项学习活动后准备获得的行为,而是描述教育中的际遇(encounter):指明儿童将在其中作业的情境、儿童将要处理的问题、儿童将要从事的活动任务,但它不指定儿童将从这些"际遇"中学到什么。"表现性目标"旨在成为一个主题,围绕这一主题,学生可以运用原来学到的技能和理解了的意义,通过这一主题,学生可以扩展和拓深那些技能与理解,并使其具有个人特点。因而,使用"表现性目标",人们期望的不是学生反应的一致性,而是反应的多样性、个体性。

表现性目标所侧重的是学生在教学过程中的经历和体验。相应的,表现性目标陈述应注重使用与经历和体验有关的动词,诸如:经历、感受、体验、体会、感知、关注、注意、形成、树立、建立、领悟、增强等。这些动词主要是突出学生在某种学习活动和情境中的反应。例如,爱国主义教育方法的一个表现性目标可以这样陈述:学生能认真观看学校组织的反映爱国主义教育的影片,并在小组会上谈自己的观后感。

表现性目标并不期望指明学生在参加这些教育活动后能做什么,而是识别学生将际遇的形式。对学生活动及其结果的评价是一种鉴赏式的批评,依其创造性和个性特色检查其质量和重要性。

"表现性目标"与斯滕豪斯的课程目标在很多方面都具有异曲同工的效果。他们都反对把课程目标技术化,提倡以人的自主发展作为课程目标的根本,注重人的自主性、创造性、个体性,注重课程情境的具体性,强调课程目标的开放性。但是,表现性目标过于模糊,很难起到课程指南的作用。更重要的是,各门学科都有自身固有的特点,在有些学科领域,表现性目标很难保证学生掌握他们必须掌握的内容。

(二) 对四种目标关系的认识

学校课程与教学目标取向不可能是以某一种目标作为唯一取向,而是上述几种不同取向的课程与教学目标相互补充,共同构成了学校课程与教学目标体系。

第一,每种目标都有存在的价值,不能简单肯定或否定。普遍性目标和行为目标都是"以社会为本"的,都属于控制本位,只不过行为目标是借助了科学手段,而"普遍性目标"是处于前科学的经验描述水平。"生成性目标"和"表现性目标"则是向着人的自身发展方向的"以人为本"理念的表现,强调学习者与情境的交互作用,强调目标与手段的连续性、过程与结果的连续性,强调教师和学生在课程与教学中的主动性和创造性表现,以人的个性解放为最高追求。

第二,每一种目标都有一定的适用范围。如果课程与教学目标重点放在知识与基本技能上,行为目标的形式比较有效;如果课程与教学的重点放在培养学生解决问题的能力上,生成性目标的形式比较适用;如果要培养学生的创造性精神,表现性目标的形式较为合适。

第三,每一种目标取向的优缺点是并存的。每一种目标形式在解决某类问题比较有效的同时,都存在一些难以避免的缺陷,因此,在决定采取何种课程目标形式时,需特别注意扬长避短,以及与其他课程目标相补充。

第四,尽管四种课程目标各有其存在价值,但由"普遍性目标"取向和"行为目标"取向发展到"生成性目标"取向,再发展到"表现性目标"取向,体现了课程与教学领域对人的主体性价值和个性解放的不懈追求,反映了时代精神的发展方向。

第二节 小学课程与教学目标的确定

一、课程与教学目标的来源

课程与教学目标的基本来源是确定课程与教学目标的依据,是课程开发必须面对的一个基本问题。拉尔夫·泰勒在《课程与教学的基本原理》(1949)中将学习者的需要、当代社会生活的需求、学科的发展并列为课程与教学目标的三个来源。此后,这三个方面成为课程开发的基本维度。

(一)学习者的需要

1. 什么是学习者的需要

学习者的需要是"完整的人"的身心发展的需要。儿童的需要会不断变化、不断生成、不断提升,儿童的大多数需要是儿童能主观地、清晰地意识到的,也有些需要儿童一时不能清晰地意识到,需要教师或其他成人的帮助、引导,才能提升为儿童的自觉需要。儿童的需要有阶段性差异,也有个性差异。学习者的需要包括以下几点:

首先,从内容维度看,学习者的需要既包括"完整的人"身心发展的需要,也包括学习者学习的需要。因为儿童要以学习为基本手段去达到其人格的逐步发展的目的。同时,这两方面的需要是相辅相成的。在确定课程与教学目标时,要充分考虑某一发展阶段的儿童能够学习什么,需要学习什么,以及怎样解决学习动机问题。

其次,从时间维度看,学习者的需要既包括学习者当前的需要,也包括学习者长远的需要。仅注意满足儿童当前的需要,很容易在教学过程中保持儿童的兴趣,但却难以给儿童将来走向社会提供良好的准备;仅注意满足儿童长远的需要,又容易导致把成人选择好的教学内容强加给儿童,使儿童的学习成为一种外在的过程。仅注意满足儿童当前需要的教学,是一种对儿童不负责任的教学;仅注意满足儿童长远需要的教学,是一种僵硬的强制性教学。这两方面的偏颇有无数教育事实做证明。我们在确定课程与教学目标时,应妥善处理这两种需要的关系。

再次,从性质维度看,学习者的需要包括学习者天赋的自发的需要,也包括学习者后天形成的自觉的需要。杜威在论及学校教育与儿童生活的关系时,强调要以儿童自发的需要为基础,利用这种需要去达到教育的目的。但是,除了要注重儿童自发的需要,还应强调培养儿童的自觉需要。只有具备这种自觉性,才能使儿童形成清醒的发展意识,走出单纯从兴趣出发的自发需要的小圈子,去进行自我认识、自我激励、自我监督、自我评价,形成真正的主体性格。在教育过程中,强调对儿童发展的需要进行引导并使之上升为儿童自觉的需要是至关重要的。当然,对于不同年龄阶段、不同个性品质的儿童,教师在引导他们发展需要的方式和力度上理应有所区别。

2. 怎样确定学习者的需要

有学者认为,"学习者的需要是经研究后才能予以把握的。课程编制者应时刻关注有关学生的各种研究,尤其是有关学习者的兴趣与需要、认知发展与情感形成、社会化过程与个性养成,以及关于学习发生条件等方面的研究。"[①]而有的学者则强调,"确定学习者需要时要注意尊重学习者的个性,体现学习者的意志,不应把成人的意志强加给儿童。"[②]两位专家论述的侧重点有所不同,前者强调的是确定学习者需要的科学依据,后者强调的则是确定学习者需要的价值观,这两个方面的考虑是可以互补的。

---

① 施良方著.课程理论——课程的基础、原理和问题[M].北京:教育科学出版社,1996:99.
② 张华.论课程目标的确定[J].外国教育资料,2000(8).

根据学生的需要来确定课程目标,比较科学的方法是从以下三方面着手:

第一,对学生的现状进行调查研究。把不同年龄阶段学生目前共性的状况与理想的标准以及公认的常模加以比较,确认其中存在的差距,就能发现共性的教育上的需要,这些共性的需要就有可能进入该年龄阶段学生的课程目标。学生的需要是丰富多样的,如何对学生的现状进行调查研究,必须根据一定的标准对学生的需要进行分层和分类。

学生需要的层次与类型

泰勒认为,对学生需要的调查研究可以分为以下几个方面:

(1) 健康;

(2) 直接的社会关系,包括家庭生活以及亲朋好友的关系;

(3) 社会公民关系,包括在学校和社区的公民生活;

(4) 消费者方面的关系;

(5) 职业生活;

(6) 娱乐活动。

它们成为泰勒确定学生需要层次与类型的基本标准。

奥利瓦则将学生的需要分为六个层次和四种类型。六个层次分别是人类层次、国家层次、地区层次、社区层次、学校层次和个人层次,四种类型分别是身体需要、社会心理需要、教育的需要和发展任务的需要。

资料来源:Oliva, P. E. Developing the curriculum[M]. 3rd ed. Boston & Toronto: Little, Brown and Cornpany, 1992: 222-226.

第二,对学生个体差异的研究。学生身心发展的需要不仅有年龄阶段的差异性,还有个体间的差异性。学生个体需要的确定,必须尊重学生的个性,体现个性差异,因而在确定进入课程目标的学生需要时,倡导学生自由选择的方法。当然,由于学生发展的未成熟性,学生的自由选择是在教师的帮助和引导下选择和确定自己个性特征需要的过程。

第三,用动态发展的观点看待学生的需要。随着学生身心不断发展,以及社会的不断交往,学生的需要会不断变化、不断生成、不断提升。因此,确定进入课程目标的学生需要时,不能用静态的视角来看待学生的需要,更不能把成人认为的学生需要等同于学生自己的需要,必须用动态发展的视角对学生的需要做出判断。

(二) 社会生活的需要

学生不仅生活在学校之中,而且生活在社会之中。儿童的成长是一个不断社会化的过程。人是社会的人,当代社会生活的需求理应成为课程目标的来源之一。

1. 什么是社会的需求?

社会的需求包括两个维度:第一,从空间维度看,当代社会的需求是指从儿童所在的社区到一个民族、一个国家乃至整个人类的发展需求;人类正在进入国际化时代,国际化时代的社会需求必然是民族性与国际性的统一;第二,从时间的维度看,当代社会生活的需求不仅仅指社会生活的当下现实需要,还包括社会生活的变迁趋势和未来需求。人类正在进入信息时代,信息时代的社会需求必然是当下现实需求与未来发展需求的统一。

2. 怎样确定社会生活需求

（1）泰勒做法

泰勒的做法是首先把当代社会需求划分为各个方面，然后再逐一搜集适合这些方面的资料以确定课程目标。比如，他曾经把当代社会生活分为"健康""家庭""娱乐""宗教""消费""公民"七个方面，即"活动分析法"。泰勒的做法存在两方面问题：第一，把学校课程视为对社会生活的适应，忽略了学校课程的相对独立性，忽略了学校课程对社会生活的判断与改造功能；第二，试图通过"活动分析"来确定社会生活的需要往往很难做到。

根据社会生活的需要确定课程目标，应将主要的方面放在对现实社会生活的适应上，同时也应适当考虑对现有社会生活的批判和改造。

（2）原则

将当代社会生活的需要确定为课程目标，至少需要贯彻三条原则：第一，民主性原则。在将社会生活的需求确定为课程目标的时候，要考虑：这究竟是谁的需求？是社会弱势阶层的需求，还是社会优势阶层的需求？课程应该体现社会民主与社会公平的原则。第二，民族性与国际性统一的原则。国际化时代的课程要有国际视野，把本社区、本国家、本民族的需求与整个人类的需求统一起来。第三，教育先行原则。在新的时期，教育不再只是被动地适应社会的需要，不再只是维持现有的社会状态和再现过去的社会状态，更主要的是要超越当下的社会现实，走在社会发展的前端。

（三）学科的发展

人是一种文化的存在，人正是在文化社会中受其熏陶才真正成其为人。儿童由自然人发展为文化人的基本途径就是通过学校课程学习学科知识，继承文化遗产。

1. 什么是学科知识

学科知识即学科的逻辑体系，包括学科的基本概念和基本原理、学科的探究方式、该学科与相关学科的关系等。

2. 如何确定课程与教学目标

（1）泰勒做法

泰勒早就指出，应将学科专家的建议作为重要来源。泰勒进一步指出，由于学科专家熟悉自己的领域，他们应该能够根据这门学科的训练方法和内容，指出这门学科对其他人做出哪些可能的贡献。在利用学科专家的建议时，要向学科专家提出这样的问题：这门学科对那些不会成为这个领域专家的年轻人的教育有什么功用？这门学科对外行或一般公民有什么贡献？

泰勒进一步指出了学科知识的两种价值：一种是指向科学本身的创造与发现；另一种是指向学科知识的运用，满足个人和社会的需求。这是学科的工具价值。但泰勒过于关注学科的工具价值，忽略了学科本身的发展。

（2）将学科发展确定为课程与教学目标的来源时，需要合理认识的问题

第一，知识的价值是什么？知识的存在究竟是为了理解世界，还是控制世界？人们创造知识究竟是为了提升生活的意义，还是仅仅为了满足人的各种功利需求？

第二，什么知识最有价值？斯宾塞在140年以前就提出了这个著名的命题，并给出了自己的回答："科学知识最有价值"。斯宾塞秉持的是功利主义课程观，他把科学视为最有

价值的知识是可以理解的。然而,当人类饱受科学功利主义之苦的时候,人们开始认识到:最有价值的知识是使生活的意义得以提升的知识,是使个人获得自由解放、社会不断臻于民主公正的知识,这类知识整合了科学精神与人文精神。

第三,谁的知识最有价值?知识不是客观的,而是价值负载的,它负载着社会意识形态,负载并衍生着文化、种族、民族、阶级的差异和不平等,即使是自然科学知识,也在执行着意识形态的功能。因此,在将学科知识确定为课程目标的时候,应当考虑知识所负载的价值观究竟是推进社会民主和公平,还是维持社会的不平等。践踏社会公平的知识不是有价值的知识。

总之,课程与教学目标主要来源于对学生的研究、对社会的研究、对学科的研究。它们之间的地位是平等的,不能以其中某一方面为优先因素来决定课程与教学目标,也不存在单一方面或其中某两方面构成的课程与教学目标,必须始终关注课程的终极意义和目标追求,有机地整合三方面的判断,运用系统的思想方法确定课程编制中的课程与教学目标。

二、课程与教学目标的分类

20世纪,许多心理学家和教育学家都对教育领域中目标分类问题进行了深入研究,形成了丰富的教育目标理论,各具特色,为我们正确认识、设计、实施或进一步研究课程与教学目标提供了理论依据和基础。下面介绍几种影响较大的理论体系:

(一) 布卢姆等人的"教育目标分类学"

布卢姆,美国著名教育学家、心理学家,于1943—1956年担任芝加哥大学考试长,其职责是组织和执行全体大学毕业生的综合考试。期间,他深切感到教育评价工作的困难,那就是缺少一个有助于课程开发和评价的共同的、客观的"参照系",这个"参照系"就是教育目标。1949—1953年间举行的一系列学院和大学考试委员会的非正式会议,对编制"教育目标分类学"的有关问题进行充分的酝酿和讨论。布卢姆及其合作者克拉斯沃尔、哈罗等人在泰勒的行为目标理论的基础上,确立起教育目标分类学。他们将目标分为三大领域:认知领域、情感领域和技能领域,每个领域的目标又由低级到高级分成若干层次。这种目标分类理论对指导当代课程与教学设计产生了深远的影响。

1. 基本内容

(1) 认知领域

布卢姆是以学习心理学为依据,将这个领域的课程与教学目标由低到高划分为六个亚类,即知道、领会、应用、分析、综合和评价。

一是知道(knowledge)。包括对特定事物和普遍事理的回忆,对方法和过程的回忆,或对某一式样、结构或环境的回忆。知识的目标最强调记忆的心理过程。

二是领会(comprehension)。包括表明理解交流内容中所含的文字信息的各种目标、行为或者反应。在这种理解过程中,学生可能会在头脑中改组交流的内容,或者在用自己觉得更有意义的某种类似形式做出明显反应时改组交流内容,还可能有一些对简单扩大交流本身的范围的反应。理解目标包括"转化""解释""推断"。

三是应用(application)。指在特殊和具体情境中使用抽象的概念。抽象概念可能表现为一般概念、程序的规则或概括化的方法。抽象概念也可能是技术方面必须记住和应用的原理、概念和理论。

四是分析(analysis)。指把材料分解成各个组成部分,弄清各部分之间的相互关系及构成方式。分析可能还包括那些用来传递意义或确定交流结果的技术和手段。分析目标包括"要素分析""关系分析""组织原理分析"。

五是综合(synthesis)。指将各种要素和组成部分组合起来,以形成一个整体。这是一个对各种要素和组成部分进行加工的过程,是一个用这种方式将它们组合起来,以构成一种原先不太清楚的模式或结构的过程。在认知领域中,综合是对学习者的创造性行为提出最明确的要求的类别。综合目标包括"做出独特的信息交流""制定计划或成套操作""推导出一套抽象关系"三个亚类。

六是评价(evaluation)。指为了某种目的,对观念、作品、答案、方法和资料等的价值做出判断。评价包括用准则和标准来评估这些项目时的准确、有效、经济、满意等程度。评价目标包括"按内部证据判断"和"按外部准则判断"两亚类。

(2) 情感目标

美国教育学者克拉斯沃尔,在1964年出版了情感教育目标分类专著,他依据价值内化的程度将情感领域目标分为接受或注意、反应、价值评价、价值观的组织、价值的个性化五级。

其一,接受(receiving)。在这一水平上,学习者已经感觉到某些现象和刺激的存在。也就是说,学习者愿意接受和留意它们。接受目标包括"觉察""愿意接受""控制或选择的注意"。

其二,反应(responding)。在这一水平上,学习者已被充分动员起来。学习者不只是对现象加以注意,而是积极注意现象,投入到所涉及的现象中,并能够对所注意的现象做点什么。它包括"默认的反应""愿意的反应"和"满意的反应"三个亚类。

其三,价值判断(valuing)。在这一水平上,学习者确信某一事物、现象或行为是有价值的。这类目标包括"接受某种价值观念""偏爱某种价值观念""承诺感"三亚类。

其四,组织(organization)。在这一水平上,学习者能够把诸价值观念组织成一个系统,能够确定这些价值观念之间的相互关系,能够树立那些起支配作用的和普遍存在的价值观念。这类目标包括"价值的概念化""价值观念系统的组织"。

其五,价值观念或价值复合体的个性化(characterization)。在内化过程这个层次上,各种价值观念已经在个人的价值观层次结构中占据各自的地位,组成某种内部一致的系统,长期控制个人的行为,足以使人按照这种价值观念系统去行动。而价值观念的个性化这一目标层次达到了情感领域的顶峰,人的信念、概念、态度整合为完整的世界观,整合为人的完整的个性。这类目标包括"一般性态度""个性特征"两个亚类。

(3) 动作技能目标

布卢姆本人没有编写动作技能领域的目标分类。事实上,这个领域出现了好几种分类法,在实际应用中,辛普逊的分类更能为广大教育工作者所接受。美国教育学者辛普逊和哈罗,于1972年发表了动作技能目标分类的专著。这里介绍的是辛普逊的分类。她将技能领域目标分为下述七类——知觉、准备、有指导的反应、机械练习、复杂的外显反应、适应和创作。

一是知觉(perception)。指运用感官获得信息,了解与某动作技能相关的知识、性质、功用,以便指导动作。例如,通过机器运转的声音,知道机器运转的毛病。

二是准备(set)。指对稳定的活动的准备,包括心理定向、生理定向和情绪稳定(愿意活动)。知觉是其先觉条件。如,渴望熟练地操作钻床。

三是有指导的反应(guided response)。指在教师的指导下表现有关的动作行为,包括模仿和尝试错误。如能模仿教师的动作进行学习,在教师的指导下进行失误练习,直到形成正确的动作等。

四是机械动作(mechanism)。指经过一定程度的练习,学生的反应已形成习惯,能以某种熟练而自信的高水平完成动作。

五是复杂的外显反应(complex overt response)。指包含复杂动作模式的熟练操作。操作的熟练性以准确、迅速、连贯协调和轻松稳定作为判断标准。如,演奏小提琴的技能。

六是适应(adaptation)。动作技能具有应变能力,学习者修正自己的动作模式以满足具体环境的需要。例如,通过改编已知的舞蹈技能,形成一种新的现代舞蹈。

七是创作(organization)。指学生在学习某动作技能的过程中形成了创造新的动作技能的能力,强调以高度发展的技能为基础进行创造。例如,创造一种现代舞蹈。

2. 特征

布卢姆的教育目标分类学具有以下特征:

第一,教育目标具有层级结构。布卢姆的分类学是将学生行为由低级到高级、由简单到复杂按秩序排列,较高级的目标建立在较低级的目标基础之上,并且包含了较低级的目标。因而,教育目标具有连续性、累积性。

第二,教育目标以学生具体的、外显的行为来陈述。布卢姆认为,制定教育目标的目的是为了便于操作,为了能够客观地交流和评价。为了做到这一点,就必须以具体的、外显的行为来陈述教育目标,而不能用模棱两可的、可随意解释的行为来陈述。

第三,教育目标分类学是超越学科内容的。布卢姆认为,教育目标分类的方法,是不受学生年龄和教学内容所局限的。可以把教育目标分类学的层次结构作为框架,加入相应的内容,形成每门学科的教育目标体系。

第四,教育目标分类学是一种工具。教育目标分类是为教师进行教学和科研服务的。所以,目标分类本身并不是目的,而是为评价教学结果提供测量的手段,同时有助于对教学过程和学生的变化做出各种假设,激发对教育问题的思考。

(二)加涅的学习结果分类理论

加涅认为并非所有的学习均相近。他把学习区分为不同层次,以代表不同种类的认知能力。为了能够使学习的层次原理在教学上得到应用,使教师能根据学习结果的表述,设计和开发最佳的学习条件,加涅将学习结果区分为"态度""动作技能""言语信息""智力技能"和"认知策略"五种。

态度(attitude),是学生通过学习形成的影响个体行为选择的内部状态。它包括三类:一是可被看作期望达到的教育目标,如希望儿童和蔼待人、为他人处境着想等;二是对某类活动的积极偏爱,如听音乐、阅读等;三是有关公民身份的态度,如爱国、愿意承担公民义务等。

动作技能(motor skills),包括两种成分:一是描述如何进行动作的规则,即动作的程序;二是因练习与反馈逐渐变得精确和连贯的实际肌肉运动。因此,动作技能是一种习得能力,如写字母、做体操、跑步等。

言语信息(verbal information),是指学生通过学习以后,能记忆诸如事物的名称、符号、地点、时间、定义、对事物的细节描述等具体事实,并能够在需要时将它们表述出来。信息在知识体系中是最基本的"建材",是进一步学习的先决条件,是培养智力技能的基础。

智力技能(intellectual skills),是指学生通过学习获得了使用符号与环境相互作用的能力。言语信息回答"是什么"的知识,而智力技能与知道"怎么办"有关。它对学生能力的要求主要是理解、运用概念和规则的能力,进行逻辑推理的能力。智力技能由简单到复杂,由低级到高级可分为辨别、概念、规则、高级规则四个亚类。"辨别"是概念的基础;"概念"是规则学习的基础;"规则"揭示两个或更多的概念之间的关系;"高级规则"适合于解释不同内容范围的问题或是更复杂的问题,是学习者在解决问题过程中的思维产物。

认知策略(cognitive strategies),是学生借以调节他们自己的注意、学习、记忆和思维等内部过程的技能。作为认知策略学习的结果,学生能根据过去所习得的规则,经过内在思维过程而创造新的或更高层次的规则,提出解决问题的方案。总之,认知策略是学生操纵管理自己学习过程的方式,是学生学会如何学习的核心成分。

(三) 梶田叡一的教育目标分类理论

梶田叡一是日本著名的教育家,他借鉴布卢姆的思想,提出了具有东方色彩的教育目标分类理论。他认为,学校教育至少要包含"达成目标""提高目标"和"体验目标"三种类型的教育目标[①]。

达成目标,是指通过一系列指导,期待在学生身上发生明显的变化,要求学生掌握规定的、具体的知识和能力。提高目标,是要求学生向一定目标提高和发展或期待学生在某一方面有所提高或深化,如逻辑思维能力、鉴赏力、社会性、价值观等综合性的高级目标。体验目标,是通过学生的某种行为变化,了解学生所产生的某种切身体验,以期待学生自身产生某种特定内容的体验为目的。这三类目标都包含认知、情意、动作技能领域的一系列目标,并具有具体达标的要求(见表3-1)。

表3-1 梶田叡一的三种教育目标类型

目标类型		达成目标	提高目标	体验目标
领域	认知领域	知识、理解等	逻辑思维能力、创造性等	发现等
	情意领域	兴趣、爱好等	态度、价值观等	感触、感动等
	动作技能领域	技能、技术等	熟练等	技术成就等

梶田叡一针对日本学校重视知识记忆和理解,而忽视培养学生兴趣爱好的现状,提出了"开、示、悟、入"的教育学观点。"开",意为开阔视野,唤起兴趣,耕耘心田;"示",意为传授知识,让学生掌握要点;"悟",意为学生将已学到的知识进行应用和实践;"入",意为学生用学到的知识进行自我探索、追求,从而形成自己的人生观。

---

① 转引自钟启泉编著.现代课程论[M].上海:上海教育出版社,2003:359-360.

三、小学课程与教学目标的设计

(一)课程与教学目标设计的原则

由于制约课程与教学目标的因素比较多,而且相互之间关系复杂,因此,从指导思想的意义上,需要我们在设计过程中必须处理好各种关系,贯彻一些基本原则。这些基本原则主要有以下三点:

1. 系统化

系统化要求我们根据课程与教学目标的系统特性,用系统的方法来设计课程与教学目标。

首先,从课程与教学目标及其设计的关系看,我们要把握整个课程与教学目标的系统性,必须考虑到目标体系的横向和纵向的联系。要满足上位目标对下位目标的要求;要充分考虑不同教育阶段或不同专业的培养目标之间、课程教学目的之间、年级课程教学目标之间、单元教学目标之间和课时教学目标之间的相互联系,采取策略使它们实现整合。

其次,从课程与教学目标及其设计的背景看,课程与教学目标设计时要综合考虑和分析教育教学系统的各要素,如教师、学习者、内容与环境等。要分析教师的专业素质、教学能力等,分析学习者的一般心理、生理和社会背景等方面的特点,以及从事某项特定学习任务的基础知识和技能等。学习者与内容之间的联系、学习者与教师的作用及地位的关系,也是我们进行课程与教学目标设计时要分析和把握的内容。

再次,从课程与教学目标及其设计在课程研制过程中的地位看,必须将课程与教学目标设计,作为课程研制过程的一个基本环节来看待。一般认为,在课程研制中,课程与教学目标设计居于基础和中心的位置,必然会与其他各项要素相互制约,课程与教学目标设计时进行任务分析、教学起点分析会有助于后面要素的设计。课程与教学目标设计与其他要素设计要综合考虑,全面平衡。

2. 具体化

具体化,是指课程与教学目标的表述力求明确、具体,避免含混不清、不切实际,对于那些重要的或主要的教学目标采用细节描述。"细节描述"的标准是"明确的、不抽象的、不笼统的",具有很强的可操作性。如"用平时走路的速度走十步,用卷尺量出十步的总长度,计算出每步的长度",而不是这样表述:"了解或知道每步的距离"。如果课程与教学目标不具体,就会影响"教什么"与"如何教"。在国外,有研究者以十年级学生为被试,以健康教育课程做实验,比较了精确的目标、含糊的目标和无目标三种条件对学生学习成绩的影响,结果发现,精确表述的目标同另外两种目标相比,前者促进了学生学习成绩的提高。正因为如此,西方发起了克服课程与教学目标含糊性的运动,出现了一些有助于课程与教学目标具体化的方法,如 ABCD 模式、内部过程与外显行为相结合的目标表述等。

3. 层次化

从纵向来看,学生任何预期学习结果,客观上都要通过不同层次的要求而实现,从较低层次要求逐步到较高层次目标的要求。从横向看,不同的学习者达到的目标在层次上是有个体差异的,课程与教学目标的设计应适应这种多层次的要求。所以,这里的"层次化",不是指整个课程与教学目标的层次化,而是指在某一个特定课程与教学目标设计和表述时,这个目标本身要反映出学习结果的层次性。如布卢姆、加涅等人对教育目标分类都是有层次性的,他们累积性的层次分类,表现为每一层次的行为或操作包含了较低层次的行为和操作。一个课程目标包括认知、情感、动作技能三方面,每一方面都应有不同的层次要求。如,初中平面几何第三章三角形中,"三角形的内角和"这一知识点的课程目标,我们可以用布卢姆认知领域分类为蓝本,对课程目标的层次的划分如表3－2：

表3－2 平面几何三角形内角和课程目标双向细目表

课题内容＼课程目标	识记	了解	简单运用	综合运用
三角形内角和	1. 能正确叙述三角形内角和订立及其推论； 2. 能答出什么是锐角三角形、直角三角形、钝角三角形,并答出以角的大小为分类标准的三角形集合的包含关系； 3. 在图上指出直角三角形的斜边和直角边计算； 4. 能正确使用虚线表示三角形的辅助线。	能从课本中所用证法推想出过一顶点作其对边的平行线来证明三角形内角和定理。	能证出"三角形不共顶点的三个外角之和等于360度",并会应用此结论。	能综合应用三角形边的关系、角的关系以及各种三角形的边、角、高中线与角平分线的特征进行推理、计算。

（二）课程与教学目标设计的依据

拉尔夫·泰勒在20世纪30年代指出确定课程与教学目标的三个来源：对学生的研究,对社会生活的研究,学科专家的建议。泰勒的学生塔巴在1945年的《课程设计的一般技术》一文中详细论述了课程与教学目标的三个来源：对社会的研究,对学生的研究,对教材内容的研究。结合目前我国进行新课程改革的现状与要求,小学教师在确定课程与教学目标时,需要从以下维度来考虑：

1. 课程标准

课程标准规定了一门学科的课程性质、课程目标、所学内容和实施建议。它是教材编写、教师教学和评估的依据,尤其是课程标准中所列的学段目标,对于单元教学目标以及课堂教学目标的确定具有更为直接的指导价值。因而,教学目标的确定是源于对课程标准的深入分析。教师在目标设计时务必加强对课程标准的研究,结合本校学生实际情况,对课程标准进行分解和细化,以此再确定每个模块的教学目标以及每节课的课堂教学目标。

2. 考试大纲

考试大纲规定了该门学科的考核目标、考核要求、考试范围以及所考的知识点等。考试大纲对于评价学科教学质量发挥着直接的导向和杠杆作用。对于考试大纲中所出现的知识点、能力培养要求以及学生所应具备的情感、态度和价值观等,都需要在课堂教学中得以有效落实。所以,课程与教学目标的确定只有充分理解消化了考纲所含的内容,并在教学过程中让学生得以掌握,学生才会在各种考试中取得优异成绩。

3. 学科性质

学科性质关涉对某门学科本质的深刻分析和准确把握,比如数学是思维的体操,语文要文以载道,外语则主要是用来交流的,等等。学生通过每一堂课的学习,逐步形成该门学科的学科素养以及相应的思维品质,而不仅仅是杂乱的知识点。因此,课程与教学目标的确定都需要考虑该门学科的学科性质。

4. 教材文本

教材是实施课堂教学、达成课程与教学目标的主要载体和案例文本,教师备课确定教学目标时要注意对教材的深入研读。教师在通读全册的基础上,先确定单元的教学重点和单元教学目标。在此基础上,再确定每节课的课堂教学目标,弄清楚知识的内在联系,理解教材编写者的意图,把握教学的具体要求和重难点等。

5. 学生基础

学生现有发展水平是确定教学目标的前提。教师在进行目标设计时,要深入了解学生在学习新内容之前已经知道了什么,包括已掌握的知识和已有的生活经验,研究学生的心理特征和认知水平,预想学生在学习中可能出现的各种问题及预设解决这些问题的策略。在此基础上,教师确定课堂教学目标并选择相应的教学手段和方法。

(三)课程与教学目标设计的步骤

课程与教学目标的设计不仅受社会文化、政治因素的影响,尤其受到不同民族和国家的课程与教学目标设计传统的影响。这种设计表述的是一种理想和愿望,在设计课程与教学目标时必须把握其基本过程,这些过程主要包括以下几个方面:

1. 明确教育目的,落实培养目标

教育目的是课程的终极目标,它对课程的根本性质和方向起着决定性作用。一个国家的教育目的在宏观的要求上是一致的,具有相对的稳定性。在制定具体的培养目标上,各级各类学校必须以教育目的为准绳,根据自身的性质和特点确定不同的要求。明确是哪个类型与层次的受教育者,其社会对受教育者的质量、规格的要求如何。课程与教学目标是培养目标的细化,在各自的范围内提相互适应社会、适应学生、适应学科的具体教育要求。在考虑课程的宏观体系时,必须符合教育目的的根本方向,在选择课程的具体内容时必须与培养目标的基本规格相一致。如小学阶段各门课程的设置应该满足公民素质,使其实现全面发展。总之,课程与教学目标的设计必须以教育目的为指导,明确学校的培养目标,并在课程与教学目标中体现教育目的,落实培养目标。

2. 分析教育需要,确立目标基点

确立课程与教学目标必须分析目标来源。对目标来源的研究也就是"需要"的分析过程。教育需要的分析实际上就是对学习者的身心发展规律、兴趣与愿望和个性特点,社会发展中的各种需求,以及各学科知识等方面的情况加以收集、分类,然后加以综合研究,以确定教育需要的先后顺序。尤其要对学习者的社会特征、心智水平和预备技能做出分析。确定顺序的目的是为了找出课程与教学目标的基点。课程与教学的基点决定其功能的发展方向,只有确立了课程与教学目标的基点,才能确定课程与教学是注重学生需要还是注重社会需要,是强调学科知识体系还是强调社会控制。不同的基点决定了课程目标不同的价值选择。另外,基点不能定得过高或过低,要考虑学生的发展水平、先前的知识和技能、兴趣和背景,可以适度地超出学生的现有水平,而达到学生的可能发展水平。

3. 确定价值取向，选择目标表征形式

课程活动旨在帮助个人和团体获得良好发展，实现生命存在的真正价值，从而达到和平民主、富裕幸福的理想。可见，课程目标承担着实现教育价值的重任。不管人们承认不承认，把"课程目标"定义为什么，限定在什么范围内，其结构如何，都离不开价值指向。课程目标的价值指向是指其表现形式，主要有"普遍性目标""行为目标""生成性目标"和"表现性目标"。教育活动是多元的，这四种课程目标形式中的任何单一的形式都不能全方位地解决所有多元性问题。它们各有其存在的价值及其合理性，但又不可避免地存在一些弊端。一般而言，若要传授基础知识和基本技能，"行为目标"较为合适；若要培养学生解决问题的能力，"生成性目标"比较恰当；若要鼓励学生的创新精神，"表现性目标"较为有效。需要注意的是，每一种目标形式在解决某类问题较为有效的同时，也必然产生一些副作用，我们应该综合使用，互为补充，扬长避短，使其各自发挥特长并综合起作用。

4. 明晰具体目标，形成目标体系

在确立这些目标时要采取"需要评估形式"，一般经历四个步骤：第一，系统阐述试验性的目标，即全面系统地确定大多数人所觉察到的问题，并围绕这些问题来确定学生需要达到的课程目标；第二，确定优先的课程目标，即根据对学生教育的重要性程度将课程目标加以排列，确定目标的主次；第三，判断学生达到每一种课程目标的可能性，即对学生目前达到这些目标的可能性程度评出等级；第四，根据目标优先程度的顺序编制课程计划，即对学习者通过每一项从属知识和技能等的学习以期达到的行为状态做出具体和明确的表述。这样才会形成一个有轻重缓急、先后次序、近景远景之别和等级表现不一样的具体目标，再通过合理组织，将会构成一个丰富多彩的课程与教学目标体系，为课程和教学活动中选择方法和手段打下基础。

第三节 小学课程与教学目标的陈述

课程与教学目标的表述非常重要，它直接为选择内容和经验提供依据，并为小学教师组织课程实施和继而进行的课程评价提供基本准则。课程与教学目标表述正确、清晰和通俗易懂，就为课程与教学目标的实现奠定了坚实基础。如果目标表述不当，不仅浪费目标设计和确定所花费的各种资源，还会对课程教学活动产生误导。

一、课程与教学目标的表述方法

近几十年来，许多教学论专家、教育心理学专家致力于教学目标表述的探索，主要形成了行为目标 ABCD 的表述模式、内部心理与外显行为相结合的模式、表现性目标表述等目标表述模式。

（一）行为目标 ABCD 的表述模式

行为目标表述指用可以观察的或可以测量的行为来描述课堂教学目标。它以行为主义心理学为理论基础。ABCD指的是具体课程与教学目标中应包含的四个要素,ABCD是四个要素的英语单词首字母,它们的含义分别是:行为主体(Audience),行为动词(Behaviour),行为条件(Conditions)和行为程度(Degree)。

1. 行为主体(Audience)

A即audience,意指"学习者"。要有明确的学习者,是目标表述句中的主语。目标的陈述必须从学生的角度出发,行为的主体必须是学生,而不是教师为目标的行为主体。因为教学活动是否成功,不是要看教师教得怎样,而是要看学生学得怎样。因此,表述教学目标时必须从学生的角度出发,行为主体必须是学生。尽管有时作为行为主体的学生在表述中没有出现,但也必须是隐含着的。在这一点上,很多教师存在错误,如教师习惯于采用"使学生……""引导学生……""提高学生的……"等表述方式,这就暴露出根深蒂固的"以教师为中心"的错误思想。

2. 行为动词(Behaviour)

B即behaviour,意指"行为"。要说明通过学习后,学习者应能做什么。课程与教学目标的具体性、明确性主要取决于行为动词的可观察性和可操作性。要尽量避免使用诸如"知道""理解""掌握""欣赏"等描述内部心理过程的词语。因为把握这些词语的意义,不同的人可以从不同角度、不同层面来理解,这就会给教学目标的具体导向及检测带来困难。表述行为的基本方法是使用一个动宾结构的词语——行为动词+宾语。行为动词说明学习的类型,宾语则说明学习的内容。要使得行为目标表述具体、明确,关键是描写行为的用词要和具体观察、可操作的行为相对应。例如:能操作摄像机;能说出英语句子中各句子成分的名称。在这样的动宾结构中,宾语部分与学科内容有关,教师都能很好掌握。由于教学目标中的行为应具有可观察的特点,所以在描述行为时较为困难的是行为动词的选用。下面提供认知、动作技能、情感三个领域中常用的动词,以使教学目标的描述具有精确性、客观性、可测量性的特点。如下表3-3、表3-4、表3-5所示。

表3-3 编写认知教学目标可供选用的动词

教学目标层次	特征	可参考选用的动词
知道	对信息的回忆	为……下定义、列举、说出(写出)……的名称、复述、排列、背诵、辨认、回忆、选择、描述、标明、指明
领会	用自己的语言解释信息	分类、叙述、解释、鉴别、选择、转换、区别、估计、引申、归纳、举例说明、猜测、摘要、改写
应用	将知识运用到新的情境中	运用、计算、比较、对照、改变、阐述、解释、说明、修改、订出……计划、制定……方案、解答
分析	将知识分解,找出各部分之间的联系	分析、分类、比较、对照、图示、区别、检查、指出、评析
综合	将知识各部分重新组合,形成一个新的整体	编写、写作、创造、设计、提出、组织、计划、综合、归纳、总结
评价	根据一定标准进行判断	鉴别、比较、评定、判断、总结、证明、说出……的价值

表 3-4 编写动作技能教学目标可供选用的动词

教学目标层次	特征	可参考选用的动词
知觉	运用感官获得信息,了解与某动作技能相关的知识、性质、功用,以便指导动作	再现、重复
准备	指对稳定的活动的准备,包括心理定向、生理定向和情绪稳定(愿意活动)	注意、观察、倾听
有指导的反应	指在教师的指导下表现有关的动作行为,包括模仿和尝试错误	临摹、扩展、缩写、分解、练习
机械动作	指经过一定程度的练习,学生的反应已形成习惯,能以某种熟练而自信的高水平完成动作	制定、绘制、安装、初步学会、学唱、调试
复杂的外显反应	指包含复杂动作模式的熟练操作	联系、转换、灵活运用
适应	动作技能具有应变能力,学习者修正自己的动作模式以满足具体环境的需要	修改、续写、尝试
创作	指学生在学习某动作技能的过程中形成了创造新的动作技能的能力,强调以高度发展的技能为基础进行创造	修改、转换、整合、创建、建造、发明

表 3-5 编写情感教学目标可供选用的动词

教学目标层次	特征	可参考选用的动词
接受或注意	愿意注意某事件或活动	听讲、知道、看出、注意、选择、接受、赞同、容忍
反应	乐意以某种方式加入某事,以示做出反应	陈述、回答、完成、决定、影响、支持、辩论、论证、判别、区别、解释、评价
评价	对现象或行为做出价值判断,从而表示接受、追求某事,并表现出一定的坚定性	接受、承认、参加、完成、决定、影响、支持、辩论、论证、判别、区别、解释、评价
组织	把许多不同的价值标准组成一个体系并确定它们之间的相互关系,建立重要的和一般的价值观念	讨论、组织、判断、使联系、确定、建立、选择、比较、定义、系统阐述、权衡、制定计划、决定
价值与价值体系的个性化	能自觉控制自己的行为并逐渐发展为个性化的价值体系	修正、改变、接受、判断、拒绝、相信、继续、解决、贯彻、要求、抵制、认为……一致、正视

3. 行为条件(Conditions)

C 即 conditions,意指"条件"。条件是指学习者在什么情况下表现行为,也就是说在评定学习者的学习结果时,该在哪种情况下评定,是目标表述句中的状语。如,要求学习者操作计算机,要说明是在教师或说明书指导下操作还是独立操作。行为产生的条件通常包括下列因素:① 环境因素,包括空间、光线、温度、气候、室内或室外、安静或噪音;② 人的因素,包括独立进行、小组集体进行、在教师指导下进行等;③ 设备因素,包括工具、图纸、说明书、计算器等;④ 信息因素,包括资料、教科书、笔记、图表等;⑤ 时间因素,包括速度、时间限制等;⑥问题明确性因素,即提供什么刺激来引起行为的产生。在描述行为产生的条件时,要注意区分学习过程与学习结果产生的条件。如"通过一个月的训练,学生能……",这里的"通过一个月的训练"指的是学习过程的时间条件,而非学习结果产生的条件。这里的"条件"应该是用以评定学习结果的约束因素,说明在何种情况下来评定学习结果。

4. 行为程度(Degree)

D 即 degree,意为"程度",即明确上述行为的标准。标准是指衡量学习结果的行为的最低要求。它对行为标准做具体要求,使教学目标具有可测性。标准的表述一般与"好到哪种程度""精确度怎样""完整性如何""在多少时间内"等问题有关。如:把下列 8 个数按从小到大的次序排列;检查计算机故障,排除故障正确率达 80%;加工自行车车轮,误差在 2 mm 以内。

用行为目标 ABCD 的表述法,我们可以把培养学生"分析能力"的教学目标具体描述为"提供报纸上的一篇文章,学生能将文章中陈述事实与发表议论的句子标记出来,至少 85%的句子标记正确"。这样,培养学生分析能力的笼统目标就变得具体明确,便于落实了。

一般而言,在叙写行为目标时,行为主体、行为动词、行为条件和行为程度是不可缺少的几个要素。但是,并不是所有的目标呈现方式都要包括这四个要素,只要不会引起误解或多种解释,有时为了叙写简便,也省略行为主体或行为条件。下面给出若干实例,供教师在设计教学目标时参考:

(1) 在指认和书写中,学生 能迅速无误地 读出和写出 10 个生字。
　　　条件　　　　主体　　　程度　　　　行为

(2) 中等生 至少能够举出 3 个具体实例 说明分数的 3 个 基本性质。
　　主体　　　　条件　　　　　　　行为　　　　程度

(3) 在热胀冷缩实验中,每个实验小组 要通过正确的实验操作,填写实验报告。
　　　条件　　　　　主体　　　　程度　　　　　行为

(4) 提供 8 个反映学习和非学习的例子,在校高中生能够识别学习的正、反例,
　　　　　　　条件　　　　　　　　主体　　　　行为
在 8 个实例中至少有 6 个识别正确。
　　　　　程度

情景再现:课程与教学目标表述常犯的错误

1. 把目标当成教师教学时所要做的工作表述。

例如:

(1) 示范二元一次方程的解法。

(2) 使学生领会毛泽东《沁园春·雪》的自然意境和人生意境。

(3) 提高学生快速阅读的能力。

(4) 介绍两部和声的唱法。

(5) 示范蝴蝶标本的制作过程和方法。

这些表述,指出了教师计划做的工作,而没有触及真正的课程目标——学生学习

后的行为变化。这种目标表述只注重教师的教学计划的完成,而没有考虑到教师的教学行为对学生产生的结果。

2. 把课程目标当成教学任务来表述,把课程目标歪曲为教师的任务和学生的任务。

(1) 激发学生兴趣,鼓励、引导学生自学。

(2) 在初读课文的基础上,突出重点,运用对比的方法,揭示矛盾,及时反馈,从中悟出文章所蕴含的道理。

(3) 让学生运用"抓中重点词句""联系前后内容""比较"等学习方法,自己读懂课文。

这样的目标表述,规定了教师在教学过程中应完成的教的任务,也规定了学生在学的过程中应完成的任务,但是却没有明确教学结束后学生行为变化的内容和标准,这样的任务完成了,但"目标"不明确,也就谈不上达到目标了。

3. 只列出了教材的大纲、主题、原理或概念。例如:

(1) 平型关大捷

(2) 平行四边形面积公式

(3) 生物的种类

(4) 市场经济

(5) 股票市场

这样的目标只列出了教师必须教和学生必须学的内容,却未明确学生怎么学习和学习后达到什么样的行为变化。

4. 只指出了理想的学生行为,忽视行为所应用的生活领域或内容。例如:

(1) 发展批判性思维的能力。

(2) 发展优良的道德品质。

(3) 养成广泛的兴趣。

(4) 发展解决问题的能力。

目标的这种表述,固然指明了教育教学功能旨在引发学生某种行为的改变,但是未指明该种行为改变适用的生活领域或内容,仍然是不完善的。

5. 包含的是学习的历程而非学习结果。例如:

(1) 朗读本课生字三遍。

(2) 将本课生字每个写六遍。

(3) 学生分组练习课文对话三遍。

上述目标仅仅指明了学生学习的历程,而没有指明学习历程结束后学生的行为变化。例如,学生学"几何"的有关代号,学习行为变化有"回忆""指出""解释""书写"和"使用"等层次区分。

(二) 内部心理与外显行为相结合的表述模式

1. 格伦兰模式

ABCD模式表述的行为目标,优点是可以避免用传统方法表述目标的含糊性。但它也有缺点:只强调了行为结果而忽视了内在心理过程,违背了学习的意义,有的学习结果也很难行为化。为了克服行为目标表述之不足,格伦兰(N. E. Gronlund,1978)提出一般目标—具体行为的方法(general objectives-specific behaviors approach),即先用描述内部过程的术语陈述概述性教学目标,然后用可观察的行为作例子使整个目标具体化。这种方法强调,目标表述不能忽视情意领域目标和其他领域的高层次目标,采取一种内外结合的表述方法。

陈述概括性教学目标,如"领会心理学术语'表象'的含义",这里的"领会"是一个内部过程,每个人掌握的标准不一,难以直接观察和测量,所以需要用可以证明"领会"水平的行为实例来进一步说明。如"用自己的话转述表象定义""能列举2至3种表象实例""能区别表象与想象的异同"等。有这三种实例的补充,教学目标"领会"就不再是不可捉摸了。

运用此类表述模式,我们可以将"运用批判性思考的技能于阅读上"表述如下:

1. 运用批判性思考的技能于阅读上。
1.1 区分事实和意见
1.2 区分事实和推论
1.3 指出因果关系
1.4 指出推理的错误
1.5 区分有关和无关的论点
1.6 区分可靠和不可靠的推论
1.7 根据书面材料建立有效的结论
1.8 指出正确结论需要的假定

这样的目标表述,第一个层次是心理内部过程;第二个层次是心理的外显行为。

再如:地理课讲到"人类与环境"课题时,要求学生树立可持续发展观点,这个目标可以这样表述:

1. 学生能树立可持续发展观点。
1.1 能说出可持续发展的大概意思。
1.2 能运用所学的知识批判现实中破坏环境的思想和行为。
1.3 对包含不符合可持续发展思想的例子的材料,能指出这些例子并做出批判和评述。

在这一组表述中,前面一部分"学生能树立可持续发展观点"是对内部过程的表述,后面三句话是为了说明内部过程而表述的可观察、可测量的外显行为。两者相结合的表述方法,既保留了行为目标表述的优点,又避免了行为目标只顾及具体行为变化而忽视内在心理过程变化的缺点。

格伦兰的内外结合观,不仅避免了用内在心理术语描述目标的抽象性和模糊性,同时也防止了行为目标可能产生的机械性与局限性,所以许多心理学家比较支持格伦兰的观点。

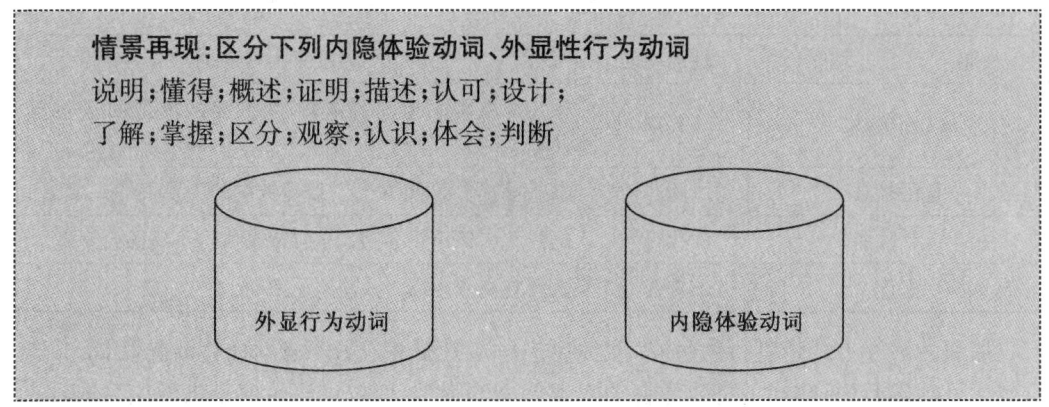

情景再现：区分下列内隐体验动词、外显性行为动词
说明；懂得；概述；证明；描述；认可；设计；
了解；掌握；区分；观察；认识；体会；判断

外显行为动词　　　　内隐体验动词

2. 加涅模式

加涅进一步提出了明确表述教学目标的方式。加涅和布里格斯(1974)提出了书写目标的五成分法。五成分分别是：情景、性能动词、对象、行动动词及工具、限制和特殊条件。五成分法用两个动词来避免混淆。一个动词用以界定性能，成为性能动词，也称标准动词，加涅等认为"要使性能动词来暗示他们所包含能力的类型"；另一个动词用来界定可观察的行动，成为行动动词。以下分别说明五成分的表述：

（1）情景，学生面临的刺激情境是什么。

（2）性能动词，用于描述习得性能的类型。根据学习结果的分类，他们用一个标准动词来描述每一类习得性能。加涅等人确定出的描述人类性能的标准动词及例子，见表3-6。

（3）对象，指出学习者行为表现的内容。

（4）行为动词，描述行为是如何被完成的。

（5）工具、限制和特殊条件。在某些情境中，行为表现需要使用特殊工具，需要某种限制及其他条件。

这里试举五成分法表述一个教学目标的完整例子：当口头提问时（情景），要求学生不看参考资料（限制），用口头或书面语形式（行动），陈述（性能动词）鸦片战争爆发的主要原因（对象）。

表3-6 描述人类性能的标准动词和含有行动动词的短语

性能	性能	性能动词	例子（划线字为行动词）
智力技能	具体概念	鉴别	通过比较来区分法语中"u"和"nu"的发音
	定义概念	识别	通过说出代表性植物各部分的名称来识别根、茎和叶子
	辨别规则	分类	运用一个定义将概念"族系"分类
	较高规则	演示	通过解答口头陈述的例子来演示正负数加法
	问题解决	生成	通过综合可应用的规则，生成一段描述一个人处于害怕情境下的行为的文章

续 表

性能	性能	性能动词	例子（划线字为行动词）
	认知策略	采用	<u>采用</u>想象美国地图的策略,用列表的形式回忆各州州名
	言语信息	陈述	口头<u>陈述</u>1932年美国总统竞选中的主要事件
	运动技能	执行	通过将一辆小轿车倒入车行道来<u>执行</u>一项任务
	态度	选择	<u>选择</u>扛高尔夫球为一项娱乐活动

加涅的表述方式带有行为色彩,但他更进一步地提倡使用性能动词(标准动词)来描绘教学目标的行为,解释了将要学会的人类性能的类型,所以可以看成是内外结合表述的一种形式,这种方法为教师用什么方法、设计什么条件来实现教学目标提供了帮助。

（三）表现性目标的表述模式

1. 表现性目标

表现性目标并不指出学生从事某些学习活动后所获得的行为改变。表现性目标所描写的是学生教育上的经历：他们的工作情境、所要处理的问题以及所要从事的工作。但是,表现性目标并不指出在此经历、情境、问题和工作之中,学生即将学到什么。因此,表现性目标提供了师生探索或专注于个人自觉有趣或重要的问题的机会。

2. 表现性目标的表述

高级认知目标尤其是情感态度价值观等目标很难在短时间内实现。这些目标的实现往往需要通过学生自主活动,在与师生平等交流的会话、探究和意义建构中发展。对于这类目标而言,教师很难预期一两节课后学生将会发生的变化,所以这类目标采用行为目标和结合目标表述方式都不可取。为此,艾斯纳(E. W. Eisner)提出了表现性目标。这种目标要求明确规定学生应参加的活动,但不精确规定每个学生应从这些活动中习得什么。表现性目标的表述,不在学生从事教育活动后应该展示的行为结果,而在确立学生所经历的情境。下列目标陈述是典型的表现性目标陈述：

（1）解释"失乐园"(Paradise Lost)的意义;

（2）检视和评估"老人与海"的重要性;

（3）使用电线和木材,设计三度空间的形式;

（4）用自己的语言描述《题西林壁》的意境;

（5）观看保护野生动物的纪录片,交流自己的想法。

其中,"解释失乐园的意义"或"设计三度空间形式",均指出学生工作的项目或问题,但并未指定学生的学习结果如何。由"经历"的种类,师生均可获得评价所需的资料。这种评价如同艺术批评一样,只就品质和意义来评估成品,而不事先引导艺术家去画出特定的作品。

综观各种课堂教学目标表述模式,我们可知,科学表述课堂教学目标应注意几点：第一,应表述学生的学习结果,不宜表述教师的教学行为;第二,教学目标应尽可能表述得具体,可以测量;第三,目标的表述应反映学习结果的类型和层次;第四,不同类型的课堂教学目标表述要求不尽相同,要灵活选择最恰当的表述模式。

二、我国小学新课程三维目标的陈述

《基础教育课程改革纲要(试行)》明确提出了"知识与技能""过程与方法""情感态度与价值观"的三维目标,如何理解和陈述三维目标,关系到课堂教学质量的高低。

(一) 三维目标的内涵及其相互关系

1. 三维目标的内涵

首先,应拓宽原有的"知识"视域。认识到知识有不同的层次,尊重公共知识与个性知识、显性知识与隐性知识、确定性知识与不确定性知识各自的价值与意义。"技能"概念不限于认知,还包括表达交流、问题解决、信息处理、实验实践、创新创造等。知识与技能是人的整体素质中文化素质的需要,同时也为学生的持续发展奠定基础。

其次,正确理解过程与方法。"过程"是让学生经历知识与技能的形成过程,在体验、活动、探究中进行学习;"方法"是掌握各类知识与技能的学习方式与策略,学会学习,学会反思,学会创造,能对自己的学习过程及其结果进行有效监控。重视过程,强调方法,其实质是尊重学生的学习经历、体验和方式,这是一个学习者必须要经历的过程,是一个人生存、生长、发展的内在需要。

第三,科学理解情感态度与价值观。与以往传统的道德目标相比,"情感、态度与价值观"的提法更具体、可行,反映了在多元文化并存的全球化时代对学生价值选择的尊重,也体现了情感目标的复杂性、层次性和多维性,更具有弹性和灵活性,为课程实施提供了广阔的空间。它是引导人健康向上、乐观积极的精神基石。

2. 三维目标之间的关系

(1) 三维目标互相促进,有机统一。知识与技能、过程与方法、情感态度与价值观是一个相互联系、相互渗透的整体,是一个完整的人在学习活动中实现素质建构的三个侧面。在实际教学过程中,不应该将它们设计为三个环节分别操作。对三维目标的关系,课程目标的每一维都可以成为学习的目标,同时也可作为达成其他二维目标的辅助和凭借。

第一,"过程与方法"可以作为"知识与技能"生成的导控保障系统;"情感态度与价值观"可以作为"知识与技能"学习的动力支持系统而体现其价值,从而实现"知识与技能"学习的高效和优质。

第二,"知识与技能""过程与方法"也可以作为实现"情感态度与价值观"培育的途径,作为"情感态度与价值观"养成的方法与手段。

第三,"知识与技能""情感态度与价值观"也可以作为一种教学资源服务于教学过程的体验与反思、方法的习得与训练。

(2) "知识与技能"是三维目标中的主线。三维目标尽管在具体的教学情境中对学生的具体需要可以各有侧重、互为目的,但从学科教学的总体上说,"知识与技能"是三维目标中的主线,贯穿于学科教学的始终;三维目标的逻辑结构寓于学科知识与技能的结构之中,三维目标教学的特点也蕴涵于学科知识与技能的特点之中。脱离了"知识与技能",三维目标结构必将失衡,并失去其应有意义。因此,对三维目标的落实,决不意味着对学科知识与技能教学的弱化,而是体现了对学科知识与技能的深度理解、多维体认知的融合贯通。

(3)三维目标具有中长期性。自课标颁布以来,很多教师的课时教学预案中,不分年级、不分文本特点,都很循规蹈矩地按照三维目标分列着:知识与能力、过程与方法、情感态度与价值观。应该说,其愿望是好的,但难以落实。因为他们错把课时目标等同于课标的总目标或阶段性目标,使课时目标负载了原本不该承受的额外使命。课标的许多规定都具有中长期的特性,中长期目标的实现必须有赖于短期目标的达成。例如,语文学科的教学目标不外有长期、中期和短期之分。长期目标应该让学生获得四个方面的进步:语言习得、文学欣赏、文化传承、文明洗礼,即人文性与工具性的统一;中期目标则要完成不同学段的人文教育目标、知识目标、学习习惯的养成目标等;短期目标则是本年段、本册、本课教学的目标细化。这三个层级构成了语文教学的目标体系。

(二)三维目标的表述

1. 教学目标向学习目标的转化

教学目标应当是预期学生学习的结果,而不是教师实施的教学行为。因此,在表述时,需要将教学目标转化为学生的学习目标,即将行为主体设定为学生。下面举几个表述不当、需要修正的例子:

知识目标:使学生了解武术运动的渊源,找到武术的锻炼价值,学会识图,引导学生掌握健身的基本知识、技术。(行为主体有误,建议删去"使学生"和"引导学生")

能力目标:通过收集资料,培养学生从史料中整理、获取信息的能力,辩证分析历史的能力。(行为主体有误,建议将"培养学生"四个字改为"提高"二字)

情感态度价值观目标:引导学生继承家庭的良好传统,学习家人的优秀品质,增强对家庭的责任感和自豪感。(行为主体有误,建议删掉"引导学生"四个字)

2. "知识与技能"目标的表述

知识与技能目标的表述要明确、具体、便于考察与测量。例如,"理解课文如何围绕中心思想选材",若改为"在自学课文的基础上,能依据课文的自然顺序,列出继续的主要事件,并说明它们是怎样表现中心思想的"就更明确具体了。

知识与技能目标应包括 ABCD 四个要素:学习主体、学习行为、行为条件和行为程度。例如,三维学习目标中的"知识目标"拟定如下:

(1)能说出(行为动词)伏尔泰启蒙思想的基本主张(行为程度)。

(2)通过不同形式的朗读(条件),能简要(程度)复述(行为动词)故事情节,背诵(行为动词)诗歌。

3. "过程与方法"目标的表述

"过程与方法"是采用体验性目标,描述学生自己的心理感受、体验或明确安排学生表现的机会,所采用的行为动词往往是体验性的、过程性的。体验性目标的学习水平与行为动词包括:一是经历(感受)水平,行为动词有经历、感受、参与、尝试、体验等;二是反映(认同)水平,行为动词有认同、称赞、采纳、蔑视等;三是领悟水平,行为动词有形成、热爱、树立、追求等。这些论述为教师实现"过程与方法"目标提供了具体的方法。下面举两个"过程与方法"的例子:

(1)反复诵读课文,并结合自己积累的一些咏诗,体味古诗中"鸟"意象的韵味、意境和寄托,掌握咏物抒情言志的赏析步骤、方法。

（2）通过列举、交流积极行使生命健康的图片、实例，观察、分析参与救人的情境，提高分析判断能力和保护自己、救助他人的能力。

4."情感态度价值观"目标的表述

"情感态度价值观"目标的表述，同"过程与方法"目标一样，也是"采用体验性或表现性目标的方式"，其行为动词有"感受、认同、内化、体会"等。

（1）通过联系生活、生产实际，增强探索自然现象的愿望，激发探究日常生活中所涉及的物理学道理的兴趣。提高将"功的原理"应用于日常生活、社会实践的意识。

（2）感知物理学史中科学家焦耳的科学态度和科学精神，增强自信，树立自尊、自立、自强的意识和终身学习的价值观。

5. 三维目标的综合表述

三维目标的关系既不是并列的，也不是一一对应的，并不是一种知识与技能对应一种方法与过程、对应一种情感态度与价值观。所以在设计和陈述教学目标时，教师要从不同学科、不同学段、不同学生基础背景的实际出发，以灵活多样的方式进行整合统一。目前三维教学目标的陈述大体上可分为两种形式，第一种形式是将教学目标明确分开，标明"知识与技能目标""过程与方法目标""情感态度价值观目标"三个维度，然后再确定每个维度的层次目标；第二种陈述形式就是不再将教学目标的三个维度截然分开，而是根据学习内容的实际情况来陈述。教学目标中一句话可能包含一个维度也可能包含两个甚至是三个维度。这两种陈述形式并没有优劣之分，主要是根据教学内容的特点和教师的风格来具体选择。

例如：数学《5以内的减法》教学目标[①]：

（1）知识与技能：联系生活经验以及在分的操作活动中，初步理解减法的含义；认识"一"，能正确读出减法算式，探索并熟练地掌握5以内的减法计算；能从现实情景中发现并提出简单的数学问题，能应用已有的知识解决问题；培养学生观察和口头表达能力。

（2）过程与方法：经历与同伴交流算法的过程，能正确地、有条理地说出自己的算法。

（3）情感态度价值观：能使学生积极主动地参与数学活动，经历减法的计算过程，获得成功体验；初步培养学生用数学合作交流的意识；培养学生积极思考、认真倾听他人想法的习惯。

以上例子就属于第一种形式，将教学目标按照"知识与技能""过程与方法""情感态度价值观"三个维度分开来陈述，这样陈述是为了能使师生更立体地审视它，更清晰地理解本节课应该达到的目的。在具体教学实践中，这三方面是一体的，是不能完全割裂的。

再如：数学《100万有多大》教学目标[②]：

（1）通过小组活动，学会用估算的方法收集、整理和描述数据，能对大数字信息做出合理的解释和推断。

（2）经历对自己熟悉的事物中大数的感悟过程，从不同的角度对100万进行感受，进一步发展学生的数感。

[①] 张翼文."小数的加法和减法"教学实录与反思[J].湖南教育,2008(4).
[②] 人民教育编辑部编.新课程优秀教学设计[M].海南：海南出版社,2003:93.

(3) 在解决问题的过程中,能进行有条理的思考,鼓励学生解决问题策略的多样化。

(4) 通过本节课小组活动,体验数学与日常生活是密切相关的,认识到许多实际问题可以借助数学方法来解决,并可借助数学语言来表达和交流,体会到数学应用的价值,并愿意和他人合作、与人交流,发展共同解决问题的良好品质,增强环保意识和社会责任感。

上述教学目标的陈述中,将三个维度融合在一起表述。这种表述便于在教学中能够整体性地把握三维教学目标。目标(1)知识与技能目标中既有学习的内容"学会用估算的方法收集、整理和描述数据,能对大数字信息做出合理的解释和推断",又有学习的方法"通过小组活动";目标(2)中,"经历对自己熟悉的事物中大数的感悟过程"属于过程与方法目标,"从不同的角度对100万进行感受,进一步发展学生的数感"属于情感态度价值观目标;目标(4)中包括三个维度,"通过本节课小组活动,体验数学与日常生活是密切相关的"是过程与方法目标,"认识到许多实际问题可以借助数学方法来解决,并可借助数学语言来表述和交流"是一个知识与技能目标,"体会到数学应用的价值,并愿意和他人合作、与人交流,发展共同解决问题的良好品质,增强环保意识和社会责任感"是情感态度价值观目标。在这里,目标陈述不是照搬三维目标的形式,而是体现三维,并加以整合,使目标更加完整,操作性更强,符合新课程的要求,更符合学生的学习需要。

以上两种陈述目标的方式,都有各自的优缺点和使用范围。而且不同的教学环境、学生状况,教学目标的选择也是不同的,因此教师因根据教学实际情况、教学内容选择合理的表述方法,并进行适时的修改、补充和完善,以充分发挥课堂教学目标的功能,提高课堂教学质量。总之,准确、科学地表述目标是为了更好地实现教学目标的功能,不管采用哪种方式陈述,其目的都是为了实现目标,促进学生的发展。

本章小结

目标是课程与教学运作的方向和灵魂,也是课程与教学活动的出发点和归宿。课程与教学目标具有导向、激励、聚合和评价功能。典型的课程目标取向归结为四种:"普遍性目标取向""行为目标取向""生成性目标取向""表现性目标取向"。

课程与教学目标的基本来源是确定课程目标的依据,学习者的需要、当代社会生活的需求、学科的发展并列为课程与教学目标的三个来源。关于课程目标的分类,比较有影响力的目标分类理论有布卢姆等人的"教育目标分类学",加涅的学习结果分类理论,梶田叡一的教育目标分类理论。在小学课程与教学目标设计上,要坚持系统化、具体化、层次化的特点。小学教师在确定课堂教学目标时,需要考虑课程标准、考试大纲、学科性质、教材文本、学生基础这几个因素;在设计小学课程与教学目标时必须把握其基本步骤,这些步骤主要包括:明确教育目的,落实培养目标;分析教育需求,确立目标基点;确定价值取向,选择目标表征形式;明晰具体目标,形成目标体系。

小学课程与教学目标的表述方法有行为目标ABCD的表述模式、内部心理与外显行为相结合的表述模式和表现性目标的表述模式,不同类型的课堂教学目标表述要求不尽相同,要灵活选择最恰当的表述模式。《基础教育课程改革纲要(试行)》明确提出了知识与技能、过程与方法、情感态度与价值观的三维目标。在教学设计时能准确科学理解三维目标的内涵及相互关系,正确制定和表述三维目标是小学教师必备的基本素质。

思考训练

1. 评析几种课程与教学目标的价值取向。
2. 什么是生成性目标和表现性目标,在课程实施与教学过程中,如何对待这两种目标取向?
3. 简述布卢姆的教育目标分类学理论。
4. 简述加涅的学习结果分类理论。
5. 简述梶田叡一的教育目标分类理论。
6. 简述行为目标的表述方法。
7. 指出下列两个目标表述中的ABCD:

(1) 一年级学生应能解释一位加法问题,用心算在一分钟内,10个问题能答对8个。

(2) 给予20个要填写形容词的未完成的句子,学生能在15分钟内分别写出形容词以完成句子。

(3) 在与同学的交往中,学生能复述他人的主要观点。

8. 目标设计题

(1) 设计"认识人民币"为主题的三维教学目标;

(2) 设计"乘法的初步认识"为主题的三维教学目标;

(3) 设计"5以内的减法"为主题的三维教学目标。

9. 案例分析题

(1) 一位青年老师讲秦牧的《土地》一文时,对其中精彩段落动情地高声朗诵。教师:"骑着思想的野马,奔驰到很远的地方,收起缰绳,回到眼前灿烂的现实。"话音刚落,一位学生站起来说:"老师,野马怎么会有缰绳?"教师毫无准备,不耐烦地说:"你总钻牛角尖,学习成绩会好吗?"学生的脸涨得通红,自尊心受到打击,欲言又止。

问:请用你学过的课程与教学的原理、原则来分析、评价教师的行为,并为其设计处理的办法;该案例中教师表现出的行为,从课程、教学原理和原则的角度进行分析,存在哪些问题?

(2) 这是一节公开课,内容是《北大荒的秋天》。当读到北大荒的小河这一段时,突然有一个学生站起来问:"老师,'明镜一样的小河'能改成'明镜的小河'吗?"我愣了一下,这个问题多少让我觉得有些突然。我没有直接说不能。于是,我给大家一个"提示",在黑板上写了"明镜"和"明净"。果然,一个孩子说:"不能,因为虽然这两个词读音相同,但是意思并不相同。"我为顺利解决难题而沾沾自喜。

下课了,一位有丰富经验的老师对我说:"现在,你看这两个词可不可以换呢?"我仔细一想,真的能换!"其实,这两个词的确可以换,但你可以提醒学生注意当'明镜一样的'换成'明净'才读得通。当然,用'明镜一样的'更形象一些。"我惭愧极了,原来我精彩的地方竟然是自己失误的地方!

问:这位年轻教师的失误给我们带来的启示是什么?

10. 结合实际谈谈你对我国新一轮基础教育课程改革所倡导的"三维目标"的认识。你认为"三维目标"在实际中存在哪些困惑？如何去解决这些困惑？

拓展阅读

1. [美]洛林·安德森著,蒋小平、张琴译. 布卢姆教育目标分类学[M]. 北京:外语教学与研究出版社出版,2009年版.

2. [美]罗伯特·J.马扎诺,约翰·S.肯德尔著,高凌飚等译. 教育目标的新分类学[M]. 北京:教育科学出版社,2012年版.

3. 钟启泉等著. 为了中华民族的复兴,为了每位学生的发展——基础教育课程改革纲要[M]. 上海:华东师范大学出版社,2001年版.

4. 李亦菲著. 三维目标整合教学策略[M]. 北京:北京师范大学出版社,2011年版.

5. 中华人民共和国教育部. 义务教育阶段各学科课程标准[M]. 北京:北京师范大学出版社,2001年版.

6. 孙力仁著. 教学设计——实践基础教育课程改革的理论与方法[M]. 北京:电子工业出版社,2004年版.

线上学习

1. 中国教育科研网:http://www.cernet.edu.cn
2. 中国人民大学书报资料中心:http://www.chinaedu.edu.cn
3. 中国教育和科研计算机网:http://www.edu.cn/

第四章
小学课程资源与教学内容

校本课程案例报道视频
校本课程开发与实施案例
语文教材更新探讨视频

※ 学习目标

1. 熟悉课程资源的内涵及分类,树立基本的课程资源观。
2. 掌握校本课程开发的背景、内涵、开发的价值,校本课程的开发方式、优势与局限。
3. 掌握课程资源开发的方式、原则及方法。
4. 理解教学内容的内涵与历史发展,熟悉教学内容的取向。
5. 掌握教学内容选择的依据、基本原则和基本环节。

※ 章首语

在课程与教学目标确定之后,教师接下来要做的事情就是开发课程资源,选择教学内容。课程目标的实现很大程度上取决于课程资源的状况及教学内容的选择。什么是课程资源?课程资源的类型有哪些?小学教师如何结合本校实际进行课程资源开发,小学教师如何根据本校实际进行校本课程开发?在繁杂的教学资源中如何进行小学教学内容的有效选择呢?这是本章要讨论的话题。

第一节 小学课程资源

在新一轮基础教育课程改革中,为了增强课程对地方、学校和学生的适应性,不仅设置了国家课程、地方课程和校本课程三级课程管理与开发体制,还明确指出:"中小学基础教育课程改革要积极开发并合理利用校内外各种课程资源",并强调学校和教师要创造性地实施新课程,形成具有良好适应性的丰富教学模式,而这些课程目标的实现很大程度上取决于课程资源的丰富程度。如何理解课程资源,怎样进行课程资源的开发,是小学教师关注的重要内容之一。

> **众说纷纭：什么是课程资源**
>
> 下面是一群教师关于课程资源的讨论，具体内容如下：
>
> 王老师：课程资源不就是教材吗？除此以外就是教辅读物、教参、练习册。
>
> 李老师：课程资源就是图书馆、实验室、计算机房、教室等支撑课程教学的硬件设施、设备。
>
> 田老师：我觉得课程资源不仅包括学校的硬件，还包括一些软件资源，比如教师、学生、校纪校风等。
>
> 马老师：我认为课程资源是一个很广泛的概念，一切能够用于丰富课程教学的资源都是课程资源，所谓"满眼皆资源、处处是资源"。
>
> 朱老师：我比较同意马老师的看法，我认为课程资源就是可以利用的一切人力、物力以及自然资源的总和，包括教材、教师、学生、家长以及学校、家庭和社区中所有的资源。
>
> 杨老师：我觉得朱老师的看法有点将课程资源泛化，我认为并不是所有的资源都是课程资源，只有那些进入课程，与教学活动联系起来的资源，才是现实的课程资源。
>
> 听了以上老师们有关课程资源的讨论，你是如何理解课程资源的呢？

一、课程资源的理解

（一）课程资源的内涵

"课程资源"这一概念是在我国基础教育课程改革日益深入的时代背景下提出并为人们所熟知的。2001年，教育部颁布的《基础教育课程改革纲要（试行）》明确提出了"要积极开发并合理利用校内外各种课程资源"，以推进课程改革。

资源，在词典中的解释是"生产资料或生活资料的天然来源"。资源有来自于自然界的各种实物，如山川河流、矿产生物；有人类社会文明的产物，如知识、风俗。有看得见、摸得着的物质存在，也有非物化形态的客观存在。

就"课程资源"而言，目前国内教育学界主要有以下几种观点："课程资源是指形成课程的要素来源以及实施课程的必要而直接的条件。"[1]"课程资源是指富有价值的、能够转化为学校课程或服务于学校课程的各种条件的总称。"[2]"课程资源有广义和狭义之分。广义的课程资源指有利于实现课程目标的各种因素，狭义的课程资源仅指形成课程的直接因素来源。"[3]"课程资源是课程设计、实施和评价等整个课程编制过程中可资利用的一切人力、物力以及自然资源的总和。"[4]

综合学者对课程资源的阐释，课程资源在构成上应包括形成课程的来源和实现课程的条件两方面的要素。作为课程资源的各种要素，有些成为学校课程的因素来源，如知

---

[1] 朱慕菊主编.走进新课程[M].北京：北京师范大学出版社，2002：87.
[2] 范蔚.实施综合实践活动对课程资源的开发利用[J].教育科学研究，2002(3).
[3] 吴刚平.课程资源的理论构想[J].教育研究，2001(9).
[4] 徐继存等.论课程资源及其开发利用[J].学科教育，2002(2).

识;有些则为学校课程的实现提供良好的条件,如各种物力资源。此外,并不是所有的资源都能成为课程资源,只有那些进入到学校教育情境中,与学校课程联系起来的资源,才是现实的课程资源。据此,课程资源是指进入学校情境中的学校课程的各种因素来源和实现条件的总和,是任何课程得以实现的前提和基础,客观地存在于课程的全过程。广义的课程资源指有利于实现课程目标和教学目标的各种因素;狭义的课程资源仅指形成课程与教学内容的直接来源。

(二) 课程资源的分类

1. 依据来源分:校内课程资源与校外课程资源

根据来源的不同,可以把课程资源分为校内课程资源和校外课程资源。校内课程资源是指学校范围之内的课程资源,包括校内的各种设施、场所,如图书馆、实验室、学校风景和学校建筑等;校内人文资源,如教师文化、学校历史与传统、班级文化与管理制度等;与教育密切相关的各种活动,如学术讲座、社团活动、文艺演出、体育比赛等。

校外课程资源则是指学校范围之外的课程资源,包括学生家庭、社区和整个社会中各种可用于教育教学活动的设施和条件,以及丰富的自然资源,譬如公共图书馆、博物馆、纪念馆、展览馆、公园、文化馆、天文馆、档案馆、动物园、海洋馆、名胜古迹等。这些都可以作为学校的校外课程资源。

由于课程资源的性质和利用的便捷性不同,在校内外课程资源的开发与利用上,应以校内课程资源为主,以校外课程资源为辅。

2. 依据性质分:自然课程资源和社会课程资源

根据课程资源的性质不同,可以分为自然课程资源和社会课程资源。大自然中的一切资源都可以为教学所用,自然界中可以开发利用的资源异常丰富。如用于地理课程的山地、丘陵、沟壑、大江、小河等;用于艺术课程的自然景观、摄影和优美的电视艺术节目;用于物理课程的机械设备、电器设备等。

社会资源也同样丰富多彩,比如图书馆、博物馆、展览馆、城市布局形象、街道的文化装饰、医院、超市、工厂、企业等都可以成为学生学习、参观和调查的场所。

3. 依据呈现方式分:文字资源、实物资源、活动资源和信息化资源

根据呈现方式的不同,课程资源可分为文字资源、实物资源、活动资源和信息化资源。

书籍以文字形式记录着人类活动的信息,除了教材之外,各个专业领域中的经典作品和名著都是学生需要利用的重要课程资源。

实物资源具有多种形式,一类是自然物质,如花草树木等;一类是人类创造的物质,如生产工具、机械设备等;一类是为教育教学活动专门制作的物品,如标本、教学仪器、教学课件等。实物形式的课程资源具有直观、形象、具体的特点,是最常用的课程资源。

活动资源内容非常广泛,包括教师的言语活动和体态语言、班级集体和学生社会的活动、各种集会和文艺演出、社会调查和实践活动以及师生之间交往,等等。充分开发与利用活动课程资源,有利于打破单一的课程接受教学模式,使学生在掌握知识的过程中,同时增进社会适应和社会交往,培养参与度,养成健全的人格。

以计算机网络为代表的信息化资源具有信息容量大、智能化、虚拟化、网络化和多媒体的特点,起着延伸感官、扩大教育教学规模和提高教育教学效果的作用,是其他课程资

源所无法代替的。随着教育现代化进程的不断推进,信息化课程资源的开发与利用已经势在必行,它将是最富有开发与利用前景的资源类型。

4. 依据存在方式分:显性课程资源与隐性课程资源

根据存在方式的差异,课程资源还分为显性课程资源与隐性课程资源。显性课程资源是看得见摸得着的,可以直接运用的课程资源,如教科书、计算机课件、教具、自然界与社会中的实物资源等。

隐性课程资源是指以潜在的方式存在的对教育活动产生影响的因素。隐性课程资源有两大类:一类是以潜在的方式对教育教学活动施加影响的课程资源,如师生关系、学校风气、班级文化等;另一类是未被教育者开发和利用的课程资源,这类课程资源常常被教育者忽视,如社区公共服务机构(图书馆、博物馆、科技馆、少年宫、养老院等)都是易被忽视的隐性课程资源。另外,校内的一些教育资源,学校空间布局、校园的美化、教室的装饰也是可挖掘的隐性课程资源,这些课程资源具有隐蔽性、潜在性特点。

(三) 课程资源观的基本理念

1. 教材不是唯一的课程资源

教材是指以文字和图形等语言符号形式反映一定的课程内容的教学用书,是以事实、原理与体系等形式来说明课程内容中理论知识的体系,它是素材性课程资源的重要载体。由于其存在结构单一以及落后时代要求的缺陷,教师要打破教材作为唯一课程资源的神话,合理构建课程资源的结构和功能,体现时代发展的多样性需求。

新课程要求教材的编写应符合课程标准的要求,遵循学生的心理发展特点,精选学生终身学习必备的基础知识与技能,从学生兴趣与经验出发,及时体现社会、经济、科技的发展,尝试以多样、有趣、富有探索性的素材展示教育内容,并且能够提出观察、实验、操作、调查、讨论的建议。现代信息技术的飞速发展和网络技术的广泛使用,给学校教育带来了新的发展机遇,也使学校面临严峻的挑战。学校课程以及课程内容的载体(特别是教材)将越来越不是学生学习的唯一渠道,那些有利于学生学会学习、学会思考、学会合作、学会创新和发展的资源在新的教育价值观的引导下,将会逐步占据主导地位。

2. 教师自身是重要的课程资源

美国著名的课程专家提出"教师即课程"。其意在于:教师不仅是课程实施的主体、创造的主体,教师本身也是作为学生学习的课程资源。教师不仅决定课程资源的鉴别、开发、积累和利用,是课程资源的重要载体,而且教师自身就是课程资源的首要条件。教师作为课程资源主要包括两方面:

(1) 教师的文化素养和人格修养。教师的素养主要体现在教师对教材的灵活使用上,专业教师对自己所传授的学科知识有全局的把握,并且能够准确地掌握每一部分知识在全局中的地位;了解该学科发展的历史趋势及推动其发展的因素,了解该学科对社会、人类发展的价值以及在人类生活实践中的各种表现形态;能够把学科知识和人类关系,与现实世界的关系联系起来。因此,教师可以根据自己对教材的理解,使教学内容不局限于教材,在突出重难点的基础上,把教学内容生活化,并且根据学生已有的水平、兴趣爱好、个性特点,设计出不同课程来完成教学目标。教师本身的品德和人格修养也是重要的课程资源。教师的教学形象、言语形态、人格力量和情感品质都是学生模仿的对象。因此,培养学生良好的品德修养往往要从教师自身做起。

（2）教师的专业素养是重要的课程资源。教师所形成的教育理念、态度，所具备的知识结构，以及在此基础上所形成的教育智慧也都可以成为促进学生成长和发展的重要资源。因此，在课程资源建设的过程中，要始终把教师队伍建设放在首位，通过这一最重要的课程资源的建设来带动其他课程资源的优化发展。毫无疑问，学生的发展最终依赖于训练有素的专业教师，只有这样的教师才能在能力、需要、经验和学习方法等方面促进学生的和谐发展。当然，重视专业教师资源并不意味着轻视其他人员的作用。除行政人员和教学同仁外，其他支持人员包括资料管理员、实验室技师或维修人员等，他们也发挥着课程资源的作用。

3. 学生是重要的课程资源

学生之所以成为课程资源，是因为学生的生活经验、兴趣与爱好、思维差异甚至错误都可以作为重要的课程资源。

（1）学生的生活经验。学生对生活的直观认识在进行正规的学习之前就已经存在了，而且他们也积累了许多生活经验，这些真实的生活经验是学生课堂学习的坚实根基。把知识和学生的经验结合起来的教学才是最有价值的，教学无法脱离学生的经验。建构主义学习观认为，学生会基于自己的独特的经验对外部信息进行选择和加工，并对新的信息进行编码，建构他们的理解，并赋予经验以意义。因此，教师在教学设计和实施时均要考虑与利用学生的生活经验。

（2）学生的兴趣与爱好。兴趣是对学习内容的一种认识的倾向，是学生学习的动力，是学习积极性中最现实和活跃的心理成分，它能够调动学生学习的积极性。当一个学生对某学习内容发生兴趣时，他总是能愉快、主动地获取知识，兴趣对新知识的建构和有意义学习的达成都有一定的促进作用。教师应关注学生的兴趣与爱好，注意培养其学习的直接兴趣与间接兴趣。

（3）学生的思维差异。皮亚杰的认知发展理论认为，学习是一种认识过程。在这个认识过程中，个体知识的获得过程其实就是原有知识不断同化新的知识，从而形成新的认知结构的过程。新旧知识在头脑中发生积极的相互作用和联系，导致原有知识结构的不断分化和重新组合，使个体获得新知识。由于学生个别差异很大，带有不同的经验，受不同环境的影响，他们原有的知识结构存在很大的不同，而且新旧知识在不同个体的大脑中相互作用和分化组合的程度也不尽相同，因此学生在思维上必定存在差异性。从某个层面上说，教学就是引导不同思维的碰撞，促使教师和学生从不同角度思考问题。他们可以在不同思维的交流和对话中取长补短，拓宽视野，扩展思维。教学中教师必须充分利用这种有效资源，照顾到学生的思维差异，提出具有针对性的措施，将学生的思维差异作为一种课程资源。

（4）学生的错误。学生的错误是学生在认知过程中的偏差，尚处于生长和发展中的学生犯错误是不可避免的。学习就是一个发生错误、发现错误、认识错误、改正错误的过程。在这个过程中，学生获得新的知识，提升认知能力。波普尔曾指出："如果不敢去碰几乎不可避免错误的那种困难问题,那就不会有知识的增长。"①可见,错误也是实现知识增长的重要动力。因此,学生的错误也是一种很好的课程资源。善于发掘并利用学生各种各样的错误,会给教学带来勃勃生机和活力,同时也会促进学生的认知和发展。

二、小学课程资源的开发

(一)课程资源开发的价值

1. 有利于促进教师专业水平的提升

教师参与课程资源开发能促进教师的专业发展。主要表现在:第一,促进教师的精神世界成长。课程开发是教师、校长、家长、学生、社区人员广泛参与的活动,因而必然要求教师与教师之间、教师与校长之间、教师与学生之间、教师与家长之间、教师与课程专家之间进行广泛的合作,长此以往自然就有利于教师合作精神的形成和发展。第二,有助于教师的专业技能发展。一方面,课程资源开发有助于提升教师的研究能力。课程开发强调教师的行动研究,即要求教师思考和系统地评定在一个教室或学校中正在发生什么,从而采取行动去改进或改变某种情景或行为,并用一种不断改进的观点去督察和评估这种行为的结果。在不断追问和思考的过程中,教师的研究能力也会逐步得到提高。另一方面,课程资源开发有助于提高教师的教学能力。学科教学只有站在整个课程结构的高度,才能对所教学科有一个全面、整体的认识,也只有站在整个课程发展与改革的高度,才能提高自己驾驭课程的能力,从而对所教学科有一个符合学生实际的安排。

2. 有利于促进学生的成长

学校的一切工作都是以学生发展为中心的,课程资源开发将有助于实现学生的"社会参与"和角色更新与适应。

第一,课程资源开发有助于实现学生的"社会参与"。学生可以运用各种课程资源和参加各种活动,尽早地参与到与自己有关的社区发展的调查、规划、建设之中,这样,他们就可以从小去感知和体验人与环境的关系、个人与他人的关系以及个人与社会的关系。

第二,课程资源开发有助于学生角色的更新与适应。在课程开发实践中,学生将由被动、服从的状态转变为自主学习者、知识探究者、合作学习者和社会实践的积极参与者。首先,自主学习者角色。在课程资源开发中,对学习目标的确立、学习内容的选择、学习活动和学习进度的设计、学习结果的评价等学习过程的各个环节,学生有参与决策甚至自主决策的权利;其次,知识探究者角色。课程资源开发强调学生的参与和合作,要求学生自主探究。在探究过程中,就会逐渐培养学生良好的学习方法、思维能力和探索精神。再次,合作学习者角色。在课程资源开发中,学生通过合作共享知识信息,全员互助合作,共同处理问题解决过程中所遇到的各种困难。同时,合作学习将个人之间的竞争转化为小组之间的竞争,有助于培养学生的合作精神、团队意识和集体观念,促进学生良好人际关系的形成。最后,社会实践的积极参与者角色。在课程资源开发中,学生走出课堂,走出课本,走向自然和社会,积极投身社会实践,在实践中了解世界、关注环境、融入社会,不断

---

① [英]卡尔·波普尔著,舒炜光等译.客观知识[M].上海:上海译文出版社,1987:197.

增强社会责任感,提高运用所学知识解决实际问题的能力。

3. 课程资源开发能促进学校的发展

课程开发理念和实践将会促进学校的更新与变革,形成鲜明的办学特色和浓厚而富有个性的学校文化。首先,有助于拓展学校的教育空间。课程资源开发有助于激发和调动社会力量办学的积极性,调动更多的力量参与学校教学。社会存在极其丰富的课程资源,如人才资源、法规资源、管理资源等,学校可以采用联合、共建等形式利用社会的资金、人才、设备进行实验实习、科学试验等为教育教学服务。因此,课程资源开发的主体也将由学校单一型向多元型转变,为社会培养大批的人才。其次,有助于形成学校的办学特色。在开发课程资源的过程中,强调"立足本校""尊重学生独特性和差异性"。所以,课程资源的开发应认真思索本校的办学宗旨、办学传统和发展路向、学校发展的有利与不利条件等,从而找准学校发展的起点和路径,而不是盲目模仿和攀比。

(二) 小学课程资源的开发原则

1. 以学生为本的原则

学生的知识经验是所有课程资源中最重要的一部分,任何的课程开发都要以这一课程资源作为最终的落脚点。它要求学校课程的实施不再是以学生已有的知识和经验作为基础,而是把它们看作课程资源的一部分进行开发和利用,使学生由知识的被动接受者转变为知识的主动建构者,使学生成为课程活动的主人。

2. 教师自主开发的原则

国家、地方、学校都应对课程的开发与实施负有重任,但教师却是课程的最终实施者,是课程实施中最关键的一环。课程资源的开发最终是要开发出以学生为本的课程资源,课程资源的开发也是最终要通过教师来实现的。因此教师应当享有充分的自主权,可以根据教学实践与学生发展的需要,有针对性地开发适当的课程资源,进行课程与教学的设计,并在课程与教学的实施进程中,不断地调适和加工各种课程资源,以期达到最佳的教学效果。

3. 因地制宜的原则

我国各地的课程资源有极大的差异性,城市与农村、经济发达地区与经济落后地区以及民族地区的课程资源都有其不同的特色,因此,课程资源的有效开发不能强求一律,而应在充分理解新课程标准的前提下,结合当地的具体情况,从实际出发,发挥地域优势,强化当地学校特色,区分学科特性,展示当地教师风格,发展学生个性,扬长避短,因地制宜地开发课程资源。

4. 开放与共享的原则

在信息时代进行新课程的改革,任何一个人、一个学校或一个地区所获得的信息,所开发的可资利用的课程资源都是十分有限的,开放与资源的共享是必然的趋势。因此,我们要以开放的心态对待人类创造出来的一切文明成果,尽可能地开放与共享一切有益于课程与教学活动的课程资源,只有如此才能保证课程资源的价值得到最有效的实现。

(三) 小学课程资源开发的方法

教师进行课程资源开发,首先要确立强烈的课程意识和资源意识,这是进行课程资源开发与利用的基本前提。同时,教师要有效地进行课程开发,还必须借助相应的途径,具备相应的开发方法。

1. 体验法

从课程资源的角度看,教材无疑是学生获得知识的重要来源。但教材不是唯一知识载体,教师完全可以根据课程目标,有针对性地组织学生参与一些实践活动,使学生在实践活动中自觉地将间接知识和直接的感受、体验结合起来,运用体验法进行教学。体验法是以培养学生具有独立、自主、创新等主体精神为目标,以营造教学氛围、激发学生情感为主要特点,以学生自我体验为主要学习方式。体验法力求在师生互动的教学过程中,达到认知过程和情感体验过程的有机结合。体验法通过让学生在一个开放的环境中体验乐趣、体验生活、体验自主、体验过程、体验创造、体验成功,从而培养学生的学习情感,培养学生的创造精神和实践能力。通过体验使学生充分感受到蕴藏于这种教学活动中的欢乐与愉悦,从而达到促进学生自主发展的目的。

2. 探究法

探究法是围绕着问题进行资源的选择与组织,通过学生的主动探究性活动作用于多种资源,在解决问题的过程中,学生多方面的能力得到提高。同时,该模式打破了在课程开发利用方面传统的教师主导、学生被动接受的单一格局,师生处于共同协作的地位,教师的作用只是在某方面、某一环节进行必要的指导,强调以学生为主体。问题既可以是学生自己生成,也可以通过教师创设一定的情境引导学生发现,当然也可以由教师直接提供;既可以来自学科,也可源于与学生密切相关的家庭、社区;可以是针对某一具体学科的问题,也可以是融合各门学科知识的综合性问题。课程资源开发突破了教材的局限,走出课堂,走入学生的实际生活,使学生在对问题的探究过程中确立了主体地位,从而转变以往被动的学习状态。这一模式,教师要组织学生围绕一定问题,指导学生通过观察、调查、操作、实验等活动,在解决问题的探究过程中强化创新意识,提高创造能力,培养合作精神。

3. 陶冶法

人的素质是认知性素质和情感性素质的共同体现。如何促进学生认知与情感的协调发展已成为新课程改革的重要任务之一。教师可以通过开发和利用自然环境、社会环境、文化传统、场所布置以及榜样、楷模的人格魅力等课程资源,创设一定的教育教学情境,陶冶学生的情操,培养其良好的个性品质。利用这种方式,教师要善于启发学生领悟情境,并引导学生细心品味"境中之情、境外之音",抒发内心之真切感情。只有这样,学生才能真正成为审美的主体,通过自己的感官和心智感受和体验情境中的美感。

4. 故事法

课程开发中的故事法,实际上就是故事教学法,也就是教师在课堂上根据所讲授的内容穿插一些相关的简明、短小的故事,以说明、注解、强调所讲的内容,吸引学生注意,激发学生听课兴趣,启发学生思考,直接从故事中悟到蕴涵的道理、掌握其中的知识技术等的一种深入浅出、化繁为简、寓教于乐的教学方法。故事法特别适合低年级学生的课堂教学,故事是儿童认识世界的门户,它对孩子的魅力是无穷的。故事有很多,如童话故事、寓言故事、社会生活经验小故事、英雄人物故事、科学家故事等有教育价值的故事,喜欢听故事几乎成为小学生的普遍心理特征。

不过在运用故事法的过程中,必须注意以下问题:第一,所用故事必须具有较强的针对性。教师讲述的故事不能脱离教学内容,讲述方法要简明扼要。一开始就要把学生的思路带入一个新的知识环境中,让学生对要学习的新内容产生认识上的需要。第二,故事教学一定要源于教材、超越教材、回归教材,故事教学不可脱离教材。教材上有的重难点,故事中要以丰富的情节予以展现出来,要注意内容和形式的完美结合。第三,要对教学内容有一定的启发性。讲述的故事对学生接受新内容具有启发性,讲述时应从学生的知识、能力、思想实际出发,采用揭示矛盾、设置悬念、提出问题等方法,从生疑、质疑入手,让学生能由此想到彼、由因想到果、由表想到里。第四,讲述要具有科学性。科学与否,要看它是否能引起学生对新教学内容的注意,是否激发了学生对新教学内容的理解。讲述语言的设计上要讲究科学性、生动性和幽默性,使新课一开始就能扣紧学生的心弦。

值得注意的是,在课程资源利用和开发中,故事法只是一种补充形式,不是每节课都可以实施,要区别对待。而且利用故事增进教学效果要求教师丰富自身的知识,要求教师必须扩充自身知识储备量。只有知识储备量丰富了,故事的选材才能灵活,教学也就更得心应手。

5. 反思法

在新课程的理念下,教师自身就是一种重要的课程资源。课程资源的开发不仅仅要关注教材和学生,更要从教师自身着手,特别是要加强教师的自我反思。教师不仅要成为教学的主体,而且要成为教学研究的主体,把自己作为研究的对象,研究自己的教学观念和实践,反思自己的教学实践,反思自己的教学观念、教学行为以及教学效果。通过反思、研究,教师不断更新教学观念,改善教学行为,提升教学水平,同时,形成自己对教学现象、教学问题的独立思考和创造性见解,使自己真正成为教学研究的主人,提高教学工作的自主性和目的性,克服被动性、盲目性。

同时,反思不仅有利于教师个人成长,也为教师集体备课、资源共享、交流体会提供了一个具有实际意义的信息平台。因此,在课程资源的开发和利用中,应积极倡导教师写好教学反思。"教学反思"可以从两方面入手:首先,思教材。教科书的功能作为教与学的工具,它不再是简单完成教学活动的纲领性权威文本,而是以一种参考提示的性质出现,给学生展示多样的学习方法和丰富多彩的学习参考资料;同时,教师不仅仅是教材的使用者,还应是教材的建设者。其次,思学生。在课堂教学过程中,很多教师不喜欢那些插嘴的同学,然而,这些学生的提问和回答可能对教学有积极的建设性意义。因此,在课堂教学中,将学生的问题记录下来,可以作为以后教学的宝贵素材和资源。

第二节 小学校本课程开发

校本课程开发是与国家课程开发相对应的一种课程开发模式。近年来,校本课程开发已成为新一轮基础教育课程改革的一项重要议题。专家学者从理论层面对其进行系统阐述与研究,许多学校也热衷于开发具有本校特色的"校本课程"。如何理解校本课程开发?校本课程开发的特点有哪些?校本课程开发的模式有哪些?等这些问题,小学教师在进行校本课程开发时需要进一步明确。

一、校本课程开发的背景

"校本课程开发"一词是1973年由菲吕马克(A. M. Furumark)和麦克来伦(I. McMullen)两位学者在爱尔兰阿尔斯特大学召开的国际课程研讨会上提出来的。其英文表述是"School-based Curriculum Development"或"Site-based Curriculum Development",其缩写词为"SBCD"。校本课程开发是个新概念,由于各国教育制度和文化传统的差异,新概念支持下的校本课程开发运动在各国兴起的具体时间和背景并不一致。概略地说,时间大致是20世纪60年代中后期,历史背景可以从以下三方面来分析:

(一) 自上而下的全国规模的课程改革运动的失败

1957年,苏联人造卫星上天给美国带来强烈的震撼。美国突然意识到自己科技领先地位的动摇,并把这归咎于教育的失败。为了提高本国的国际竞争力,1959年美国政府召集了一大批专家学者集会于马萨诸塞的伍兹霍尔(Woods Hole),集中开发了以学术性、专门性和结构性为特征的学术中心课程,并在全国推广,以期改善和提高美国的教育质量。联邦政府直接拨款资助,但未到五年的时间便宣告失败。他们发现,学校并没有发生任何实质性的变化,教师们虽然手里拿的是新编的教材,但在观念和教法上"依然故我"。继美国课程改革之后,其他许多国家也发动了全国性的课程改革运动,但效果同样不尽人意。这种由政府发布、学校执行的自上而下的大规模课程改革的失败,深深刺激了课程改革的发起者、研究者和参与者,他们开始怀疑这种自上而下的改革模式的可行性和实效性。他们认识到,自下而上的"草根式"的课程改革模式才能真正地改进学校及整个国家的教育。

(二) 对自上而下国家课程开发弊端的纠偏

20世纪70年代初,美英等国课程理论领域相继出现了施瓦布的"实践性课程开发理论"、斯基尔贝克的"环境模式"的课程开发理论等,这几种理论的共同点都是强调对传统的"自上而下"的课程决策模式的变革,把学校看作课程开发的基地或中心,并且强调课程编制过程中学校教师的参与。这几种思想对当时学校的课程实践产生了较大的影响,也成为校本课程开发的主要理论依据。

70年代以后,英、美、澳大利亚等国进一步倡导校本课程开发,更加强调课程开发过程中学校校长、教师、学生以及政府官员、课程专家等之间的互动,并明确提出学校教师和学生是课程开发的主体的观念。例如,澳大利亚课程开发权力主要控制在州一级,开发策略是"从中心向外围辐射",学校有很大的课程开发自主权,政府不但发布文件推动校本课程开发,而且还为校本课程开发和教师进修活动拨经费予以补助。中小学教师、高等教育机构的研究人员以及家长、学生纷纷参与校本课程开发活动中,校本课程开发盛极一时。

（三）我国校本课程开发的动因

我国校本课程开发的产生与发展就国际背景而言是受到了西方国家校本课程开发理念及实践的影响，而国内背景则是我国课程管理政策的变化。20 世纪 80 年代中期到 90 年代，为适应社会的发展和不同地区的具体要求，自 1985 年《中共中央关于教育体制改革的决定》公布之后，地方获得一部分教育管理权限。我国的课程管理体制逐步演变成以国家决策与管理为主、地方决策与管理为辅的"二级管理体制"。自 1999 年开始，我国逐步形成了国家、地方、学校共同参与课程决策与管理的"三级课程管理"体制。1999 年 6 月召开的第三次全国教育工作会议形成的重要文件《中共中央国务院关于深化教育改革全面推进素质教育的决定》第二部分第 14 条规定要"调整和改革课程体系、结构、内容，建立新的基础教育课程体系，试行国家课程、地方课程和学校课程"。2001 年 7 月由教育部正式公布的《基础教育课程改革纲要（试行）》明确规定："为保障和促进课程对不同地区、学校和学生的要求，实行国家、地方和学校三级课程管理"，并提出了各级课程管理的职责。可以说，这标志着我国从此正式确立了"三级课程管理"体制，"三级课程开发机制"由此形成。"三级课程管理"体制的确立，从"课程法律"和"课程政策"层面划清了国家、地方、学校三方面在课程上的各自权限及义务，并使得三方面在课程开发上显现出不同的特色，又为校本课程开发提供了基本依据。

资料链接：我国的三级课程的内容及特点

1. 国家课程

   由国家教育部主管。负责制定国家课程政策，决策重大课程改革；制定指导性课程计划；制定必修科目国家课程标准（包括教学标准、评价标准）；审查并向全国推荐学科教材；指导、检查地方课程管理工作；审批地方重大课程改革试验；制定升学考试制度，指导升学考试的实施；确定某些课程管理权限的下放。

2. 地方课程

   由省（自治区、直辖市）教育厅主管。负责根据国家有关规定和本省（自治区、直辖市）的实际，确定本省执行的课程计划和必修科目课程标准；制定本省（自治区、直辖市）课程改革方案，报国家教育部审批；审批县以上教育行政部门组织编写的选修课教材、乡土教材；审查省（自治区、直辖市）编写教材（包括经批准编写的、在相应行政辖区内使用的教材）；指导市（地）、县（市、区）教委选用教材；指导、检查各地课程管理工作；确定中考实施办法，指导考试工作；确定某些课程管理权限的下放。

   在地方课程的设置上，应考虑特定地区和社区发展的实际，设置有利于学生融入社会生活中的课程，使地方课程体现出浓厚的地方特色。应当多开展有关地方历史、地理、经济、文化传统等的研究，而不应把大多数地区开设的共同课程、必修课程等作为地方课程。

3. 学校（校本）课程

   由学校主管。负责根据上级教育行政部门的有关规定，确定本校必修科目的实际课程标准；确定选修教材的编写、选用；开发活动课程；制定重大课程改革方案，报

上级教育行政部门审批;进行课程实施的管理。

　　学校(校本)课程是相对于国家课程和地方课程而言的,是指以某所学校为基地而开发的课程,学校和教师是课程开发和决策的主体。开发校本课程,其意义不仅在于改变自上而下的长周期课程开发模式,使课程迅速适应社会、经济发展的需要,更重要的是建立一种以学校教育的直接实施者(教师)和受教育者(学生)为本位、为主体的课程开发决策机制,使课程具有多层次满足社会发展和学生需求的能力。

二、校本课程开发的理解

(一) 校本课程开发的内涵

　　国外较早较系统地开展校本课程开发研究的是斯基贝克等少数英国学者。他认为,校本课程开发是由学校教育人员负责学生学习方案规划、设计、实施和评价的活动。1973年,在爱尔兰阿尔斯特大学召开的校本课程开发国际研讨会上,菲吕马克(A. M. Furumark)和麦克米伦(I. McMullen)最先公开提出这一概念。当初的意义主要是指学校内部的教职员对课程的计划、设计和实施。此后,许多学者从不同的视角对这一概念进行界定,但至今未能达成一致的定义。[①] 就如同对课程的理解一样,对"校本课程开发"的内涵也是见仁见智。

　　尽管人们对校本课程开发有不同的理解,但还是达成基本共识:校本课程开发是指在明确的学校办学理念(学校教育哲学)的指导下,以学校教师为开发主体进行的适合学生发展需要和学校资源条件的课程开发活动。

1. 校本课程开发包括"校本课程"的开发和"校本"的课程开发

　　校本课程开发包括两种开发活动,一种是"校本课程"的开发活动,一种是"校本"的课程开发活动。

　　"校本课程"的开发是指学校根据国家课程计划预留的学校自主开发的时间和空间,根据自己的办学理念,自己编制校本课程。在"校本课程"的开发活动中,学校既是课程权力主体,又是课程开发主体和课程实施主体。学校和教师不仅参与校本课程开发的过程,而且形成校本课程开发的结果或产品。这样开发出来的课程被称为"校本课程"。校本课程作为一个独立的课程板块,与国家课程和地方课程相对应,称为三级课程体制中的一级。

　　"校本"的课程开发指国家课程和地方课程的校本化实施,即根据学校的实际情况和学生的实际情况对国家课程计划及其相应的课程标准、教材进行校本化、师本化乃至生本化的适切性改造。国家课程和地方课程的权力主体没有变化,学校教师作为课程开发的参与主体,就课程资源、教学方式、考核方式等进行自主决策。在这一校本课程开发过程中,教师不仅拥有教学自主权,还拥有部分的课程自主权。教师要"用教材"而不是"教教材",对教材进行再度开发,沟通书本知识与学生生活的联系。

[①] 张嘉育著.学校本位课程发展[M].台北:师大书苑,1999:1.

这两种课程开发活动可以说殊途同归,是同一开发过程的两个方面。它们都要考虑学校的办学理念、资源条件和师生的实际情况。校本课程开发是一种更深层次的课程校本化过程。在校本课程的开发中,不仅要在编制校本课程时考虑校本化的问题,而且还要在校本课程实施评价中考虑课程与师生的适切性问题。

2. 校本课程开发是一个"整体活动",绝非仅仅编教材

校本课程开发不等于编教材。不论何种程度的校本课程开发,单个学科或活动还是多个学科或活动,只要是校本课程开发,就一定意味着对"课程"进行某种程度的系统安排和规划。这里,有关需求的调研、教育哲学的确立、教育教学目标的设计、内容的筛选编写和组织以及教学的安排、课程评价的开展等,都不是以孤立的形式出现的,而是一种整体的设计或结构性规划。只有"整体设计",各种课程资源才能统一在一定的教育哲学及教育教学目标的"旗帜"下,才能最大限度地发挥"课程"的育人功能。

那种仅仅热衷于"编教材"的做法,那些几乎未经系统的思考和整体设计的"零敲碎打"式的对教材或教学所做的改变,绝不是校本课程开发。例如,某些学校仅仅编写了适应某些活动或兴趣小组的单门的或多门的所谓"校本教材",某些教师根据校长室或教研组的指示采用某些"校本教材",或在教学中对某些专题和内容进行纯个人化的、随意的改变,这些活动虽然也能引起本校课程或教学的改变,但是这种零散的、非系统的、缺乏"整体设计"的活动显然不利于校本课程开发的实践与理论的深入开展,也不利于学生的整体发展,它是和校本课程开发背道而驰的。

3. 校本课程开发与"兴趣小组"或"课外活动"既有区别又有联系

"兴趣小组"或"课外活动"是我国学校教育在实施国家及地方课程的基础上确立的具有学校特色的教育活动。但是由于我国绝大多数学校的"兴趣小组"或"课外活动"处于一种随意和无序的状态,离"课程"的意义相去甚远,因此不能称为"课程":它们没有"课程设计",缺乏课程目标、课程内容、课程实施、课程评价的整体设计。例如,大多数学校的"兴趣小组"或"课外活动"只是开展着具有某种特定内容、特定功能的活动,而作为"课程"存在的明确的目标、较为规范化的内容的选择与组织活动以及最终的评价等几乎都没有。

当然,"兴趣小组"或"课外活动"可以转变成校本课程开发。对于那些根据学校实际情况而设置的、具有学校特色并形成了一定"品牌"的、具有相对稳定内容和独特功能的"兴趣小组"或"课外活动",如果能实施"课程论"的改造,即按照"课程"来设计,系统地、规范地考虑其目标、内容、组织实施以及评价等要素,那么,这样的"兴趣小组"或"课外活动"的设计就可以看成是"校本课程开发"。从这个意义上说,让"兴趣小组"或"课外活动"走向"校本课程开发"无疑是当前我国绝大多数学校校本课程建设的有效途径。

(二) 小学校本课程开发的价值

1. 尊重学生个性

学校课程是为学生而存在的,促进学生个性发展是校本课程开发的终极追求。每一个学生都是独特的个体,校本课程开发应尊重和满足学生的差异性和多样化需求,为学生提供更多的课程选择权力,这样的课程才能尊重学生的独特思维,促进学生的个性发展。校本课程开发与国家课程不同,学校校长和教师作为课程开发的主体,他们更加了解学生的实际情况,熟悉学生的不同兴趣、爱好和特长,并把这些学生信息和学校内外可利用的

课程资源纳入到学校课程中,提升学校课程与学生之间的适切程度。校本课程正是对学生差异、学生个体需求的满足与尊重。作为课程开发者,在真实的课堂情境中,教师可以更有效地提升课程与学生之间的适切程度,让课程更贴近学生的生活实际和经验水平。

> **情景再现:我们教孩子玩**
>
> 　　2002年夏天,杭州市大关苑第一小学正在开发校本课程。恰巧该学期学校的篮球筐因为破旧被摘掉了,但是学生的打球兴趣兴致不减,就只好拿篮球砸光秃秃的柱子,砸到了欢呼雀跃。这些都被教师们看在了眼里。因为学生的负担与需求之间的矛盾是教师长期的感受,"篮球事件"集中体现了这种矛盾,激发了教师隐藏在心底的对学生的最朴素的人文关怀。课程开发会上,就这个让教师们感到心酸的话题引出了"学生需要玩"的观点,又最终提炼成以"寻找童年乐事,还给童真童趣"为主题的校本课程——"非常生活"。"非常生活"拿"玩"来做内容,既是机遇社会的需求,又是基于课程的空白,它引发了教师们极大的热情,得到了教师们前所未有的认同。
>
> 　　"非常生活"在小学低、中、高三个年段的课程目标分别是:玩—会玩—很会玩。课程结构包括了非常活动、非常社团、童心阅读、趣味竞赛四个并行的系列,面向全校学生开设,每周两个课时。学生乐坏了,"非常生活"课程实施后迅速成为小学生所有课程中最喜爱的课程。
>
> 资料来源:金英.我们教孩子玩[N].中国教育报,2004-6-23.

2. 形成独特的学校文化和办学特色

校本课程开发有利于形成学校文化和办学特色。一所学校的特色并不完全体现在学校建筑、学校环境、教学设施等物质形式上,它更多地表现在学校办学理念和办学特色等精神文化方面。有特色的学校文化需要由独特的课程文化来支撑。

校本课程开发是学校课程文化特色的集中体现。通过校本课程开发,学校进一步明确了自己的办学理念,开发和利用大量的课程资源,并形成课程开发团队,凝聚人心;通过校本课程开发,关注学生的差异性、兴趣、爱好和特长,激发了学生学习的兴趣,最终能促进学生的和谐、均衡的发展;通过校本课程开发,师生共同努力构建自己的学校课程,对国家课程和地方课程进行校本化实施,并形成个性化的校本课程。成功的校本课程开发过程,可以说就是学校文化重建的过程。学校文化与校本课程集中反映了学校的特色和个性,学校文化本身也是校本课程开发可资利用的重要资源之一。

校本课程开发需要整合学校内外的人力、物力和各种资源,能够把所有参与人员凝聚在一起,提高教师的团队意识,增进参与人员之间的认同感,这在激活学校活力,提升学校整体形象等方面都有意义。

3. 促进教师专业发展

教师作为实践者是校本课程开发的核心参与者,没有教师发展就没有课程开发,校本课程开发过程即教师专业成长的过程。

教师参与课程开发,不仅因为教师最了解学生的兴趣和需要,能够选择更适合的课程资源和课程实施方式促进学生健康成长,还因为它能提升教师的教育智慧和自主精神,为教师专业化提供新的机遇。如果校本课程开发设计合理,并按照一定规范有效地实施,它将成为促进"教师专业化"最实在的校本培训途径。

在校本课程开发中,教师承担学习情境、资源信息和协作学习等方面的设计,为学生提供体验、感受与交流的时间和空间。教师拥有了更多的课程与教学自主权,这其实是加重了教师的责任。教师首先要考虑的不是如何把书本知识更有效地教给学生,而是如何更有效地对教材做校本化处理,甚至生本化处理;如何选择更适合学生特点和发展需要的有价值的课程资源,优化课程;如何构建起体现学校办学理念、促进学生个性发展的有特色的校本课程体系,等等。这些校本课程开发活动都需要学校校长和教师加强自己的课程意识,培养自己的创造精神。

在校本课程开发活动中,教师专业自主权的提高,也使教师成为研究者,成为反思实践者。教师在完成教学工作的同时也得到专业发展,享受专业成长的幸福和快乐。

三、小学校本课程开发的实施

(一) 校本课程开发的理念

1. 基于学校现实性

学校是校本课程开发的现场,学校拥有课程开发的责任、权力和利益,学校同时也有自身的"现实性"。学校在多大范围采取什么方式和策略开发课程,均需要从学校的历史基础和现实条件,考虑学校自身的性质、条件和特点,研究课程开发现实情境,以充分而有效利用教育资源,开发适合小学生身心发展特征的、可以有效实施的课程。

2. 以满足学生个性学习需求为主旨

无论是何种类型的课程开发,都必须同时考虑到三个方面:社会发展、学生需要和学科知识体系。国家课程更关注社会发展和学科知识体系,而忽视学生的学习需要,尤其是学生有差异的学习需求。而事实上,不同学校和学生之间的多样性与差异性特征异常突出,仅靠国家课程和地方课程,仍然有相当一部分发展需求不能得到很好的满足。因此,校本课程开发必须基于本校学生差异性、独特性需要,否则就失去了存在的价值和意义。

基于这个理念,在校本课程开发中要尊重学生的差异,为学生提供符合其个性特征的课程及相应的教学。尊重学生的差异,并不代表只能跟随差异亦步亦趋。校本课程开发应以"全面和谐"为基本指向:在保证全体学生都达到国家规定的培养目标的基础上,既要根据学生个人的潜质、能力倾向,发展其独特的具有"特长"的个性,又要根据学生的需要,发展其"需要发展"的个性,还要根据教育的终极目标,即"培养全面发展的人"的需要,使学生个性品质中的诸层面"均衡发展",防止片面化。以学生为本的课程理念表现在课程设置和课程内容的选择和设计上,应该关注课程门类的多样性、课程内容的可选择性和适应性,课堂教学方式方法应具有趣味性和丰富性等特性。

3. 以学校教育人员为主体

校本课程开发针对特定学校的实际,只有学校最了解自身发展需要、学生发展需要、教师状况、社区特征以及家长需要。因此,学校作为课程开发的主体,可以集中一切有利于学生发展的教育资源,形成特定的校本课程;广大教师最了解学生实际,他们开发出的课程最贴近现实,最能满足不同学生的差异性需求,这些优势是校外专家无法比拟的。所以说,校本课程开发内在地规定了学校及教师是课程开发的主体。另外,教师作为校本课程开发的主体也是教师"教育自主权"的回归,即教师在课程实践活动中所拥有的权限,它包括课程开发(课程研制、教科书选用、课程实施计划的制订等)、教学形式与方法的运用权、评价手段的使用权等。就我国而言,随着2001年教育部公布的《基础教育改革纲要(试行)》提出"实行国家、地方和学校三级课程管理"的政策以后,我国教师从"制度化层面"获得了课程开发权,并迅速转向"实践层面","教育自由权"的内涵得以扩大。

必须指出的是,学校及教师作为校本课程开发的主体,并不意味着校本课程开发仅仅由学校及教师来承担。在校本课程开发中,以教师为主体,形成一个由校长、研究专家、学生及家长和社区人士共同开发课程的合作共同体。从国内外校本课程开发的成功实践来看,理论的引领和专家的指导是不可或缺的,校外专家学者的指导是指学有专攻的专业研究人员参与校本课程开发,在其中发挥"引领作用",使开发活动不断深入。专业研究人员包括大学教师、科研人员、教研人员以及学科带头人、特级教师等。相对于一线教师来讲,他们学有专攻,长期接受系统的理论熏陶,具有较高的理论素养。广大教师在理论的引领和校外专家学者的指导下,能比较迅速地学会怎样去"研究",学会研制课程并最终创造性地开发校本课程。因此,校本课程开发应该是在先进理论指导下的一种实践性研究活动,是专业研究人员与一线教师的合作性研究活动。

4. 是整体的持续的课程开发活动

校本课程开发需要从学校教育哲学高度整体研制既有学校层面课程整体设计,也有各类课程实施的具体指引,绝非零散的、随意的,而是一个有组织、有目的、不断改进与发展的过程。课程开发范围包括学校在国家预留时间内自主开发,也包括国家或地方课程的校本转化。课程开发方式注重全体教育人员的课程审议,体现出一个开放民主的课程决策的过程,校长、教师、课程专家、学生、家长及社区认识共同参与课程设计、实施和评价活动。即使是教师个体从事课程开发活动,也需要整体纳入学校教育哲学和课程整体规划中,基于学生成长需求,基于群体审议,而不是以教师纯粹的个人观点和看法作为课程开发的依据。

5. 是国家及地方课程的有效补充

校本课程开发是以学校为基础,为了每一个学生的充分发展,它是针对国家及地方课程难以照顾不同学校、不同学生的差异性需求而产生的。因此,就其定位而言,它应当是国家及地方课程的重要补充,与国家及地方课程一起共同构成完整的基础教育课程体系,三者缺一不可。

人的全面发展既包括"共同素质"的发展要求,又有"个性素质"的发展需要,国家课程及地方课程开发主要解决的是作为未来公民所必备的"共性素质"的培养问题,而不同学校不同学生的差异性发展所要求的"个性素质"培养则可以由校本课程来实现。国家及地方课程开发主要是国家及地方意志的体现,反映了国家及地方的文化及教育利益,而学校及学生独特的利益维护则可以通过校本课程开发来体现;再者,限于主客观条件,国家及地方课程开发只能规定大多数学生必须学习的基本科目、基本标准、基本内容和基本框架,不可能也做不到事无巨细,这就为校本课程开发留下了一定的空间,每个学校都可以在国家规定的留给学校的时空里开发出丰富多彩的校本课程,与国家及地方课程一道构成丰富的育人资源。

（二）小学校本课程开发的过程

小学开发校本课程的过程可以有很多，国外有代表性的程序主要有斯基尔贝克程序、经济合作与发展组织程序、塞勒程序和托马斯程序等。

1. 斯基尔贝克（Skillbeck）程序

斯基尔贝克认为，校本课程开发的实施主要有五大步骤：分析情境、准备目标、编制方案、解释与实施、追踪与重建。以上五个步骤，学校可以从任何步骤着手，甚至几个步骤同时进行。在情境分析时应当考虑校内及校外两部分的因素。校外因素包括：社会与文化的变迁、家长的期望、雇主的要求与社区的价值观；教育系统中教育政策的变革、考试制度的变革、教育研究的发现；社会资源的情形。在校内因素方面，应分析：学生的身心发展、兴趣、能力与需求；教师知识、能力、态度、价值观与经验；课程现状与优缺点；学校气氛与权力结构的关系；校内相关资源的配合。至于目标的陈述，应包括预期结果，所编制的方案应说明教学活动的设计、达成目标所需要的教材、情境设计、人员安排与角色定义。评价时应有明确的评价工具与评价模式。

2. 经济合作与发展组织（OECD）程序

这个程序包括八个步骤：分析学生，分析资源与限制，制定一般目标，制定特殊目标，确定方法与工具，评价学生的学习，分配资源、人员、设备与实践，实施、评价与修订。这八大编制虽然有逻辑上的顺序，但实际进行时可以任一步骤为起点，同时，每一步骤都要考虑其他七个步骤的配合。其中，分析学生时要了解学生的年龄、社会经济背景、知识与能力的准备情况。分析资源与限制时应掌握教师人数、教师经验、教师知识与能力、经费、外部支援、弹性课程表、家长与学生以及行政当局的反应等。拟定目标时包含一般目标（即我们通常所说的"目的"）和特殊目标（课程实施后学生应具备的具体知识和能力）。

3. 塞勒（Saylor）程序

塞勒程序是一种问题解决模式，基本步骤有：感知问题，分析问题，确立目标，寻找解决途径，找到解决途径，采用、改编现成的课程或新编课程，开始使用，评价，继续采用。这种程序以特定的教育现场为焦点，强调学校与教师的主动参与，强调学校教育现场的课程开发，具有校本课程开发的精神。这一程序因为以教育现场为焦点，所以问题的分析是不可或缺的一环。

4. 托马斯（Thomas）程序

托马斯认为，学校进行校本课程开发时，首先，需要成立课程开发委员会或相关工作小组，承担相关的规划与决策；其次，确立参与课程开发工作的参与成员与开发程序；再次，经由参与成员的集体讨论，拟定课程方向、目标与计划；最后，据此进行课程开发的具体工作。其中，在目标规划部分，需要包含课程类型、课程焦点、时间安排、组织结构等。如果课程成品是详细的教材，则必须决定课程主题、教学目标、组织程序等。

对上述各种校本课程开发程序进行了解后，我们应关注下列几点：首先，校本课程开发的实施程序是一种动态的、持续的过程；学校进行课程开发时必须掌握这些重要的课程开发工作要点，根据本校的实际情况做出适当的决定，进行灵活的调整；其次，校本课程开发的实施程序很多，学校在开发具体的课程方案时，应依照学校的情况或方案的性质，采用某一种甚至多种程序,并进行必要的修改与调整;再次,校本课程开发旨在解决学校的课程问题,因此每次学校进行课程开发时,一定要先评估课程开发的必要性与可能性,澄清课程的问题所在和问题性质;最后,各程序对于学校的准备都没有进行详细的说明,然而学校的准备程度往往是校本课程开发成败的关键。

(三)小学校本课程开发的方式

校本课程开发具有以下几种活动类型:课程选择、课程改编、课程补充、课程拓展、课程整合和课程创编。

1. 课程选择

课程选择是校本课程开发中最普遍的活动,指从众多可能的课程项目中决定学校付诸实施的课程计划的过程。选择活动使得教师能够在决定教什么的问题上发挥积极的作用。

课程选择有多种层次和方法。在小学阶段,大致有三个层次。最常见的选择形式是课程计划中科目选择。大多数具备校本课程开发机制的教育系统都会为学校提供一系列供选科目清单,学校要从中选出他们所要开设的少数科目。通常是中央教育行政部门对选择的原则提出一些规定和建议,学校也有权开设供选择科目清单中没有的科目。第二个层次是决定具体的某本教科书或具体的配套教材。在实践中我们可以采用精心组织、分步实施的理性决策方法,即根据可得到的全部科目开列出项目清单,确定选择标准,运用这些标准对全部科目中的各个子项目进行评估,最后把这些评估综合起来形成决策方案。第三个层次是教师对教材进行校本化的处理。如教材中的知识点的详略处理,调整教材内容的先后顺序,补充教学材料,或者根据教师自身的特点进行教学风格的一致性的处理等。

教师的课程选择是有条件的,课程选择至少需要满足两个条件,即教师要有选择的权力,同时还要有可供选择的空间。此外,课程选择对教师的专业资质也提出了相当高的要求。也就是说,学校和教师进行课程选择,首先需要的是授权,要赋予学校和教师相应的课程选择权利。学校和教师要有选择课程科目、选择教材以及针对教学情境处理教材的权利。课程自主权和教学自主权要一致才能确保教师课程选择权限的落实。其次,要提供足够的选择空间。如果不存在可供选择的课程科目和课程材料,那么所谓的课程选择的授权也会形同虚设。

2. 课程改编

课程改编强调的是教师对某些课程的目标和内容进行整体性改造。一般的课程改编可以通过增加、删减以及改变教材顺序与重点难点等方式完成。比如教师面对的课程及其教材并不是完全针对自己的学生群体,有些课程及其教材可能更适合城市学生群体,有些则可能更适合农村学生群体。有些教材很好,但适用对象可能是初中学生,小学教师也可以进行一些课程改编,加以采用。特别是有些学校引进国外教材,教师首先要做的就是课程改编,要对引进教材进行翻译和本土化改造。

3. 课程补充

课程补充主要是一种课程材料开发活动。通过课程补充使课程内容更符合学生的需要,提高教学成效。课程补充材料可以是矫正性和补救性练习、报纸和期刊剪报、声像材料、教学片和电影短剧、图画、模型、图表、游戏等。这些材料有助于实现内在于正规课程中的课程目标。"在学校一级,教师既可以在市面上挑选补充材料,或者与同事一道合作开发,也可以独自进行开发。"①课程补充除了可以补充物质化的课程材料外,教师为帮助学生解决某个问题增加相关的辅导活动也是一种课程补充。

4. 课程拓展

课程补充到一定程度就变成了课程拓展。课程拓展关注的不仅是课程材料的补充,而且是课程范围的拓宽。课程拓展中补充材料的目的是为了拓宽课程的范围。通过课程拓展,使学生所学的实际课程超出原有课程所覆盖的广度和所达到的深度。有些课程拓展是面对全班学生的,属于正式课程的衍生;有些课程拓展则是面对个别学生或小组学生的,属于个别化拓宽。

5. 课程整合

课程整合是指超越不同知识体系而以关注共同要素的方式来安排学习的课程开发活动。课程整合是课程走向综合化的一种策略。合并后的学科课程称为"综合课程"或"广域课程"。课程整合的目的是减少知识的分割和学科间的隔离。

课程整合一般有两种方式,一是形成跨学科课程,即综合课程,把不同的学科组合起来,作为一门学科来学习。综合课程不是几门课程的简单相加,要求的是一种全新的思维角度和思维方法,以达到整体化的目的。如小学课程中的品德与生活、品德与社会、艺术、科学、综合实践活动等课程都属于跨学科的综合课程。二是开发关联课程,即就不同科目之间的相关问题进行主题式的协调整合。小学综合实践活动课程以比较松散的研究主题为核心来组织教学,可以说是一种以关联课程方式开发出来的综合课程。

课程整合的程度大致有三种:混合设计、合科设计和分科设计。

混合设计即打破学科界限,废除传统的名称,以实际问题为活动中心来整合课程,它打破了学科的界限和学科的逻辑体系,几乎把所有学科都整合在一起,以课题为中心进行横向联络,注重学生认知的综合性、整体性。这种完全意义上的课程整合,试图进行所有学科的整合,并且彻底打破学科界限,全靠学生在环境中、活动中发现问题,引起设计的动机,然后全体讨论,自愿确定目的,加以计划、实行,最后做出评判。但是这是比较困难的,这在实际操作中难免顾此失彼,学生也无法掌握系统的科学文化知识。在当代,这种混合设计思路发生了很大的变化,以"相关课程"和"广域课程"的形式出现。"相关课程"又称"联络课程",由具有科际联系的两门以上科目组成,如语文/历史、数学/科学、数学/物理/物理、化学/生物、语文/社会,等等。组成相关课程的各相邻科目既保持原有的学科之间的界限,又在各科课程标准中确定了相关科目的科际联系点,使各科教材之间保持密切的横向联系。具体到校本课程开发而言,相关课程的开发实际上就是相关学科的教师之间的互相合作,通常要求不同科目的教师共同找出可以作为连接点的事实、主题、原则或技能。"广域课程"指学校所有学习科目总体上依其性质重新划分为数个大的学习领域,每个领域原来的学习科目在教材和内容范围上都有所扩大。每个领域既有明确的学科界限,也部分整合了某些学科领域,既使学校课程的统整程度提高,又能保证一定的知识逻

————————————
① 崔允漷著.校本课程开发:理论与实践[M].北京:教育科学出版社,2000:85.

辑体系。这种广域课程明显优于以设计教学法来混合设计的课程,也是当代学校课程减少科目、打破学科界限、实现课程整合的主要方式之一。

合科设计也成为"分系设计"。由两门以上有关联的科目融合成一门新的科目,这种课程设计方式在当代课程论中成为"融合课程"或"综合课程"。原有的科目已不存在,代之以新的科目名称。现阶段我国小学综合课程大都如此。如小学开设艺术课程,原来的音乐、美术就不存在了。合科设计实际上就是一种综合课程的整合方式。这种综合课程的尝试主要由学校自己自觉地进行,并没有在全国范围内试行。究竟哪些相近的学科可以整合成一门综合课程,并没有一定的规范,只是个别学校自己在进行尝试和创造。

分科设计也称单科设计,即在同一学科内以综合主题的方式组织课程材料,进行课程整合。1921年至1922年间,江苏省立第二女子师范学校附属小学采用了一种新旧过渡的设计教学法,即"仍旧保持教材之普通组织,但其活动之内容大可伸缩,且教师有充分之自由以排列各部之作业"。江苏二女师附小采用的就是这样一种不打破学科界限的教学法,不废止日课表,但日课表可根据需要临时做一些变动。当时,该校于四年级的社会研究科,拟定了"新村组织"的课题,让学生看一些参考书,做一些社会调查,分析城市环境与农村环境各自的优缺点,然后认识"新村即调和城市乡村之一种理想实现",由学生各自做出"新村组织"的规划,并绘制或制作出新村的图像或模型。像这种按一门学科为范围组织的设计,称作"分科设计法"或"单科设计法"。

6. 课程创编

课程创编主要是指全新的课程板块和课程科目的开发,包括从课程科目的设置到课程方案的设计,从课程内容的组织到课程的实施与评价这一系列的校本课程开发活动。学校自主开发的"校本课程"就是以课程创编的方式开发出来的。综合实践活动课程作为校本开发的一门国家课程,也可以属于课程创编范围。

课程创编可以由课程拓展而来,但它不再局限于既有课程科目和课程内容框架。当课程拓展到原有的课程框架不能涵盖所有课程内容时,就可以转化为课程创编方式,开创一种全新的课程科目。学校进行有成效的课程创编都应有一定的实践基础,如有些学校的校本课程就是由学校原来的兴趣小组活动、活动课等形式转化而来。有些教师对某些学科课程已经进行了一系列的课程补充和课程拓展等校本化开发,原有的课程框架已不能反映校本课程开发的意图,或者因为受到教学要求、教学方式或教学时间等因素的限制,教师就可以开发一门新的校本课程。

当然,以校本课程为主的课程创编,在学校课程中所占的比例相对而言是比较小的。为保证学生基础学力的实现,同时又兼顾各个学校的差异性,大多数国家的课程政策把校本课程开发的课程创编活动限定在整个学校课程计划的10%~30%的范围内。[①] 另外,课程创编活动所需要的课程编制水平要求也比较高,一般的小学教师并不完全具备相关的课程编制知识和能力。因此,学校自主的课程创编活动应该限制在某个适度的范围之内。

通过课程创编,可以形成学校自己全新的校本课程。但构建学校自己的校本课程体

---

① Lewy, A. (1991). National and School-based Curriculum Development. UNESCO, 108.

系，并不一定完全靠学校自己进行课程创编。小学校本课程可以是一门课，也可以是一类课；可以借鉴移植，也可以自己创造。校本课程的借鉴移植主要是通过课程选择、课程改编等方式完成，学校自己创造的校本课程则可以通过课程拓展、课程整合和课程创编共同完成。

四、小学校本课程开发的优劣

（一）小学校本课程开发的优势

1. 利于实现教师课程自主

按照教育的内在规定性，教师应当是自主的专业人员，不断改进自己的教学，从而引导教育的变革。要做到这一点，教师必须是反省者，将自己的活动视为分析和评价的对象，发展自我批判的能力；教师必须将课程的研究和开发看成是自己的责任。教师如果没有反省并发展自己的理论，就不可能有真正意义上的教育改革。而校本课程开发制度的建立，把过去完全掌握在国家手中的课程决策权力分给了学校一部分，学校及教师具有了课程开发的自主权，教师不再只是教学者，更是一个研究者、设计者。在学校中，如果每一位教师都扮演研究者、课程设计者的角色，都采取研究的态度，反省自己的教学实际，共同检讨、分析和验证，发展自己的理论，都能设计课程，学校才能课程自主。① 教师也才能课程自主，真正在学校及课堂层面推动教育改革的进行。

2. 利于调动教师的积极性

教师处于实际的教育情境之中，他们最了解学生的实际需求，在日常的教育教学生活中有着改变教育教学现状的冲动和积极性，只是以往被剥夺了许多"教育自由权"，成了束缚手脚的"教学机器"；而他们一旦被赋予课程开发的权力，便会以极大的热情和巨大的努力投入到课程改革中来。因此，校本课程开发有利于从"本体层面"还"教师自由权"于教师，根本上调动教师参与课程开发的积极性，使教师真正成为教育教学的主体。而焕发了生命活力和智慧的教师所开发的课程又能符合学生的差异性需求，有利于增强课程多样性和适应性，从而提高课程开发的实效性。

3. 更好地体现课程的连续性和育人合力

校本课程开发中课程的规划、编制、实施、评价的"一体化"，能避免国家及地方课程开发中几方面相互分离的现象，更好地体现课程的一致性和连续性；并且，校本课程开发过程中的"一体化"可以使学校的人力、物力、财力等现有资源得到充分的利用、整合，形成育人合力。

4. 有利于教师专业发展

我国新一轮基础教育课程改革特别强调教师的专业发展，积极倡导教师与新课程一道成长。教师专业成长的核心素质，应该包括学习、反思、研究和创新。而作为主体开发校本课程就是一个实实在在的"研究活动"，经历这样一个真实的研究活动，教师的研究能力、课程开发能力、专业思维、教学业务等素质就会有不同程度的提高，专业发展才能落到

---

① 欧用生著. 课程改革[M]. 台北：师大书苑，2000：99.

实处。

(二) 小学校本课程开发的局限

作为新生事物,小学校本课程开发的局限也是不可避免的,其主要的局限在于:

1. 对教师专业素质提出挑战

就小学教师作为职业而言,其主要职责和任务是教育教学,研究并不是教师的"主责",因此,职业的规定性内在地必然地限制了广大教师研究能力的发展。研究能力是一种"专业能力",它需要专业化的训练。而校本课程开发又是一种"专业性"较强的实践活动,它需要教师具备特殊的研究方面的专业精神、专业知识和专业技能。真正意义上的校本课程开发要求教师具有明确的"课程意识""课程自觉"及"课程研制能力",这是许多教师所不具备的,它的获得需要一个比较漫长的过程。

2. 课程资源有限会影响开发的实效性

校本课程开发是一项科学、规范的活动,它需要专家系统的支持、社区资源的开发以及广大教师利用业余时间的探索,这些无不涉及资金、人力和物力的供给问题。如果学校资金充裕,则校本课程开发能顺利进展。但不是所有小学都能做到,它需要较大的资金、人力和物力的供给,如果不这样投入,校本课程开发的质量及品质难以保证,最终有可能流于形式。

3. 加剧教育质量的不平衡

校本课程开发强调学校依据特定的社区环境、条件、资源、家长及学生的需求、学校的实力等来自行设计有特色的课程,但不同社区的资源、条件、学校实力等有很大差距,家长的社会经济文化背景及学生的需求又有极大的不同,因此,校本课程开发的结果"将造成教育水准和品质上的差异,加深教育机会的不平等,这种不平等会因家长的学校选择而更加严重"①。而且,各校开发出的校本课程质量如何,也难以用一个相对统一的、指标化的标准来衡量与评价。这样,相对于国家课程而言,各校开发出的校本课程质量就难以控制,这对不发达地区薄弱学校学生的发展是有负面影响的。这也是国内外校本课程开发中出现的共性问题。

第三节 小学教学内容

学校教育的资源内容繁杂多样,但并不是所有的资源都是课程资源,不是所有的资源都能进入课堂成为教学内容。要处理好课程资源与课堂教学的容量限定以及课程资源与学生可接受学习之间的矛盾,需要对课堂教学的课程资源进行选择。什么是教学内容?如何进行教学内容选择呢? 这是教师在进行课程资源选择时需要弄清楚的问题。

---

① 欧用生著.课程改革[M].台北:师大书苑,2000:113.

一、教学内容的理解

(一) 教学内容的历史发展

从学校教学发展史的角度看,教学内容是发展的、多元的、多形式的。教学内容的发展经历了古代的笼统综合、相互交叉,近代的学科分化到现代的多元化的发展历程。

在古代,尽管教学还没有成为一个专门的术语,但关于教学内容的规定比比皆是。我国古代夏、商、周时期的学校教育,专门向奴隶主子弟传授治人之术、治国之道,如西周就有"六艺"科目,即礼、乐、射、御、书、数。春秋战国时期,私学兴起,孔子修订"六经",即《诗》《书》《礼》《乐》《易》《春秋》,并教授学生,其内容涉及政治、哲学、历史、艺术、音乐、道德和伦理。在古希腊,学校教学内容则主要是"七艺",即辩证法(逻辑学)、文法、修辞、算术、几何、天文、音乐。"七艺"成为西方开设最早、影响最持久的一类学科。中外古代教学内容是相当笼统的,此时的教学内容在形式上虽然是分门别类设置的,但实质上每门学科的知识内容没有明确的学科界限。古代教学内容在形式上只是学科课程的雏形,一些知识均包容在科学的母体——"哲学"之中。因而,古代教学内容在形式上虽是分科设计,但内容上却是笼统综合、相互交叉的。

到了近代,教学内容随着各门科学纷纷独立于"哲学"母体,并逐步分化,学校教学的知识内容和形式才出现了真正以科学为中心的学科课程或分科课程。在近代欧洲,教学内容进一步扩充,至18世纪已发展到文法、文学、历史、修辞学、伦理学、算术、代数、三角法、几何、地理、植物、动物、天文、机械、物理、化学和音乐等20多种学科。我国在"中学为体、西学为用"思想的指导下,学校教学内容开始显现出一些变化,即开始出现了被称为格物、博物、理化的反映自然科学的知识,出现了包括代数、几何、三角的算学,出现了外国史、外国语等课程,还出现了图画、体操一类的课程。总的来说,各门课程之间的学科界限较明确,实用学科逐渐成为近代课程与教学内容的组成部分。此时的教学内容的设置与近代科学知识形态的总特征相适应,即学科分化。

而在现代,学校教学内容则表现出了多元化的特征。进入20世纪后,西方学科课程受到批判,教学内容改革沿着以经验为中心、以社会为中心、以人本为中心的轨迹演进。同时,学科课程也在进行改良,衍生出综合课程、结构主义课程,在教育内容现代化运动中焕发出新的生命力,并最终成为教学内容中占据主导地位的课程体系。而我国在新中国成立后,教学内容做过几次大的调整。2001年进行的基础教育课程改革,无论是理念还是内容改进,都以西方发达国家的课程与教学改革为借鉴蓝本,且更加注重结合我国的教学实际。教学理念的以人为本,学科设置的多元化与多样性,学科类型的分化,强调教学内容的综合性、选择性和适应性,无不体现出本次课程改革的新思想。从此,学校教学内容超越了单一的书本知识的范围,体验式的直接经验、生活背景、社会现实问题也成为教学内容的重要组成部分。

(二) 三种教学内容取向

自教学作为独立的研究领域以来,对教学内容的认识一般有以下三种观点:

1. 教学内容即教材或学科知识

无论是我国历史上的"六艺",还是欧洲中世纪初的"七艺"等,都从实质上确定了课程内容是系统化了的知识观点。历史上形形色色的要素主义、永恒主义教育学者等,都竭力主张"教学内容即学科知识"。即使在今天,世界各国仍然把学科知识作为教学的主要内容。

学科知识具有很强的系统性、完整性,把重点放在学科教材上,优势在于能使教师和学生明确教和学的内容,学习者能有计划、有步骤地学习学科知识,渐次学会科学的思维与活动方法。然而,学科知识浩如烟海,仅现有的学科门类就非常之多,造成学校的教学内容拥挤不堪,许多学科削减起来难度很大,不削减则很难增加新的内容。更重要的是,如果把学科知识与教学内容相等同起来,教学内容就成为既定的、先验的和静态的,外在于和凌驾于学习者之上。这将会导致教学活动中教师只会关注学科知识(教材),而忽视学习者的心智发展、情感陶冶、创造思维及个性发展。

2. 教学内容即当代社会生活经验

进入20世纪后,社会发展和科学技术的进步对教学内容产生越来越深刻的影响,一些课程论专家意识到教学内容应当对社会的需要做出反应。他们通过研究成人的活动,识别各种社会需要,把它们转化成教学目标,再进一步把这些目标转化成学习者的学习内容与活动。英国哲学家怀特海认为:"教育只有一种教材,那就是生活的一切方面。"①我国教育家陈鹤琴20世纪40年代提出"做中学、做中教、做中求进步""大自然、大社会是活教材"的观点也反映了这种取向。

人是社会性的人,教育是具有社会性的教育,把当代社会生活经验作为教学内容无疑是具有一定的合理性。问题是社会生活经验是纷繁复杂、良莠并存的,选择哪些社会生活经验作为学校教学内容呢?一些学者认为,选择社会生活经验的根本问题,就是认识学校教学内容与社会生活的关系。历史上曾出现过"被动适应论""主动适应论""超越论"等观点,就是对这个问题的一些不同认识。

这种取向的重点放在学习者做些什么上,而不是放在教材体现的学科体系上。它关注的不是向学生呈现什么内容,而是让学习者积极从事某种活动。特别注意教学与社会生活的联系,反对过于详细的分科教学,强调学习者在学习中的主动性。注重以学生的兴趣、需要、能力和经验为中介实施课程,使学习者在"切身体会"中获得发展。这种取向的缺陷也是十分明显的。它往往注重学习者外显的活动,而忽略了学生深层的学习结构。事实上,每个学习者从活动中获得的意义及其理解方式是各不相同的。教学活动中对外显活动的过分关注,必然会只注意到表面上的热闹,而忽视学生的内在体验和情感,往往会偏离学习的本质。

3. 教学内容即学习者的经验

泰勒在其课程原理中使用"学习者经验"这个术语,而当教学目标的基本来源主要是学习者的需要时,学习者的经验就成为教学的主要内容。学习经验取向认为,决定学习的质和量的是学习者而不是教材。学习者之所以参加学习,是因为教育环境中某些特征吸引他,学习就是对这些特征做出反应。学习经验不同于一门课所涉及的内容,而是指学生

---

① 华东师范大学教育系、杭州大学教育系编.现代西方资产阶级教育思想流派论著[M].北京:人民教育出版社,1994:116.

与外部环境的作用。教师的职责是要建构适合于学生能力与兴趣的各种教育情境,为每个学生提供有意义的经验。当学习者能够突破外界强加的东西,对其所接触到的内容进行解读、内化,并在外化的过程中用自己已有的认知结构、情感特征和经验去解读和表征时,即使坐在同一课堂上的两个学习者,也会有两种不同的学习经验。由此,泰勒推断出"教育的基本手段是提供学习经验,而不是向学生展示各种事物"①。

把学习者的经验作为教学内容,必须树立以下几个基本观念:第一,学习者是学习主体。每一个学习者都有其独立的人格尊严,都有主宰自己命运的权利。教学不只是要让学习者学到知识技能,而是要为学习者提供一种促使他们自己去学习的情境。第二,学习者创造着社会生活经验。学习者不仅接受社会生活经验,而且要通过日常生活、班级生活、师生交往等,生成个人知识和同伴文化。丰富的社会生活经验熔铸了学习者的精神与智慧,形成独特的、成人无法取代的价值。第三,学习者是教学内容的开发者。当学习者的主体地位确立之后,他们就不再是教学的被动接受者,而是同教师和其他学习者一道创造、开发自己的课程。

以上三种不同的观点从不同侧面揭示教学内容。但教学内容不等于教材,不等于社会生活经验,也不等于学习经验。理解教学的内容,需要把教学内容与教材、社会经验和生活经验等相关概念区别开来。

(三) 教学内容的概念

本文认为,教学内容是根据教学目标从人类的经验体系中选择出来的一系列直接经验和间接经验的综合,并按照一定的逻辑序列组织编排而成的知识和经验体系。

教学内容的基本性质是知识,它具有直接经验和间接经验两种形态。任何形式的教学内容都必须包括一定的直接经验或间接经验。① 直接经验是指与学生现实生活及其需要相关的社会知识、自然知识及其技能的总和,如社会生活经验、学生处理与自然事物关系的知识和经验、技能技巧等。直接经验与学生的现实生活直接相关,是教学内容的另一个重要组成部分。由于教学性质的不同,有的教学甚至以直接经验为主,如活动教学。② 间接经验即理论化、系统化的书本知识,它是人类认识的基本成果,间接经验具体包括在各种形式的科学中。

二、小学教学内容选择

(一) 小学教学内容选择的依据

1. 教学目标

教学目标是课程专家、学科专家和教师等在周密思考和认真研究了社会、学科、学习者等方面的特征和需求的基础上形成的,它是对某一阶段学习者所应达到的规格提出的要求。教学内容的选择应紧扣目标,即有什么样的目标就有什么样的内容与之匹配,不同的目标结构对应着不同的内容体系。

2. 学习者的身心发展水平与规律

教学内容的选择应该关注有关学习者的各种研究,主要包括学习者的需要、兴趣、身

---

① [美]泰勒著,罗康、张阅译.课程与教学的基本原理[M].北京:人民教育出版社,1994:50.

心发展特点以及规律等方面的研究,这是教学内容选择的重要考量维度。选择教学内容之所以强调学习者的需要,一是因为只有与学习者需要相符合的"内容"才能被他们接受和同化,并能对他们的行为、态度和个性等产生影响;二是因为家庭和社区中的日常环境,通常都为学习者提供了相当大一部分教育方面的发展资源,教学内容没有必要重复校外已经充分提供的教育经验;三是由于需要的存在,将会使学习者产生努力学习的动力。

一般而言,如果提供的是学习者感兴趣的内容,学习者就会主动参与其中并有效地应付学习的各种情境,既节约时间,又能提高学习效率和效能。杜威也持有这种观点:"当学习是被迫的、不是从学习者真正的兴趣出发时,有效的学习相对来讲是无效的。"[①]尽管学习者的兴趣是教学内容选择的一个重要方面,但也不能以学习者的兴趣为唯一依据。教学内容的选择还应反映学习者身心发展特征,注意其身心发展的阶段性、顺序性、连续性和整体性对课程内容选择的要求,兼顾他们的年龄阶段顺序和思维发展顺序,以及知识技能的逻辑顺序与教学活动展开的先后顺序。

3. 社会需要

每一个学习者从学校毕业后,必定要步入社会,并成为现代社会公民。知识结构和水平决定着他们能否适应社会和在社会生活中扮演的角色。在选择教学内容时,就必须考虑现实社会的需求,形成一个公民所必需的基本生活能力。随着当代社会生产劳动与科学技术的联系日益紧密,教学内容需要不断吸收科学技术发展的新成果来丰富自身,自然科学知识在教学内容中的比重将越来越大。因此,许多学者主张教学要依据社会发展的需要而定。教育是为未来社会培养公民的,教学内容的选择不能单独考虑当前社会的需要,还要着眼于未来社会的需要,适度超越现实社会,使课程内容对社会发展产生助推作用。

4. 学科知识的系统性

人类文化遗产一般是以学科知识的形态存在的,教学内容必须包括丰富的学科知识。学科知识大致包括学科的基本事实、基本概念与基本原理和方法,它是人类文化中最基本的成分,也是应用性及迁移力最强的成分,具有较强的系统性。因而,教学内容不能是凌乱的、割裂的知识碎片,而是由浅入深、由简到繁、纵横联系、上下贯通的知识整体。它有利于学习者概括能力与认知结构的形成,达成知识的"心理化"和主体化。但是,学科知识不可能原封不动地拷贝和移植到课程中来,还应该把学习者的个人知识、直接经验和现实生活作为学科知识的重要补充。

(二)教学内容选择的基本原则

教学内容选择的三个基点是学生、社会和知识领域,这三个因素之间存在着复杂的交互作用。选择教学内容不仅要考虑到各个领域的特点及变化,而且要注意这种特点及变化的复杂性。现代社会在选择教学内容时应遵循以下几点:

1. 体现目标与超越目标

教学内容是为教学目标服务的,所以教学内容的选择要以教学目标为导向,但这并不

---

① [美]约翰·杜威著,王承绪译.民主主义与教育[M].北京:人民教育出版社,2001:85.

是说只能选择那些直接反映教学目标的内容。教学内容的选择既要体现目标,又要超越目标。这是因为:一方面,教学目标是要求所有学生必须达到的最低标准,学生潜能的充分发展还要依靠另外的丰富性的内容;另一方面,教学目标的制定总是以一定价值判断为基础的,而这种价值判断受当时条件的影响,会有一定局限性。

2. 学科知识与经验知识的统一

从知识与社会生活的关系来看,学科知识是对客观世界较为抽象的分析和概括,而经验知识则与社会生活、学习者的经验更为接近。学科知识的学习有利于加深对某一领域的深入理解和系统把握,经验知识的积累则有利于提高解决实际问题的能力,起到联系学科知识与现实世界的桥梁作用。与此相应的课程类型的最基本的学科的学科课程与活动课程。

3. 共性化与个性化的整合

社会的发展需要一些共同机制的制约,个体必须具备特定的知识技能和心理素质,即所谓的"共同文化",才能在社会中立足和生存,社会也才有发展的基础。同时,个体本身也有自我发展的需要。所以在选择教学内容时,要掌握好共性化知识与个性化知识的度,保证学生向"社会人"和"个体人"统合的方向发展。与此相应的课程类型是必修课和选修课。必修课保证学生获得所属社会的必要的共同文化,选修课帮助学生发展丰富的个性,二者缺一不可,具体比例依目标等各种条件而定。

4. 知识与价值观念的统合

早在19世纪初,人们就开始惊叹于科学技术为人类带来的进步与文明,也正因如此,斯宾塞在提出"什么知识最有价值"的命题后,紧跟着的回答就是"科学"。到了今天,人类对科学的重视程度更是有增无减。但另一方面我们也看到了环境污染、能源危机等一系列科学"负效应"的产生,该如何解决这些问题也纳入了人们思考的范畴,教育就是其中的解决途径之一。反映在教学内容方面,就是要把知识教学与价值观教育结合起来,或者文、理科并重,以正确的价值观来指导科学知识的应用,保证所传授的知识为人类造福。

5. 世界性与民族性

经济全球化和交通、通信技术的发展使"地球村"的概念深入人心,整个世界趋同的迹象随处可见。"与国际接轨"成为近代使用频率最高的词汇之一。与此相适应,世界各国大部分课程内容的趋向化日益明显。世界性问题、全球达成一致的价值观念以及促进世界融合的内容越来越多地进入到教学中。但同时教学内容也必须保持民族特色,传承民族文化。

6. 现实性与长远性

现实性与长远性有两重含义:一是指教学内容的选择不仅要反映现实生活,也要展望未来社会。教育具有周期性,学生生活在现在,面对的却是未来,所以既要让他们了解现实状况,又需要让其了解未来可能的发展,形成社会理想和一种适应变化的心理素质。二是指选择的教学内容不仅要能取得即时效果,也要具有可持续发展性。当今世界,知识更新越来越快,培养学生的终身学习的能力成为教育最重要的任务。在教学内容的选择上,人们已经达到共识的一点就是必须注重所选教学内容的基础性。

7. 学生原有水平与最近发展区

"最近发展区"理论一经提出就引起了巨大反响。直至今天，它仍是教育领域的核心概念之一。只有根据学生已有发展水平，选择适合"最近发展区"原则的内容，学习才能最有效。麦克尼尔在《课程导论》中论述学习活动选择依据时曾指出，我们的研究是"仅仅具备准则，并没有顾及谁在抉择时使用它们的问题，这可能对于到底是由州课程委员会、个别教师，还是由教育委员会来应用它们是有一定区别的"①。这种观点非常有价值。简单地说，以上准则只能称为一般原则，在具体的教学实践中，教师的教学内容选择固然可以采取以上准则，却也不能不照顾到针对范围更具体的特点。由于教师面对的是包括自己在内的具体环境，所以就必须根据这个环境中的条件如每一个学生的特点、自己的能力水平、可利用的设备、资源等来选择教学内容。

（三）教学内容选择的基本环节

1. 确定教学内容的价值观

传统的教学内容过多地执着于认知存在，善于把丰富多彩的世界抽象和概括成普遍的、必然的因果世界，而不能关照学习者整体的生命世界。新课程价值观认为，教学内容是生活世界的表达，是生命意义的阐释。教学内容的选择应该着眼于每个学习者的健康成长和全面发展，帮助他们形成最基本的思想、观点、基本人格和学习能力；应与学习者的实际生活紧密相连，不能只关注知识的传递和应付考试，而忽略学习者的生活体验、求知欲望和情趣志向；不能仅限于本国的各种文化，应该涵括全球的多元文化，尽量满足个体的独特的要求。如果囿于传统的教学价值观，必将导致学习者的思想僵化，压抑主动精神和探索行动，难以形成全面与可持续发展的意识和能力。

2. 确定教学目标

教学目标不仅是教育宗旨和培养目标的具体化，更是选择教学内容的一个重要的参照维度。从目标的视角看，教学内容涉及的知识与技能、过程与方法以及情感态度与价值观等方面，体现出一定的整体性。知识与技能常常渗透着情感、态度与价值观，过程与方法大多包含着学科原理和概念，而情感、态度与价值观更是通过过程与方法才能表现出来。这三个方面是彼此联系、前后相续的，不能截然分开。

3. 确定教学内容的基本取向

教学内容的基本取向主要包括学习者的经验、当代社会生活经验和学科知识三个方面。三种取向有各自的合理之处，也都存在不可克服的缺陷。因此，对这三者关系的理解与处理，绝不能采取非此即彼的思维方式，应结合具体学科的特点，做到合理综合，取长补短，以保证比例关系的协调，发挥其综合效用，力求让每个学习者都能结合个人的兴趣和特长，找到他们自我发挥的空间。

4. 确定教学内容的组织原则

教学内容的组织要体现基础性、先进性和整体性原则。《基础教育课程改革纲要（试行）》将基础性原则表述为"具有适应终身学习的基础知识、基本技能和方法"，就是要从终

---

① ［美］约翰·D. 麦克尼尔著，施良方译. 课程导论[M]. 沈阳：辽宁教育出版社，1992：56.

身学习的需要出发来选择知识,帮助学习者便捷地吸收人类文化资源的精华,最大限度地开发其潜能,以形成适应社会和自身发展所具备的基础知识和基本技能;先进性是指代表当代的科学技术前沿和社会文化的最新成果,能够在教学内容中及时地得到反映;整体性要求根据知识的内在联系,合理分布知识,建构知识网络,形成内容广度与深度的整合、知识与情感的整合以及理论与实践的整合。

5. 确定具体的教学内容

教学是生活世界的有机构成,而不是孤立于生活世界抽象存在。教学内容的确定应该满足学习者智力、社会能力、身体和道德的发展。这就需要把现代科技最新成果和现代社会的新理论、新方法(包括当代社会中的多元、平等、和平、宽容和理解等理念)融入教学内容之中。需要立足于学习者的知识背景和能力水平,尽量从他们熟悉的事件、人物出发叙述教材内容,增强与现实生活和学习者身心发展实际的联系。一些有关知识、规律的内容需要艺术地呈现,应让学习者在积极主动的探究活动中获取。需要打破原有学科的界限,重构学科知识结构,避免重复、交叉与遗漏,达成复合共生、交叉渗透的效应。对传统的知识内容应认真地加以审视、判别和选择,保留人类科学文化中一些最主要的基础知识,删除那些烦琐陈旧、脱离现实生活的内容。唯有如此,才能更好地满足接受基础教育阶段学生多方面的需求,更好地调动学习者的学习欲望,促使他们身心和谐发展。

本章小结

课程资源在构成上应包括形成课程的来源和实现课程的条件两方面的要素。根据不同的标准,课程资源分为以下不同的类型:根据来源的不同,课程资源分为校内课程资源和校外课程资源;根据课程资源的性质不同,可以分为自然课程资源和社会课程资源;根据呈现方式的不同,可分为文字资源、实物资源、活动资源和信息化资源;根据存在方式的差异,分为显性课程资源与隐性课程资源。教师需要树立以下基本的课程资源观:教材不是唯一的课程资源;教师自身、学生是重要的课程资源。课程资源开发有利于促进教师专业水平的提升,有利于促进学生的成长,也能促进学校的发展。小学课程资源的开发要坚持以学生为本的原则、教师自主开发的原则、因地制宜的原则、开放与共享的原则。小学课程资源开发的方法有体验法、探究法、陶冶法、故事法、反思法。

校本课程开发是指在明确的学校办学理念的指导下,以学校教师为开发主体进行的适合学生发展需要和学校资源条件的课程开发活动。开发校本课程,有利于尊重学生个性,有利于形成独特的学校文化和办学特色,有利于促进教师专业发展。校本课程开发的理念应具有:基于学校现实性,是国家及地方课程的有效补充,以学校教育人员为主体,以满足学生个性学习需求为主旨,整体的持续的课程开发活动。校本课程代表性的开发程序主要有斯基尔贝克程序、经济合作与发展组织程序、塞勒程序和托马斯程序,开发类型有:课程选择、课程改编、课程整合、课程补充、课程拓展和课程创新。小学校本课程开发有利于实现教师课程自主,有利于调动教师的积极性,有利于更好地体现课程的连续性和育人合力,有利于教师专业发展。其局限也是不可避免的,主要表现在:对教师专业素质提出挑战,课程资源有限会影响开发的实效性,加剧教育质量的不平衡。

教学内容的发展经历了古代的笼统综合、相互交叉，近代的学科分化到现代的多元化的发展历程。教学内容是根据教学目标从人类的经验体系中选择出来的一系列直接经验和间接经验的综合，并按照一定的逻辑序列组织编排而成的知识和经验体系。教学内容的选择依据主要有四个方面：教学目标，学习者的身心发展水平与规律，社会需要，学科知识的系统性。小学教学内容在选择时应遵循以下几点：体现目标与超越目标，学科知识与经验知识的统一，共性化与个性化的整合，知识与价值观念的统合。一般而言，教学内容选择的基本环节包括以下几方面：确定教学内容的价值观，确定教学目标，确定教学内容的基本取向，确定教学内容的组织原则，确定具体的教学内容。

思考训练

1. 什么是课程资源？课程资源的分类有哪些？你认为应该树立怎样的课程资源观？
2. 小学课程资源开发的价值有哪些？课程资源开发的原则与方法有哪些？
3. 美国课程专家施瓦布提出"教师即课程"这一命题。湖北省沙市区北京一路袁继庆老师提出"站在讲台上，我就是语文"的教学观。你如何看待这两个观点？谈谈你的看法。
4. 案例分析题：

"左手伸出拇指，右手在上边轻轻滑过——这就是'爱'。"这便是同仁中学的校本课程——手语课。张老师灵动的手指和丰富的表情引导着学生完成了一个个手语动作。从同学们认真的表情中，可以看出他们对手语的喜爱和兴趣。

"我们开设手语这门校本课程的主要目的是教育孩子们要有爱心，要学会关心别人，具备相关的技能。手语作为校本课程，已经成为孩子们最喜欢的课程之一了。"校长韩振民介绍道，"我们的手语校本课程开始于2010年，它的开发是职普融通、课程融合的结果，我校借助职业教育的师资、专业优势和资源来开设普教的手语课。"近几年来，各行各业学习手语的需求越来越多，火车站、银行和公交等行业的服务人员都需要进行这样的培训。学校开设手语课程，就是为了让学生树立为他人服务的公民意识，也方便学生今后更好地参加社会实践。

经过一年多的教学，学校发现手语能让学生多掌握一门说话的方式，能够满足当今中学生求新求异的心理特点。"通过手语的学习，可以开发学生的视觉思维能力，活跃全脑；通过脑、嘴、手并用，可以增强学生各方面的协调能力。"

根据上面材料和所学的知识，回答下面问题：

(1) 什么是校本课程？校本课程和校本课程开发是一回事情吗？
(2) 为什么要开设校本课程？校本课程开发的方式有哪些？
(3) 与国家课程相比，校本课程的优势和局限性表现在哪里？

5. 什么是教学内容？教学内容选择的依据有哪些？在进行教学内容选择时，应遵循哪些教学原则？

6. 选择一本目前正在使用的小学新课程标准实验教材，试分析该教材是怎样进行内容的选择的。

拓展阅读

1. 吴刚平等著.课程资源论[M].北京:北京师范大学出版社,2014年版。
2. 吴忠豪编.小学语文教学内容指要[M].北京:高等教育出版社,2015年版。
3. 王荣生.语文课程与教学内容[M].北京:教育科学出版社,2015年版。
4. 陈冬梅,钟逢发主编.课程资源的开发与利用[M].桂林:广西人民出版社,2007年版。
5. [美]约翰·杜威著,王承绪译.民主主义与教育[M].北京:人民教育出版社,2001年版。
6. 崔允漷著.校本课程开发:理论与实践[M].北京:教育科学出版社,2000年版。
7. 李臣之主编.校本课程开发[M].北京:北京师范大学出版社,2015年版。

线上学习

1. 新思考:http://www.cersp.com/
2. 中教网(校本课程):http://www.teachercn.com/Kcgg/Xbkc/
3. 无私教育网:http://www.54jy.net/xxkx/jiaoxueshji

第五章
小学课程与教学组织

课程与教学组织案例视频

※ 学习目标

1. 理解课程组织的内涵、要素、准则，熟悉课程组织的基本取向。
2. 能评述学科课程与经验课程、分科课程与综合课程、必修课程与选修课程、显性课程与隐性课程的内涵、特点及其关系。
3. 掌握教学组织形式的历史发展及历史上教学组织形式的类型，并能对当前小学教学组织形式存在的问题进行针对性的改革。

※ 章 首 语

"课程与教学组织"是一个古老而又年轻的话题。说它古老，是因为自从有了学校教育，该问题便存在；说它年轻，是因为随着时代的发展，该问题会呈现新的表现形态、出现新的内涵。课程与教学的组织会直接影响课程质量的高低和教学效果的好坏。新课程改革背景下课程与教学组织是一项需要高度技巧和创新能力的活动。作为小学教师，应该怎样进行有效的课堂教学组织呢？对这个问题要有一个清晰的把握，本章就小学课程与教学组织中的相关方面进行探讨。

第一节 课程组织的理解

一、课程组织界说

（一）组织的内涵

"组织"这个词通常既当作名词（organization），也当作动词（organize）使用。《辞海》

中归纳了"组织"的几种含义:"① 按照一定的目的、任务和形式加以编制,如组织起来;也指编制起来,如工会组织;② 指组成的形式和部分之间的关系;③ 纺织;④ 指造句构辞,作诗文;⑤ 多细胞动植物体内,由许多相似的细胞和细胞间质组成的基本结构,各有一定的形态结构和生理机能;⑥ 织物的结构形式。"①在这六种含义中,第一、二种比较多用。

在英语中,"组织"的含义主要有:"① 一群有特别目的的群体;② 部件的编排或计划以形成一个有效的整体。"②前者是名词,后者是动词。相对于汉语来说,英文中的"organization"是名词性的"组织";"organize"是动词性的"组织"。

在系统科学中,组织的含义不同于日常生活中所做的理解。吴彤在考察组织、自组织、他组织三个概念的多重含义后指出,"'组织'是一个总概念,凡是朝向结构和有序程度增强的方向演化的过程和结果,就是组织。"③至于组织、他组织与自组织三个概念及其之间的关系,"从逻辑上看,组织是属概念,自组织和他组织是它下面的种概念,这里的组织、自组织和他组织三个概念都是名词,表示某个实体或系统,也可以作为动词,表示某种过程或操作。"④人类社会的组织包括自组织与他组织,组织力来自系统外部的是他组织,来自系统内部的是自组织。此外,在管理学中,人们经常把组织与管理两者等同起来,如组织行为学、学校组织学。

综上所述,"组织"一词的含义具有多元性,体现在:① "组织"在汉语中既可作动词,亦可作名词。② 作为动词的"组织"有两层含义:一是根据一定目的、任务和形式加以编制;二是由杂乱变为有序。在第一层含义中,目的、任务、形式三者相辅相成、互为一体;在第二层含义中,"组织"意味着实现从无序到有序的整合,是指事物朝向空间上、时间上或功能上的有序结构的演化过程,具有一定的结构和功能。③ 在系统科学中,组织是指某种现存事物的有序存在方式,即事物内部按照一定的结构和关系构成的存在方式。组织作为一种方式,一定是一种系统。

(二)课程组织的内涵

课程组织(curriculum organization)作为课程研制的一个环节,在国内一直没有引起足够的重视,倒是比较重视课程结构。但在国外不同,西方比较重视"课程组织",这与西方课程发展的历史有很大的关系。自从麦克默里(Charles A. McMurry)于1923年出版了《怎样组织课程》(*How to Organize the Curriculum*)一书,正式提出了"课程组织"问题以来,"课程组织"问题便正式成为课程论领域的一个重要问题,关涉整个课程进程。后来泰勒在"八年研究"及后来的实际工作中,继承并发展了前人的课程研制理论,将课程组织作为研制过程的一个环节。泰勒的课程研制模式在西方产生了重大的影响,自诞生之日起便一直处于主导地位,在西方的课程改革与发展中备受重视。

在"组织"的内涵基础上,本书认为,课程组织有广义和狭义之分。广义的课程组织是将选自文化的教育内容转化为学生的学习经验,并对学习经验进行安排、组合、整合的过

---

① 辞海编辑委员会. 辞海(中)[Z]. 上海:上海辞书出版社,1979:3653.
② 艾迪生·维斯理·朗文出版公司辞典部. 当代高级英语辞典[Z]. 北京:商务印书馆,1998:1056.
③ 吴彤. 自组织方法论纲[J]. 系统辩证法学报,2001(2).
④ 苗东升著. 系统科学精要[M]. 北京:中国人民大学出版社,1998:166.

程。它不局限于课程研制中的某一个环节,而是渗透于课程研制的始终。在某种意义上讲,广义的课程组织就是促进课程资源整合的过程。狭义的课程组织是教育机构在形成课程理念、确定课程目标、选择课程内容后,有目的、有计划地将课程内容转化为学生的学习经验,并将学习经验序列化、整合化、连续化的过程。也就是说,课程组织是对课程的基本要素或学习经验所做的组织,是构成课程研制系统历史形态要素中的一个环节。

二、课程组织的要素

凡是组织必定涉及组织的要素,要素乃是构成事物的必要因素。系统与要素是对立统一的关系。系统包括要素,要素是系统的组成部分,两者是有区别的。系统总是由要素组织而成的,要素总是组成系统的成分,没有要素就没有系统,两者是相互依存的,系统与要素不可割裂。

课程要素(curriculum elements)是组织课程的经纬线,它将各种学习经验贯穿起来。不同学者对课程组织要素持不同的理解,如施瓦布认为课程组织包括四大要素:"学习者、教师、教材和环境"[①]。斯基尔伯格认为课程组织要素包括"教学计划与方案、学习材料、学校器材与学校设备、教学力量的专业知识以及评估和考核团体的要求"[②]。麦克内尔(J. D. McNeil)认为,课程组织的要素为概念、通则、技能和价值。[③] 从这些学者所概括的课程组织要素来看,施瓦布强调宏观层面,其他学者的课程要素主要指微观层面。

课程组织要素与教育目标或学习结果具有一定的相关性,课程的组织要素来源于教育目标,同时,课程的组织要素通过教学内化为个体的学习结果。如图5-1:

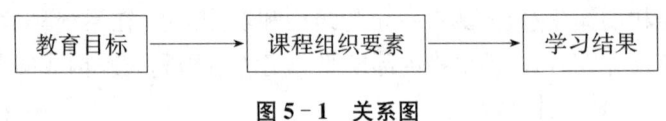

图5-1 关系图

当前以布卢姆的教育目标分类和加涅的学习结果分类最为有影响。美国心理学家布卢姆于1956年在以行为主义与认知心理学为基础前提下,将教育目标分为认知、情感和动作技能三个领域。布卢姆及其合作者进一步将每一领域划分为若干层次,这些层次具有阶梯关系,即较高层次包含且源自较低层次的目标。其中认知领域的教育目标由低级到高级共分为六级:知识、领会、运用、分析、综合和评价;情感领域的教育目标由低级到高级分为五级:接受(注意)、反应、价值化、组织、价值与价值体系的性格化;动作技能领域的教育目标分为七级:知觉、定向、有指导的反应、机械动作、复杂的外显反应、适应和创新。

加涅是行为主义学派与认知心理学派的折衷者,在把学习分为八个不同层次的基础上,为了能够使学习层次的原则在教学上应用,他提出了五种学习结果,分别为言语信息、智慧技能、认知策略、动作技能、态度。我们把布卢姆的教育目标与加涅的学习结果分类

---

① 张华著.课程与教学论[M].上海:上海教育出版社,2001:20.
② M. Skibeck. Curriculum Organization. In Lewy, A. (ed.) (1991). The International Encyclopedia of Curriculum. Oxford: Pergamon Press, 342–346.
③ J. D. McNeil (1985). Curriculum: A Comprehensive Introduction (Third Edition), Boston: Little, Brown and Company, 183.

做一比较(如图 5-2),可以发现,两个分类的大框架基本上是一致的。

加涅	布卢姆
言语信息 智慧技能 认知策略	认知领域
态度	情感领域
动作技能	动作技能

图 5-2 布卢姆的教育目标与加涅的学习结果分类

课程组织的基本要素来自课程目标的要素,在认知领域就是概念与规则;在动作技能领域就是技能;在情感领域,价值观则是很重要的组成部分,因为价值观的教育涉及学生的情感、意志和个性化。

系统是分层次的,组织要素同样具有层次性,课程组织的基本要素包括两个层次:

(一)表层:概念与规则、技能、价值观等

1. 概念与规则

概念是人脑对客观事物共同的本质特征的反映。例如文化、生长、空间、演化、化学作用、力等,都是建构课程的重要概念。规则是科学家通过科学活动所获得的结论,例如"在稳定社会中各种教育力量对个体的影响是一致的,在异质社会中这些力量的影响则不一致或彼此矛盾。"概念与规则可以由主题加以组织,如自然科的环境保护、社会科的公民选举权的来源等。

2. 技能

技能是在练习的基础上形成的按某种规则或操作程序顺利完成某种智慧任务或身体协调任务的能力。例如小学的读写算基本技能,自然科的实验技能,社会科的资料搜集技能及解释技能。

3. 价值

"价值是任何客体的存在、属性、作用对主体的实际意义……价值并不是任何实体本身单方面的存在或属性,而是人类生活特有的关系现象,是主客体相统一的一种特定质态。"[①]这里所说的价值指一种支配人的信念,也就是维系个人行为的坚定不移的信念。例如尊重个人的尊严与价值,不因种族、性别、宗教、阶级等观点的不同而不同。以价值为中心组织课程时,应让所有的课程要素环绕着它,增强该价值的学习。

概念与规则、技能、价值这些组织要素在课程组织中属表层部分,但它们仍是课程的深层次的结构,因为学习是由练习或反复经验而产生的,学习活动往往是外显的、具体的,是对课程表层结构的一种心理操作。

(二)深层:学习经验

课程研制的最终结果是让学习者获得预期的学习经验。因此,深层次的课程组织要

---

① 李德顺,龙旭.关于价值和"人的价值"[J].中国社会科学,1994(5).

素就是学习经验。概念、规则、价值和技能,这些要素在课程实施中要内化为学生的个性化知识,成为一种学生无法忘怀的"经验",只有通过个体的主动学习来完成。学习的发生由于经验而引起。学习者在学习活动中,以已有的经验、心理结构为基础,通过与外界的相互作用而建构新的理解,形成新的感悟,成为学生个体生命的一部分,这是形成学习经验的一条重要途径。如果概念、规则、价值和技能没有成为学生个体生命的一部分,它们永远是外在于学生的客体,仍是课程组织的要素,没有得到内化。

三、课程组织的准则

课程组织包括两个维度:横向组织和纵向组织。横向组织,是指将各种课程要素按横向(水平)关系组织起来;纵向组织,是指将各种课程要素按纵向的发展序列组织起来。由于人的身心有发展阶段的序列,学科知识有逻辑演进的序列,所以,课程就有垂直组织的必要。

为使课程组织适当而且有效,在组织课程时需要遵循一些基本的准则。对于课程组织的准则,在课程发展史上,许多课程学家都进行过研究。泰勒认为,课程的组织须符合三个准则,即连续性(continuity)、顺序性(sequence)和整合性(intergration)。奥利佛(A. L. Oliver)认为,课程的组织应考虑三个方面:衔接性(articulation)、均衡性(balance)和连续性[1]。奥恩斯坦(A. C. Ornstein)则认为,课程组织应遵循六项准则:范围(scope)、整合性、顺序性、连续性、衔接性和均衡性[2]。而古德莱德提出的课程组织准则是连续性、顺序性、整合性、衔接性和范围[3]。综合上述的不同研究,本文认为,作为课程组织的基本原则,应该包括纵向组织维度的连续性、顺序性以及横向组织维度的整合性。

(一)连续性

连续性,是指将选出的各种课程要素在不同学习阶段予以重复。课程组织的连续性,乃在于为学习者提供继续学习相关课程要素的机会,并根据学习任务的性质,形成长期的累积学习的效果。它有助于学生获得机会进行更多、更复杂的学习,处理更艰深的材料,进行更精确的分析,理解更深广的概念,并进行相关推理与应用的学习,培养更精细、敏锐的态度和感悟。例如,在英语课程中,将第一单元中所学习的单词或习惯用语在后面的单元中予以重复;在数学课程中,使先学习的公式、定理在后继学习中重复出现,以不断得到巩固。连续性标准强调的是课程要素的重复。

(二)顺序性

顺序性与连续性有关,但又高于连续性。所谓"顺序性",是指将选出的课程要素根据学科的逻辑体系和学习者的身心发展阶段,由浅至深、由简至繁地组织起来。如果说连续性强调的是课程要素的重复,那么顺序性则强调课程要素的拓展和加深。美国著名课程

---

[1] A. Oliver, Curriculum Improvement: A Guide to Problems, Principles, and Process, 2rd ed., New York: Harper & Row, Publisher, 1977.

[2] A. C. Ornstein, & Z. Su, Organization of the Curriculum: Foundations, Principles, and Issues, Englewood Cliffs, New Jersey: Prentice Hall, 1988.

[3] J. I. Goodlad, & Z. Su. Organization of the Curriculum, In P. W. Jackson, Handbook of Research on Curriculum, New York: Macmillan, 1992.

专家泰勒的学生塔巴(H. Taba)曾指出:"一般人对顺序性的处理往往只关注内容而忽略过程,这是片面的。课程组织不仅要关注内容的顺序(逻辑顺序),还应关注处理内容的心理过程的顺序(心理顺序)。"①当泰勒最先提出顺序性的时候,他似乎只强调课程要素的逻辑顺序,而塔巴主张逻辑顺序与心理顺序的统一,这是对泰勒的发展。

(三) 整合性

所谓整合性,是指课程要素的横向的联系或水平的组织,即在各种课程要素间寻求内在的联系,建立适当的关联,由此整合为一个有机整体,克服分科分割所造成的课程内容支离破碎的状态,以达到最大的学习累积效果。整合性意味着打破固定的学科界限和传统的课程内容,强调广度而不是深度,关心知识的应用而不是知识形式。

因为学生的经验和生活原本是一个整体,但由于社会分工、学生传统、教育传统等方面的原因,当对学习者进行培养时,却把学习者完整的经验分成语文、数学、物理、化学、历史、地理、音乐、体育、美术等领域,把学习者完整的生活分成家庭生活、学校生活、社会生活。学科知识以分门别类的形态存在,彼此之间存在差异,这种差异性有时会演化为尖锐的对立(主要是由于不同科学共同体之间的利益冲突),但不能否认学科之间的内在联系。从某种意义上说,学科知识之间也具有整体性。通过整合,加强了学科之间、课程与个人需要和兴趣之间、课程与校外经验和社会需要之间的广泛联系。

课程的整合性主要包括三个方面,第一,学生经验的整合。每个学生的需要、兴趣、经验等都是一个独特的有着内在联系的统一体,这个统一体就是每一个学生的人格整体。在学生不断学习和发展的过程中,新学习的经验要与既有的经验在交互作用中不断整合起来,学生的经验由此不断生长,人格也不断完善。第二,学科知识的整合。通过课程的横向组织,使不同的学科知识在差异得以尊重的前提下互相整合起来,消除学科之间彼此孤立甚至壁垒森严的对立局面,以使学科知识良性发展,使学习者的学习产生最大限度的累积效应。第三,社会生活的整合。课程内容以社会生活的需要为中心整合起来,并将社会生活视为具有内在联系的整体。

四、课程组织的取向

任何课程组织模式总是受特定的课程价值观的支配,必定折射出特定的课程价值观。不同的价值取向导致不同的组织理念和组织形式。根据起支配作用的基本价值观的差异,可区分出课程组织的四种基本取向,它们是:学科取向的课程组织、学习者取向的课程组织、社会问题取向的课程组织和混合取向的课程组织。

(一) 学科取向的课程组织

学科取向的课程组织旨在围绕人类已有的知识按其内在的逻辑体系形成的学科组织课程。这种课程组织取向强调学科的逻辑和知识的累积。支持学科取向课程组织的学者大多认为课程的基础应以学科所包含的知识和探究方法为主。他们期望通过这样的课程

---

① See Taba, H. (1962). Curriculum Development: Theory and Practice, New York: Harcourt, Brace & World, Inc.

组织,学习者不仅能获得学科知识、求知方法,还能领略文化传统的精华,接受前人创造的伟大思想。

属于这种取向的典型课程理论流派包括:永恒主义、要素主义、结构主义。永恒主义认为,课程主要应由"永恒科目"构成,这些永恒的科目包括语法规则、阅读、修辞、逻辑和数学,以及西方文明史上的各类名著。要素主义认为,课程必须由人类社会中的文化精华——学术领域构成,这些领域包括本国语、语法、文学、写作、数学、科学和历史。结构主义认为,课程应当围绕"学科结构"组织起来,这种课程也就是20世纪50年代末至60年代末广泛流行的"学术中心课程",通过这种课程可以达到智力的卓越性。

学科取向的课程组织有利于学习者系统地学习人类文化遗产,掌握丰富的学科知识,促进智力的发展,也有利于开展言语活动,知识和思想在言语中最能得以交流和储存。但这种取向的课程组织,缺陷也是显而易见的。学科取向在某种程度上限制了知识的范围,不具备包容性的特质,因而妨碍多重目标的追求;对学习者也不够重视,忽视了学生的需求、兴趣和经验;课程组织明显注重逻辑性,重记忆而轻理解;过于强调学科逻辑,难以培养学生在社会、心理、身体等方面的全面发展。

学科取向的课程组织模式包括单学科(single-subject)课程组织、相关学科(correlated-subject)课程组织、融合课程(fused curriculum)组织、广域课程(broad fields curriculum)组织四种类型。

(二)学习者取向的课程组织

学习者取向的课程组织旨在围绕学习者的兴趣、需要、心理逻辑等组织课程。这种课程组织强调学习者的经验和发展。支持学习者取向课程组织的学者大都认为,有效的课程组织须体现学生的主体作用。课程学习活动以学生的需要和兴趣为基础,且学生的学习动机是内在的,学习目的和学习任务也不是由外部强加的,学生就有可能主动地探究和获取学习内容。

学习者取向的课程组织理念源于卢梭在《爱弥尔》中提出的观点:教师的任务在于为儿童提供学习机会,让他们自发地发现和掌握知识。其后,不同的学者如裴斯泰洛齐、福禄培尔、杜威等都强调学习者取向的课程组织。

裴斯泰洛齐沿着卢梭的路线进一步发展了学习者取向的观点。他说:"在儿童降生之前就在他身上存在着他一生中应当发展的禀赋的萌芽","只有当教育与教养的作用同人的成长的永恒法则一致时……人才能在实际上受到陶冶和教育。人的教养与教育的手段一旦同这个永恒的法则相矛盾,犹如树木受到外力的作用,树木的各个部分的物质有机体被搅乱、被扭曲了那样,人也会被摔伤、被扭曲"[①]。他批评当时的课程、教学违背儿童的发展法则,是一种错误的形式,须进行改革。

福禄培尔从人的本质出发,提出教育应不断促进学生各方面的发展,课程、教学须适应学生的发展,强调以儿童为中心。

杜威把学习者取向的课程组织发展到了极致,他从主观唯心主义经验论出发,把儿童

---

① [日]佐藤正夫著,钟启泉译. 教学论原理[M]. 上海:上海教育出版社,1996:11.

的本能作为他们获得"经验"的基础,作为教育的出发点。他认为决定学习的质和量的是儿童而不是教材,教育需要变革,需要实现重心的转移,教育的重心是儿童,儿童是太阳,教育的措施应围绕儿童组织。在这种思想指导下,他认为"学科科目互相联系的真正中心,不是科学,不是文学,不是历史,不是地理,而是儿童本身的社会活动"[①]。这就是杜威所主张的儿童中心课程。

学习者取向的课程组织确认了教育的根本目的在于造就人,知识只是教育的手段,而非目的。这种课程组织适应和培养了学习者的个性差异,鼓励学习者主动学习,建立自己独特的知识结构。但它在重视学习者的同时,忽视了对教育具有关键意义的社会目标。过分偏重学习者中心的课程组织也不利于学习者建立逻辑严密的知识体系和掌握各种必备的技能。

代表性的学习者取向的课程组织包括:活动经验取向的课程组织、人本主义取向的课程组织、持久生活情境取向的课程组织。

(三) 社会问题取向的课程组织

社会问题取向的课程组织旨在围绕主要的社会问题组织课程。这种课程组织取向强调对社会生活的适应或改造。这种取向的学者大都认为,日趋成熟的工业社会已从政治、社会、精神一直到身体、健康等方面完全改变了传统的生活,课程必须使学生能够成功有效地适应这个新的世界,并让学生认清人类社会在发展的过程中同时面临的许多问题,这些问题不只是社会研究应该关心,而是每一个学科包括化学、数学、经济、艺术等都应关注。教育也要通过课程来改变社会秩序,课程是研究社会问题的工具。

社会问题取向的课程组织理念最早可以追溯到18世纪的斯宾塞,他首先提出了教育应为生活做准备,从而引起人们对社会生活问题的关注。20世纪初,斯特里默(B. Stremmer)进一步强调课程与社会适应的问题,主张课程组织关注社会的变化和社会生活问题。20世纪,社会问题取向课程组织的积极倡导者还有博比特、康茨、布拉梅尔德、阿普尔等。

博比特主张课程应关心现实世界中那些有意义的社会活动和社会问题,教育主要是为了成人生活,而非为了儿童。学校中的儿童生活只是手段,未来社会中成功的成人生活才是目的。学校课程应以理想的成人生活为目的来组织,而理想的成人生活归根到底是由社会决定的。所以,学校的课程组织应是社会取向的。

康茨是改造主义教育的主要代表人物,他认为社会必须重组以达到共同的利益,学校应该在社会的重组中扮演积极的角色,课程需要担负改造社会的责任。布拉梅尔德也认为现代文化存在危机,教育应促进新文化的出现,应成为一种制定明确而严密的社会计划的主要手段。课程的组织须本着改造社会的目的,课程要成为培养社会现实的熟练规划者和完善民主社会的重要工具。

以阿普尔为代表的社会批判主义者将课程的本质概括为一种"反思性实践"(praxis),要通过对社会现实、社会文化的不断反思、批判而创造建构意义,要使课程能为

---

① 华东师范大学教育系、杭州大学教育系编译.现代西方资产阶级教育思想流派论著选[M].北京:人民教育出版社,1980:8.

"意识解放"服务。因此,课程的组织不仅是社会问题取向的,还是社会问题、社会现实的反思与批判取向的。

社会问题取向课程组织让学习者面对并意识到对人类社会所面临的许多严重问题,并关注实际生活中问题的解决,便于学生发现课程问题的价值,加强了学习者与社会的联系,使社会目标在课程中直接得到体现。通过倡导对社会问题的批判和对社会现实的反思,也提高了课程本身的解放意识,较好地发挥了课程促进社会发展、改善社会秩序的功能。但社会问题取向的课程组织没有充分揭示文化遗产、难以有效地区分恰当的社会问题是不争的事实,主张通过课程改变社会秩序,把课程作为改进社会不满的工具,这种高远的理想不可避免会带来如何落实的问题。

社会问题取向的课程组织具体有三种组织方式,它们是:社会行为主义的课程组织、社会改造主义的课程组织和社会批判主义的课程组织。

(四) 混合取向的课程组织

混合取向的课程组织旨在围绕学科逻辑、学习者的心理逻辑和社会问题几个方面组织课程。这种课程组织认为,学校课程本质上是学科知识、学生经验、当代社会生活经验三方面的统一,因为人的经验本身具有整体性,任何把人的经验的某一部分从整体中人为地隔离出来加以片面强调的做法,都无助于人的经验的健全发展。

从实践的角度看,几乎所有的课程组织形式都可以说是混合取向的。学科取向的课程在很多时候也强调学生的兴趣和动机,只不过将学科视为课程组织的核心和立足点。学习者取向的课程组织在发展的过程中也出现过许多具体的组织方式,其中不乏公正地对待学科知识价值的做法。社会问题取向的课程组织也同样不否认学习者的动机、兴趣和积极性。就目前的课程组织现状而言,多采取混合取向的课程组织。

在一定意义上,核心课程可以说是一种混合取向的课程组织。20世纪四五十年代,核心课程尝试把学科内容、学生需要和社会问题结合在一起,这种核心课程组织"以学习者的需要以及社会生活的问题和领域为核心,融合必要的学科知识,以使学习者共同际遇人类经验的最重要的领域,由此达到平等与优异兼得的教育理想"[①]。美国课程专家古德莱德认为,核心课程组织有五大特点:"包含学科间的联系,为广泛参与各种社会交往活动做准备,学习超越学科分类的问题,关涉学生作为参与者的学习形式和共通的学习经验。"[②]

第二节 小学课程类型

让学生学习什么课程,各种课程如何有机地组织起来,这是国内外教育界探讨最多的

---

① 张华著. 课程与教学论[M]. 上海:上海教育出版社,2000:280.
② J. I. Goodlad, A New Look at an Old Idea: Core Curriculum, Education Leadership, Vol. 44, No. 4, 1971: 11.

一个问题。本文认为,合理、完整、有效的课程结构需要处理各类课程的位置,并妥善处理各类课程间的关系。在课程发展历史上,课程专家们由于课程价值观不同,也就出现了不同的课程类型。小学教育实践中,典型的课程类型包括:学科课程与经验课程、分科课程与综合课程、必修课程与选修课程、显性课程与隐性课程。探究每一对课程类型之间的内在联系,有利于我们更好地了解课程的组织结构。

一、学科课程与经验课程

(一) 学科课程

1. 学科课程的内涵

学科课程是以文化知识(科学、道德、艺术)为基础,按照一定的价值标准,从不同的知识领域或学术领域选择一定的内容,根据知识的逻辑体系,将所选出的知识组织为学科。学科课程是一种古老的、应用广泛的课程类型。

学科课程有着悠久的历史传统。迄今为止,出现了三种典型的学科课程:科目本位课程、学术中心课程、综合学科课程。

"科目本位课程"是由各自独立体系、彼此缺乏联系的科目所组成的课程。这是最传统的学科课程。无论是古代中国春秋的"孔子以六艺教人",还是古希腊亚里士多德构成学科课程的最下层的读、写、体验、音乐及图画这一类基本的训练性学科,以及稍后的文法、修辞、辩证法和算术、几何、天文、和声等"七艺",无疑都是分科的形式。随着17世纪自然科学的迅速发展,独立的科学分支越来越多,人类逐步形成了由许多领域所构成的庞大的学科系统。历史上随后出现的夸美纽斯的"泛智课程"、赫尔巴特主义课程论,以及斯宾塞的"为完美生活做准备"的"功利主义课程"、20世纪美国的"要素主义课程",是科目本位课程的后继发展。

"学术中心课程"是指以专门的学术领域为核心而开发的课程。这种课程形态是课程内容现代化的产物。其产生的直接社会文化背景是20世纪五六十年代科学技术的迅猛发展及科学技术对社会的整体支配。学术中心课程的基本特点是学术性、结构性和专门性。学术中心课程不仅尊重学术逻辑,而且积极吸收了杜威进步主义教育所倡导的经验课程的积极因素——发展人的问题解决能力和探究精神。这样,学术中心课程确立了"同时诚实地尊重学科本身的逻辑和儿童的心理逻辑"的课程价值观,使学科课程发展到新的阶段。

"综合学科课程"是把两门或两门以上的学科整合起来,形成一门新的学科。根据学科之间整合程度的不同,可进一步将综合学科课程分为"相关课程""融合课程""广域课程"等类型。

2. 学科课程的评价

总的来说,学科课程具有两个显著特征:其一,学科知识和文化发展是学科课程的基本来源,课程开发以学科知识及其发展为基点,强调学科知识的优先性;其二,课程组织遵循学科知识的逻辑体系进行。

这样组织有其优点:第一,以浓缩的形式集纳人类在各个基本学科领域探索的成果,间接经验的容量较大,有利于系统传承人类文化遗产;第二,便于按知识逻辑顺序组织教材,使知识系统化,有利于向学生传授系统的科学文化知识;第三,有助于组织教学与评价,便于提高教学效率。

与此同时也不可避免地具有缺陷,主要缺点有以下几点:第一,由于学科课程是以知识的逻辑体系为核心组织起来的,容易导致轻视学生的需要、经验和生活。过于强调逻辑知识势必导致漠视儿童现实的需要和经验,导致死记硬背。第二,儿童的生活是一个有机整体,这个整体不能人为地分解为"数学部分""语文部分""化学部分""历史部分"等,因此,过于强调学科课程也可能导致肢解学生完整的生活。第三,学科课程也容易导致单调的教学组织和划一的讲解式教学方法。第四,学科课程变革起来难度较大。学科课程不是价值中立的,它体现了不同社会群体的利益,当某些学科被纳入课程体系之后,既得利益就会抗拒变革。

(二) 经验课程

1. 经验课程的内涵

经验课程,又称作"活动课程""儿童中心课程"。与学科课程相对,它是打破学科逻辑组织的界限,以学生的兴趣、需要和能力为基础,通过学生自己组织活动而实施的课程。经验课程以开发和培育主体内在的、内发的价值为目标,旨在培养具有丰富个性的主体。儿童的兴趣、动机和经验是经验课程的主要内容。主要倡导者是美国实用主义教育家杜威。

经验课程的思想渊源于18世纪法国启蒙思想家卢梭,他站在反对腐朽的封建经院主义性质教育的立场上,反对从书本中学习,主张学生到大自然中去,通过身体锻炼、劳动、观察事物等活动,获得经验,吸取教训。裴斯泰洛齐的教育适应自然的原则,福禄培尔的儿童自动发展的思想对经验课程的形成均有重要影响。经验课程作为一种课程形态,是19世纪末20世纪初欧美"新教育运动"和"进步教育运动"的产物。在杜威看来,学科课程违反了儿童的天性,是一种为成人而牺牲儿童的设计类型,为此,他提出应根据儿童本能生长生活的需要,在模拟生活活动中,组织活动作业,让儿童"从做中学",通过主动的活动获得经验的转化与改造。

2. 经验课程的评价

经验课程是学校实现教育目标的主要途径之一,对拓展学生的知识结构、培养学生的自学能力、完善学生个性差异、调动学生的兴趣、提供尝试与体验的机会、培养学生动手功能协调发展,有着课堂教学不可取代的重要价值。

相对于学科课程而言,经验课程具有以下优点:第一,经验课程强调学习者当下的直接经验的价值,把学习者的经验及其生长需要作为课程目标的基本来源,充分满足学习者的需要、动机、兴趣,扭转了千百年来把课程视为学习者的控制工具的局面。第二,经验课程主张把学科知识转化为儿童当下活生生的经验,强调教材的心理组织,这样,儿童在与文化、与学科知识交互作用的过程中,人格不断获得发展。这种课程理念真正体现了文化遗产、学科知识的教育价值。第三,经验课程主张将当代社会现实以儿童的经验为核心整合起来,既把儿童视为社会的儿童、生活于社会现实之中的儿童,又不使儿童拘泥于当前的社会现实,被动适应当前的社会现实,而是着眼于儿童的未来,主张基于儿童的人格发展对当前的社会现实进行改造。

与此同时,经验课程也具有其不可避免的缺陷:第一,经验课程容易导致忽略系统的学科知识的学习。尽管经验课程的倡导者的初衷并非不要学科知识,而是寻找学科知识对儿童人格发展的意义和价值,但是经验课程的实践过程往往导致实施者沉醉于儿童当前的各种偶发性冲动,纵容儿童,忽略学科知识的教育价值,走向"儿童中心主义"。第二,经验课程容易导致"活动主义",忽略儿童思维能力和其他智力品质的发展。经验课程的确立者(如杜威)大都主张把儿童的思维能力、问题解决能力、创造性的培养作为经验课程的基本目标,并主张把这些心理品质的培养与儿童对情境的操作和行动有机统一起来。然而,在经验课程的实践中,人们往往把经验课程误解为让儿童随意地从事一些肤浅的、缺少智力价值的操作活动,从而忽略了儿童深层的心理品质的发展。第三,经验课程的组织要求教师具有相当高的教育艺术,对于习惯于班级授课制和讲解教学法的教师而言,这一点很难适应。

(三) 学科课程与经验课程的关系

经验课程与学科课程之间的关系问题是课程理论、课程哲学的基本问题。它所反映的是人与文化、生活世界与科学世界之间的关系。关于学科课程与经验课程的关系(见表5-1),本文的基本观点是:不能对经验课程与学科课程持一种非此即彼的二元论的态度。

第一,经验课程与学科课程是两种不同的课程:经验课程以儿童当前活生生的心理经验为基点,学科课程则以学科中的逻辑经验为基点。

第二,但经验课程与学科课程又具有内在的统一性:经验课程并不排斥逻辑经验的教育价值,所排斥的是逻辑经验脱离儿童的心理经验,从而阻碍儿童的发展;学科课程也不排斥儿童的心理经验,所排斥的是盲目沉醉于儿童当前的经验发展水平,从而抑制了儿童经验的进一步发展。若经验课程排斥学科中的逻辑经验并走向极端,则必然导致"儿童中心论";若学科课程排斥了儿童的心理经验并走向极端,则必然导致"学科中心论"。

表 5-1 学科课程与经验课程的比较及关系

	学科课程	经验课程
课程观	知识本位	学生经验本位
知识类型	间接经验、学术型知识、公共知识	直接经验、实践型知识、个人知识
学科关系	大部分属于分科课程	打破学科界限,是综合课程
课程组织	按学科知识固有的内在逻辑组织	按学生心理发展的顺序组织
课程实施	注重课程活动的结果	注重课程活动的过程
学习方式	以静听为主	以做(行动)为主
适用范围	成人、高年级学生	儿童、低年级学生

二、分科课程与综合课程

(一) 分科课程

分科课程是指从不同门类的学科中选取知识,按照知识的逻辑体系,以分科教学的形式向学生传授知识的课程。它是一种单学科的课程组织模式,主张课程要分科设置,分别从相应科学领域中选取知识,根据教育教学需要分科编排课程,进行教学。它强调不同学科门类之间的相对独立性,强调一门学科的逻辑体系的完整性。

分科课程具有悠久的发展历史,许多国家的实践已证明了分科课程所具有的优点:第一,分科课程强调学科内部的逻辑联系,可以帮助学生系统地接受人类的文化遗传,有利于学生基本的知识框架的构建,为以后专业知识的学习打基础;第二,分科课程以学科内知识为中心设计课程,突出教学的逻辑性和连续性,因此其教材的编订较为简便,便于提高教学效率;第三,从教学角度来讲,它所组织的教学便于学习,有助于体现教学的专业性、学术性和结构性,有效地促进本学科尖端人才的培养和国家科技的发展;第四,依照分科课程所设计的教学也易于组织评价。

但分科课程也有其自身难以克服的缺点。首先,分科课程只重视学科内的知识,容易造成学生对世界认识的残缺不全,束缚了学生思维的广度;其次,分科课程忽略了学生的需要和生活经验,影响学生的全面发展,这也是分科课程之所以受到批判的主要原因。

(二) 综合课程

1. 综合课程产生与发展

综合课程早在十六、七世纪的一些教育家的课程论中就出现了。德国的哈尔尼斯(W. Harnisch,1978—1864)提出小学的课程应由线条画、唱歌、数学、国语、世界科和基督教六门学科组成。其中,世界科是一门综合课程,它包括理科和社会科的内容,如地理学、矿物化学、物质学、人类学、民族学、国家学、历史学等。这门课程的教材是按照儿童生活的空间扩大其知识范围的,其内容由学校与家庭,乡土的村、镇、郡、地方、全球等构成;德国的齐累尔(J. Ziller,1817—1882)课程论中关于综合课程的主张更加明确。齐累尔课程论的最大特征是"中心统一法",所谓"中心统一法"就是面向一定的教育目的的中心,不断地谋求多种学科内容的相互关联和统一。他期望通过学科内容的统一来保证儿童人格的统一,主张在小学低年级以通话为中心教材,将各个学科统一起来。在教材排列上,他主张复演人类文化的形成过程,先安排只有过去的文化史可以看到的单纯内容,例如,可以安排小学第一年学《格林童话》,第二年学《鲁滨逊的故事》。这些童话、故事包含了算术、自然体操(体育)等学科的内容。通过童话、故事所包含的自然科学方面的知识,可以使学生理解有关房屋、平原与森林、衣服和身体各部分,太阳和方位、季节等知识;通过童话、故事中所包含的算术方面的知识,使学生了解家庭的人数;通过童话中所包含的体育运动方面的知识,使学生了解在自然科里学到的身体各部分的运动等。随着年级的升高,历史、文学、宗教将成为中心教材。

综观早期对综合课程的研究可以看出,学者们提出综合课程主要是从儿童身心发展的特点着眼的,认为综合课程适合儿童的认识特点,有利于形成儿童统一的人格。但是,受当时科学知识发展水平和认识水平的限制,早期学者对综合课程的研究还很不深入。

近年来,对综合课程的研究进入了高潮。这是因为:① 科学知识出现了在高度分化基础上的高度综合的趋势,这表现在两方面:一是两门或多门学科相互交叉、渗透,形成新的边缘科学或综合性科学;二是自然科学、技术科学与社会科学的相互渗透与交叉。而现行中小学课程大部分是分科课程,它已不能适应科学知识的这种发展趋势。② 随着科学知识的发展,一些新学科被纳入学校课程,使得学校课程越来越臃肿,学生负担越来越重,严重影响了学生身心的健康发展。③ 通过多年的研究和实践,分科课程的缺陷表露得越越来越明显。如何克服分科课程的缺陷，使课程既能适应科学技术飞速发展的需求，又能促进学生的身心发展，而不增加学生的负担，就成了课程论要解决的一个重大课题。在这种形势下，各国学者开始对综合课程进行系统、全面、深入的研究，主张开设综合课程的呼声越来越高，课程的综合化成为当前课程研究颇受关注的课题。

综合课程在我国也有较早的历史。在我国古代，"四书""五经"《千字文》《三字经》等，就是以伦理道德教育为中心的综合课程。1904年《奏定学堂章程》中规定的"格致"就包括动物、植物、矿物等科，"格致"即属综合课程。1922年学制改革后，初级中学把性质相同或相近的几门学科进行合科设置，课程结构中既有自然科和算术科，又有社会科(公民、历史、地理)、言文科(国语、外语)、艺术科(图画、手工、音乐)。这实际就是一种学科综合课程。1958年，我国又将以前的世界历史、中国历史和世界近代史等科目合并为"历史"综合课程，将自然地理、世界地理、中国地理和中国经济地理合并为"地理"综合课程等。

20世纪80年代以后，朝综合化方向飞速发展的科学及社会需要对综合课程的设置提出了迫切的要求。设置综合课程已是势在必行。1989年，上海制定了《全日制普通高中课程改革试行方案》，规定在高中开设社会科学基础和自然科学基础，这两门课程打破了传统学科的知识界限，把历史、地理、社会学或者物理、化学、生物等相近学科的知识组合起来，成为综合性的课程。两年后，浙江也出台了《义务教育试行教学计划》，要求开设公民、自然、科学和社会等综合性课程。

90年代初，在小学阶段综合课程研究已经有了很大进展，部分学科已经取得较为成熟的经验的基础上，1992年国家教委将小学开设的"社会"科纳入统一颁布的《九年义务教育全日制小学、初级中学课程计划(试行)》。小学"社会科"就是在以前小学的历史、地理两科基础上整合起来的一门综合课程。

2001年7月，教育部颁布了《基础教育课程改革纲要(试行)》，纲要明确规定："改变课程结构过于强调学科本位、科目过多和缺乏整合的现状，整体设置九年一贯的课程门类和课时比例，并设置综合课，以适应不同地区和学生发展的需求，体现课程结构的均衡性、综合性和选择性。"同时规定，在九年一贯制课程体系安排上，"小学阶段以综合课程为主"，"初中阶段设置分科与综合相结合的课程"，"高中以分科课程为主"。可见，课程综合化已成为我国现阶段课程改革的一个明显特色，也是顺应社会发展要求和国际课程发展趋势的表现。

2. 综合课程的内涵

"综合课程"是指有意识地运用两种或两种以上学科的知识观和方法论去考察和探究一个中心主题或问题。如果这个中心主题或问题源于学科知识，那么这种综合课程即"学科本位综合课程"；如果这个中心主题或问题源于社会生活现实，那么这种综合课程即"社会本位综合课程"；如果这个中心主题或问题源于学生自身的需要、动机、兴趣、经验，那么这种综合课程即"经验本位综合课程"。

(1) 学科本位综合课程

学科本位综合课程是以学科或文化知识为课程整合的基点，课程整合的核心主要源于学科。这种综合课程试图打破或超越各分科课程自身固有的逻辑，形成一种把不同学科内容有机整合为一体的新的逻辑。根据学科知识综合程度的高低，学科本位课程可分为相关课程、融合课程、广域课程三种形态。

其一，相关课程（correlative curriculum）。相关课程是要增强各教学科目间的联系，是指两种或两种以上学科既在一些主题或观点上相互联系，又保持各学科原来的相对独立。例如，物理、化学、数学在某些主题上的联系，历史、地理、公民在某些主题上的关联等。实施相关课程，要求各学科的教师同时对相邻的学科的教学内容、排序和进度有所了解，教师间保持密切的联系。这样可以改变分科课程的分割状况，加强科际间的联系，同时又较容易纳入到现有的体系中，教师相对愿意接受。

相关课程可以分为内容相关模式、交叉模式、迁移模式和主题教学模式。内容相关模式是指将不同学科的相关内容放在同一时间或连续时间内教授，从而帮助学生自觉地将不同学科的内容联系起来，形成更为广阔的知识网络；交叉模式是指教师对不同学科重合和交叉的概念予以共同组织，在从各自学科角度教授的同时指出这种共同性，加强学科之间的联系；迁移模式是指通过在不同学科间可以迁移的技能和能力促进课程一体化的方式，如记忆方法的培养、问题解决技能等在各科教学中都可以进行；主题教学模式是相关课程中联系程度最高的，是一种围绕同一主题组织起来的共同的教学单元。主题通常具有一定普遍性和概括性，超越某一学科的局限性而涉及多门学科；主题也可以是某一跨学科的现实问题。

相关课程可以克服分科课程彼此封闭、各自为政的缺陷，通过寻求不同学科之间的内在联系，使学生学习的知识彼此整合起来，有助于优化学生的认知结构。当教师了解不同学科之间的关联以后，也可以彼此配合，避免对知识的不恰当重复。相关科一般需要组织跨学科的教学小组，设计共同的教学单元。当然，也可以一位教师负责教几门学科，在教学过程中将所教学科结合起来。因此，相关课程的综合程度是较低的。

其二，融合课程（fused curriculum）。融合课程是将有关学科融合为一门新的学科，融合之后学科之间原来的界限不复存在，它并非是原先几门传统学科的拼盘或混合，而是打破或超越了被融合的各学科的固有逻辑，形成了一个新的有机体。由此看来，融合课程更强调学科间的联系，把部分学科统合兼并于范围较广的新科目中。它不同于相关课程之处就是将同一领域的或不同领域的某些学科加以合并，编制成为新的学科。融合课程在学科综合的程度上远远超出相关课程。在融合课程中，每门组成的学科都要丧失它们各自的特性，从而形成一种新的联合。例如，历史、地理、公民融合为综合社会科，物理、化学、生物融合为综合理科，植物学、动物学、解剖学、生理学融合为生物学。目前小学中的"科学"课就是由物理、化学、生物几门课程融合而成的一门综合课程。

其三，广域课程。广域课程是指能涵盖整个知识领域的课程整体，人类所有的知识与认知领域都可以被整合。与融合课程相比，只是在综合的范围上的差别，广域课程比融合课程更为宽泛，往往包含某一完整的知识分支或知识领域，如综合理科、综合社科科学等。这种课程并不是将各相关学科的知识进行简单的拼凑，而是将这些学科的知识和原理从整体的角度考虑，设计成一种有机的整体性的课程。比如可把历史、地理、社会学、经济学、政治学、法学、心理学、人类学等学科整合在一起，形成一种社会学科。

广域课程的目的是为了使学生能够高度整合分科课程，以便能与生活联系起来。但是，这种课程设计的批评者指出，广域课程的缺陷是存在对学习内容浅尝辄止的危险。

(2) 社会本位综合课程

社会本位综合课程是以源于社会生活的问题为课程整合的核心,其目的是使学习者适应或改进当代社会生活。这类课程的内容主要源于社会或整个人类的条件或状况,学生研究社会(特别是他们自己的社会)的种种特征与问题,如学校的功能、社会生活的主要活动、学生与整个人类的诸种问题等。

如何从众多的社会生活经验中选择出适合作为学校课程内容的经验呢？这涉及如何认识学校课程与社会生活的关系。对这种关系的认识,前后有三种典型的观点:适应论、改造论和超越论。因而,问题核心的综合课程也就分为相应的三大类。

适应论的代表是美国的博比特(F. Bobbitt)和查特斯(W. W. Charster),他们认为学校教育的本质是为有效的成人生活做准备,学校课程应当以适应当代社会的需要为根本目的。为此,他们主张通过"活动分析法"来研究社会中有效率的成人活动,由社会现状去寻找课程设计的目标,并以此来选择课程内容。但这种观点显然忽略了教育的滞后性以及教育的主体性和能动性,它剥夺了儿童的生活权利,因为儿童也是社会的组成部分,儿童在学校中也是在从事社会生活。

改造论体现在一些改造主义教育家的思想理论中。改造主义从 20 世纪 30 年代一直流行到五六十年代。在 20 世纪 30 年代,西方资本主义社会爆发了世界性经济危机,一些改造主义教育家如康茨(G. S. Counts)、拉格(Harold Rugg)和布拉梅尔德(T. Brameld)等突出宣传学校教育改造现今社会、建立新社会秩序的使命。社会改造主义认为教育的根本使命就是通过社会改造而达到"社会一致",学校课程以社会生活经验为核心并指向社会生活经验的改造。改造论将当代社会生活各层面上困扰人们的关键性和有争议的问题,例如人口问题、环境问题、贫困和饥荒等作为课程设计的来源,认为学生在了解这些问题的过程中,可以修正个人和社会的价值体系,学生将成为"社会改造的工具",从而最终达到改造社会的目的。

超越论是 20 世纪 70 年代以后,课程理论界受现象学、存在主义、哲学解释学、社会批判理论、后现代主义等哲学思潮的影响,开始重新审视教育与社会、现代学校与现代社会之间的关系时发展起来的。超越论认为,教育及学校课程不应当是实现社会目的的工具,而应当是社会中的一种主体。超越论主张教育是社会教育者与受教育者这两类主体通过交往而形成的学习共同体,教育是社会的一种群体主体,它和社会的其他群体主体(如政治、经济、文化等)之间的关系是"交互主体的关系",而不是一种客体与主体的关系——工具和工具的使用者的关系,为此教育当然要承担对社会的责任和义务。学校课程不应当是对社会生活经验的被动选择,不是被动地传递某些流行的社会生活经验的工具,因此"学校课程就是社会生活,儿童在生活,教师也在生活,儿童与教师的交往生活是整个社会生活经验的有机构成。学校课程有权力也有义务在时代精神的建构中贡献自己的力量。……学校课程与其他社会生活经验的关系就是一种对话、交往、超越的关系。学校课程主动选择社会生活经验,并对社会生活经验不断批判与超越,而且不断建构出新的社会生活经验。"①

---

① 张华.论课程选择的基本取向[J].外国教育资料,1999(5).

社会本位综合课程的三种取向反映了课程的不同属性——文化属性、社会属性和人本属性，然而这些属性之间的关系既不是并列关系，也不是主次关系，更不是对立关系，而是相互联系、相互作用、辩证统一的关系。事实上，没有一种课程是依据唯一的且极端的取向来设计的。

(3) 儿童本位综合课程

儿童本位综合课程又称作"经验本位综合课程"，是以儿童当下的直接经验、儿童的需要和动机、儿童的兴趣和心理发展为课程整合的核心，其目的是促进儿童的经验生长和人格发展。儿童本位综合课程即经验课程。卢梭的浪漫自然主义经验课程、德国的"乡土教育论"与"合科教学"、杜威的经验自然主义经验课程、克伯屈的"设计教学法"、当代人本主义经验课程都是儿童本位综合课程的典范。

3. 综合课程的评价

与分科课程相比，综合课程只有几百年的发展历史。它打破了一般分科课程的框域，按照知识内容的相关性来整合课程。相比分科课程，它的优势在于：第一，加强了各种关系之间的关联性和完整性，克服知识割裂，有利于增强学生对世界整体认识的能力，加强学校教育与社会发展之间的联系；第二，综合课程重视学生在学习过程中的非智力因素的培养，有助于促进学生的身心和谐发展；第三，综合课程更适合师生共同参与的探究性活动，加强实施之间的交流与合作，增强学生学习的积极性与自主性。

但是，在实践中，开发和实施综合课程存在许多限制：

第一，知识的琐碎化问题。在分科课程中，一个教师只需要处理某一学科领域中的问题，而在综合课程中，一个教师必须根据活动或任务的需要，选择许多学科领域中的知识并加以整合，这对许多教师而言是很难适应的。

第二，课程开发与实施的技术问题。如果只有在学生掌握了一些学科知识的要素之后才能够从事学科间的综合工作的话，那么，这些综合课程的教学究竟发生在什么地方、什么时候？综合课程的教学究竟有什么作用？学生既要学习各种分门别类的知识技能，又要将这些知识技能通过综合课程的学习整合起来，有这么多学习时间吗？

第三，教师的知识问题。成功的综合课程需要教师精通许多学科的知识，如果教师缺乏相关学科领域的知识技能，就不可能将这些知识技能成功地整合起来。

第四，学校结构问题。如果教师本人从未体验过综合课程，那他们如何能够成功地实施这种课程？不论是职前教育还是职后教育，师范教育的课程都必须经过重构，以使未来的教师对分科课程和综合课程都具有充分的理论理解和实践体验，这是实施综合课程的必要条件。

第五，评估问题。要想使综合课程在教育实践中成为主流，对学生(以及教师)表现的评估方式也必须是学科际的、跨学科的。而当前世界各地的教育实践对学生学业成绩的评估方式主要还是分科的，这势必阻碍综合课程的推行。

义务教育课程改革方案中的综合实践活动

我国 2001 年颁布的《基础教育课程改革纲要(试行)》中规定，"从小学至高中设置综合实践活动并作为必修课。其内容主要包括：信息技术教育、研究性学习、社区服务与社会实践以及劳动与技术教育。强调学生通过实践,增强探究和创新意识,学习科学研究的方法,发展综合运用知识的能力。增进学校与社会的密切联系,培养学生的社会责任感。"2003年出台的《普通高中课程方案(实验)》规定普通高中的综合实践活动缩减为研究性学习、社区服务和社会实践三个内容,而专门设置了技术领域,整合信息技术与通用技术。

综合实践活动是作为必修课程出现的,小学自三年级开始设置,每周平均3课时,小学占课时的12%,初中占10%。

20世纪90年代以来,世界课程改革的总体趋势体现出了向儿童的生活和经验回归,体现课程综合性的特点,在此基础上各国都设立了相应的课程,名称虽然各异,但所体现的理念大体相似。如日本的"综合性学习时间",英美等国的"设计学习"和我国台湾的"综合活动"等。而综合实践活动之所以能进入基础教育课程结构也适应了我国课程改革的现实需要。综合实践活动是在原来活动课程基础上产生的新型课程类型。它融合了以前分开开设的科技、文体、劳动与技术、社会实践等各类活动课程,借鉴了综合课程的思路,挖掘、利用和重组了学校、社区和全社会的资源。它的设置更加规范、目的更加全面、功能更加完善,也更有利于学生的发展。综合实践活动的出现不仅给学生参与、探究、理解社会问题的机会,符合了学生的需要、兴趣和特长,也促进了学生综合分析、探究、解决问题的能力的发展,促进了课程结构的综合化。

资料来源:马云鹏主编.课程与教学论[M].北京:中央广播电视大学出版社,2005:147.

(三)分科课程与综合课程的关系

关于分科课程与综合课程的关系,本文持如下观点:

第一,分科课程与综合课程是两类不同的课程。分科课程是一种单学科的课程组织模式,它强调不同学科门类之间的相对独立性,强调一门学科的逻辑体系的完整性;综合课程是一种多学科的课程组织模式,它强调学科之间的关联性、统一性和内在联系。但从学科本身的发展看,这两种课程组织形式各有其存在的价值,因为学科的发展呈现分化和综合并驾齐驱的趋势。

第二,对综合课程的倡导并不意味着排斥分科课程。一方面,分科课程和综合课程是两种功能互补的课程形态,各有利弊。分科课程强调让学生掌握基本的概念、原理和方法,了解学科的基本框架,由浅入深,逐渐向学科的内部深入。因此,每一门学科都是学生整个知识体系的"砖",是学生知识框架构建的"地基"。但是分科课程的设计是按照学科内部逻辑展开的,割裂了学科间的横向联系,学生即使把各科都学好了,也可能会由于对各学科缺乏应有的整合,影响其整体素质的提高;综合课程是按照知识的内在联系来设计的,强调知识的整合,学生由此学到的是一个蕴涵各类相关知识的知识块。经过不断的积累,所形成的知识体系是一个有机的整体。另一方面,分科课程和综合课程之间的界限是模糊的、相对的。一门逻辑体系相当完整的学科不可能是完全的学科内知识,必然是建立在综合的基础之上;综合课程只是以某种方式对知识进行重新整合,这种方式不同于学科

课程的逻辑方式,从整个意义上讲,综合课程是分科课程的改进形态。

第三,分科课程与综合课程互为补充。从学生发展的角度来说,分科课程和综合课程有各自的贡献,实际上是互为补充的。诚然这两种课程的要求是不同的,但是从本质上来讲,体现了两种不同的认识方式,那就是分化和综合。分化注重深入了解特定事物,综合注重了解事物之间的联系,这是学生都应该具备的思维能力。因此相对应的,学校教育中的分科和综合都有其自身存在的理由。在具体的教学过程中,也不可能把世界按照一个整体来进行传授和学习,只能对世界进行分解和分化随之加以认识。因此,当我们提倡综合课程的时候,绝不否认分科课程的优点,不能取消某些学科的分科教学,不能把所有学科都综合化。在进行综合课程开发的同时,决不能忽视分科课程的建设,相反,我们必须加强对现有分科课程的建设,使其更加完善,更加适应社会的发展需要。

正因为分科课程和综合课程在学生发展的过程中发挥着各自不同的作用,因此,这两种课程形态在我国现行的课程体系中是共存的。根据学生生理心理发展状况和不同阶段学校教育的目标,不用阶段的课程综合具有不同的意义。一般来说,年级越低,综合的程度可以越高一些。义务教育阶段的课程综合化的程度应该高些,特别是科学教育科目应该适当加以综合。但高中阶段,分科深化的课程随学生抽象思维的发展体现出的教育上的巨大价值早已为人们所认识,世界各国在高中阶段都比较重视分科的教学,综合课程成为分科课程的有效补充。

第四,推进综合课程评价体系的建设是正确理解和把握分科课程和综合课程关系的必要途径。综合课程和分科课程的最大区别就在于着眼点不同。分科课程着眼于学科体系的完整,而综合课程则着眼于学生自身的体验。因此,综合课程更为强调给学生提供多元化的经验。为此,评价的目的重在评价学生通过综合课程的学习所获得的经验、体会和能力。要不断地改进考试制度,建议采用以考试为主要手段的多元评价体系,运用多种手段和技术收集评价资料,力求使评价结果最大化地反映综合课程和教学效果。

总之,分科课程与综合课程各有利弊,综合课程有利于学生的综合素质的提高,这恰恰是分科课程不易达到的目标;分科课程则注重学生的基础知识和基本技能的传授与培养。解决好分科课程造成的学科分割与综合课程所要求的人的整体素质的提高之间的矛盾,有利于人的综合素质的提高。在实践中应逐步认识到分科课程与综合课程的相互关系。有了正确的认识,才能在实践教学中恰当地处理二者的关系,使分科课程和综合课程都能够发挥各自在学生发展中的作用。

三、必修课程与选修课程

(一)必修课程与选修课程的含义

必修课程(required curriculum)是指由国家、地方或学校规定,学生必须学习的课程。它体现了国家和地方对各阶段所有学生发展的基础性要求,是普通教育、职业教育的共同基础,也是学校教育质量的根本保证。

选修课程(elective curriculum)是指由学生根据自己的兴趣、爱好和特长自愿选择修习的课程,是适应学生的个性差异而开发的课程。

对小学阶段而言,必修课程和选修课程都是必要的。

(二) 选修课程的出现与发展

在课程发展的历史上,选修课程的出现比必修课程晚得多。其原因是知识迅猛发展和分化与有限修业年限和授课时数之间的矛盾。为了不延长学制、膨胀课时而又能适应知识的发展、分化的需要,增设有弹性的选修课程便势在必行。最早的选修课程诞生在 18 世纪的德国。1747 年,赫克(J. J. Hecker)在柏林创办的经济学、数学实科学校就允许学生自由选择课程。18 世纪末以前,美国高等学校开设的课程均为必修课程。1779 年,独立宣言的起草者、美国第三任总统杰弗逊(T. Jefferson)提出改造威廉与玛丽学院的计划,其中有关于选修课程的建议,但未被接受。1810 年,洪堡(W. von Humboldt)创办柏林大学,他对按照新的大学概念而创设的柏林大学提出学术自由的原则,教授可以自由地教他认为是最好的课程,学生可以自由地学他愿意学习的课程,这标志着选修课程从此问世。但选修课程的改进和发展则在美国。1825 年,弗吉尼亚大学率先开设选修课程,在美国开创了让学生自由选择课程的先例。此后,美国各地大学纷纷仿效开设。将开设选修课程作为一种制度确立起来的是埃利奥特(C. W. Elliot)。1869 年,埃利奥特就任哈佛大学校长,他谴责旧的教育制度让学生学习一切课程,使每门学科都显得平易肤浅,也妨碍了学校增设新的学科,主张在课程增多的情况下,大学教育应当给予学生选择的自由,通过选课加深某些知识领域的学习,发掘每个学生的才能。[①] 在他的努力下,到 20 世纪初选修课程已经在美国各大学普遍盛行。

中国正式开设选修课程可以追溯到 1919 年。这年 4 月,教育部依据前一年全国中学校长会议关于中学课程应有伸缩余地的决议案精神,向各地下达咨文,要求中学酌情增减课程及时间。许多学校也感到有必要实行选修课程,于是纷纷开始探索,有的尝试着开设选修课程,有的则实行分流课程。咨文成为各地中学施行选修课程的滥觞。经过 1919—1920 年的实践,选修课程的开设在全国出现一派生机。当时包括南京高师附中、江苏一中、上海浦东中学、中国公学中学部在内的一批学校,走在了全国的前列,积累了一些经验。1922 年,北洋军阀政府颁布《学校系统改革令》,改旧学制为六三三制,并且规定改革中学教育,明令中等教育施行选修课程制。但好景不长,到 30 年代选修课程竟被通令一笔勾销。[②]

新中国成立后,全盘照搬苏联的课程模式,只设必修课程而排斥选修课程。后来,鉴于这种课程的弊端越来越突出,教育部在 1963 年颁发的教学计划中提出高三年级设置选修课程,第一学期每周 2 学时,第二学期每周 5 学时,全年总共 111 学时。但由于当时客观条件的限制,结果只有极少数学校在这方面进行了实验,而且实验也未能坚持下去。1981 年,教育部制定颁发了《全日制六年重点中学教学计划试行草案》,其中提出要在高中开设选修课程,高中二、三年级每周各安排 4 节选修课,开设什么课程,根据学生的要求、社会的需要和学校条件而定。从此,我国中学课程结构的封闭、僵化、萎缩的状态有了改变的趋势。

1986 年 4 月 12 日,第六届全国人大正式通过了《中华人民共和国义务教育法》。该

---

① 瞿葆奎主编. 教育学文集:教学(上)[M]. 北京:人民教育出版社,1988:164.
② 瞿葆奎主编. 教育学文集:教学(上)[M]. 北京:人民教育出版社,1988:166-175.

法颁布不久,国家教委就组织人力开始义务教育教学计划的制定工作,并于1986年公布了《义务教育全日制小学初级中学教学计划(试行草案)》,规定在初中开设选修课程,初中三年级每周2课时,初中四年级每周3课时。这是新中国成立后第一次在初中阶段设置选修课程。

1990年,国家教委颁布《现行普通高中教学计划调整意见》,对普通高中课程做了改革。选修课程方面,增加了课时,高一年级每周3课时,高二4课时,高三16课时。选修课程分为两类:一类是单科性选修课程,主要安排在高一、高二;另一类是分科性选修课程,即在文科、理科、职业技术、外语等方面有所侧重的选修,主要安排在高三年级。

为贯彻《中共中央国务院关于深化教育改革全面推进素质教育的决定》和《国务院关于基础教育改革与发展的决定》,教育部提出,大力推进基础教育课程改革,调整和改革基础教育的课程体系、结构、内容,构建符合素质教育的新的基础教育课程体系。为推进课程改革的顺利进行,2001年教育部制定《基础教育课程改革纲要(试行)》。《纲要》明确指出,初中阶段学校应努力创造条件开设选修课程,高中阶段,为使学生在普遍达到基本要求的前提下,实现有个性的发展,课程标准应有不同水平的要求,在开设必修课程的同时,设置丰富多样的选修课程。

(三)选修课程设置的意义

1. 拓展学生的知识与技能

必修课程关注学生基本的科学文化素质,追求知识与技能的基础性、全面性、系统性、完整性,为学生的一般发展奠定知识技能与情感态度基础。必修课的数量与内容总是有限的,它在知识的深度与广度上受到一定的限制,而选修课则可以弥补必修课的不足,它一方面可以对必修课的内容进行拓展或深化,另一方面又可以发展学生的技能和特长。它扩展了学校课程的种类与范围,使学校课程生机勃勃,强化了学校课程与知识世界的动态联系。

2. 促进学生个性发展

由于遗传、环境、教育与个体主观努力程度不同,学生个体之间在知识经验、能力基础、家庭背景、兴趣爱好、性格特征等方面均存在着一定的差异。我国教育固然以学生全面发展为目标,但这并不意味着对所有的学生都统一要求,更不意味着要求每一个学生在每门课程上都平均发展或门门优秀。学校教育应该适应学生的个别差异,赋予每个学生选择的权利,引导和促进学生个性的生动发展。我们必须改变过去必修课一统天下的僵化格局,在不加重学生负担的前提下,开设丰富多样、富有弹性的选修课,拓宽学生的知识视野,促进其潜在能力和个性特长的充分发展。

3. 促进教师的专业成长

选修课的开设,对教师提出了新的要求、新的挑战,同时也为教师的专业发展、工作品质和教学质量的提升提供更多的机遇。它改变了教师的传统角色和固定不变的职能分工,要求教师更新课程意识、教学观念,掌握课程开发所必备的知识、技术和能力,吸收当代知识研究的新成果。正是在参与课程开发,进行课程设计、实施与评价的过程中,教师不断地反思自己的教育实践,最大限度地发挥自己的专业自主性和创造潜能,发挥自己的优势和特长,获得专业的自主成长和持续发展。

(四)必修课程与选修课程的关系

在学校教育实践中,必修课程与选修课程是教育适应社会要求、促进个性发展、培养学生全面素质的不可或缺的两种课程形式。两种课程的关系表现在:

首先,从课程价值观看,必修课程与选修课程之间的关系可以归结为"公平发展"与"个性发展"之间的关系。"公平发展"的理念是指一切人享有平等的受教育机会,因而应对一切人施以实质上公平的教育。这是必修课程的直接价值支撑。"个性发展"的理念是指施以适合于每个人的能力、能力倾向和个性特点的教育。这是选修课程的直接价值支撑。在大众教育时代,"公平发展"与"个性发展"是对立统一的。"公平发展"只有在适应每一个人的个性差异时,才不至于导致"划一主义",不至于使"公平发展"变成一纸空言。"个性发展"也只有建立在"教育公平"的基础上(使每个人的受教育机会、发展条件、最终达到的发展水平都具有平等的性质),才不至于根据受教育者的自然能力的差异,提供教育内容上有本质差别的、分轨式的教育,使教育体制变成纯粹的"甄选体制",使非人性化的教育制度合法化。这充分表明,必修课程与选修课程在根本的教育价值观上具有内在的一致性、统一性。

其次,必修课程与选修课程具有等价性,即二者拥有同等的价值。必修课程与选修课程彼此之间不存在主次关系,选修课程不是必修课程的附庸或陪衬,它是具有相对独立性的一个课程领域。必修课程与选修课程相辅相成,构成有机的整体。在教育价值上,必修课程与选修课程不存在高低优劣之分。

再次,必修课程与选修课程相互渗透、相辅相成,成为个性化课程体系的有机构成。必修课程体现课程的基础性、均衡性,而选修课程则更多地体现选择性,支持学生的个性发展。选修课要顾及基础性,例如,学习"诗歌散文系列"要顾及"语言文字应用"系列的学习,当然必修课程也要考虑到学生的个性发展,在发展学生审美鉴赏能力的同时也要强调基础知识的落实。必修课程并不排斥选择,从长远看,它是为了学生更好地发展选择能力。在必修课程的学习过程中,同样必须尊重学生的个性差异,鼓励学生发挥个性特长,鼓励学生合理选择学习内容和方法。选修课程也不牺牲共同标准和要求,不是随意的、散漫的、浅尝辄止的学习,而是经由共同标准评估保证的有效的学习。

四、显性课程与隐性课程

(一)显性课程

显性课程(explicit curriculum)又称为正式课程、官方课程、公开课程。它是学校教育中有计划、有组织地实施的"正式课程"。具体来说,是指为实现一定的教育目标而在学校课程计划中明确规定的学科,以及有目的、有计划、有组织的课外活动,按照预先编订的课程表实施。它是教科书编订、学校施教、学生学习和考核的依据之一。在传统教育中,显性课程得到了极大的重视,甚至强调到了极端,以致忽视了隐性课程的存在。

(二)隐性课程

1. 隐性课程的含义

隐性课程(hidden curriculum)亦称作非正式课程、潜在课程、隐蔽课程。它是指学生在学习环境(包括物质环境、社会环境和文化体系)中所学习到的非预期或非计划的知识、价值观念、规范和态度。具有非预期性、潜在性、多样性、不易觉察性的特点。

在历史上,最早涉及隐性课程研究的学者,可能要推美国学者杜威及其学生克伯屈。杜威将与具体知识内容的学习相伴随的,对所学内容及学习本身养成的某种情感、态度这种学习称之为"附带学习"(collateral learning)。比如,一个儿童在学习数学时,养成对待数学学习的某种态度(如喜欢、不喜欢)即附带学习。杜威强调,附带学习可能比正式学习来得更为根本、更为重要。随后,杜威的学生克伯屈进一步发挥了杜威的思想。克伯屈认为,任何一种学习都包含三个部分:"主学习"(primary learning)、"副学习"(associate learning)、"附学习"(concomitant learning)。"主学习"意指对事物的直接学习;"副学习"则是一种伴随"主学习"而来的关联学习;"附学习"则指伴随"主学习"而来的有关情感、态度的学习。这里以儿童学做裙子为例说明。学习如何下料、裁剪、缝纫,这属于主学习;在做裙子时,考虑裙子耐不耐洗,褪色不褪色的问题,这属于副学习;通过学做裙子,懂得做事"仔细"的好处,这属于附学习。后人认为,杜威的"附带学习"与克伯屈的"附学习"已涉及隐性课程的问题。

20世纪60年代以来,人们对隐性课程的研究开始蓬勃发展起来。其中两种研究视角最引人注目。一种研究视角着力关注和探讨的是,班级生活或学校生活中非正式的社会关系结构所包含的隐含信息。例如,美国教育学家杰克逊(P. W. Jackson)在1968年出版的《班级生活》(*Life in Classroom*)一书中首先提出,如果说显性课程是学校教育中有计划、有组织地实施的正式课程(formal curriculum)或官方课程(official curriculum)的话,那么隐性课程则是学生在学习环境中所学习到的非预期的或非计划的知识、价值观念、规范和态度等。据此,杰克逊被后人看作首次提出"隐性课程"这一概念的教育学家。另一种研究视角着力关注和探讨的是学校课程知识中隐含了怎样的意识形态方面的信息。像美国学者W. 阿普尔、英国学者M. F. D. 扬等研究者认为,学校不是一个观念的开发市场,特定的社会集团倾向于把特定种类的知识筛选出来,并结合到课程中去,这些内容以隐含的方式影响学生的思想、情感与态度,发挥着维持、复制、再生产现存社会制度的作用。因此,课程知识实际上负载了意识形态方面的信息,而大多数人并没有意识到这一点。

布卢姆(B. Bloom)在《教育学的无知》(*Innocence in Education*)(1972)一书中使用了显性课程和隐性课程这对概念,并指出历来的课程研究忽视了隐性课程。布卢姆认为,隐性课程的主要目标与学生的学习有关,也与学校所强调的品质以及社会品质有关,学校的组织方式、人际关系等社会学、文化人类学、社会心理学的因素对于学生的态度和价值观的形成,具有强有力的持续影响。这是因为学校是一种特殊的环境,生活在其中的学生负有相互支持、关心和尊重的责任。学校的学习不可能是学生的单个学习,它是集体的活动。在这种集体活动中,有时要强调控制、等级、竞争,有时要强调鼓励、平等、互助。各个学校还有各自所强调的主要品质。布卢姆指出,隐性课程与显性课程同样重要,隐性课程能很好地达到某些教学目标(特别是在品质、习惯、态度方面),并比显性课程的明确目标能保持得更久。学生在学校中形成这些社会性品质,对以后走入社会所起的作用与学生形成的学习技能对以后工作所起的作用同样重要。

我国学者对隐性课程的研究始于20世纪80年代中期。尽管学者们对隐性课程的概念至今尚未取得完全一致的看法，但概念的不确定似乎并未影响到人们对隐性课程的研究热情。近些年来，有关这方面的研究不断涌现。研究的范围和论题主要涉及学校的物质环境、制度环境以及人际心理环境对学生心理发展的潜在影响。比如，讨论校舍建筑、教室环境布置、各种庆典仪式、校纪校规、课堂规则、校风班风、校园文化、师生关系、性别角色差异等。

隐性课程有多重表现形式，表现为：观念性隐性课程，包括隐藏于显性课程之中的意识形态，学校的校风、学风，有关领导与教师的教育理念、价值观、知识观、教学风格、教学指导思想等；物质性隐性课程，包括学校建筑、教室的布置、校园环境等；制度性隐性课程，包括学校管理体制、学校组织机构、班级管理方式、班级运行方式等；心理性隐性课程，主要包括学校人际关系状况、师生特有的心态、行为方式等。

2. 隐性课程的特点

根据众多研究，隐性课程具有以下特点：

第一，弥散性和普遍性。隐性课程的影响可以说无处不在，只要存在教育，就必然存在隐性课程的影响，因为每一个学生都会从学习环境中解读出一定的意义，而这些意义是超出教育者预测之外的。教师尊重学生人格，学生就可能会尊重他人。反之，教师对学生训斥和体罚就可能教会学生对他人的不友好甚至形成暴力意识。

第二，影响的持久性。隐性课程都是通过心理的无意识层面对学生产生影响，如对情感态度价值观的影响，对性别角色的影响等，都是潜移默化的，这些影响一经确立，就会持久地影响人的心理和行为，难以改变。如学生在文明的环境中生活一段时间后，形成的文明意识和习惯，可以持续较长时间甚至终身保持。

第三，隐性课程影响的性质可能是积极或消极的。不论是知识的学习、观念的熏陶还是情感价值观的陶冶，隐性课程对人的影响可能是积极的，也可能是消极的。学校教育应该关注如何发挥隐性课程的积极作用，减少其消极作用。

第四，难量化性。隐性课程的内容既可能是量化性的，也可能是非量化性的。有些隐性课程是量化性的，如潜移默化地学会某种学术知识、学生观点、学术态度、学科探究方式等。也有些隐性课程是非量化性的，如隐含于班级和学校结构、行为规范和规则、人际交往方式等方面的隐性课程影响，而这些都不是仅用定量研究方法所能分析的。

3. 隐性课程的开发原则

隐性课程的影响无处不在、无时不在，隐性课程的内容丰富，且对学生的影响是持久性的，具有积极性或消极性。所以，如何让隐性课程发挥积极的教育功能，成为学校教育工作者面临的富有挑战性的课题。在开发隐性课程时应遵循如下原则：

（1）反省原则。在学校教育中，任何显性课程和所有教育过程都具有隐性课程的效应，不管教师是否意识到。教师如果没有反省的意识和能力，就可能使隐性课程产生相反的作用。教师对学生的一次过火的批评或冷淡的态度，都可能对学生发展造成终身的消极影响，尤其是"恨铁不成钢"的态度和做法。在开发和实施隐性课程的过程中，教师要经常反省自己，做到"吾日三省吾身"，经常想想自己在隐性课程方面的做法，哪些对学生的发展具有积极意义，哪些具有消极意义，及时调整自己的行为。在自省的基础上，还要经常与其他教师、学生家长、专家进行交流。

（2）自由民主开放原则。隐性课程的开发和实施，要在充分尊重学生主体地位的前提下进行，而不能因此增加对学生的控制。在开发和实施过程中，应努力为学生营造自由、民主、开放的学习与生活氛围。学生拥有自主性才有能动性，此后才谈得上创造性。不给学生足够的自主，学生就难有能动性，事事依赖家长、服从教师，这样的学生是很难具有创造性的。通过隐性课程的开发和实施，促进学校教育和管理的自由、民主、开放，学生在这样的环境中学习和生活，无论是显性课程还是隐性课程，都将会产生良好的教育效果。

（3）针对性原则。不同年龄段的学生，心理特征不同。不同地域的学校，学生的经历与体验也有差别。就是同一个班，学生的心理特征和精力体验也不完全相同。在开发和实施隐性课程时，要加强针对性，以普遍性为基础，例如优美整洁的校园环境和良好的师表形象等。在此基础上针对不同的学生，使用不同的方法，如对成绩差的学生给予热情的鼓励，对成绩好的学生寄予较高的期望，在小学主要用直观方式，而在中学则可以进行抽象讲解。

（4）因地制宜原则。隐性课程的内容是相当广泛的。学校的建筑物、设备、景观及空间布置，会对学生产生影响。校风、班风、教师的师表形象、治学态度、人生观、社会制度中的价值观念、意识形态、校园文化、校内民主氛围等，都是隐性课程的重要内容。不同的学校，可根据自身的条件开发和实施隐性课程。

（5）潜移默化原则。开发和实施隐性课程，虽然是学校或教师有意识的行为，但不能像显性课程那样，将目标、任务告诉学生，而应"悄悄地"进行。虽然要考虑目标和效果，但不可刻意地追求，否则就会"暴露"自己的意图，把隐性课程弄成了显性课程，从而失去了隐性课程的优势。多年的教育实践证明，由于学生好奇心和逆反心理的存在，你越要求他这样或那样，他就偏不这样或那样，反过来，你越禁止什么，他就越要去做。隐性课程的优势就在于，把有关的情景营造出来，让学生置身其中，自由地、自主地进行选择和判断。学生自己感受、领悟到的积极的东西，会留下深刻印象，甚至影响终身。这种润物细无声的教育，正是隐性课程的特点和优势所在。

（三）显性课程与隐性课程的关系

隐性课程与显性课程是两种不同的课程类型，二者在性质、特点、功能等方面各不相同。最明显的区别是显性课程主要是有计划的、预期的教育影响，而隐性课程则主要是非计划的、非预期的教育影响。

隐性课程与显性课程之间也存在内在联系。一方面，显性课程的实施总是伴随着隐性课程。因为课程的实施是教师与学生，他们是以自主性、能动性、创造性为特征的两类主体，这就决定了课程的实施过程绝非机械地执行既定课程方案的过程，课程实施过程具有不可预期性，必然存在非计划性、非预期性的教育影响，必然存在隐性课程；另一方面，隐性课程也在不断转化为显性课程。当人们认识到显性课程中存在的积极的或消极的隐性课程影响时，在后继的课程开发与实施中，会有意识地对隐性课程加以控制，这样，原来的隐性课程也就转化为有计划的、预期的显性课程，而这些显性课程在实施过程中又会产生新的隐性课程影响。所以，显性课程与隐性课程的动态转化过程是永恒的、无止境的。

五、直线式课程与螺旋式课程

(一) 直线式课程与螺旋式课程的含义

1. 直线式课程的含义

所谓"直线式课程"(linear curriculum)是将一门学科的内容按照逻辑体系组织起来,其前后内容基本上不重复。直线式课程组织在我国学科课程的组织中依然占主流。这种课程组织的优点是能较好地反映一门学科的逻辑体系,能避免内容的不必要的重复,其缺陷是不能恰当体现学生认知发展的特点,也不利于将学科发展的前沿成果尽可能早地反映在教学中。

加涅提出的直线编排教学内容的主张,从学习层级论的观点出发,把教学内容转化为一系列习得能力目标,然后按这些目标之间的心理学关系,即从较简单的辨别技能的学习到复杂的问题解决技能的学习,把全部教学内容按等级来排列。

2. 螺旋式课程的含义

所谓"螺旋式课程"(spiral curriculum),是在不同学习阶段重复呈现特定的学科内容,同时利用学生日益增长的心理的成熟性,使学科内容不断拓展与加深——"螺旋式上升"。螺旋式课程组织的优点是能够将学科逻辑与学生的心理逻辑较好地结合起来,其缺陷是容易造成学科内容的臃肿和不必要的重复。

螺旋式课程的明确提出者是美国著名心理学家、教育学家布鲁纳。布鲁纳着眼于培养儿童的卓越智力,倡导早期学习,主张教授学科的基本结构。为了尽可能快地发展儿童的智力,布鲁纳提倡螺旋式课程,即课程组织要以与儿童的思维方式相符合的形式,尽可能早地将学科的基本结构置于课程的中心地位,随着年级的提升,使学科的基本结构不断拓展和加深。这样,学科结构在课程中呈螺旋式上升的态势。[①] 螺旋式课程的设计建立在布鲁纳著名的"三个任何"的假设基础上,即任何学科都能够用智育上正确的方式,有效地教给任何发展阶段的任何人。即使是看上去很深奥的知识,也能以合理的方式教给幼小的儿童。为了完成教学任务,布鲁纳指出,一个好的螺旋式课程的编制应从三个方面入手:"第一,把学科中普遍的、基本的概念和原理作为课程的中心,并且要注重内容编排的连续性;第二,使学科的知识结构与儿童的认知水平相统一;第三,重视知识的形成过程。"[②]

美国的另一位教育学者凯勒(C. Keller)在20世纪60年代对螺旋式课程做了一些变动。他创立的课程称"逐步深入课程"(post-holing),即一门学科在十二年学校教育的过程中被重复学习两三遍,学生在每次学习中都深入探究学科的不同部分。

螺旋式课程组织与"逐步深入课程"组织都是为了使学生获得深刻的经验。人们希望学生通过这两种课程组织方式能够体验学习的乐趣,其基本做法是运用与学习科目相适应的探究方法。这两种课程组织方式基本相同,不同的地方在于,螺旋式课程中的连续性是事先规定要包括以前的内容的,而"逐步深入课程"则不一定具有内在的关联性。

---

① 张华著. 课程与教学论[M]. 上海:上海教育出版社,2000:302.
② 河北省教师教育专家委员会编写. 教育心理学:理论与实践[M]. 石家庄:河北人民出版社,2007:26.

(二) 直线式课程与螺旋式课程的关系

直线式课程与螺旋式课程是两种不同的课程组织,二者各有优缺点,彼此具有相对独立性。两种课程的关系主要表现如下:

第一,对不同性质的学科而言,这两种组织方式具有不同的适应性。直线式课程避免不必要的重复,对理论性相对较低的学科知识、操作性较强的内容,较合适。螺旋式课程容易照顾学生的认知特点,加深对学科的理解,这种课程对于理论性较强、学生不易理解和掌握的内容,以及对低年级的儿童来说较为合适。

第二,这两种课程组织方式又存在内在联系,彼此具有互补性。螺旋式课程由直线式课程发展而来。在课程组织过程中,这两种组织方式很难截然分开,常常交替存在。

第三,与直线式课程相比,螺旋式课程是一种更高级的课程组织形式。直线式课程主要是根据学科知识的逻辑体系展开的,它对学生认知发展的特点关注不够。螺旋式课程则不仅反映学科的逻辑体系,而且还将学科逻辑与学习者的心理逻辑有机地结合起来,这更适合学习者的特点。组织螺旋式课程比组织直线式课程的难度更大。

在我国的课程实践中,占主导地位的还是直线式课程组织,怎样适当采用螺旋式课程组织以更好地促进学生的心理发展,是未来课程改革的重要课题。

六、基础型课程、研究型课程与拓展型课程

基于学生素质培养的不同功能,将课程分为基础型课程、研究型课程和拓展型课程三类。

(一) 基础型课程

基础型课程是为学生素质的发展奠定共同性基础的课程。它由各学习领域体现共同基础要求的学科课程组成,是全体学生的必修课程。基础型课程强调促进学生基本素质的形成和发展,体现国家对公民素质的最基本要求。

其基础性体现在:第一,基础型课程注重学生基础学力的培养,即培养学生作为一个公民所必需的"三基"(读、写、算)为中心的基础教养,是小学课程的主要组成部分。第二,课程内容是基础的,着重通性、通则、通法,体现再生长的基础知识和可再发展的基本能力要求,属于最基础的学习基准。它以基础知识和基本技能为主,不仅注重知识、技能的传授,也注重思维力、判断力等能力的发展和学习动机、学习态度的培养。第三,基础型课程是必修的、共同的课程,无论哪个学生都要学习。课程设置上,既有分科设置,也有一定数量的综合设置,具体科目要按照不同学段学生的学习态度及认知发展规律而定。基础型课程由工具类学科群、社会科学类学科群、自然科学类学科群、体艺与技能类学科群等组成。第四,基础型课程的内容是不断发展的,它随学段的不同而有所不同。

(二) 研究型课程

1. 研究型课程的内涵

研究型课程是在教师的指导下,学生自主地运用研究性学习方式,获得和应用知识,发现和提出问题,探究和解决问题的学习活动。它是以问题为起点,以研究为中心,面向整个生活世界,充分发挥学生自主能力,强调团队合作,重视实践体验的一门课程。具体

包括单独设置的研究型课程和在基础型课程、拓展型课程中,运用研究性学习方式所开展的学习活动。研究型课程是基础教育课程的重要组成部分,对于改变学生单一的学习方式,培养创新精神和实践能力,发展学生的多元智能,形成健全的人格,促进学校整体和谐发展具有独特的作用。

2. 研究型课程的理念

2001年《基础教育课程改革纲要(试行)》进一步明确"从小学至高中设置综合实践活动并作为必修课程,其内容主要包括:信息技术教育、研究性学习、社区服务与社会实践以及劳动与技术教育",这意味着作为独立形态的研究型学习已经进入了我国中小学的课程体系。同时,教育部还要求,要以创新精神和实践能力的培养为重点,通过新的综合实践活动课程的设置来建立新的学习方式,即由过去学生被动学习改为主动的研究性学习。至此,一个更大范围的"研究性学习"在全国中小学逐步展开,这个为研究性学习提供载体的课程就是研究型课程。研究型课程主要体现如下课程理念:

(1) 关注学生兴趣,培养创新精神和实践能力。研究型课程鼓励学生从自己的兴趣出发,自主地选择切合学生实际的问题开展研究,通过研究性学习获得对自我价值的认识和实践的体验,为学生多元智能的发展提供平台,让学生发展自己的个性和施展自己的才能。鼓励学生敢于质疑,勇于创新,追求卓越。让学生在对各种现象的观察、发现问题和解决问题的过程中,展现和增强自己的创新精神和实践能力。

(2) 基于问题解决,面向真实生活世界。研究型课程让学生从自然界、社会生活中选择和确定研究的问题,运用观察、调查、实验、猜想、分析、推理等手段,在真实的生活环境中开展研究,解决问题,获得直接的体验和经验。

(3) 优化学习方式,丰富学习经历。研究型课程改变学生单一的接受性学习方式,倡导自主探究、实践体验和合作交流的学习方式,让学生学会运用多种学习方式,尤其是学会对各种问题开展研究性学习的方式,以适应快速变化的现代社会的需要。研究型课程充分利用科技馆、博物馆和青少年活动基地等场所,开展多种实践性、体验性的学习活动,拓展学生的学习时空,丰富学生的学习经历。

(4) 注重过程评价,促进学生不断发展。研究型课程不仅重视结果的评价,而且注重研究过程的评价,对研究的问题、方案、实践和成果进行全方位、全过程的评价,充分发挥评价的反馈、激励、反思、导向的功能,使它真正达到促进学生发展的目的。

(5) 加强课程整合,充分发挥课程整体效益。研究型课程注重课程整合,其整合的方面体现在:第一,加强课程内容的整合,将自然、社会和自我等各方面的内容,以及学科知识和学生的学习经历与经验,有机融合在一起,面向学生完整的生活领域,使课程有利于学生的全面发展。第二,加强课程和教学的整合,教学不仅是课程实施的过程,也是课程开发的过程。在研究型课程教学过程中,师生共同开发和构建课程,课程的内容持续生成和转化,课程的意义不断建构和提升。教师和学生在合作开发和实施课程的过程中共同成长与发展。第三,加强课程与信息技术的整合,把信息技术作为研究的工具,成果展示和信息交流的平台,学习评价和课程管理的手段。让信息技术融入整个研究型课程开发和实施过程中,使研究型课程出现崭新的面貌。第四,加强课程资源的整合,让学生走出课堂、走出学校、走向家庭、走向社会,将学校、社会和家庭等各种资源进行充分的整合,实现学校、社会和家庭教育的一体化,促进课程功能的进一步拓展。

(三)拓展型课程

1. 拓展型课程的内涵

拓展型课程是以培育学生的主体地位、完善学生的认知结构、改善学习方式、提高学生自我管理和选择学习的能力为宗旨,着眼于培养、激发和发展学生的兴趣爱好,开发学生的潜能,促进学生个性的发展和学校办学特色的形成,与基础型课程及研究型课程有机结合,共同为基础教育的培养目标服务的一门课程,是一种体现不同基础要求、具有一定开放性的课程。

从内容上看,拓展型课程可以分为三类:一是使学生在原有的学科基础上扩展,是为基础延伸性拓展型课程;二是为学生的综合学习提供通道,是为广域综合性拓展型课程;三是为学生的个性化发展开辟新的学习领域,是为超越基础的全新拓展型课程。从活动形式看,拓展型课程由限定性拓展课程和自主拓展课程两部分组成。它包含了学科类、活动类(含体育活动)、专题教育或班团活动、社区服务、社会实践等项目。

2. 拓展型课程的特点

(1)拓展型课程建设是民主开放的课程决策过程。拓展型课程建设是指学校根据自己的教育哲学思想自主进行的适合学校具体特点和条件的课程建设策略。它实质上是一个以学校为基地进行课程建设的开放民主的决策过程。即校长、教师、课程专家、学生及家长和社区人士共同参与学校课程计划的制定、实施和评价活动。它涉及学校教育经验的各个方面,它作为一种开放的决策过程和变革过程,要求体现出参与、合作、民主和多样性原则,需要与政府和其他有助于课程建设的机构之间相互交流协调而进行课程的设计、实施和评估。拓展型课程建设不是学校自我封闭、学校乃至地方间相互割据的手段。事实上,校外机构建设的课程资源如国家考试大纲、中央课程方案、地方课程计划等,都可以刺激或催发拓展型课程建设。例如,美国的社会学科课程方案《人类:一门研究课程》(Man:A Course of Study)就曾为美国各个学校的人类学拓展型课程建设实践提供动力和示范。拓展型课程建设对于各种教育经验的筛选与确定都是通过横向交流渠道来完成的,它除了教师、专家参与课程建设外,也鼓励家长和社区人士参与学校的课程建设,表达他们的教育观点和要求,非常注意也比较容易融进社会生活的实际变化和最新出现的相关课题,使学校课程具有更强的主动变革的机制和动力。

(2)拓展型课程建设旨在尊重学校师生的独特性和差异性。与国家课程建设注重基础性和统一性的特点相比,拓展型课程建设策略充分尊重和满足广大师生以及学校教育环境的独特性和差异性。由于学校教育的具体执行者教师广泛参与课程决策,学校的纵向与横向课程中都充分考虑到学生的需要,考虑到特定学校的具体教育环境,突出本校的课程特色,尤其是充分尊重学校师生以及学校环境的独特性和差异性,为不同学生提供不同的学习资源,设计不同的学习经历,夯实不同的基础,因而对学校的教育教学产生重要影响。它标志着课程建设主体从中央到外围的实质性转移,证明学校可以也应该成为具备不断生长和自我更新能力的开放组织系统。进行拓展型课程建设,有助于学校形成支持和激励性的氛围,形成渠道通畅的校内外交流,从而成为对教师具有吸引力的工作场所。

（3）拓展型课程建设是教育制度内权力与资源重新配置的过程。拓展型课程建设是针对国家课程建设的局限性而采取的一种与国家课程建设相对应的课程建设策略。20世纪50年代以来广泛执行的国家课程建设策略，从60年代中后期开始受到空前迅速的社会、技术和经济变革的巨大挑战。因为国家课程建设策略实质上是一种中央高度集中的自上而下的研究推广策略，存在以下问题：一是周期长，缺乏灵活性，严重滞后于社会变革，尤其是不能及时反映科技进步的成果和当地社会生活和社会发展需求的实际变化，实效性差；二是学科专家处于课程建设的核心位置，课程设计定位在学科结构的层次，缺乏课程系统结构的整体把握，导致单一狭隘的专家型课程目标和决策渠道，缺乏多层次多途径全方位满足社会发展和学生发展需求的课程体制与能力；三是"中央""外围"之间，即在建设课程的学科专家与实际执行课程的教师之间，缺少应有的紧密联系，课程专家与学校及教师是"两张皮"，否定并闲置广大教师独立判断以及参与课程建设的积极性和创造性，降低了课程革新对于学校教育的实际影响，致使课程改革不能在教学质量上取得预期的成果，出现所谓"革而不新"的现象。拓展型课程建设的出现正是对国家课程建设所遇到的挑战做出的实用主义的反应，其最终目的在于通过教育制度内权力与资源的重新调整和优化配置来提高教育的效益以及教育适应变革的能力。

（4）拓展型课程建设是国家课程建设的重要补充。总的来说，国家课程建设在解决课程的基础性与统一性方面具有优势，这是拓展型课程建设所难以企及的；而拓展型课程建设则是为尊重具体学校环境以及师生的独特性和差异性而存在的，这一点恰恰是国家课程建设所不容易兼顾的。它们是各有优势且相互补充的两种课程建设模式，其中的任何一方都很难完全取代另一方。

（四）基础型课程、研究型课程和拓展型课程的关系

1. 三种课程是有机的统一体

研究型课程与基础型课程、拓展型课程是有机的统一体，它们之间不仅存在着普遍的有机的联系，而且也存在着相互作用。

从功能的对应性来看，基础型课程的功能是着重培养学生的基本素质和基础学力，但也注意发展性学力和创造性学力的基础培养。拓展型课程在功能上，可进一步着眼于对基础学力从横向拓宽、从纵向延伸等方面进行培养，但更注意发展学生各种不同的特殊能力，培养个性，培养为终身学习打基础的发展性学力，同时兼顾创造性学力的培养。研究型课程的主要功能是在基础型课程和拓展型课程的基础上，着重在专题性与综合性的研究或探究过程中培养学生的创造性学力，以实现知识的迁移以及相应的创新精神和实践能力的提高。

从功能所处的地位来看，基础型课程的实施主要为学生的发展、为培养学生的创新精神和实践能力奠定基础。拓展型课程的实施从深度、广度等方面拓宽学生的知识面，在基础型课程的基础上拓展了适应学生个性进一步发展和适合学生创新精神和实践能力进一步培养的辅助途径。研究型课程的实施，根本性的目标是培养学生的创新意识、创新精神、创造能力和实践能力。从实施素质教育的目标来看，研究型课程应是课程功能的主干。

2. 研究型课程应以基础型课程、拓展型课程为依托

研究型课程要焕发生命活力，首先要注意研究型课程与基础型课程、拓展型课程之间的关联性。这包括两个方面：

（1）要注意它们之间的整体性。研究型课程与基础型课程、拓展型课程是一个不可分割的有机整体。研究型课程实施中学生必需的基本研究意识、研究能力和研究方法可在基础型课程的学习中获得。为此，第一，基础型课程的课程设计要改变以往陈述知识的一贯做法，要恰当地贯彻"设疑—质疑—解疑"这一原则，以便为教师的教与学生的学提供研究或探究的条件。第二，在基础型课程的课堂教学中，教师要改变课程实施中一贯的重视取向，使课程在实施过程中根据实际情况而得到恰当的调整和变化。教师要对基础型课程进行二次开发的基础上，不仅要采用演绎模式，更要注重归纳模式以及教概念和规则的探究模式。第三，学生要改变以往单一的"接受—理解—巩固—解题"的学习方式，从而使学生在基础型课程的学习中，不仅获得基础的知识，而且也理解知识获得的过程，同时也掌握研究问题的基本方法。另外，拓展型课程的课程设计、课堂教学和学习行为除了与基础型课程的有相似的要求外，拓展型课程的学习不仅要为基础型课程的学习提供有力的支持，更要为研究型课程的学习提供更为宽泛的背景知识。

（2）要注意研究型课程实施中的渐进性。研究型课程的开设要注意与基础型课程、拓展型课程开设的有效顺序，研究型课程的研究内容开设要与基础型课程、拓展型课程的内容相关联。特别是当前研究型课程的实施还处于初级阶段的情况下，更要如此。研究型课程开设前最好在基础型课程的教学中为学生铺垫一定的研究与探索的基础；研究型课程的课题选择在开始阶段最好能与基础型课程的内容，特别是拓展型课程的内容有较为紧密的相关，在此基础上再扩展到社会和生活中的广泛内容。因此，研究型课程实施中需注意渐进性，特别对小学生来说更为重要。只有当学生有了初步的研究或探究问题的能力和相对宽广的背景知识之后，研究或探究的效果才能令人满意。否则，研究性学习的过程很难使全体学生达到研究型课程的真正目的，容易流于形式。

3. 研究型课程也应给基础型课程、拓展型课程以活力

研究型课程根据研究的主题内容范围大致可分单学科的纵深式研究型课程、跨学科的宽广式研究型课程和两者结合的深广式研究型课程三种。研究型课程要焕发生命活力，一定要注意与基础型课程、拓展型课程之间的互动性。在基础型课程、拓展型课程给予研究型课程实施中所需的研究意识、研究能力和研究方法以及背景知识的前提下，研究型课程也应给基础型课程、拓展型课程以活力，从而使自己焕发生命活力。这包括教与学两个方面：其一，通过研究型课程的实施，使得指导教师懂得研究的过程、获得研究的意识、形成研究的思维，以改变过去的灌输式、题海式的课堂教学方式，使得他们在教基础型课程和拓展型课程时渗透"研究性学习"的色彩，以改变以往只注重学生对知识的"再现"和"模仿"的课堂教学方式，从而使教师真正具有素质教育和终身学习的教育理念。其二，通过研究型课程的实施，使学生对单学科进行纵深式研究或对跨学科进行宽广式研究或两者结合进行深广式研究，从而使学生能站在更高的知识层面上来透彻地理解、牢固地掌握基础型课程和拓展型课程中有关的基本知识；使学生能站在更高的能力层面上来熟练解决基础型课程和拓展型课程涉及的问题；使学生能站在更高的方法层面上来灵活地处

理基础型课程和拓展型课程中遇到的难题。

第三节 小学教学组织

任何一种教学活动都是由教师和学生在一定的实践和空间环境之中进行的。要进行教学活动,就必然要涉及师生组合方式及时间和空间的安排问题。在教学工作中,为了达到教学的目的,怎样把一定的教学内容传授给学生,教师和学生如何加以组织,教学的时间、空间以及其他条件如何妥善安排和有效地利用,这些就是教学的组织形式要解决的问题。同样的课程内容使用不同的教学组织形式或不同的教学方法,会给学生不同的学习经历,使其获得不一样的收获。研究和探讨教学组织形式,是国内外各种教学理论的重要课题之一。

一、教学组织形式的历史发展

教学组织形式不是一成不变的,它随着历史的发展而变化。人类教学组织形式的发展经历了从个别教学到班级授课制再到个别教学的回归的历史过程。

(一) 古代学校的教学组织形式

1. 个别教学

个别教学制是指教师对每个学生分别进行知识技能传授和指导的教学组织形式。在人类社会发展的早期,学校教育主要采取个别教学制,无论是古代的中国、埃及还是希腊都是如此。在古代社会,由于生产力水平低下,科学技术落后,导致了能够从事学校教育工作的教师的人数和接受学校教育的学生的人数都是非常有限的。因此,个别教学制得以实行和长期存在。由于学生的数量少,年龄层次和知识水平悬殊,教师只能根据不同学生的水平分别施教,学生没有固定的入学、毕业时间,可以随时入学,也可以随时结业。个别教学制基本适应了古代社会生产和发展的需要。虽然个别教学制难以系统化、程序化、制度化,教学效率低,但个别教学作为一种教学形式,仍然有其独特的优点,其中比较显著的优点是教师能够根据每个学生的特点进行教学,使教学适应每个学生的能力与要求。

2. 集体教学的萌芽

中世纪末期,随着西方资本主义工商业的日益发展,客观上要求教育教学培养大量的合格劳动者和熟练技工,而采用个别教学所培养的人才远远满足不了社会发展的需要。这就要求扩大受教育的对象,改革个别教学进展慢、效率低的弊端。印刷术的发明为扩大教学规模提供了可能的物质条件。由此,集体教学的萌芽形式——班组教学应运而生。

班组教学是个别教学制和班级授课制之间的一种过渡的教学组织形式,它是把相同、相近水平和层次的学生组织在一起,由一个或几个教师面向学生集体进行知识技能传授、学术宣讲的一种教学组织形式。我国东汉时期的"都授"制以及魏晋南北朝时期的"都讲制",采取的就是这样一种班组教学形式。尤其是唐宋时期的书院,也更多地采用了这种教学组织形式。这种教学组织形式已经初步具备了班级授课制的特点,但它不是严格的固定班级、固定课程、固定课时、固定学生的班级授课制。

概括而言,班组教学有以下几个基本特征:① 教学规模扩大了,教师从过去教一、两名学生扩大到教一组学生,受教育对象增多;② 由一个教师主讲、若干教师辅助讲授,而不再是由一个教师给一、两名学生讲授所有的内容;③ 给学生共同的活动空间,让他们互相学习,共同讨论,展开学术争鸣;④ 师生间的关系更融洽;⑤ 有较固定的课程。

(二) 近现代主要的教学形式

1. 班级授课制

16世纪末,随着资本主义工商业的兴起和科学技术的进步,要求扩大学校教育的规模,增加教学内容,个别教学已经不能适应需要。在这种情况下,17世纪捷克教育家夸美纽斯在其《大教学论》中提出了班级授课制,即把一定数量的学生按年龄和知识程度编成固定的班级,根据周课表和作息时间表安排教师有计划地向全班学生集体进行教学的制度。德国教育家赫尔巴特于19世纪初提出了"明了—联想—系统—方法"的教学过程阶段论,使班级教学过程的设计与实施走向操作化。20世纪中叶,以凯洛夫为代表的苏联教学理论家修正并完善了赫尔巴特的教学过程阶段理论,提出了课的类型与结构的概念,使班级授课制进一步得到完善。班级授课制适应了近代以来社会政治和经济发展对有文化的劳动者和公民的需求。我国采用班级授课制最早是在1862年的京师同文馆,并在1903年的癸卯学制中以法令的形式确定下来,随后在全国范围内得到推广。

2. 贝尔—兰卡斯特制

贝尔—兰卡斯特制,也称导生制,创始人是英国一位牧师贝尔(A. Bell,1753—1832)和一位教师兰卡斯特(J. Lancaster,1778—1838)。18世纪末19世纪初是工场手工业向机器大工业的过渡时期,这一时期的社会发展需要大批有一定文化知识的工人,贝尔—兰卡斯特制的产生适应了这一时代的发展趋势。其具体做法是:教师以教年龄较大的学生为主,而后由他们中的优秀者——"导生"去教年幼的或学习差的学生。这种教学组织形式以班级为基础,不过教师不直接教全班学生而是教其中一部分学生,即"导生",然后由"导生"转述教师讲过的内容。在导生制学校中,一个教师在"导生"的帮助下可教数百名学生。这种教学组织形式与当时英国教育的双轨制相适应,在双轨制下,广大劳动人民子女由于师资缺乏和教学质量要求不高,因而采取导生制这种转授式的教学组织形式。这种教学组织形式,已具有班级授课制的雏形,对丰富和完善班级授课制产生了积极的作用。它适用于"双轨制"中贫困子弟就读的学校,在19世纪30年代风行于英国,并传播到法国、意大利、比利时、俄国和瑞士等国。在20世纪30至40年代,这种教学组织形式也曾在我国少数地区试行。

3. 道尔顿制

随着班级授课制在学校中的广泛普及,其固有的缺点也日益暴露,如整齐划一的教学内容与进度难以适应个别差异,学生的主动性与创造性不易发挥,实践性不强等。于是从20世纪开始,随着进步主义教育思潮的兴起,出现了许多否定班级授课制,倡导学生独立活动的教学组织形式,道尔顿制便是其中之一。它是由美国道尔顿城的教育家帕克赫斯特（H. Parkhurst，1887—1973）女士于1920年在马萨诸塞道尔顿中学提出并试行的。其基本做法是：废除课堂讲授，把各科学习内容制成分月的作业大纲，规定各科作业，学生按照自己的情况与教师订立学习公约，然后在教师指导下进行独立学习，考试合格后订立下一个月的学习公约。它废除年级制，修业年限、毕业期限都是自由的。这种教学组织形式是针对班级授课制的缺点而提出的，强调给儿童以自由、师生合作、照顾个别差异和独立学习能力的培养。这些措施都在一定程度上激发和强化了学生的学习兴趣、学习需要，有利于学生学习独立性和主动性的发挥，但是，采用这种教学组织形式，教学规模受到限制，教学时间长，精力耗费大，学生完成学习的质量参差不齐，而且学习目的不够明确。

这一教学组织形式提出后，受到进步主义教育流派的推崇，与活动课程、设计教学法等结合在一起，成为进步主义教学实践的重要组成部分。这种教学形式流传很广，曾在美国被广泛推广，北欧和苏联在20世纪20年代也实行过，并在1922年被引入我国。

4. 设计教学法

1896年杜威在其所创设的芝加哥实验学校首先采用设计教学法（project method of teaching），后经他的学生克伯屈（W. H. Kipatrick，1871—1965）等人的宣扬，在美国风行一时。它是全面地彻底地改革班级授课制的一种教学组织形式。其理论基础为杜威的"从做中学"实用主义教学论。教学过程基本上属于活动学习模式，在课程论方面属于活动课程论。它废除班级授课制，打破了学科界限，摒弃教科书，极力主张学生自发地决定学习目的和学习内容，并据此组成学习单元，自己设计，自己负责执行。它强调教师的任务在于利用环境以引起学生的学习动机，帮助学生选择活动所需要的教材。由于目的不同，设计活动分创造、欣赏、问题研究、技能训练等。其教学步骤为：引起学习动机—决定学习目的—拟定行动计划—实施计划—试验和评价结果。

设计教学法对激发和强化学生的学习动机，克服班级授课制的不足等有积极作用，特别有助于发挥学生的主动性、积极性，有助于学生学习能力的培养。其缺点是这种教学组织形式过于强调学生的直接经验，忽视系统知识的传授，因而教学质量不高。

20世纪初，西方教学组织形式对我国教学实践产生了许多影响，在众多的西方教学组织形式的引进方面，设计教学法在我国的教学实践中影响最深刻，理论也最为系统。设计教学法曾于20世纪20年代在我国南京等地试行，并取得了良好的教学效果。

5. 文纳特卡制

文纳特卡制是美国教育家华虚朋（C. W. Washburne，1889—1968）1919年在芝加哥市郊文纳特卡镇公立学校实验的一种教学制度。其指导思想和道尔顿制大致相同，做法则不完全一样。按照这种教学组织形式，课程分两部分，一部分按学科进行，由学生个人自学读、写、算和学习历史、地理方面的知识和技能；另一部分是通过音乐、艺术、运动、集会以及开办商店、组织自治会等团体活动，培养和发展学生的"社会意识"。前者通过个别教学进行，后者通过团体活动并吸取了"设计教学法"的因素。由此可见，文纳特卡制的目的就是充分发挥学生的个性才能，培养学生的"社会意识"。其教学的主要步骤为：① 确定学习目的；② 学生自己学习教材及学习指导书；③ 准备诊断测验，指定作业并进行指导；④ 用诊断性测验考查学生并记录其成绩和学习进程。

文纳特卡制的特点是：第一，按单元进行学习，各单元都有明确的学习目标和具体的学习内容,并配以小步子的自学教材;第二,每个单元结束后,经测验诊断,接着学习新的单元;第三,教师经常深入到学生中间,因人、因时、因事进行个别指导。文纳特卡制兼有设计教学法和道尔顿制的特点,注意个别教学与社会活动的结合,这对培养学生的独立性、主动性和创造性有一定的作用。但它也存在忽视教师主导地位的缺陷,同时影响了教学质量。

6. 分组教学

分组教学是一些教育家为了适应学生个别差异而提出的一种教学组织形式。分组教学就是按学生的能力或学习成绩,将学生分为不同的组进行教学的组织形式。这种教学组织形式也叫"多级制"或"不分级制"。分组教学的标准不是学生的年龄,而是学生的智力或学习成绩,它实质上是能力分组。分组教学大致分为两大类:一类是在一所学校内按学生智力或学习成绩不同分成年限长短不同、内容也各异的几种小组(或年限不同、内容相同);另一类是在一个班内,根据学生学习情况的变化和分化,分成内容深浅不同或进度各异的小组进行教学,最著名的代表有美国哈利斯创建的"活动分团制"。

分组教学根据学生的学习能力或水平差异进行分层教学,便于教师组织教学,能适应不同层次学生的学习准备和学习要求,有利于因材施教。它考虑到教学进程中必然的分化规律,试图找到既便于教学又发展个性的办法,这是合理的且有积极意义的。但这种教学组织形式也存在许多弊端,主要表现为:不利于学生个性的健康发展,能力强的学生易滋生情绪,能力差的学生易产生自卑感;同时,由于缺乏不同水平学生间的相互交流,限制了学习差的学生发展的机会。

7. 特朗普制

特朗普制(Trump Plan)是20世纪50年代出现于美国的一种综合化的教学组织形式,由教育学教授特朗普(E. Trump)创立,又称"灵活的课程表"。其基本做法是,把大班上课、小班讨论、个别教学三种教学组织形式结合在一起,以灵活的时间单位代替固定统一的上课时间。首先由优秀教师采用现代化教学手段给大班进行集体教学,然后在15~20人组成的小班里开展研究讨论,最后由学生个人独立自学、研习、作业。这三种形式的时间分配大致分为:大班上课占40%,小班研究讨论占20%,个别作业占40%。

这种教学组织形式是一种综合的教学组织形式,它兼顾了班级授课、分组教学和个别教学的优点,使学生既能集体上课,又有一定的研究讨论时间,同时还能够进行独立钻研。它既培养了学生的思维能力、自学能力,又有助于学生合作学习态度的培养。这种教学组织形式目前仍在使用,是在中高年级和大学中值得推广的教学组织形式。

8. 不分级制

不分级制是20世纪50—60年代美国一些学校采用的一种教学组织形式。它的基本形式来源于文纳特卡制。不分级制打破了传统意义上的班级,没有年龄界限的标志,学习进度、课程范围、课程深度和学生在校学习年限均根据学生个人能力决定。其基本做法是:主要以学生个人的兴趣和能力安排课程,学习进度依学生本人的学习速度而定,分班主要是根据学习成绩而不是年龄。

9. 开放课堂

开放课堂又称开放教学,这种教学组织形式源于20世纪30年代进步主义者的教育主张,起先只在幼儿园采用,1967年开始在小学采用,70年代广泛流行于英国和美国。其基本做法是:在一个大教室内设计若干功能不同的活动区,学生可以根据自己的兴趣在不同的活动区内进行相应的学习活动,形式不固定。教师的职责是为学生的学习创设并布置好学习环境,并提供指导。

开放课堂的特点是:教学不拘泥形式,无固定结构,不搞分科教学,不按教材传授知识,学生可以根据自己的兴趣在教室或其他活动场所自由活动或学习。教师的责任是为学生的学习创设并布置好环境,重视发展学生的个性。对这一教学组织形式,人们褒贬不一。有人认为这是"儿童中心主义"的复活,听任学生的自由发展,意味着放弃了教育要求。有人认为它符合现代"非正规教育"发展的趋势,成人不应预先决定儿童的价值选择,而应让其成为自己所向往的人物,这种教学组织形式有利于儿童创造力的培养。

10. 选科制

选科制是20世纪50—60年代流行于西方国家的一种教学组织形式。采用这种教学组织形式的目的是使教学符合学生及家长的需要、愿望和学生的学习准备。澳大利亚的教育研究人员曾就选科制的两种形式进行实验研究。第一,按照学校开设的主要科目设立侧重点不同的班组,开学初由学生选择;第二,对于某些"核心课程"(如语文、数学和自然科学),学生有权选择自己要去的班级,而在学习其他课程时仍待在由学校或教师规定的班级内。学习"核心课程"的班级是由做了共同选择的学生组成的,因而适应了学生本人的兴趣、爱好和准备程度。

11. 程序教学

程序教学(programmed instruction)是由美国心理学家斯金纳于20世纪30年代提出的,50年代流行起来。程序教学是使用程序教学机编制直线式和分支式两种程序,把教学内容划分成基本独立的学习问题,打破班级授课制的班、课、时,学生借助程序教学机和教材,以自学为主。程序教学的主要原则是:教材为小步子,学生对所学内容做积极反应,反应后有即刻反馈,尽量降低错误率,教学应自定步调。

作为个别化教学的一种类型,程序教学有以下优点:其一,学生的学习目标明确,能循序渐进,能增强学习的积极性和责任心;其二,学习时手脑并用,能培养学生的自学能力;其三,学习步调能适应学生个人的学习速度,尤其是使后进学生获得明显进步;其四,学习效果的及时反馈能增强学习的动力,有关刺激和引导可以减少错误反应,提高学习效率。

但是,程序教学也有不少缺点:第一,斯金纳由动物实验引出的学习理论不适应人类学习中关于理解、概括、迁移的本质特征;第二,教学工作的机械化不能培养学生学习的灵活性、综合性和创造性;第三,夸大了人—机的对话关系,会削弱师—生之间的思维、品德和感情的交融关系;第四,编制序列项目或课本的任务是繁重的、艰巨的。

二、现行教学组织形式

(一) 教学的基本组织形式——班级授课制

所谓班级授课制,是将学生按年龄和程度编成班级,使每一班级有固定的学生和课程,由教师按照固定的教学时间表对全班学生进行上课的教学制度。班级授课制自产生以来,成为世界各国教学的基本组织形式。

1. 班级授课制的基本特征

班级授课组织具有如下四个基本特征:

第一,以班为单位由教师同时对整个班级进行教学。在基础教育阶段,学生一般被分别归入固定的班级,同步接受教育。一个班级里的学生一般属于同一学年。在人数特别少的学校,也有几个学年的学生被归入同一个班级的,这种组织形式称为"复式教学"。就目前来看,一般达到固定入学年龄的儿童归入第一学年的班级,每结束一学年,升入下一学年的班级。在基础教育阶段,每个班级的学生人数一般以35人～40人左右为宜。在中国的某些城市和地区,以及世界上许多发达国家和地区,随着人口出生率的下降,在实施基础教育的学校,出现了"小班化"的趋势。也有许多学校由于种种原因出现学生"爆满"的情况,有的甚至出现80人～90人一个班级的情况,严重妨碍了正常教学。

第二,教学在规定的课时内进行。每门学科每周预定的课时数一般根据国家规定的课时标准确定。各班的课时表规定每日的教学安排。每节课45分钟,课与课之间设休息时间。

第三,教学一般分科进行。即一般每节课用于教授某一特定学科。有的学校采用全科制——一名教师任该班所有学科的教学;有的学校采用分科制——分别由各科教师执教。

第四,教学内容根据国家规定的课程标准确定。每门学科一般都依据国家规定的课程标准,规定各年级的教学内容、各学科的教育目标。

概括而言,班级授课组织就是将学生分配到固定的班级,教师在规定的课时内进行分科教学,教学内容根据国家规定的课程标准确定。

2. 班级授课制的优势与缺陷

(1) 班级授课制的优势

班级授课组织,就目前来看,依然是占主导地位的教学组织形式。这种教学组织形式之所以经久不衰,是因为它具有下列优势和价值:第一,把相同或相近年龄和水平的学生组织在一起,教师可以同时教授许多学生,全体学生可以在教师指导下共同前进,而且在集体中,学生彼此之间可以相互作用、相互交流,有助于其社会性的健全发展;第二,教学按规定的课时来安排,可以有条不紊地进行,有利于预定的教学目标和教学任务的顺利完成;第三,分科教学有利于教师发挥主导作用,教师可以系统讲授规定学科,学生也可以借此获得系统的知识和技能;第四,按国家规定的课程标准确定教学内容,可以保证所有公民的基础学力的发展。

(2) 班级授课制的缺陷

班级授课制也存在一些缺陷:第一,教学活动由教师做主,学生学习的主动性和独立性受到一定程度的限制;第二,学生的学习主要是接受性学习,不利于培养学生的探索精神、创造能力和实践能力;第三,时间、内容和进程都程序化、固定化,难以在教学活动中容纳更多的内容和方法;第四,由于以"课"为活动单元,而"课"又有时间限制,因而往往将某些完整的教材内容人为地割裂以适应"课"的要求;第五,教学面向全班学生,步调统一,难以照顾学生的个别差异,不利于因材施教。这也是班级授课制最容易遭受批评的缺陷。

正是因为班级授课制有以上的优越性,它才能被人们普遍接受,至今在世界范围内仍然是学校教学的基本组织形式,才能经历一个多世纪的怀疑、非难甚至猛烈抨击而仍然站得住脚;也正是因为班级授课制有以上的局限性,人们才屡屡对它提出批评并寻求新的教学组织形式。可以说,任何教学组织形式都有其优势或不足,选择怎样的教学组织形式要看教学是基于什么样的教育目的、教授什么样的内容、教学的对象是谁。

(二) 辅助的教学组织形式

1. 个别教学

个别教学是班级授课制的一种辅助形式,一般包括教师对学生进行的个别指导和讲授。在同一个班级中学生存在一定的个别差异,因此,面向全体学生进行的课堂教学势必不能满足学生的需要。一般来说,课堂教学主要适应大多数中等层次的学生,优秀的学生可能"吃不饱",学习困难的学生则可能"吃不了",为了弥补这些不足,需要在课堂教学之余对个别学生进行个别指导。

2. 现场教学

现场教学是根据一定的教学任务,组织学生到相关的生产现场、生活情境或事件发生的场所,通过观察、调查或实际操作进行教学的组织形式。现场教学和见习、实习不同,见习和实习是运用已学知识为主要目的的教学方法,现场教学是以实际现场为课堂,以学习新知识为主的教学活动形式。这种教学形式能把书本知识中说明的现象及其发生、发展、运动变化的本来面目显示给学生,并使学生置身于自然、社会环境中,置身于生产、现实生活之中,在活生生的情境中学习。它是班级授课制的一种变式,但仍然保持了班级授课制的基本特征。只不过现场教学的地点不在教室而在事件发生、发展的现场;施教人员有任课教师,也有现场工作人员;教学时间突破了班级授课制的课时表;学生的组合形式并不是固定的,经常需要变动;在教学内容和方法上突破了教学大纲和教材的范围。

现场教学仅仅是教学的一种辅助形式,不是主要形式,是否要进行现场教学,需根据具体的教学内容来决定。它与课堂教学有着密切的联系,教师可以根据教学任务和内容的需要选择课题,配合课堂教学把一个班或几个班的学生带到野外、工厂、社会与现场有关人员一起共同进行教学,以验证课堂内学到的书本知识或为学习有关知识积累感性经验,所以它是课堂教学的补充、继续和发展。

在运用班级现场教学时应该注意:第一,在班级现场教学中,指导学生学习的不仅应该有任课教师,而且应该有现场有关人员,任课教师与现场有关人员应该协同起来;第二,要引导学生将事件发生、发展的实际现状与书本知识紧密联系起来,以现场学习帮助对理论知识的学习、理解;第三,在班级现场教学中,应该有意识地加强对学生的观察活动和实践活动的指导,以提高教学的效果;第四,班级现场教学结束时,应该及时进行总结,通过总结而提升现场教学的层次;第五,虽然现场教学有其不可代替的优点,即能提供生动的、实际的情境,但是它不能取代系统的上课,一般只能作为上课的一种辅助形式。

班级现场教学突破了课堂教学的固定时空限制,加强了教学同生产、生活实际的联系,增加了教学的直观性,便于学生对所学知识的理解和运用,并能及时了解现实中的新信息,对于提高学生的学习兴趣也很有帮助。在当前新课程改革中,我们应该积极开发课程资源,寻找和建设能满足各科教学需要的现场,很好地利用现场教学这一组织形式。需要注意的是,现场教学仅仅是教学的一种辅助形式,不能把它作为主要形式,我们要根据教学的任务来确定是否需要进行现场教学。

3. 复式教学

复式教学源于德国。清末时，随着我国兴办小学，复式教学经由日本传到我国。辛亥革命后，各地小学数目激增，由于师资奇缺，因此大量采用复式教学。

复式教学是把两个或两个以上年级的学生编在一个班里，由一位教师分别用不同程度的教学材料，在同一节课里对不同年级的学生，进行直接教学和由学生在规定时间内完成作业相交替的办法进行教学活动的形式。

复式教学在班的编排上有单班制和二级或三级复式班。单班制是把一个学校各个年级全部集合在一起，由一位教师分别对学生进行教学；二级或三级复式班，是把两个或三个年级的学生编成一个班，一般来说，相邻的年级要分开来编班。如在两级复式班中，一、三年级一个班或二、四年级一个班，在三级复式班中，一、三、五年级一个班或二、四、六一个班。在座位的编排上有同向编排、异向编排和相背方向编排三种方式。课程表的编制采用同时间、异科目，同科目、异教材，交叉排课等形式。

复式教学的基本原则是要尽可能减少各年级的相互干扰。在课表编制上，一般采用"同堂异科"编班，即一节课对不同的年级进行不同科目的教学，以避免相同科目集中学习中的彼此干扰；教师要对各个年级的集中讲授与自学作业的内容、时间、教学进程的组织进行精心设计；为保护良好的教学秩序，教师可培养小助手，发挥班干部的作用，使其协助教师进行自学作业班的管理。

复式教学的主要特点是：第一，在教学组织形式上，虽然是班级教学法，但是这里的班级是由两个或两个以上的不同年级组成的；第二，在教学活动形式上，一般以上课为主，即以教师讲授、学生接受为主要的形式；第三，由于一节课要对不同年级的学生进行交替教学，因此一节课往往被切割成两个或两个以上的部分，每一个部分对一个年级的学生进行上课；第四，直接教学与学生自学或做作业交替进行，当给一个年级进行上课时，其他一个或几个年级就做作业或自学。

复式教学适用于同年级学生人数少、教师少、校舍及其他教学设备缺乏的农村和牧区。它可以节约师资、教室和教学设备，对落后地区普及经济和文化教育具有特殊的意义。教学实践证明，尽管复式教学的教学难度大，但如果组织得当，教学效果仍然可以得到保障。复式教学表明班级授课制是非常灵活的，"学生独立性不易发挥""难以照顾个别差异"等局限性都是可以克服的。复式教学有利于培养学生的基本读写算等能力以及大幅度地提高其自学能力。它在编班、课的安排、时间分配和利用等方面的多样化处理方式，对改革有僵化趋向的班级授课制有重要的实践和理论意义。但复式教学仍然有其不足之处，最主要的缺陷是教师的直接教学时间少，不同年级学生之间会相互干扰，教学秩序难以维持，学科头绪多，教师负担重。

总而言之，我国在近代和新中国建立初期，教学组织形式在理论和实践上移植和模仿的成分较多。到了 20 世纪 80 年代，我国学者和广大教师从实际出发，将继承与改造、借鉴与创新结合起来，创建了许多富有中国特色的教学组织形式，促进了教学理论和实践研究的进一步发展。

三、小学教学组织形式改革

教学组织形式改革是现代教学改革的重要课题之一。科学的教学组织形式不仅有利于提高教学质量,而且还有利于发挥师生的积极性,提高教学的效率。那么,当前我国小学教学组织形式改革呈现出何种发展趋势与特点?我们在进行教学组织形式改革与探索过程中应注意哪些问题?本文拟对这些问题进行一些探讨。

(一)当前小学教学组织形式改革的基本趋势

自 19 世纪末以来,人们针对传统班级授课制的弊端,在世界范围内广泛展开了教学组织形式的改革与探索,一方面具体完善、改进了班级授课制这一基本教学组织形式,使其更加适应现代小学教学发展的要求;另一方面又探索、创造了大量新的教学组织形式,作为班级授课制有益的、重要的补充,使教学组织形式跨入了多样综合、丰富发展的新时代。

1. 班级规模小型化

班级规模的大小是影响课堂教学及其管理的一个重要因素,这些影响主要表现在人际关系、情感交流和参与程度等方面。20 世纪 80 年代前后,美国教育学家格拉斯(G. V. Glass)和史密斯(M. L. Smith)对班级教学的规模和教学效果之间的关系进行了实验研究,他们把学生人数在 24~34 人之间的小班作为实验班,与人数在 35 人或 35 人以上的大班进行比较,发现小班的学生成绩明显优于大班,即小班教学效果比大班好,班级越小,教学效果越好[①]。而过大的班级规模,限制了师生交往和学生参与课堂活动的机会,阻碍了课堂教学的个别化,可能导致较多的纪律问题,从而间接地影响了学生学习成绩与教学的最终效果。

当然,班级规模小型化的发展趋势必然要受到现有人力、物力、财力的制约。班级人数究竟多少较为合适?主要应视如下几个方面:第一,学习目标的类别。例如,以态度、技能的获得为主要教学目标或为完成高层次的认知目标时,小班制当然较为合适;而知识、事实层次目标的学习,则集体与小班教学都是可以的。第二,所要采用的教学方式。例如,在只要求学生们看电视、电影或听讲座时,几百人的大班也是适宜的;而强调学生或教师之间相互作用的教学方式(需要合作的学习、活动、探究等)和个别化学习时(如独立研究、掌握学习、计算机辅助教学)必然要求进行小班化教学。因此,不同的学校,也要根据不同的现实条件、不同的教学任务与要求来设置班额,灵活处理。

2. 空间安排多样化

在我国,小学教学传统的课堂座位排列形式是秧田式,即教师的讲台高高在上,一排排学生的课桌面向讲台,学生与学生之间前额对后脑,左肩邻右肩。这种空间安排固然有其优点,比如它确实比较适合于集体讲授,学生之间的相互干扰也较少,学生听课时注意力容易集中,教师也便于观察和控制学生。但这种空间也有其不可避免的缺陷,比如封闭性的空间布局,不仅不利于师生之间的人际交往尤其是情感交流,也不利于学生之间的交

---

① 张天宝等.当代国外教学组织形式改革的主要特征及其发展趋势[J].中国冶金教育,1998(5).

往,特别是最后排的学生,很容易产生被教师和其他学生孤立、遗弃的感觉。

因此,教师在选择和设计空间安排形式时,一方面应考虑具体的教学及目标,空间设置必须与活动性质和需要相适应,而不要搞成传统的千篇一律的秧田式;另一方面,教师也要考虑学生的特点和自己控制课堂的能力。教师应根据班级规模的大小和各种教学的需要,采用多样化的空间组合方式。此外,教师还应考虑空间安排的动态性,要经常变动学生的座位位置,间隔一段时间后对全班座位进行左中右、前中后的轮换。安排座位时,还要适当估计男女性别、学业成绩、性格特征等方面的搭配,考虑学生社会性的发展和交往的全面性,进而营造活跃的课堂气氛,使教学充满生机与活力,全面实现教学目标。

3. 注重个别化教学

这里提倡的个别化教学不同于原始形态的个别教学。原始形态的个别教学,是在科技水平不发达、教育基础相对薄弱的条件下,通过口耳相传及简单文字来传递教育信息,教育方式为手工作坊式的一对一言传身教,深受时空条件的限制,效率也极其低下。而现代个别化教学则是建立在大工业生产发达、教育普及的基础上的,是现代科学技术的发展和现代化教学手段的运用,特别是电子计算机辅助教学、信息高速公路和多媒体教学等给教学组织形式带来的新变化。学生可以通过互联网和信息高速公路等途径,在教师的指导下,按照自己的实际情况选择学习内容,自定学习时间和地点,自己控制学习进度和步调,及时了解自己的学习效果,这使得传统的教学时空观念已经发生了根本性的变化。同时,现代化的教学手段也可以使课堂教学更加生动、直观和形象,有助于激发学生的学习兴趣和热情,提高学习的注意力和记忆力,从而收到最佳的教学效果。这种个别化的教学组织形式是在吸收班级教学合理内核的基础上,利用现代化的教学手段得以实现的。它并不是要取消或完全替代班级教学,而是尊重学生在知识、智能、兴趣和个性等方面差异性的一种努力探索,其实质是试图实现"个别化""个性化"与"集体化"的互补,以弥补传统课堂教学的划一、呆板和僵死的严重缺陷。个别化、个性化的教学与传统的集体教学一起,促进了教学组织形式生动活泼地发展。

4. 教学组织形式多样综合化

当前小学教学组织形式呈现出多样化、综合化、丰富化发展的局面,源于以下几点原因:首先,由于各个国家和地区的文化背景不同,生产力发展水平不同,教育发展程度存在差异,未来的教学组织形式必然呈现出多元化的态势。班级授课制、分组教学、小组合作学习、个别教学、现场教学以及复式教学等,都有其适用的范围和生长的土壤。其次,任何一种教学组织形式既有优点,也有缺陷,世界上不存在一种万能的组织形式,每一种教学组织形式都有特定的目标指向和适用范围。一种教学组织形式能够顺利地完成某项教学任务,但用来解决另一项任务就不一定会成功。在众多的教学组织形式中,一种组织形式的优点可能恰恰是另一种组织形式的不足所在,反之亦然。

因此,在现代小学教学组织形式的改革中,各国都强调对各种教学组织形式的多样、综合化运用。巴班斯基提出,现代教学应当有意识地选择教学组织形式,要"把讲课和非讲课的以及全班的、小组的、个别的教学形式最优结合"[①],当前我国一些地区正在进行的

---

① 吴文侃主编. 比较教学论[M]. 北京:人民教育出版社,1999:346.

分层递进教学实验,也是综合运用了班级教学与小组教学等形式。在理论上,各国也都在加强对各种教学组织形式的互补性和相关性的研究,以实现多种教学组织形式的优化组合,使其教学组织形式互相配合、互相补充,取得最佳的教学效果。今后教学组织形式发展的趋势,应该是融合了集体教学、小组教学与个别教学优点,超越班级教学现有的时空局限、多样综合发展的新型教学组织形式。

> **情景再现:杜郎口中学课堂教学组织形式变革**
>
> 　　山东聊城市杜郎口中学课堂教学组织形式的改革,主要表现在:① 座位排列方式的变革,由秧田式变为分组排位,学生对面而坐。② 取消了三尺讲台。教师不再有固定的位置。③ 教室里三面黑板,教室外一面白板,供学生个体练习、小组合作展示,教师从多个角度进行班级授课。这种形式强化了学生之间的互动交流,培养了团队精神。在这样的课堂上,小组内同学相互交流、磋商、彼此耐心地讲解与辩论;全班展示时,本组同学互相配合、阐发、补充,极力展示本组的探索成果和水平。通过这种合作学习,无论是知识的学习,能力的提高,还是合作精神的培养,都获得了明显的实效。
>
> 　　杜郎口中学课堂组织形式的改革,不仅体现了小组合作学习的优越性,在促进学生的个体学习,突出学生的主体性方面,也有明显的促进作用。它的"三三六教学模式",强调了学生的自学;三面黑板,一面白板,加大了每个学生的练习机会;学生争先恐后地展示,张扬了自己的个性;教师穿行于教室的各个角落,与孩子们交流思想、研究问题,有利于对学生进行个别指导。
>
> 　　资料来源:梁靖云.关于课堂教学组织形式变革的思考[J].教育理论与实践,2007(8).

(二)当前教学组织形式改革应该注意的问题

1. 教学组织形式改革要从实际出发

小学教学组织形式的改革,要受到社会生产需求和科技生产发展状况等因素的影响,具体采用何种教学组织形式,是与不同国家、不同生产力发展水平、不同教育发展程度、不同的教育目标相适应的。因此,小学教学组织形式的改革,要充分考虑不同国家、不同地域、不同学校之间的具体情况。

但是,在教学改革现实中,人们却往往会犯脱离实际的错误。例如,西方教育史学家曾预言,在21世纪,班级授课制将被个别教学所取代。现在看来,这个结论显然过于主观,它没有全面考虑到各个国家、不同地域教育发展的巨大差别。事实上,当前在国内也有这种不良倾向。例如,鉴于我国一些大城市的重点小学已经强烈感觉到课堂教学束缚了师生的手脚,不能更好地施展他们的身手、才能,在此情况下,一些教育理论工作者和实践工作者便不切实际地对班级授课制进行猛烈抨击,试图抛弃并完全否定班级授课,而一味探讨各种新式新潮的教学组织形式,强调学生自己的"探究""合作""体验",这也是不切实际的。而且在广大偏远的农村地区甚至中小城市地区,由于教育资源缺乏,师资力量薄弱,许多小学、许多教师想通过基本的集体教学来完成基本的教学任务都还存在一定的困难。在这种情况下，奢谈全面废除班级授课制，只会是脱离实际的空想与盲动。

由于我国经济、科学文化基础都比较薄弱，地区、城乡、民族之间发展也不平衡，所具备的教育条件和提出的教育要求也各不相同。我们在进行教学组织形式改革时，对任何一种教学组织形式尤其是班级授课制这一组织形式，决不能轻易否定，也决不要奉若神明。在确保教学质量不会降低而能提高质量与效果的新教学组织形式尚未找到之前，决不能仓促行事，而应从实际出发，积极地创造条件，有步骤、有计划地实验总结，慎重地、有次序地进行改革和推广。

2. 要科学、辩证地对待每一种教学组织形式

从历史的角度看，每一种教学组织形式都是在相应的社会历史条件下产生的，它们都有各自优越性，同时也存在某些不足。这要求我们在教学组织形式的改革过程中，要针对教学实践中的具体问题，进行实事求是的分析研究。我们必须辩证地看待每一种教学组织形式。没有哪一种形式一无是处，在其产生、发展的历史过程中必然有其亮点，有其合理性；当然更没有哪一种形式可以包打天下，无往而不胜。然而，无论教学组织形式怎样改革与发展，有些规律与原则却是不能改变的，也是必须遵循的。第一，任何教学组织形式的设计都不能违背由感性认识到理性认识、由已知到未知和理论与实践相结合的认识规律；第二，任何教学组织形式都必须讲究教学效果，有利于学生的学习，真正使学生学会、学懂；第三，任何教学组织形式都必须重视学生思想品德教育和意志品格的培养；第四，任何教学组织形式都必须符合教育方针、教学大纲和教学计划的要求，在系统传授知识的基础上，有利于培养能力、开发智力、发展个性；第五，任何教学组织形式都不能违背一定的教学原则，如量力性原则、系统性原则、循序渐进原则、因材施教原则和实践性原则等。

本章小结

课程组织是对课程的基本要素或学习经验所做的组织。课程组织的基本要素包括两个层次：表层部分包括概念与规则、技能、价值观等，深层部分包括学习经验。作为课程组织的基本原则，应该包括纵向组织维度的连续性、顺序性以及横向组织维度的整合性两大方面。

小学教育实践中，典型的课程类型包括：学科课程与经验课程、分科课程与综合课程、必修课程与选修课程、显性课程与隐性课程。探究每一对课程类型之间的内在联系，有利于我们更好地了解课程的组织结构。

任何一种教学活动都是由教师和学生在一定的时间和空间环境之中进行的。教学组织形式的发展经历了从个别教学到班级授课制再到个别教学的回归的历史过程。现行教学的基本组织形式是班级授课制，辅助的教学组织形式有个别教学、现场教学、复式教学。教学组织形式改革是现代教学改革的重要课题之一。当前小学教学组织形式改革的基本趋势有班级规模小型化，空间安排多样化，注重个别化教学，教学组织形式多样综合化。当前教学组织形式改革要从实际出发，要科学、辩证地对待每一种教学组织形式。

思考训练

1. 你是如何理解课程组织的？课程组织的准则和取向有哪些？
2. 评述学科课程与经验课程的内涵及其关系。
3. 评述分科课程与综合课程的内涵及其关系。
4. 评述必修课程与选修课程的内涵及其关系。
5. 评述显性课程与隐性课程的内涵及其关系。
6. 教学组织形式是如何演变的，可以概括为几个阶段？未来会有怎样的发展趋势？
7. 案例分析：

材料1：如下是小学数学学科的课程计划的一部分。一年级：学习加、减法运算；二年级：学习乘法、除法运算，并与前面所学联系起来；三年级：学习带括号的运算，并与前面所学联系起来；四年级：学习平方、立方运算，并与前面所学联系起来……

材料2：下面是一份课程计划。一年级：学习小动物，如兔子或松鼠的基本需求；二年级：学习植物的基本需求；三年级：开始学习与植物有关的生态系统；四年级：学习与人类有关的生态系统；五年级：学习作为不同系统的动植物；六年级：学习物理系统——作为一个系统的地球；七年级：学习家庭实用化学；八年级：学习城镇物理学；九年级：学习生物学；十年级：学习化学；十一年级：学习物理学。

问题：(1) 材料1体现的是什么课程？它的特点如何？

(2) 材料2体现的是什么课程？它的特点如何？

(3) 两种课程关系怎样？

8. 在《国家基础教育课程改革纲要（试行）》中，多次提到综合课程问题。如"改变课程结构过于强调学科本位、科目过多和缺乏整合的现状，整体设置九年一贯的课程门类和课时比例，并设置综合课程，以适应不同地区和学生发展的需求，体现课程结构的均衡性、综合性和选择性。""小学阶段以综合课程为主。小学低年级开设品德与生活、语文、数学、体育、艺术（或音乐、美术）等课程；小学中高年级开设品德与社会、语文、数学、科学、外语、综合实践活动、体育、艺术（或音乐、美术）等课程。"

请结合实际分析在我国为什么要倡导综合课程？根据上述材料说明在实际工作中应怎样落实综合课程。

9. 2002年6月，教育部明确规定中小学的班额数：小学是40～45人，中学（含初中和高中）为45～50人。教育部将班额的大小划分为六个等级："25人及以下"为小班额，"26～35人"为偏小班额，"36～45人"为正常班额，"46～55人"为偏大班额，"56～65人"为大班额，"66人以上"为超大班额。据此分析大班额教学有何优缺点，你认为可以怎样变革现今学校的教学组织形式？

10. 结合实际的某一年级、学科的特点，设计合理的学生座位排列和教学组织形式。

11. 试绘制图表比较全班上课、班内小组教学和班内个别教学的特点（师生交往、信息交流方式等）、应用范围、优点与局限性。

拓展阅读

1. 徐继存,徐文彬编.课程与教学论[M].北京:高等教育出版社,2009年版.
2. 张传燧编.课程与教学论[M].北京:人民教育出版社,2008年版.
3. 郭元祥著.教育的立场[M].合肥:安徽教育出版社,2009年版.
4. 靳玉乐著.潜在课程论[M].南昌:江西教育出版社,1996年版.
5. 郭元祥、沈旎主编.小学综合实践活动[M].上海:华东师范大学出版社,2008年版.
6. 董洪亮、杨九俊主编.新课程教学组织策略与技术[M].北京:教育科学出版社,2004年版.
7. 林智中等著.课程组织[M].北京:教育科学出版社,2006年版.

线上学习

1. 中教网:http://www.teachercn.com/
2. 中国综合实践活动:http://www.chinazhsj.com/
3. 中国课堂教学网:http://ktjx.cersp.com/

第六章
小学课程实施与教学过程

小学语文示范课视频

※ 学习目标

1. 了解小学课程实施的内涵、取向和影响因素。
2. 掌握小学课程实施的几种基本模式。
3. 理解教学过程的本质及特征。
4. 掌握几种主要的小学教学模式。

※ 章首语

一项新的课程方案出台后,其最终的表达形式是官方正式颁发的课程政策文件,如课程计划、课程标准,它们以书面的形式存在。但是,只有当教师在学校里、在教学实践中实际执行或实施了这些文件、计划,课程的理想或书面计划才能转化为学校"知觉的课程"、教师"运作的课程"和学生"体验的课程"。换言之,"只有当教师在真实的课堂中与真实的学生一起实际地实施了,计划才会变成现实。精心的设计是良好课程的必要条件,但非充足条件,如果教师没有知觉计划的要求以及如何在教学实践中运作,那么一切都是徒劳的"[①]。因此,课程设计与组织后,其实施就显得十分重要,是迈向成功的课程改革与真正提高课程教学质量的重要条件。从课程论角度,可将课程实施视为课程开发过程中一个重要的环节,而在教学论意义上的课程实施,至少包括教学过程。本章将重点介绍小学课程实施的基本理论问题以及教学过程有关内容。

---

① Marsh,C. J. & Willis,G. (1999). Curriculum:Alternative Approaches,Ongoing Issues,2nd ed. Prentice-Hall, Ine. p. 223.

第一节 小学课程实施

一、课程实施的内涵与研究价值

(一) 课程实施的内涵

20世纪70年代以前的课程文献中,很少有对"课程实施"的专门研究。20世纪50年代末至60年代末进行的那场肇始于美国、影响波及全球的"学科结构运动"并未达到预期目的,到这场课程变革运动的后期,教育界内怨声载道,人们纷纷谴责"学科结构运动"的失败。但是,当人们深入研究、系统反思这场课程变革运动的时候,越来越感到评价课程变革计划不能只是根据最终的结果,因为许多被认为是失败的变革计划实际上压根儿就没有实施过。那种认为"只要课程变革计划完善就可以自然地在实施过程中达到预期结果"的假设受到普遍质疑。"学科结构运动"的一个重大失策就是囿于课程变革计划和假设体系的制定,而对课程变革的具体实施过程关注甚少。"课程实施"作为研究焦点始于20世纪60年年代末70年代初,其直接起因是对"学科结构运动"的反思。

一个完整的课程变革过程包括课程计划、课程采用、课程实施、课程评价几个环节。课程计划(curriculum planning)是指制定课程变革的理想及实现这种理想的具体方案。课程采用(curriculum adoption)是指做出使用某项课程计划的决定的过程,它所关注的焦点是是否决定采用某项课程计划。课程实施(curriculum implementation)是将某种课程计划付诸实践的具体过程。课程计划与课程实施之间的关系是理想与现实、预期的结果与实现结果的过程之间的关系,这种关系是极其复杂的,对这种关系的不同认识形成了课程实施的不同价值取向。课程变革的最后阶段是对变革总过程的评估,即课程评价。课程评价包括了课程变革的所有方面,其目的在于确定哪些因素与变革的研究和传播有关,怎样测定变革的实施程度,以及如何评估课程变革产生的预期或非预期的实际效果。课程变革的这些环节之间是动态的、复杂的交互过程,而非单向的、由一个环节到另一个环节的线性运作过程。(如图6-1)

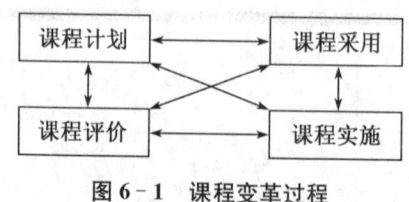

图6-1 课程变革过程

美国著名的课程专家古德莱德从课程层次的角度提出观念的课程、正式的课程、领悟的课程、运作的课程及体验的课程,其中,观念的课程和正式的课程属于课程计划、课程采用阶段,而领悟的课程、运作的课程和体验的课程则进入课程实施阶段。

（二）课程实施的研究价值

1. 有利于了解变革实际

课程设计的根本目的在于改变学生的学习状况，促进学生的最佳发展。一项课程变革方案付诸实施后究竟引起哪些课程实践的变化？要回答这个问题，首先要对课程实施过程进行直接测量和界定，以便了解课程实施的真实过程，诸如实施程度、范围、水平、效益、影响因素等，发现课程实施中的实际问题。有研究表明，大多数课程改革方案付诸实施后并不像方案设计者所预想的那样乐观。国外一项研究报告指出，一项变革方案被采用后，研究者将方案所要求的行为模式分解为 12 种具体行为，用测量工具对教师的行为进行观察测量，结果发现：方案实施的量非常低，只有 16%，也就是说教师的行为只有 16% 符合方案所要求的行为模式。① 可见，如果没有对课程实施深入细致的研究，就不可能及时发现课程实施过程中的问题，自然也难以对课程实施进行适时、恰当和有效的指导。

2. 有利于完善课程理论

迄今为止，我国学者在课程基础、课程目标、课程内容、课程设计、课程评价等领域进行了很有意义的探索，取得了显著的成绩。但是相比之下，对影响课程目标达成的过程却关注较少，出现课程理论系统研究的缺口。就课程改革的发生过程而言，至少有包括课程方案的研制、课程方案的采用、课程实施、课程评价四个环节。课程方案的研制，重点在于设计有利于学生最优发展的"精神食粮"配制良方，课程采用一般指做出某种使用课程方案决定的过程，是课程改革的首要步骤，而课程实施则较多地关注采用某种课程方案以后的实际变化程度，研究学生内化甚至发展"精神食粮"的过程。课程实施不等于单纯的课程采用，课程改革不是一个事件，而是一个过程。因此，研究课程实施有利于完善课程理论。

3. 有利于设计新的课程改革方案

课程方案与课程实施之间存在着课程理想与课程现实、预期的结果与实现结果的过程之间的一系列关系，这些关系极其复杂、多元，甚至难以预料和控制，由此形成了制定新一轮课程方案的复杂性。要确立新的课程方案，就必须客观地解释这些复杂性，尽可能地清楚这些复杂性产生的过程和原因。譬如，课程改革对学生发展价值的评估，包括有多大价值，在哪些方面有多大价值，为什么会产生这样大的价值等，可以成为研制新一轮课程改革方案的重要基础；人们对这些问题的分析和解释，往往将采用新课程方案的学生成绩优秀的原因归于新课程方案本身，而对新方案的实施过程和实施程度并未做出恰当的估计。实际上，采用了一项新方案并不意味着如方案计划那样实施。同样，一种好的教育效果，也绝非仅仅来自好的方案，即使是不太理想的方案，对于高水平的实施者，也可以取得较为理想的成效。一项研究估计，学习结果 35% 的差异可归因于实施过程的差异，也就是说，即使运用了同一方案的不同学校或班级的学生，其成绩的差异也有可能达到 35%②，这种差异来自实施过程的差异。如果不重视这种差异，很容易过高评价课程方案

---

① 张华.论课程实施的含义与基本取向[J].外国教育与资料,1999(2).
② 张华.论课程实施的含义与基本取向[J].外国教育与资料,1999(2).

的价值,对产生问题的原因估计不充分,使问题可能延伸到新一轮课程改革方案,进而导致新方案科学性和可行性不够。

4. 有利于课程实施方案的推广

通过课程实施研究,可以知晓影响课程实施的真实变量,明确课程方案在不同情境中运作的可能状况,确定哪些变量可能是制约课程实施的关键,哪些变量对课程实施没有多大影响,哪些变量对课程实施产生消极影响,明确众变量对课程实施的影响程度和作用方向,可以及时正确地干预和控制无关变量,从而估测方案在不同课程实施情境中的不同状况。我国课程实施常常容易出现不加辨别和盲目的"借鉴",甲地或甲校成功实施某课程方案,很快可以在乙地或乙校找到类似和相同的方案,在近期的校本课程开发活动中,很容易发现类似的课程"复制"现象。课程实施不是"任务"所使然,它更多地体现了一种为学生、为社会发展负责的责任和使命。尽责,意味着一切从学生和社会发展出发,一切从实施主体(包括地方、学校、教师)、实施环境或情境出发,科学地处理好影响课程实施的诸因素,谨慎运行实施全过程。研究课程实施,可以为采用实施方案的地区显示一个真实的过程,帮助其理解、修订、借鉴和再造。

二、课程实施的取向

(一) 三种课程实施取向

课程实施过程的本质具体表现为人们对课程实施取向的探讨。迄今为止,大致上有三种课程实施取向:忠实取向(fidelity orientation)、相互适应取向(mutual adaptation orientation)和课程创生取向(enactment orientation)。

1. 忠实取向

忠实取向把课程实施过程看成是忠实地执行课程方案的线性过程,其理想的成果就是教师按照新课程的原本意图在课堂中落实这些新的教学活动。根据这一取向,预期课程方案的实现程度是衡量课程实施成功与否的基本标准,即追求最大程度地依据课程计划的原本意图去实施课程。这种取向假设课程是既定的课程文件或产品,课程计划在设计上是完善的,课程只是一项技术性工作。教师在实施课程时越接近既定的课程计划,课程实施就越成功。因此,这类实施研究主要探讨两个问题:① 测量课程实施对预定课程方案的实现程度;② 确定促进或阻碍课程实施过程的因素。

忠实取向认为知识是由学校之外的机构创造的客观事物,课程也是预定的、一成不变的。好的课程方案应该是"防教师"(teacher-proof)的,并且应该给教师的课堂实践提供详细的说明和指示。课程实施则是一个按部就班的线性过程,教师在这个过程中的任务只是忠实地"执行"变革方案的规定和要求。他们无须对课程计划做出改变,只要忠实地落实既定的课程计划、实现专家课程设计的意图即可。因此,衡量课程实施成功与否的基本标准是所实施的课程与预定的变革方案之间的符合程度,符合程度越高则课程实施越成功。出于这种目的,忠实取向的课程实施研究以量化研究作为基本方法论,认为问卷调查、访谈、观察以及文献分析是进行此类研究的有效方法。

忠实取向的课程实施在20世纪60年代曾备受推崇,因为通过控制教师的课程行为、监视课程实施的成效,可以在学生的学习结果和课程计划之间建立联系,有利于评价最初的课程计划的优劣,从而提供反馈、改进课程计划。但实践证明,这种取向的课程实施并不能按专家设计的意图成功地运行。因为教师总是有意或无意地对课程做出增删或调适,完全忠实地"复制"课程内容的实施在实践中是不存在的,对教师行为的控制实际上消解了教师作为专业人员的自主权,不利于教师能动地、创造性地实施课程。

2. 相互适应取向

相互适应取向源于20世纪70年代中期伯曼和麦克劳夫林(Berman & McLaughlin)主持的兰德变革动因研究。他们发现,成功实施的特征在于它是一个相互调适的过程。课程是变革方案与学校实际情境在课程目标、内容、方法、组织等方面相互调整、改变与适应的过程。即相互适应取向强调课程方案的使用者与学校情境之间的相互适应,主张根据学校或班级实际情境在课程目标、内容、方法、组织形式诸方面对课程方案进行调整和改革。它包括两个方面的内容:一方面,课程计划为适应具体实践情境和学生特点而进行调整;另一方面,课程实际情境为适应课程计划而可能发生改变。因为课程实施不可能只是一个事件,更重要的是一个过程,在过程中实施者不可能不对课程方案进行修订甚至改变,以适合其自身的目的。相互适应取向的研究关注两个问题:① 从社会科学中借鉴新的方法和理论以发现那些关于教育问题的详尽的描述性资料;② 确定促进或阻碍课程计划实施的因素,特别是各种组织变量,以提高变革方案与课程实施之间互动的效果。它的研究重心在于把握实施过程中既定课程方案与特定教育情境之间是如何相互适应的。这类研究又体现出两种倾向:实用性倾向和批判性倾向。前者更接近忠实取向的研究,关注实施程度、影响因素以及研究方法论的问题;后者则更加注重互动和情境的影响,关心变革涉及人员的观念及行为的意义。

相互适应取向将知识看作复杂的社会互动的产物。课程方案并非固定的,而是可以随着情境进行调整,这种调适之后的产物反而更加适应学校的教育情境。在相互适应取向下,教师可以不按照专家的意图和既定的课程计划去实施课程,因为既定的课程计划更多考虑的是学校教育的共性,但不同学校、不同班级以及不同教师的课程实施都是个性化的,为了更好地实现课程意义,需要对课程做出相应的调适。这就要求课程本身一定要有灵活性,留出空间让教师对课程目标、课程内容、课程的组织方式和评价方式等做出调整。在课程实施的评价上,相互调适取向的方法论基础更为宽广,既包括量化研究,又包括质性研究。持这种取向的学者认为个案研究、参与式观察、访谈、问卷调查以及文献分析都是了解实施过程的有效手段。

这种取向的课程实施假设,要成功地落实课程计划的意图,必须在课程和教师的实施之间做出相互的调适;课程实施的关键就在于调适,而不是标准化的行为。在这种取向下,教师成为积极的协调者和课程的共同决定者,教师的角色和功能受到重视,有利于发挥教师的积极作用,创造性地实施课程计划。

3. 创生取向

课程实施创生取向认为,真正的课程是教师与学生在具体情境中联合创造新的教育经验的过程,课程不是既定的计划或产品,而是教师和学生经验的总和;官方已经设计好的课程方案仅仅是教师和学生进行或实现创造的材料或背景,是一种课程资源,借助这种资源,教师和学生不断变化和发展。随着教师和学生的发展,课程本身也在不断进步。这类课程实施研究取向关注以下问题:① 创造的经验是什么？教师与学生是如何创造这些经验的？② 诸如课程资料、程序化教学策略、各级教育政策、学生和教师的性格特征等外部因素是如何影响课程创造的？③ 实际创造的课程对学生有怎样的影响？怎样赋予教师和学生权利以创造这些经验？隐性课程有何影响？可见,与前两类研究相比,这一取向的研究已经有了迥然不同的旨趣,研究重心已转移到教育经验的实际创造过程。

创生取向认为,知识是个人化、情境化的,课程不是预先决定的,而是形成于个体建构过程中。课程变革实际上就是学生和教师的个体发展过程,成功的实施需要变革的参与人员主观上的理解和认同。在这种取向下,课程实施和教学是内在地整合在一起的,教师实施课程的过程同时是教师和学生创生课程的过程。因此,这种取向的课程实施消解了专家的权威角色,教师和学生成为课程创生的主体,教师不再需要忠实于专家的意见,而是扮演着课程开发者的角色。这种取向的课程实施不注重原先的课程计划被实施的程度或课程如何被教师所调适,而强调将教师和学生的经验与课程的相互融合。在研究方法论上,创生取向以质性研究为基础,提倡通过个案研究、深度访谈、行动研究来理解课程实施,并进一步提升学校实践。

(二) 三种课程实施取向的关系

表6-1 不同课程实施取向的比较

取向	课程方案	实施者的角色	方法	评价
忠实取向	完全确定,不可变的	完全按照方案执行	固定的	与方案一致性程度越高,实施效果越好
相互适应取向	确定的,可根据情况适当改变	需要根据实际情况对方案进行调适	动态的、变化的	在实际中发生的变化,对方案的调适程度
创生取向	不确定的,在实施过程中生成	实施过程中创造和形成方案	创造性的	方案的形成和实际效果

三种课程实施取向在对课程知识的产生,对课程变革的假设、研究方法以及教师角色的理解等方面存在很大差异,它们各有其适用的条件和优缺点,由于教育和社会情境极其复杂,教育变革的需要多种多样,在不同的情境中三种取向的价值都可以得到不同程度的体现。

首先,三种取向各有其存在的价值。它们从不同方面揭示了课程实施的本质。忠实取向强化了课程政策制定者和课程专家在课程变革中的作用,课程创生取向则把处于具体教育情境中的教师和学生在课程开发、课程创造中的主体性解放出来,相互适应取向则把外部专家所开发的课程与对这种课程产生影响的学校情境、社区情境的因素均予以考虑。所以,三种取向都有其存在的合理性。

其次,三种取向各有其局限性。忠实取向把课程变革视为线性地实施预定课程计划的过程,使课程变革成为一个机械的、技术化的程序,这就抹杀了课程变革的直接参与者——教师和学生的主体价值;相互适应取向本身是比较模糊的,带有折中主义色彩,它在兼具了另外两种取向的优点的同时也不可避免地具有了它们的局限性;课程创生取向具有浓厚的理想色彩,它要求教师不仅善于对专家开发的课程做出正确的判断、选择和解释,更善于根据具体情境的特殊需要创造自己的课程,它要求学生也应成为课程的主体。

这种取向对实践者的要求是很高的,因此,它推行的范围是有限的。

再次,从忠实取向到相互适应取向,再到课程创生取向,反映了课程变革的发展方向。尽管三种取向彼此之间各有存在的价值和局限性,但三种取向间的层次性是不容否认的。三种取向彼此之间不是绝对排斥和对立的关系,而是包容与超越的关系;相互适应取向是对忠实取向的超越,课程创生取向则是对相互适应取向以及忠实取向的超越。课程实施研究从忠实取向经相互适应取向发展到课程创生取向,反映了人们对课程变革的本质的认识不断深化。课程变革不是变革策划者对变革计划实施者的控制过程,而是参与者之间的民主交往过程。在这个民主交往过程中,每一个参与者的主体性都获得了尊重与提升。教师和学生是课程变革的主体。衡量课程变革成败的基本标准是看教师和学生的主体性是否获得解放、教师和学生的个性是否发生理想的发展与变化。这种课程变革观体现了时代精神,是课程改革的未来发展方向。

三、课程实施的基本模式

基于不同的课程观、知识观和课程取向,在课程实施过程中形成了不同的实施模式。其中,有代表性的课程实施模式有"研究—开发—推广模式""兰德变革模式""变革阻力消除模式""组织发展模式""情境模式"五种。

(一)"研究—开发—推广"模式

在 20 世纪五六十年代的"新课程运动"中,许多国家都采用了"中心—外围"(Center-Periphery)的方式进行课程改革,即由某个"中心"编制课程,然后再直接提供给散布于"外围"的学校使用。这种改革的过程大致如下:由国家组织学科专家与课程专家针对具体的学科或课程问题进行研究,并根据研究结果设计出新的课程方案,然后再到学校中推广使用。这种模式认为课程改革是由以下四个阶段按计划线性展开的过程:① 研究:建立某种教育理论。② 开发:根据理论设计新的课程方案。③ 推广:将新方案系统地传递至学校与教师。④ 采用:学校与教师无权对课程方案进行修改或调整,只负责使用。

波斯纳(G.J.Posner)指出,这种"研究—开发—推广模式"具有下列特征[①]:① 需要实施的技能假定为可以学习的(learnable)及可以特定化的(specifiable)。② 课程方案由专家设计并使其臻于完美。由于假定课程方案能适合不同的学校情境,教师很少有机会进行现场修改(on-site modification)。③ 假定课程目标已得到课程开发者、教师和学生的认同,并且这些目标成为评价学生的主要基础。④ 评价课程的方法主要是心理测量式的,如成就测验或态度调查。⑤ 课程实施以"忠实"程度作为评估的基础,课程方案的使用者是变革的被动接受者(passive recipients)

(二)兰德变革模式

随着"新课程运动"的失败,学者们开始怀疑"研究—开发—推广"模式的合理性。他们认识到课程实施必须关注教师依据特定的教育情境对课程方案的调适。兰德(Rand)

---

① 李子建,黄显华著.课程:范式、取向与设计[M].香港:中文大学出版社,1996:56.

社团于 1973 年至 1977 年对美国联邦政府资助的教育变革展开研究,认识到课程实施必须关注教师依据特定的教育情境对课程方案的调适,成功的课程实施在于它是一个相互调适的过程,进而提出了兰德变革模式。

兰德变革模式的研究者认为,实施变革的主要障碍在于学校的组织动力,因此他们强调在实施阶段给学校加入一些鼓励变革的组织变量。这一模式由以下三个阶段组成:① 启动。变革的发起者致力于使人们支持课程变革计划,这需要对课程变革计划的目标做出解释,寻求教育实践者的理解和支持。② 实施。成功的课程实施取决于课程变革的特征、教学和行政管理人员的能力、社区环境以及学校组织结构等因素。因此,课程实施的关键是对既定课程变革计划做出适当调整。③ 合作。所实施的课程方案已经成为现行课程制度的一部分,需要课程专家、教育行政管理人员、教师、社区代表甚至家长等密切合作,相互适应,使变革计划不断进行下去。①

兰德变革模式的特征表现在:① 课程实施的关键在于课程专家、校长与教师等方面的相互适应。② 良好的教材知识是缄默知识,最好是让教师通过观摩相互学习,而不是让有关专家或顾问来界定和传授知识。③ 课程实施并非由一套预设目标指引,而是由一套与学生、教学方式、教学内容以及学校教育等有关的信念指引。④ 教师可以根据特定的教育情境对课程方案进行调适,课程实施是教师对课程方案的多元诠释过程,他们会从多个侧面来认识与实践课程方案。

(三) 变革阻力消除模式

变革阻力消除模式认为,计划性课程变革的成败取决于课程领导者是否有能力克服教师对新课程计划的抵制。

消除对变革抵制的方法之一是在学校管理层和组织成员之间建立一种权力平衡。课程领导者应该将权力与教师共享,让教师参与课程计划的制定,使得教师把变革视为自己的分内事,感到自己是变革的主人,从而认真负责地来推动变革。消除变革阻力的另一方法是确定和处理好教师都关注和忧虑的事情。这种模式假设个体的改变要先于组织的变革。变革也指一种个人的经验活动,必须允许教师的个性特点在课程变革与实施中有所体现。此外,在课程变革中必须明了教师和其他参与者的需要。

霍尔(Hall)和洛克斯(Loucks)的研究指出,人们对课程改革的关注可以分为四个发展阶段:① 无关关注。在这一阶段,教师们还没有明确他们与课程变革之间的关系。如学校设置了一门新课,某位教师意识到这需要有人为之付出努力,但认为这是与己无关的事,这位教师不会抵制这项变革的原因是其还未意识到自己的专业领域会受到影响。② 自我关注。这一阶段,教师已经把自己和课程变革联系起来,他们关心新的课程与现行课程之间的异同,意识到自己必须投入到课程实施中去,发现自己面临着如何教好新课程的问题。③ 任务关注。这一阶段,教师关注课程变革在课堂上的实际推行。如:教授新课程要花多少时间?提供的材料足够吗?最佳的教学方法是什么?④ 影响关注。到了这一阶段,教师会更多地关注新课程对学生、同事和教育团体的影响上。教师会考虑新

---

① 张华编著. 课程与教学论[M]. 上海:上海教育出版社,2000:207.

课程是否有助于学生的未来生活,学生学习新课程需要哪些新的有效方法。

采用变革阻力消除模式,必须处理好教师在第二、三、四阶段所关注和忧虑的事项。如果忽略这些,教师不仅不会认同课程变革,还会以与变革不相关的方式进行工作。因而,课程领导者应使全体教师理解课程变革的情况,让他们在一开始就直接参与课程计划的制定工作;并且应该让教师们聚在一起彼此分担所关注和忧虑的事情,共同找出解决问题的办法。当教师明确了各自所关注的问题后,就会接受变革,而且会充满信心去努力实现相应的变革,进而按既定的方式推广新课程。

(四)组织发展模式

斯迈克(R. S. Schmuck)和迈尔斯(M. Miles)指出,许多教育改革方法没有成功的原因是教育领导者把方法的应用视为一种理性化的过程,过于强调进行技术层面的推广,而忽视了实施过程中学校组织需要不断地发展和革新,进而提出了组织发展模式。组织发展模式强调学校组织的发展,强调提升学校组织解决问题与自我更新的能力,强调进行团队工作与形成组织文化。

弗伦奇(French)和贝尔(Bell)进一步描述了组织发展不同于传统的组织介入方式的七个特点:① 重视团队在处理问题中的作用;② 重视团队的活动过程和团体间的活动过程;③ 运用行动研究;④ 强调组织内部的合作,并将之作为主流文化;⑤ 文化视为整个组织系统的一部分;⑥ 让组织的负责人充当顾问和促进者;⑦ 赞赏组织在不断变化的环境中所表现出来的动态性。

组织发展模式的一个重要假设是"个体关注未来"。基于此,这一理论认为,人们渴望积极地参与到设计、发展、实施和评价教育系统的活动中去;他们期望通过实施新课程,使师生们达到他们的目标,并鼓励主要参与者确认新的使命,以最终促进社会的进步。因此,组织发展模式认同课程实施者的主体性,赞同教师和学生对课程知识进行个性化处理,认为课程实施是人类的社会活动,是一个新观点不断产生,新材料和新方法不断涌现的永无休止的过程。通过不断地创生和实施课程,教师和学生在丰富多彩的学习活动中得到发展,并达至最佳的学习状态。

(五)情境模式

美国学者帕里斯(C. Paris)对课程实施持创生取向,由此提出了课程实施的情境模式。情境模式基于以下三个假设:第一,课程知识包括情境知识,这些情境知识是教师在不断前进的教与学的实践过程中创造的;第二,课程变革是个体在思维和行动方面成长与变化的过程,而不是课程设计与实施的组织程序;第三,教师不论是创造和调整自己的课程,还是对别人创造和强加的课程做出反应,他们的课程实践总是基于他们对特殊情境的知觉而发生变化。

帕里斯认为,有必要把课程作为教师在复杂环境中所创生的东西来考察,有必要用对教师有意义的观点来解释课程实施的过程、结果和情境。从这一观点出发,教师就是课程知识的创造者而非接受者;创生课程所需要的知识与技能是情境性和具体化的,是教师通过探究性的实践而不断获取与更新的。创生课堂的最佳途径是课堂探究、与同事的讨论以及共同观察、正规教学。通过这些途径获取的课程与教学理念,不再是别人强加给自己的,而是教师在实践活动中的体悟与收获。

四、影响小学课程实施因素

课程实施是一个复杂的过程,有很多因素会影响小学课程实施的进程。随着人们对课程实施的深入研究,实施的影响因素越来越多地显露出来。课程改革在实施层面上的问题,主要集中于对影响课程实施因素的认识与把握。由于影响因素的多样性和复杂性,具体分析和认识课程实施的影响因素问题变得十分重要。影响小学课程实施的主要因素归纳为四大类:

(一)课程改革本身的性质

课程改革本身的性质是影响小学课程实施的第一类因素,它包括改革的必要性及其相关性、改革方案的清晰程度、改革内容的复杂性、改革方案的质量与实用性。

1. 改革的必要性

课程改革本身是否必要,对于人们是否接受和理解改革至关重要。一项改革可能是复杂的、需要花费许多精力实施,但如果人们认为它是必要的,就会使他们觉得做这件事是值得的,从而增加改革实施的有效性。当然,一项改革不能对所有的人来说都是必要的,这里的必要性是从整体的角度来看,对教育的发展,特别是对学生的发展是有利的和必要的。

2. 改革方案的清晰程度

改革方案的清晰程度是指方案本身的结构和表述是否清晰和明白。一项新的改革方案往往包含许多新的概念和新的结构方式,如果人们不理解这些新的内容,就会给实施带来困难。在选用概念和使用语言上,在不影响改革性质的前提下,应尽可能使用人们熟悉的语言和结构,以避免由于表述上的问题而影响改革的实施。

3. 课程改革的复杂性

改革内容的复杂性对实施会产生很大影响。改革的内容越复杂,实施起来就会越困难。复杂性可能由于要改变的东西太多,也可能由于改革的内容跳跃性太大。有研究发现:"雄心勃勃的计划,其成功的比率较少,但这样的计划会比内容较少的计划促使教师改变更多的东西。"这里存在一个两难的问题:一方面改变的内容越多越广,成功的机会就越大;而另一方面,所要改变的东西越多,就会导致越多的失败。

4. 改革方案的质量和实用性

这里的"质量和实用性"是指改革方案中采取的措施、方案规划内容的质量和可利用性。实用性越强的改革方案,越会受到实施者的理解和接受。符合实际需要的、符合学校和教师实际情况的、有针对性的可操作内容和方法在实施的过程中最容易产生实效。

总之,越简单的、改革幅度小的方案可能复杂程度就小,就越容易清楚地表达,也就更容易被理解;而改革幅度较大的方案其复杂性就会比较大,在表述上也会出现一些新的和生僻的概念。因此,改革的设计者应尽可能避免由于表述和具体的措施而影响改革的实施。

(二)学区的特征

学校所在的行政区即"学区"。学区的特征是影响课程实施的又一重要因素,这类因素包括如下六方面：

1. 学区从事课程变革的历史传统

学区从事课程变革越积极、历史越久远，对一项新的课程变革计划的实施程度也就越大。反之，对一个保守的学区而言，实施一项新的课程变革计划则困难重重。

2. 学区对课程计划的采用过程

学区对一项课程变革所做出的人与物的规划质量越高，就越能应对实践中遇到的各种问题，实施该课程变革的程度也就越大。比如，"兰德课程变革动因研究"发现，常规性的、经常性的人员规划能够提供有效的反馈，并能够提供一种有效处理偶发事件的机制，这是成功的课程实施的基本保证。

3. 学区对课程变革的行政支持

学区对课程变革的"真正的"行政支持越大，课程实施的程度也就越大，这一点已为许多研究所证明。当学区的组织管理与课程变革的要求不一致的时候，就会阻碍课程变革计划的实施。

4. 课程变革人员的发展水平与对变革的参与程度

课程变革人员的发展水平越高，对变革的参与程度越大，课程实施的程度也就越大。研究认为，只在课程实施之前对有关人员进行培训并不能保证课程实施的效率，课程变革人员的不断发展、彼此之间持续的交互作用应贯穿于课程变革的始终。因此，为提高课程实施的程度，学区应不断创造条件，对课程变革人员进行持续培训。

5. 课程变革的时间表与评价体制

这包括两个方面：第一，根据对课程实施的理解而对课程变革事件的时间安排越合理，课程实施的程度就越大。所以，课程变革的时间表一定要根据特定的课程变革本身的性质来确定，而不能随意发布行政指令。第二，对课程变革的评价与学校或班级变革课程的需要的联系越密切，课程实施的程度就越大。如果学区对课程变革的评价脱离了课程变革的实际，就会阻碍课程变革的进行。

6. 学区教育委员会与社区的特征

学区教育委员会与社区的共同利益越大，越能够相互支持而非彼此争执，课程实施的程度也就越大。这一点已得到众多研究的证实。

（三）学校的特征

学校的特征是影响课程实施的又一重要因素，这类因素主要有校长的作用、教师之间的关系、教师的特征与价值取向等。

1. 校长的作用

学校是改革的基本单位和中心，在学校中，改革的主要动因是校长和教师。校长观念的转变往往比教师观念转变要难。校长常常对改革的理念和措施产生困惑。在学校水平上，如果校长对新的课程改革缺少必要的准备，就很难保证改革的理念和措施得到贯彻，更难期望创造性地实施新课程。面对改革所带来的心理的和社会的问题，校长可能比教师所面对的压力更多。校长不仅要做学校教师的工作，还要面对社会和上级行政部门。对校长进行专门的培训，使校长认识到课程改革的必要性和实施课程改革的措施是课程改革得以有效实施的重要保证。

2. 教师间的关系

教师的教育行为不是孤立的，而是与学校群体的影响分不开的。一所学校的文化和氛围对教师教育观念的建立和教学方式的改变有很大的影响。教师之间工作关系的性质与课程实施也有很大关系。学校的学术气氛、开放的交流、信任、支持和帮助、在工作中学习、分享成果和工作的满足等都是密切相关的因素，都会在不同程度上影响实施的效果。一项新的课程改革会提倡一种新的课程理念和教师文化，只有这种新理念和新文化被多数教师接受，并转变成他们的自觉行为，新课程的实施才能变为现实。

3. 教师的特征与价值取向

教师是课程实施过程中最直接的参与者，新的课程计划成功与否，教师的素质、态度是一个关键因素。教师参与课程变革的积极性和主动性越高，课程实施的程度就越大。这种积极性和主动性是建立在一定的知识、技能和能力的基础上的，是支配课程实施的重要的内部动机，它不是由奖励诱因引起的，而是基于课程实施这项专业活动本身而产生的驱动力。伯曼和麦克林指出，教师对课程变革的态度很重要，没有对课程变革这项活动的"专业关切"，教师将不会为课程变革付出额外的努力。也有研究指出，除动机因素外，教师缺乏从事一种新的课程模式所需要的知识和技能也是阻碍课程实施的重要因素。事实表明，一些课程变革没有取得预期效果，并不是课程计划本身的问题，而是由于教师的缘故。因此，加强对教师的培训，有助于课程实施。

（四）外部环境

学校外部环境是影响课程实施的第四类因素，它包括政府机构的力量、社区与家长的影响以及社会团体的影响等。

许多改革的经验和教训说明，学校与教育行政部门、外部机构以及家长之间的关系会在很大程度上对课程的实施产生影响。学校的教育活动不只是学校内部的问题，政府等权力机构对课程改革的理解与支持，对课程实施会产生很大影响。这种支持表现在财政上、物质上以及政策上。一项课程改革需要一定的物质条件，这些条件有些可以在学校内部解决，有些就需要来自学校外部的支持。而来自外部的评价也会对课程本身的操作产生很大的影响。

1. 政府机构的力量

政府机构是影响课程变革的重要力量。学校的课程变革若与学校所在地的需要的一致性越大，就越能得到当地政府的支持，课程实施的程度也就可能越大。当然，课程变革获得政府的支持并不意味着学校要被动地顺应当地的现状，而是要充分发挥学校教育的主体性，通过课程变革对当地现状做出建设性的批判与超越。例如国家和地方政府政策的倾斜、财政和物质资源、技术支援等，都会对课程实施产生很大的影响。

2. 社区与家长的影响

不同地区在以往改革中的表现，会在很大程度上影响当前的改革。校区的改革经验和舆论是影响改革成功与否的重要因素。以往改革的成功，可能会使更多的人接受新的改革；如果以往的改革没有取得成效，甚至引起许多人的责难，那么新的改革可能就会出现许多阻力。国外的学校改革受社区的影响很大，许多重大决策都要征求社区代表的意见。家长更是一个影响实施的重要因素和直接因素。家长对学校的关注程度，要比社区的其他人士更强。因为学校教育改革直接关系到他的孩子的发展,每一项改革可能都会关系到学生的成长。因此,要使社区与家长认识和了解改革的意义和目标,使多数人希望改进当前的工作和保持一种更有利于学生的改革心理状态是至关重要的。新一轮改革在实验和推进过程中,十分重视社会宣传,通过各种媒体使更多的人了解新课程、关心新课程、支持新课程改革的推进,这对于新课程的有效实施起了重要的作用。

3. 社会团体的影响

学校改革能否得到社会团体的支持是一个重要的因素。有人研究发现,学校外部环境的改变,对改革会起到一定的冲击作用。学校得到具有相当实力的社会团体的支持,将会获得更多的资源,有利于课程实施的推进;而一些偏远的地方往往对改革了解不多,或由于得不到社会团体的支持,而难以有效地进行实质性的改革。

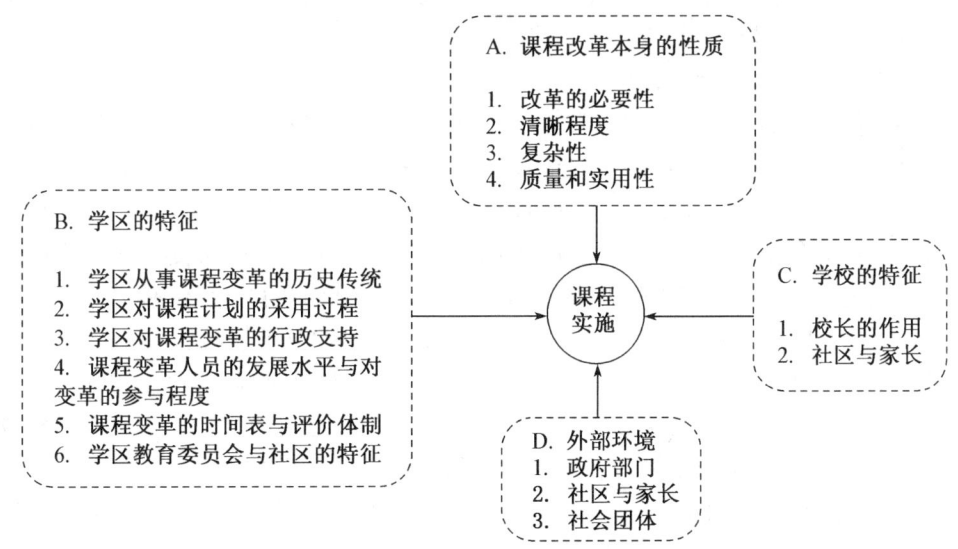

图6-2 影响课程实施过程的主要因素

一项课程变革计划能够成功地实施,取决于该课程变革计划本身的特征、学校的特征、学区的特征、外部环境的特征这四类因素间交互作用的状态和水平。这四个因素在不同的水平上,以不同的程度影响着课程的实施。小学课程实施取得成功的基本条件是:① 四类因素缺一不可;② 四类因素间交互作用的状态和水平是理想的,即四者之间具有内在的一致性,其动态交互作用能够产生合力。

第二节 小学教学过程

教学是课程实施的核心环节和基本途径,离开了教学过程,课程实施是不可思议的。了解教学过程,有助于更好地理解课程实施过程的内在机制。教学过程的本质及特点是什么？小学教学过程是如何展开的？小学教学过程应怎样设计？本节将围绕这几个问题进行展开。

一、教学过程的本质与特点

（一）教学过程的本质

教学活动具有区别于其他事物和人类活动的特定的过程特性。关于教学过程的本质，教育学界拥有不少论述，如教学过程是一种"特殊的认识过程"、教学过程是一种"以认识为基础的特殊实践过程"、教学过程是一种"促进学生发展的过程"、教学过程是一种"师生特殊的交往过程"，等等。这些观点无疑具有一定的合理性，但都没有揭示教学活动复杂性的过程本质，缺乏从发生学意义上说明教学的过程属性及其特征。华中师范大学郭元祥教授认为，过程属性是教学过程的根本属性①。

1. 过程性：教学过程的本质

人的任何活动都是一个过程，都是以过程的形式存在和发展的。恩格斯说："世界不是既成事物的集合体，而是过程的集合体。"②所谓"过程"，就是事物各个因素之间在时间上和空间上构成的联合体而进行的内在的、复合的运动。过程是事物的存在方式，世界的本质就是过程的存在，离开了过程，事物不可能存在，也无法变化和发展，事物存在的过程就是变化和发展的过程。过程是事物变化与发展并走向目的的必经环节，离开了过程中的变化、价值延伸和价值拓展，任何事物发展目标的实现都只能是空谈。

教学作为一种培养人的活动，是以过程的形式存在，并以过程的方式展开的，离开了过程就无法理解教学活动，更无法实现教学目标。过程属性是教学的基本属性。杜威在批判"传统教育派"并阐述他的"教育无目的论"时指出："教育的过程，在它自身以外没有目的；它就是它自己的目的"，"教育的过程是一个不断改组、不断改造和不断转化的过程"。③他充分认识到过程对教育教学的意义，离开了过程就不可能有真实意义上的教学目的，认识到过程就是教学活动的存在和展开方式，教学的过程就是儿童的生长过程。杜威的"教育无目的论"反映了一种实在的教学过程论。

2. 教学的过程属性即生成属性和发展属性

教学过程不仅仅是一种活动进程、活动阶段、活动环节，更重要的是，教学过程是师生围绕一定的活动主题在特定的情景(有组织的课堂环境和有发展意义的开放活动情景)中通过互动式交往活动进行的建构性实践活动的结构，是教学要素之间交互作用的变化和发展过程。在这一过程中，师生在信息沟通、情感交融、思想交流的基础上，达到学生知识与技能、情感态度与价值观由量变到质变的飞跃。从某种意义上说，教学的过程就是学生发展的过程，而这一过程具有预设和生成的双重属性。"预设"突出的是过程的计划性、预期性和规范性，但真实的教学活动由于主体因素的参与，互动式交往活动的深化，以及情景因素的参与，教学的过程充满着变数，未来的不可预知性就意味着过程的创造性，这正

---

① 郭元祥. 论教育的过程属性和过程价值[J]. 教育研究, 2005(9).
② 马克思恩格斯选集(第4卷)[M]. 北京：人民出版社, 1995:244.
③ [美]杜威著, 王承绪译. 民主主义与教育[M]. 北京：人民教育出版社, 1990:54.

是过程的魅力、意义和发展性之所在。只有认识并实现教学活动的过程属性，学生的创造能力、个性发展才能实现，教学活动才有空间和可能成为一种"艺术"。否则，教学活动只能是没有生命活力的"复制"和"刻写"活动，只能是千人一面、千校一面的机械运动。因此，教学的过程属性本质上就是教学活动的生成属性和发展属性。

3. 教学目的和教学结果之间真实的教育活动就是教学过程

教学目的是可预设的，但教学结果并不一定就是全预设的教学目的的真实再现或复写。真实的教学结果实际上是教学过程的结果，是师生在教学情景中围绕活动主题进行交互作用而实现的创造性、发展性结果。"传统教育派"和应试教育倾向也有"过程"，但其过程是全预设的，是本质先定、一切既成的，其过程在实施之前就已经有了理性设计和程序规定，教学实施就只能是预设程序的按部就班地展开，从而，"过程"演变成了丧失"生成"意义的"流程"。流程不是过程，流程不具有充分的发展性，没有意义拓展和价值衍生。"流程"指向的是过程之前设定的某种单一的目标或某几种功利的目标，"流程"是对教学过程中丰富的教育价值的减损、忽视和漠视。雅斯贝尔斯曾一针见血地指出了这种机械的教学过程观的弊端，"教育决不能按人为控制的计划加以实行。教育计划的范围是很狭窄的，如果超过了这些界限，那接踵而来的或是训练，或者是杂乱无章的知识堆积，而这恰好与人受教育的初衷背道而驰。"①因此，超越传统教学观的局限性和克服应试教育的弊端，客观地要求我们准确把握教学活动的过程属性。

（二）教学过程的特征

教学活动作为一种过程存在，具有以下根本特征：

1. 转化与生成

教学过程不是横亘在教学目标和教学结果之间的中介，而是影响教学活动的性质和价值、直接导致现实的教学结果的实在，是教学目标达成并拓展的必由之路。教学过程不是"形式"，而是教学活动本身，教学目标与教学结果不是一种线性关系，二者不是教学活动中清晰的起点和明确的终点，教学的过程对于教学目标和教学结果而言，其根本意义在于转化和生成。美国教育家多尔从复杂思维和过程思维出发，明确地指出了这一点："今日主导教育领域的线性的、序列性的、易于量化的秩序系统——侧重于清晰的起点和明确的终点——将让位于更为复杂的、多元的、不可预测的系统或网络。这一复杂的网络，像生活本身一样，永远处于转化和过程之中。"②转化性和生成性是教学过程的基本特征，从此意义上说，教学的过程就是转化和生成的活动过程。正如杜威所说的那样，"教育的过程是一个不断改组、不断改造和不断转化的过程"③。转化既是教学过程的特征，更是教学活动本身。

转化什么？概括地说，就是转识成知，转知成智，化知识为能力，化知识为美德；将公共知识转化为学生个体的知识，将人类积累下来的历史存在形态的知识转化为学生认知结构中的现实存在形态的知识，将社会道德规范转化为学生个体的品德认知、品德情感、

---

① [德]雅斯贝尔斯著，邹进译. 什么是教育[M]. 北京：人民教育出版社，1990：24.
② [美]多尔著，王红宇译. 后现代课程观[M]. 北京：教育科学出版社，2001：4.
③ [美]杜威著，王承绪译. 民主主义与教育[M]. 北京：人民教育出版社，1990：54.

品德意志和品德行为；化教学内容为学生的人生智慧，化人类的文化成果为学生的文化品格，教学活动的文化性格和智慧性格都只有通过过程来实现。转化的具体活动形式包括接受、理解、内化等。转化不是教学过程中知识的量变过程，而是发展的质变过程，是以认知为基础的飞跃性的发展过程。转化的主体是教师和学生，教学过程中既有教师指导下的转化，也有非指导性的学生自主建构性的转化。转化的依据是教学过程中的主要矛盾。

教学过程的本体意义就在于过程的生成性。如果转化活动还具有一定的预设性和规范性，那么，生成活动则体现出强烈的现实性和动态的发展性。对任何一种教学活动而言，过程总是现实的、真实的、当下的过程，总是教学要素在特定情境中在时空上的意义联结，正是在特定的教学情境中教育主体之间的交互作用，通过内隐的思维活动、精神活动以及外显的操作活动，过程总是伴随着无数的非预设性、不确定性、动态性，以及形形色色的体验、顿悟、灵感，这为超越预设性的教学目标提供了现实基础。不同层次的创造充满着过程，并随着过程的"绵延"而流动，恰如柏格森所说的那样，"真正的实在就是绵延。绵延乃是一个过去消融在未来之中，随着前进不断膨胀的连续过程。"[1]这种前进中不断膨胀的连续过程，便是不断地产生新的结果、新的经验、新的体验、新的观念、新的价值的过程，即动态生成的过程。只关注预设的东西，忽视甚至无视过程中的动态生成的结果和价值，教学的过程便没有了活力，没有了创新，没有了鲜活的经验流动，没有了情感和思想的冲突，更没有了创造，剩下的只能是告诉、"训练和杂乱无章的知识堆积"。当然，生成并不否定引导、指导、接受，并不怀疑预设和计划的作用，生成应该有方向性。但从过程的意义上讲，忽视生成性远比忽视预设性对教育价值的实现更有害处，因为过程的根本意义就在于变化、发展和创造。

2. 情景化与关系结构

教学过程的转化性和生成性是由教学过程的具体性、情景化和复杂的关系结构决定的，理解教学的过程属性，需要把握其情景化和复杂关系结构的特征。在传统教育派的视野里，教学活动是有规律的、简单的、客观的、可控的、可简化的和形式化的。而被简化的、被形式化的正是过程中最真实的、具体的、生动的、情景化的东西，从而具体而生动的教学活动的过程被"去情景化"，最终被"去过程化"。无论是"去情景"还是"去过程"本质上是"去发展""去人的生成"。教学过程区别于其他活动过程的基本特征是主体建构以教学环境、教学情景为基础。由于"学习不可能脱离具体的情境而产生，情境是整个学习中重要而有意义的组成部分，情境不同，所产生的学习也不同，学习受到具体的情境特征的影响"[2]。情景或情境的多样性决定了过程的具体性和丰富性，而且反映了过程的性质和价值。按照传统教育派的理解，一切教学活动都可以被形式化或抽象化为固定的形式阶段，"去情景"的教学活动本质上没有什么差异。从此意义上说，过程的存在离不开情景的多样性。情景化是教学过程的基本特征，富有教学艺术的教师就善于捕捉情景的发展价值。

当然，情景是人活动的具有发展意义的情景，情景是师生活动的情景，离开了以师生主体活动为核心的多重教育关系，情景也不具有教育意义。以师生关系为基础的复杂关

---

[1] ［法］柏格森著，王珍丽等译.创造进化论[M].长沙：湖南人民出版社，1989：4.
[2] 姚梅林.从认知到情境：学习范式的变革[J].教育研究，2003(2).

系,构成了过程的复杂关系结构。从某种意义上说,教学的过程作为一种实在就是关系存在,教学的过程是复杂的教学关系运动的载体。正因为如此,过程性思维特别注重事物的关系而不是事物的实体。要把握过程的具体性和丰富性,务必把握过程中的复杂关系及其运动。

3. 确定性与不确定性的统一

教学自身的复杂性决定了教学过程的复杂性。这种复杂性表现在:教学过程既具有确定性、客观性、稳定性、科学性、绝对性、终极性、中立性、普遍性和一致性等性质,也具有不确定性、主观性、非线性、文化性、相对性、境域性、价值性、特殊性和差异性等基本性质。即使是教学过程中的知识也具有双重特征,当然,生成性的教学过程观崇尚动态的知识观,主张用发展和变化的观点把握知识的本质和性质,一方面,不再把知识看成是一成不变的永恒真理,注重把握知识的不确定性;另一方面,不再把知识完全抽象为某种"符号表征",尤其注重把握知识的文化性和价值性,超越单一的"工具理性"观念,把知识与人类的境遇、命运和幸福关联起来。① 从教学过程中的主体之间的关系来看,教师和学生之间的主客体关系是动态呈现的,没有一成不变或确定性的主体—客体关系,教学过程中活动阶段的不同、任务的变化、学习方式的差异直接引起主客体关系的变化,由于师生主客体关系的不确定性和不稳定性,导致了人们对师生之间的"主体间性"的接受。从时间序列上看,教学的过程具有计划性和规范性、动态性和变化性双重特征。

教学过程是确定性与不确定性的统一,过程的不确定性并不意味着对确定性的全盘否定和机械排斥,相反,不确定性是对确定性的动态呈现。确定性与不确定性、规范性与开放性、客观性与主观性、科学性与人文性、认知与情感等各种对应状态动态地交织在过程之中,并通过动态的转化和生成实现教学活动的过程价值。

二、几种主要的小学教学模式

(一) 教学模式的含义

最早提出"教学模式"一词的是美国学者乔伊斯和威尔(M. Weil),他们于1972年合作出版的《教学模式》(*Models of Teaching*)一书被认为是教学模式理论研究开始的标志。20世纪80年代国外一些先进的教学模式陆续传入我国,对我国教学实践的深入开展产生了较大的影响。我国随后也产生了系列教学模式。

"模式"的英文是"model",也称作"模型""范例"等。它将不能直接观察的现象转换为较具体化的东西以便观察,试图说明整个结构或过程的主要构成要素及其各要素之间的关系。

乔伊斯和威尔认为,教学模式是"一种可以用来设置课程(诸学科的长期教程)、设计教学材料、指导课堂或其他场合的教学的计划或类型"②。国内学者从不同角度对教学模式做出了不同的解释。从理论范型的角度讲,教学模式"是在一定的教学思想指导下围绕

---

① 赵汀阳. 知识,命运和幸福[J]. 哲学研究. 北京:2001(8).
② [美]乔伊斯、威尔著,丁证霖等编译. 当代西方教学模式[M]. 太原:山西教育出版社,1991:1.

着教学活动中的某一主题,形成相对稳定的、系统化和理论化的教学范型"[①]。从教学结构的角度讲,教学模式是"人们为了特定的认识目的对教学活动的结构所做的类比的简化的假定的表达"[②]。从设计与组织教学的角度讲,"教学过程的模式,简称教学模式,它作为教学论里的一个特定的科学概念,指的是根据客观的教学规律和一定的教学指导思想而形成的、师生在教学过程中必须遵循的比较稳定的教学程序及其实施方法的策略体系。"[③]这些定义从不同角度解释了教学模式的特征。"结构说"强调对各种教学要素组合的静态描述;"过程说"强调对教学各环节有效运作的动态描述;"方法说"强调具体教学方法的组合运用。可见,一个完整的教学模式是静态和动态的统一,既有合理的结构,也有内隐程序的有效运作;既注重理论功能,也注重实践功能。

我们可以理解为:教学模式是在一定教学理论指导下,为设计和组织教学而在实践中建立起来的关于教学活动的一套基本结构或者是开展教学活动的一套方法论体系。教学模式包括五要素:理论依据、教学目标、教学程序、实施条件与教学评价。教学模式具有操作性、整体性、简约性和变革性的特点。

(二) 小学教学模式的种类

1. 探究训练教学模式

> 在一个四年级的教室里,学生们正要交算术练习本,教师哈里森夫人请学生们注意将要发生的事。正当学生抬起头看着哈里森夫人的时候,讲台顶上的电灯突然熄灭了,孩子们很疑惑。哈里森夫人问:"看到许多电灯都熄灭了,大家有什么想法呢?为什么会发生呢?"接着她拧下了那个灯泡,拿在手上。学生们都围在她身边,她把灯泡传给学生们看,说:"你们能否对发生的事情做一个假设呢?"一个学生这样问:"玻璃里面有什么东西?"哈里森夫人说:"恐怕我不能回答这个问题。可以换种方式提问。""玻璃中有空气吗?"另一个学生问。"没有。""里面是否有气体?"一个学生问。"也没有。""它是真空的吗?""是的。""完全真空吗?"由学生进一步问。"差不多。"又有学生问:"那根细细的电线是用金属做的吗?""是的。"她让学生们不断地提出诸如此类的问题,渐渐地,学生能区别做成电灯泡的各种材料并理解发生的各种情况,最后他们对所发生的事情大胆做出假设,在做出四五个假设之后,他们查阅资料,希望能证实这些假设。

以上是对探究训练的简要描述。探究训练教学模式是由美国教学专家萨奇曼(R. Suchman,1927—)设计的,他坚信"人们感到疑难时自然会去探究",通过创设问题情境,培养学生调查、分析和解释问题的能力。

(1) 理论依据

萨奇曼坚信当个体面对疑难问题时会本能地进行探究。所以,他认为学生面对问题

[①] 李秉德主编. 教学论[M]. 北京:人民教育出版社,2001:256.
[②] 熊川武. 教学模式实质说[J]. 教育研究,1993(6).
[③] 柳海民. 试论教学模式[J]. 中国教育学刊,1988(5).

情境的时候会本能地对其感兴趣,并且会想方设法弄清楚究竟发生了什么。教师可以利用学生的好奇心,让他们共同探究并给予指导,帮助学生意识到他们自己的思维策略并学会分析这些策略。他认为,帮助学生进行探究的最好方法就是训练,即促使学生面对一个令人疑惑的问题,通过收集和组织资料尝试对问题给予解释。

(2) 教学目标

萨奇曼认为,利用学生对问题内在的探究渴望,帮助学生发展独立探究和合作探究的能力。通过探究活动培养学生搜集资料、分析资料和解决问题的能力,进而提高他们的探究型思维能力。

(3) 操作程序

探究教学模式分为四个阶段:第一阶段,呈现问题情境。教师给学生提供问题情境。第二阶段,收集资料。学生根据疑难情境探索确认探究对象及情境的性质,并验证假设。第三阶段,组织资料并尝试解释。学生组织资料试图分析并给予尝试性的解释,最后得出结论。第四阶段,总结。学生分析并寻找自己和他人的有效的探究方式。这四个阶段之间互相联系,存在着逻辑顺序,若忽略这一顺序,将达不到预期效果。

(4) 实现条件

探究训练模式中有两个重要的支持条件:第一,可供探究的问题情境,而且这个问题情境应该来自与我们的观念或现实相冲突的现象。第二,了解探究过程和方法的教师。

(5) 师生角色

在探究训练教学模式中,教师和学生是平等的参与者。教师扮演着指导者的角色,为学生创设问题情境,根据学生的已有水平确定探究范围,根据探究进展提供信息资料,鼓励学生大胆探究。学生是探究活动的主体,教师通过"是否"的回答把分析问题的权利还给学生。教师只是为学生提供条件,并非代替他们进行探究,在探究训练刚开始,主要由教师进行计划和指导。经过一段时间后,可从教师主导转向学生主导,让学生有更多的自主性来进行探究活动。

(6) 评价

探究训练注重的是活动的过程而非结果,它并不是一定要让学生做出正确合理的解释,而是使学生通过探究树立独立学习的信心,培养学生提出问题、分析问题和解决问题的能力。

2. "传递—接受式"教学模式

"传递—接受式"教学模式是我国传统的教学模式。这种教学模式源于赫尔巴特及其弟子的"五段教学法"的思想,后又经过凯洛夫等人的改造后传入我国,是我国小学教学实践中运用较多的一种模式。

(1) 理论依据

传授—接受教学模式建立在唯物主义认识论的基础上,同时吸收了有关心理学和教育学方面的理论知识。在这种思想指导下,教学活动就是教师引导学生学习的特殊认识过程。学生在教师的指导下以掌握间接知识为主,学习各种科学文化知识。

(2) 教学目标

传递—接受式教学模式是以传授知识技能技巧为核心的,它的主要目的就是使学生在教师的指导下,掌握基础知识和基本技能,强调学生对文化知识的掌握,而忽视了学生的智力发展和能力培养。

(3) 操作程序

在这一模式中,一般分成五个环节:激发动机—复习旧课—讲授新课—巩固运用—检查评价。第一,教师要使学生做好上课的心理准备和物质准备,激发学生学习的兴趣,使学生集中注意力,自觉投入学习中。第二,要检查、复习已经学过的内容,使学生加强新旧知识的联系,为学习新知识做好准备。第三,教师教授新的知识,学生进行学习。第四,教师让学生当堂练习,及时解决问题,做到当堂消化。第五,教师布置作业,让学生运用所学新知识解决问题,并对学生的练习情况进行评价。

(4) 师生角色

教师是教学活动的中心人物,在教学过程中起主导作用。教师在教学过程中围绕"三中心"进行教学,即以教师为中心、以课堂教学为中心、以教科书为中心。而学生总是处于"被教"的地位,学生在教学过程中就是要配合教师的教学,发挥学习的积极能动性,学习教师教授的文化知识和技能等内容。由于这一模式片面强调教师的主导作用,所以学生变成了被动接受知识的容器。

(5) 实现条件

传递—接受式教学模式强调教师的主导作用,因而教学活动的顺利开展对教师提出了较高的要求。教师的思想道德品质和教学业务水平等都要达到一定水平。比如,教师要合理制定教学计划,运用各种教学方法进行知识传授等。

(6) 评价

传递—接受式教学模式以教师评价为主,一般运用考试和测验的形式,强调教师对学生掌握知识质量的检查,以便了解学生掌握知识的情况,及时纠正学生学习的缺陷。

3. "自学—辅导式"教学模式

"自学—辅导式"教学模式是针对"传递—接受式教学模式"的弊端提出来的。为了改变学生被动接受的局面,它提倡学生要以自学为主,并讨论交流,实现生生之间与师生之间的多向交流。自学辅导教学模式是在教师的指导下,学生自己独立进行学习的模式。它承认学生在学习过程中试误的价值,培养学生独立思考和学会学习的能力。此模式在我国有较为丰富的实践,如中科院心理所卢仲衡主持的"自学辅导教学"实验研究,上海嘉定中学钱梦龙进行的"导学教学法"改革等。

(1) 理论依据

"自学—辅导式"教学模式的理论依据有:第一,"教为主导,学为主体"的教学观。卢仲衡认为,应摒弃"以教师为中心"的观念,转变为"以学生为主体"。在课堂教学中,教师要把学生学习的自主权交给学生,以学生为主体,发挥学生的主动性和积极性。而教师应对学生进行多方面辅导,对学生进行启发、检查、督促等,发展学生的自学能力。第二,卢仲衡提出了个别化教学和集体教学相结合的理论。这个理论克服了班级授课制和个别化教学的缺点,吸收了它们各自的优点。在强调统一进度、统一要求的基础上,学生能够依据自己的进度进行学习。如果课堂上未完成老师定的步调,可以课后补上。第三,卢仲衡在实验的基础上提出了学生类型说。他认为,学生的学习心理品质可以分为四种:敏捷而踏实(快而准)、敏捷而不踏实(快而不准)、不敏捷而踏实(慢而准)、不敏捷而不踏实(慢而不准)。教师可以根据不同学习类型的学生给予分别指导和辅导,达到因人施教。

(2) 教学目标

"自学—辅导式"教学模式要达到如下教学目标:第一,促使学生有效掌握所学知识,提高学习成绩。自学辅导教学使学生成为学习的责任者,学习的主动权掌握在学生手里,学生的学习是由自己的积极性出发,通过自学获得的,因此,学生可以更加有效地掌握知识,并能较快地迁移到其他学科里去。第二,发展学生的自学能力。自学能力是一种综合能力。在卢仲衡看来,自学能力包括主动阅读能力、独立思考能力、善于自练自检的能力、自我管理能力、自我控制能力、自觉探究能力、加速形成概括能力、能动应变能力和创造思维能力。① 第三,培养学生的自学信心,养成学生的自学习惯。自学辅导教学不仅可以促进学生自学能力的增强,而且也能促进自学信心和自学习惯这些非智力因素的发展。自学习惯包括阅读习惯、自练习惯、自检习惯和思考习惯等。学生自学中不仅发展了自学能力,在教师的指导下,学生的非智力因素也被充分调动,智力因素和非智力因素得到统一发展。

(3) 操作程序

自学辅导教学一般可分为五个阶段,其基本模式是"启—读—练—知—结"。"启"和"结"是教师在刚上课和即将下课时间向全班进行的,约占 15 分钟。所谓"启"就是由老师向全班学生进行启发,对于学生在预习中遇到的疑难问题,教师可提供提纲,从旧知识引发新问题,设置激发学习新情境,大约 5 分钟左右。"结"就是老师向全体学生进行小结,将本课主要内容概括地向班集体进行统一讲授,指出上课时在课堂内巡视时发现的问题,以便解决问题,加深学生的理解,并引发学生积极思考、自我总结,小结的时间大概 10 分钟左右。中间的"读""练""知"是学生进行自学的阶段。"读"就是学生以粗细精的方式阅读和理解课文。"练"是学生在自我阅读的基础上在练习本上做练习。而"知"就是当时知道结果,学生自我校对答案。学生在这一步要注意三点:做完一大道题目所包含的全部小题目之后才核对答案;之后再标注对错记号;不能把错误擦掉,要在旁边做改正。学生自学时老师要积极巡视课堂,进行个别指导。学生学完老师规定的进度内容后,可阅读课外参考书,做课外的练习题;未完成老师规定的内容者,可在课后完成。这个部分大概 30 分钟左右。

(4) 师生角色

由于学生类型不同,因而在自学辅导教学中,教师要始终承担"辅导者"的角色,根据学生的类型、学习的进度施教。教师的指导主要集中在刚上课后和即将下课的阶段,对学生进行启发指导、检查监督,促使学生形成自学能力。而学生则扮演"自学者"的角色,学生在自学的过程中要掌握方法,并树立自学信心,养成良好的自学习惯。

(5) 实现条件

在自学辅导教学中,教师一方面要提出明确的自学目标,设计具体可操作的自学提纲;另一方面还要提供必要的自学材料,如学生参考书、学习的一些辅助工具等。

(6) 评价

自学辅导教学中采用他评、自评与他评、自我评价方式。自我评价能力是自学能力的

---

① 卢仲衡.三十三年自学辅导教学研究的回顾与展望[J].教育研究,1998(10).

重要组成部分。自评能力的发展是渐进的,教师要有目的、有意识地培养学生的自检能力和自检习惯。初期一般由教师对学生的情况进行评价;过渡阶段可采取教师评价和学生评价相结合的方式进行;随着自检能力的增长,他评与自评的比重会逐步发生变化;到了完全能自评的时候,学生也形成了自评能力。

4. 情境教学模式

情境教学模式是以江苏省南通师范第二附属小学特级教师李吉林为主在实践研究中构建起来的。情境教学经过了李吉林老师单科实验—多科综合—整体优化的探索过程,通过创设优化的德育情境、教学情境、测试情境,课内外、校内外构成多向折射的心理场,促进儿童主动发展、整体发展、和谐发展,形成了以"美"为突破口、以"情"为纽带、以"思"为核心、以"儿童活动"为途径、以"周围世界"为源泉的情境教学操作模式。

(1) 理论依据

情境教学是以我国古代文艺理论"境界学说"中"心物交融"的思想和直观认识原理为依据的。"心物交融"就是指通过外界事物和内心情感的相互作用,进而使"情动而言形、理发而文见",从而达到情境交融的目的。直观性原理是教学的重要法则,它认为人的认识过程就是客观存在的反映,通过提供直观的事物刺激人的意识,加深对客观事物的认识。因此,在教学过程中就是要创设特定的情境,为学生提供各种感知觉的刺激,调动学生的情感,促使学生展开积极的思维和想象,"物、情、辞、思"相互作用,从而发展学生的思维能力和创造能力。

(2) 教学目标

情境教学通过创设生动形象的情境,使学生的情感活动与认知活动结合起来,获得智力与非智力整体的和谐发展。第一,在情境教学中,学生获得各种情感体验,心灵产生共鸣,并因情感的驱动而产生学的需要,进而积极有效地掌握各种知识和技能。第二,情境教学通过各种途径优化情境,使情境作为一个整体展现在学生的面前,教师引导学生从形与情中感受作品的美,并引发学生无限的想象,大大促进了想象力的发展。第三,学生通过对情境的整体把握,初步理解所学知识,从而引发学生多方面的思考,提出问题或新的观点等。在这个过程中,学生的思维能力得到锻炼,智慧的萌芽得到启迪。

(3) 操作程序

情境教学要经过感知—理解—深入三个阶段,由于情境教学是在小学语文教学中提出的,这里以作文教学为例简单说明。第一,引导学生观察情境。在教师富有启发的指导下,学生对大自然、社会生活进行观察,并选取鲜明的感知目标,获得较为具体丰富的印象。第二,激发学生内在情趣。学生在周围世界中获得大量感知材料的同时,教师激发学生内心丰富的情感,进而引导他们展开丰富的想象。第三,拓宽学生的写作思路。作文教学的目的在于培养学生的思维。在学生感受情境的基础上,教师通过深化情境、拓宽情境、灵活安排材料等方式打开学生思路,激发其写作热情。第四,提供范文促进发展。发挥教材的范例作用,使学生获得写作的初步知识,提高其写作技巧。学生在学习的过程中把读与写相结合,认知与感情相协调,获得整体和谐发展。

(4) 师生角色

在情境教学中,教师扮演着"设计者""引导者"的角色。教师围绕教材,引领学生进入生活世界,借助实物、图画、音乐、表演和语言等创设特定的教学情境,加深学生对教学内容的感知,激发学生学习的兴趣,促使学生展开丰富的想象,进而提高学生对事物的理解能力和领悟能力,最终实现学生的整体发展。学生在教师创设的情境中发挥着主体性,担当和扮演着特定的角色。在生动形象的场景中,学生通过角色扮演,通过感官与心智去感受和体验课文的美感。一方面,加深了对教材的认知和理解,另一方面使学生的想象力得到充分发展。这样,学生在教学活动中就从被动的接纳者转变成积极的参与者,体验着成功的喜悦。

(5) 实现条件

情境教学是以"情境"为中心展开的。不同情境的创设对教师提出了不同的要求,教师要具备设计多种情境的能力。比如,在感知阶段,教师要有优化情境的能力,有取有舍,使情境具有鲜明性和新颖性;在理解阶段,教师要教会学生合理观察的程序,设法唤起他们的情趣,丰富他们的感知;在深入阶段,教师要使学生在感知之后掌握知识并启迪智慧。

(6) 评价

情境教学中,教师不仅要对学生掌握知识的情况进行评价,更重要的是对学生的思维能力、想象力和创造能力进行评价。

(三) 小学教学模式的选择与运用

教学模式直接关系到教学的进程和教学的质量。因此,作为教学过程的组织者和实施者的教师,应该善于选择和运用教学模式。

1. 教学模式的选择

教师在选择教学模式时,应统筹兼顾、权衡利弊、择优从善地依据如下因素进行选择:

(1) 根据教学内容的性质选择教学模式。教学模式总是相对于某种教学内容而存在的,不同的学科,或同一学科的不同内容,往往选择不同的教学模式。

(2) 根据教学目的、任务选择教学模式。各种教学模式的功能是不一样的,应该选择那些有利于更好地完成教学任务、达到教学目的的模式。

(3) 根据教学条件选择教学模式。教学模式的实施是要借助于一定的教学条件的,应该选择那些适应于本地、本校的教学条件的模式。

(4) 根据学生的年龄特征和知识水平选择教学模式。同一教学模式对不同年龄、不同发展水平的学生,其效果是不一样的,应选择那些符合学生年龄特征、适应学生身心发展水平的教学模式。

(5) 依据教师的教学风格和特长选择教学模式。教学模式的运用总是要通过某个具体的教师来实现的,每个教师都应该选择那种最能表现自己的才华、施展自己的聪明才智的模式。

2. 教学模式的运用

教学模式的运用应考虑如下因素:

(1) 教学过程的完整性和教学模式的整体性。教学模式是教学过程的模式,每一种教学模式的使用总是与某一个相对独立的教学过程相适应的,而这个相对独立的教学过程,并不仅是一堂课、一次活动所能完成的。因此,在变换教学模式时要考虑到教学过程的完整性和教学模式的整体性。

（2）在理解的基础上运用。教学模式虽然有其固有的程序、结构和阶段，然而这种程序结构的划分并不是绝对的，教师不应把这几个教学阶段当作不变的程式，机械死板地套用，而要从整体的角度，融会贯通地理解和运用。

（3）优化组合地灵活运用。每一种教学模式都以自己的独特风格与其他模式相区别，但是各种不同类型的教学模式之间也是彼此渗透的。实际上，无论哪种教学模式都已不是它原先刚产生时的那种模式了，每一种教学模式都是在其发展过程中，各自程度不同地吸取了其他模式的长处，克服自身的短处，逐步得到发展完备起来的。因此，在运用教学模式时，既要充分认识这一模式的特有功能，以便扬其之长，同时也要认识到这一模式的薄弱环节，借鉴其他模式的成功之处，以便补其之短。总之，教师要从教学实际出发，灵活地运用教学模式，创造性地组织教学过程。

本章小结

　　课程实施是将某种课程计划付诸实践的具体过程。迄今为止，大致上有三种课程实施取向：忠实取向、相互适应取向和课程创生取向。尽管三种取向彼此之间各有存在的价值和局限性，但彼此之间不是绝对排斥和对立的关系，而是包容与超越的关系：相互适应取向是对忠实取向的超越，课程创生取向则是对相互适应取向以及忠实取向的超越。

　　基于不同的课程观、知识观和课程取向，在课程实施过程中形成了不同的实施模式。其中，有代表性的课程实施模式有"研究—开发—推广模式""兰德变革模式""变革阻力消除模式""组织发展模式""情境模式"五种。课程实施是一个复杂的过程，影响小学课程实施的主要因素归纳为四大类：课程改革本身的性质、学区的特征、学校的特征、外部环境。

　　教学是课程实施的核心环节和基本途径。过程属性是教学过程的根本属性。教学的过程属性即生成属性和发展属性。教学活动作为一种过程存在，具有以下根本特征：转化与生成、情景化与关系结构、确定性与不确定性的统一。教学模式是在一定教学理论指导下，为设计和组织教学而在实践中建立起来的关于教学活动的一套基本结构或者是开展教学活动的一套方法论体系。国内外影响较大与实践性较强的教学模式：探究训练教学模式、"传递—接受式"教学模式、"自学—辅导式"教学模式、情境教学模式。小学教师在选择教学模式时，应统筹兼顾、权衡利弊、择优从善地依据根据教学内容的性质、教学目的、任务，教学条件，学生的年龄特征和知识水平以及教师的教学风格和特长进行选择。

思考训练

1. 课程实施有几种取向？你赞同哪一种课程实施取向，为什么？
2. 简述几种课程实施的模式。
3. 结合实际谈谈影响小学课程实施的因素有哪些。
4. 简述教学过程的本质。
5. 简述几种主要的小学教学模式，并阐述如何进行小学教学模式的选择与运用。
6. 案例分析：

这所学校从2002年开始进入新课程的实施。而从2001年起,学校校长就向教师介绍过新课程的理念,并要求教师要转变观念,做好实施新课程的准备。2004年研究者去学校时,这所学校实施新课程已经有两年的时间了,学校的教师对新课程的实施也表现出三个不同的层面。大部分教师对新课程的理念谈得比较多,而在实践层面上做的却有很大距离;有一部分教师持中立态度,很现实地看待新课程;只有很少一部分真正按照新课程理念去操作,他们对新课程持欢迎和赞同的看法。

教师1:"课程的这些内容只能说是从理论上讲是非常好的,对社会发展也是很好的。但是有一点,操作性不强,操作过程中还有盲目性。有一些东西就告诉你摸索,规律性的东西你自己去探索,那么你自己操作起来就更有盲目性了。"

教师2:"我是非常赞成这次课程改革的,到目前为止,课程改革推进的速度尽管有点快,但是效果还可以。旧教材真是太老套了,那些篇章的选取非常古老,没有文化气息,没有人文气息,特别压抑。换了新教材之后,我就非常愿意教,非常灵活。可以给老师创造空间,让你自己去挖掘。这套教材对我们老师来讲,非常有好处,给你教材,但是没有固定的模式让你去讲。"

教师3:"现在的新课程倡导让学生动手、让学生去做,但是数学就是讲究逻辑思维能力,一种符号美,一种符号表达的抽象过程,你看'因为,所以'这样表达的逻辑性多强,而你再去看现在的新教材,偏要让你又回到语言的表达,然后到九年级才学到'因为,所以'。这是一种倒退。"

依据你所了解或考察的学校课程实施的具体实际情况,联系所给的案例,简要分析以上三名教师对课程改革的不同态度反映了什么?透过新课程在教学实践中的表现可以发现什么?从你的观点看,实施新课程需要哪些条件?

课程拓展

1. [加]大卫·布莱特著,张慧芝等译.课程设计[M].台湾:台湾桂冠出版公司,2000年版.
2. 裴新宁著.面向学习者的教学设计[M].北京:教育科学出版社,2005年版.
3. 李龙编著.教学设计[M].北京:高等教育出版社,2010年版.
4. 谢利民主编.教学设计的应用指导[M].上海:华东师范大学出版社,2007年版.
5. 徐学福主编.教学论[M].北京:人民教育出版社,2013年版.
6. [美]汤玛斯·古德,杰里·布洛非著,吴文忠译.课堂研究[M].台湾:台北五南图书出版公司,1997年版.

线上学习

1. 课程实施:http://www.comap.com/elementary/projects/art/index.htm
2. 教学方法:http://www.mcli.dist.maricopa.edu/pbl/problem.html
3. 教室行动研究:http://www.madison.k12.wi.us/sod/car/carhomepage.html
4. 课程与教学的行动研究:http://diss.tjps.tp.edu.tw/active/index.htm

第七章
小学课程与教学评价

课程与教学评价案例

※ 学习目标

1. 理解课程与教学评价的内涵、类型、历史发展及走向。
2. 掌握课程与教学评价的几种基本模式。
3. 掌握小学生学业成就评价的内容与标准。
4. 掌握常见的小学生学习成就评价方法并能运用这几种方法进行学习评价。
5. 掌握小学教师素质评价的内容与标准和小学课堂教学评价标准,能运用小学课堂教学评价的标准对教师的教学行为进行评价。

※ 章首语

评价是课程与教学活动的基本问题与核心环节。我们每个人都时时刻刻接受着他人的评价,也在评价中成长。面对评价这一话题,我们可能有很多的问题:什么是课程与教学评价?课程与教学评价的功能是什么?课程与教学评价的对象是什么?新时期应该如何对小学教师教学工作、小学生学业成就进行评价?等等,本章试图探讨这些问题。

第一节　课程与教学评价概述

正如学者们对课程与教学内涵理解的多样性那样,学者们对课程与教学评价的内涵也没有一个统一的认识。在对学者们已有观点深刻剖析的基础上,在对课程与教学评价历史发展及趋势把握的基础上,下面我们将对课程与教学评价内涵进行深入剖析。

一、课程与教学评价的内涵

(一) 评价的内涵

在西方,如同课程概念一样,对评价的定义也是多样的。概括起来,主要有三方面的观点:

第一,将评价定义为"与活动目标或方案的一致性程度"。譬如,泰勒认为:"评价是一个过程,基本上在于确定课程和教学方案达成教育目标的程度。"

第二,将评价界定为"对事件、事物或活动的价值追问"。如 B. R. Worthen 与 J. R. Sanders 把评价定义为"确定某事物的价值,或者旨在达到指定目标的备择方法的潜在效用"。

第三,将评价定义为:"是否选择某目标或方案而进行的信息搜集过程。"如,Stuffebean 认为,评价是"为判断决定备择而描述、获取和提供有用信息的过程"。

上述三种评价定义,虽然表述不尽相同,但都隐含着评价主体的某种价值判断。在我国,大体一致的看法是,评价是评定价值的简称。从这些定义都可以看出,价值是评价的实质,做出决定是评价的核心。正因为评价会满足主体的某种需要,主体才做出决定,从而使教育者确定了选择的课程行动和课程要素的各种不同的组合,以从总体的方案目标上确保学生学习最大的可能性。

(二) 课程与教学评价的内涵

基于人们对课程与教学这两个概念关系理解的不同,在研究课程与教学评价时,人们对其所进行的研究也一般分为两种:一种是把课程评价与教学评价分开来谈,这时课程评价研究包含了从设计到实施整个过程,评价涉及课程需要、课程理念与课程目标、课程设计、课程实施、课程效果等;而教学评价涉及教学整体及教学的每一个方面和环节,不仅要评价学生的学习结果,还要对教学的各个方面如教学目标、教学过程、教学方法、教学管理、课程设置、教师授课质量等进行评价。

另外一种是把课程评价与教学评价整合在一起来谈,称为"课程与教学评价",这又可以分为两种:一种认为课程评价的研究对象——教师的课程与教学表现即为教学评价,课程评价包含教学评价[①],而教学评价也必然要以课程目标和课程结构条件等为依据,教学评价也不可能绕开对课程设置及设计的评价。在实践中,课程评价和教学评价两者常常是相互结合进行,因此课程与教学评价研究是课程评价与教学评价两者的整合。另一种则认为课程与教学评价有广义和狭义之分,广义的课程与教学评价是指研究一门课程某些方面或全部价值的过程,包括课程需要、课程设计、课程与教学过程、教材、学生成果目标、通过课程学习取得的进步、教学有效性、学习环境、课程政策、资料分配及课程与教学成果等内容。狭义的课程与教学评价主要是指教学评价,是研究教师的教和学生的学的价值判断过程,一般包括对教学过程中教师、学生、教学内容、教学方法手段、教学环境、教学管理等诸因素的全面评价与判断,主要是指对学生的学业成就和教师的教学质量的评

---

① 张传燧著.课程与教学论[M].北京:人民教育出版社,2008:367.

价。教学评价为研究教学问题、总结教学经验和开展教学改革提供反馈信息。① 对这种观点细加分析,发现这里广义的课程与教学评价不仅包含前面提及的课程评价,还包含前面提及的教学评价,是课程评价与教学评价两者的整合,而狭义的教学评价则相当于前面的教学评价,并不包含课程评价。随着人们对课程与教学评价关系的深入理解,人们越来越认识到课程与教学不可分离的关系,因此,本文认为将课程评价与教学评价整合在一起称为"课程与教学评价"是比较适宜的。

根据上述评价的内涵,人们基本上认为,课程与教学评价是一种价值认识活动,是对课程与教学的价值判断,这一价值判断以对课程与教学的实施判断为基础,必须建立在对课程与教学真实面目或现状进行客观描述的基础上。课程与教学评价的价值判断离不开评价的主体、客体、评价方法及评价标准等要素。在进行课程与教学评价时,评价的主体不仅包含了专业评价人员、教育行政人员,有时家长和社会也会担任评价主体的组成一员,并且随着对人的主体性的尊重和评价功能的新认识,教师和学生作为评价主体的地位已被重视,教师和学生不仅是被评价者,同时也作为评价者进行自我评价,课程与教学评价的主体多元现象正在形成。

课程与教学评价对象是比较复杂的,涉及的因素比较多。评价学家沃森(B. R. Worthen)和桑德斯(J. R. Sanders)在其著作《教育性评价:其他方式与实践性指导》中将评价对象分为14种:① 学生发展与表现评价;② 教育资格与表现评价;③ 课程设计与实施评价;④ 学校组织结构评价;⑤ 教材及其他课程材料评价;⑥ 资助或非资助项目评价;⑦ 学校运作(学校运输、饮食服务、医疗设施等)评价;⑧ 学校的商业活动或财政预算评价;⑨ 学校的辅助设施、媒体、图书馆评价;⑩ 教育政策评价;⑪ 学校与社会关系评价;⑫ 家长参与学校活动评价;⑬ 学校氛围评价;⑭ 观点、计划及目标评价。归纳起来,课程与教学评价的对象至少有六个方面:课程与教学设计,教师教学,学生学习,学校办学水平,课程与教学系统和课程与教学评价自身。

总之,课程与教学评价是指评价主体基于自己的需要、理想及价值观等而拟设一定的标准,依据评价需要采用合适的方法和手段收集、整理、分析必要的课程与教学信息,并依据这一标准对课程与教学的设计、活动实施过程以及结果等问题进行价值判断的活动。

二、课程与教学评价的功能

(一) 导向功能

导向功能是指课程与教学评价对实际的教育活动有定向引导功能。课程与教学评价直接关系着教师如何教和学生如何学的努力方向。课程与教学评价的内容、标准和方法都要符合现代教育观念,才能引导整个教学朝着正确的方向前进。在教学思想上,要树立促进学生的知识与技能、过程与方法、情感态度价值观全面发展的指导思想;在教学内容上,要注意联系学生生活,处理好现代科学技术和学生学习内容的关系;在教学方法上,要着眼于综合运用多种教育手段和技术,使之更适合于当前教育教学改革的需要。

---

① 马云鹏主编.课程与教学论[M].北京:中央广播电视大学出版社,2005:364.

（二）诊断功能

诊断功能是指课程与教学评价能够对教育活动中存在的问题进行揭示和分析，找到症结和原因所在，进而提出改进和补救的建议。通过评价了解课程与教学各方面的情况，从而判定它的质量和水平、优点和缺点、矛盾和问题等，这是课程与教学评价的基本功能。为此，要注意从多个途径全面收集评价信息，要注意把评价活动贯穿于整个课程与教学活动的始终，不仅要重视课程与教学活动的结果，更要注重课程与教学活动的过程以及背景条件。只有通过评价记录下课程与教学活动的点点滴滴，才能为科学诊断和调整教育活动提供充分的具体的依据。

（三）反馈功能

反馈功能是指通过课程与教学评价结果的反馈，可以针对课程与教学活动存在的优势与不足，调整课程与教学计划及行为，促使其不断发展和完善。在社会和学校教育持续变革和发展的背景下，课程与教学活动始终处于不断的调节过程之中，但要确保调节更为科学有效。除了需要诊断出课程的问题所在之外，还必须把这些诊断出的问题及时反馈给被评价者，以促使其对自己的行为做出调节。否则，诊断的结果就会失去价值。当代课程评价对诊断功能非常强调，认为评价最重要的并不是得出一个客观准确的评价结论，而是要将评价的结果以科学的、恰当的、建设性的方式反馈给被评价者，促使其最大限度地接受，从而促进其进一步发展。

（四）激励功能

激励功能是指通过课程与教学评价可以让被评价者在正确认识自己的优势与不足的基础上，从正反两个方面受到激励，增强发展的积极性和主动性。例如，在对教师课程实施的评价上，积极的评价可以增强教师的自信心，提高自我肯定度，激发进一步优化课程的动力，而适度的否定评价往往能引发教师一定的焦虑感，知耻而后勇，更加勤奋努力。此外，当代课程与教学评价尤为强调把评价过程当作为被评价者提供一个自我展示的平台和机会，鼓励被评价者展示自己的努力与成绩，让被评价者通过他人的认可和赞赏而受到激励。

（五）管理功能

课程与教学评价的管理功能就是指把评价结果与相应的管理机制挂钩，从而实现对学生、教师或学校的管理与控制。作为一种价值判断，课程与教学评价在客观上能起到对课程与教学活动进行鉴定和分等的作用，并以此作为对学生、教师或学校的工作或学习情况进行奖励或惩罚的依据。建立和健全评价制度，是加强学校教育管理的重要举措。世界各国无不利用评价的结论，作为决定学生升学与留级、分班与编组、选择教程乃至指导职业定向的依据，同时也作为雇佣或解聘教师以及向家长报告和解释学生的学习状况的依据。

三、课程与教学评价的类型

20世纪中叶以后，随着评价一跃成为引人注目的研究领域，课程专家相继开发出各种评价类型，极大地丰富了评价的内涵。根据评价时间不同，可把评价分为诊断性评价、形成性评价与总结性评价；根据评价者身份的不同，可把评价分为内部人员评价与外部人员评价；根据评价与目标的关系，可把评价分为目标本位评价和目标游离评价等。

（一）诊断性评价、形成性评价与总结性评价

诊断性评价（diagnostic evaluation）是在课程计划开始之前，对准备、需要、条件、不利因素的一种评价。诊断性评价的目的，不是给课程计划贴标签、下结论，证明其"行"与"不行"或"好"与"不好"，而是根据诊断结果设计一些"长善救失"的措施，最大限度地发挥课程计划的长处或优势，努力改善课程及其实施。

形成性评价（formative evaluation）是指为改进现行课程计划或为正在进行的课程与教学活动提供反馈信息而从事的评价，它是一种过程评价。形成性评价最主要的目的，在探明计划或活动的问题或失当之处，以便为修订或改进提供证据，着重分析、比较、诊断、改进。它指向于正在进行的活动，是在过程中进行的评价，一般不涉及活动的全部过程。

总结性评价（summative evaluation）是在课程实施或进行以后关于其效果的评价，是一种事后评价。它与分等鉴定、做出关于学习者个体的决策等相联系。总结性评价的直接目的是做出关于课程效果的判断，从而区别优劣和等级。它是在计划实施之后或课程与教学活动结束以后，通常是对全过程的考察。

（二）内部人员评价与外部人员评价

根据评价者的身份分类，可以分为内部人员评价与外部人员评价。这种分类的标准是看评价者是课程开发、设计的单位或个人，还是未参与其中的单位和个人。内部人员评价（insider evaluation），其主要目的在于改进课程开发、设计的过程，首要任务是弄清楚预先设定的目标是否已经实现；外部人员评价（outsider evaluation）主要有两种方式：通过测试等手段评价课程的产品、由外部人员对课程过程进行观察。形成性评价基本上是一种内部人员评价，总结性评价则基本上是一种外部人员评价。

内部人员评价可以有效地帮助课程开发、设计人员改进课程实施和教学活动，但如果处理不当，则容易出现盲目的情况。外部评价可能更容易满足教育消费者的需要，但它并不能总是满意地推动学校教育实践的改进，往往对教师造成压力和威胁，反而不利于课程的改进。在实际的课程与教学评价中，需要把这两种评价类型有机地结合起来运用。

（三）目标本位评价与目标游离评价

目标本位评价（goal-based evaluation）即以课程或教学计划的预定目标为依据而进行的评价。目标本位评价通常要判断的是目标实现的程度。因此，这类评价往往要求精心描述可以辨别的目标。这种评价最典型的代表是泰勒的评价模式，布卢姆的评价体系也属于这类评价。目标游离评价（goal-free evaluation）要求脱离预定目标，以课程计划或活动的全部实际结果为评价对象，尽可能全面客观地展示这些结果。

目标本位评价在课程评价实践中运用广泛，它的特点是标准清晰、任务重点集中、易于把握。但同时，它也有一个突出的弱点，即只强调目标，往往使得评价的范围过于狭窄，而使一些有教育意义的结果落在了评价范围之外；此外，目标本位评价只强调对目标实现程度的评价，忽视了对目标本身的评价。针对目标本位评价的这些缺陷，斯克里文于1967年提出了目标游离评价。由于目标游离评价抛开目标对评价的约束，试图通过对课

程计划的全部评价来判断该计划是否符合教育者和学生的需要,因此,目标游离评价也被看作"需要本位的评价"(need-based evaluation)。尽管目标游离评价不是一种完善的评价模式,它没有正式的定义,没有组织结构的详细说明,没有数据采集与发布的体制,没有进行的程序等,但作为一项指导评价的思想原则,它强调评价相对于课程计划的独立性,强调对所有结果进行考察的重要性,强调对预定,对目标进行价值判断的必要性,这些都拓展了评价的视野,对后来评价的发展产生了重要的影响。

(四)效果评价与内在评价

效果评价(pay-off evaluation)与内在评价(intrinsic evaluation)也是由斯克里文提出的,这两种评价分别代表了两种不同的思想取向。效果评价是对课程或教学计划设计效用的评价,它注重课程实施前后学生或教师所产生的变化,至于课程运作的具体状况、变化产生的原因等,则被置之度外。因此,效果评价往往是通过对前测与后测之间、实验组与控制组之间的差异做出判断。这种评价也被称为"暗箱式评价"(black-box evaluation)——只关注输入与输出之间的不同,忽略中间的过程。

内在评价则是对课程计划本身的评价,而不涉及课程计划可能有的效果。比如,评价可以只就课程计划涉及的学生经验的类型、课程内容的性质和组织等,来对课程计划做出判断。至于计划的效果,则在评价关注的范围之外。或者说,在内在评价的提倡者看来,只要有好的课程计划,就一定能取得好的教学效果。

效果评价与内在评价,一个关注结果,一个关注过程,二者具有互补性。理想的课程评价体系的建构应当善于把这两种评价结合起来。

(五)量化评价与质性评价

根据评价的方法,可以将课程与教学评价分为量化评价和质性评价。

量化评价,就是力图把复杂的课程与教学现象简化为数量,进而从数量的分析与比较中推断某一评价对象的成效。量化评价是以实证主义方法论为理论基础。它追求被评价对象的有效控制和改进,其核心价值是秩序和一致,认为课程评价的目的在于把握课程量的规定性,即通过具体的数学统计、运算和量化分析,揭示出与课程相关的数量关系,掌握课程的数量特征和变化,从量的关系上对课程进行判断。评价过程实际上是一个确定课程计划实际达到教育目标的程度的过程。美国评价专家泰勒的基本原理反映了这个过程,教或学被描述成高度控制、线性和可测试的活动。

质性评价,就是力图通过自然的调查,全面充分地揭示和描述评价对象的各种特质,以彰显其中的意义,促进理解。它的目的在于把握课程质的规定性,通过对课程广泛细致地分析,深入理解,进而从参与者的角度来描述课程的价值和特点。质性评价不强调在评价开始就对评价问题进行理论假设,假设可以在评价过程中形成,也可以随着评价的进行而改变,因此质性评价本质上是一个自下而上的归纳过程。

质性评价与量化评价从不同侧面、用不同的方法对事物进行评价。在课程评价领域,两者都无法单独使用来解释所有问题。它们是互为补充、互相支持的,质性评价内在地包含了量化评价。质性评价为量化评价提供了应用的框架,而量化评价又为质性评价的深入创造了条件。

四、课程与教学评价的基本模式

课程与教学评价的模式有很多,但基本模式主要有以下几种:目标评价模式、目标游离模式、CIPP 模式、回应模式、解释模式等。

(一)目标评价模式

目标评价模式是泰勒在"八年研究"的基础上形成的。根据泰勒的看法,评价的过程就是判定课程与教学计划在多大程度上实现教育目标的过程。而教育目标本质上是描述人的行为变化,因而评价就是判定这些行为变化实际发生的程度。目标评价模式以泰勒的课程理论为依据,围绕目标达成而建立,它可以概括为以下七个步骤:

(1)确定课程与教学计划的目的和目标;
(2)根据行为和内容两个维度来界说每一个目标;
(3)确定表现教育目标的学习情境;
(4)选择和编制相应的评价工具;
(5)设计获取行为记录的方式和评定时使用的计分单位;
(6)收集反应行为变化的有关信息;
(7)将收集到的信息与行为目标做比较。

目标评价模式通过对目标的行为化表述,增加了其可操作性,目标不仅是评价的起点,也是评价的标准。这种评价模式把评价纳入了课程与教学设计中,使评价成为课程与教学的一个有机环节,这不仅使评价成为修改课程与教学计划的反馈方式,也使评价关注的焦点从学生身上转向整个课程方案。

目标评价模式为评价领域提供了第一个完备的理论模型。不过,在实际的运作中,目标评价模式也存在着一些缺陷:第一,由于目标和结果彼此相关,使人易于把注意力集中在评价结果之上,导致评价成为课程与教学的最后一个环节。第二,只囿于目标进行评价,导致对目标以外的结果的忽视;而行为化的评价方式,也使得对态度的形成等更具有教育意义的结果无法评价。

(二)目标游离模式

目标游离模式(goal-free)是斯克里文(M. Scriven)1967 年提出的。斯克里文认为,目标评价模式只考虑到原定的预期目标,忽视了非预期目标,而评价应当注重的恰恰是课程的实际效果而不仅仅是预期效果。他主张,评价人员不必了解课程与教学的目标,而是直接进入教育情境,观察课程与教学的实际效果和优点,收集所有影响课程与教学的数据结果进行分析,不管这些结果是预期的还是非预期的,积极的还是消极的。只有这样才能对课程与教学做出准确的判断。

斯克里文提出了一个"重要评价检查表"。其中包括 18 个因素:① 描述;② 委托人;③ 背景及脉络;④ 资源;⑤ 功能;⑥ 传递系统;⑦ 消费者;⑧ 需要和价值;⑨ 标准;⑩ 过程;⑪ 成果;⑫ 通则性;⑬ 成本;⑭ 比较;⑮ 重要性;⑯ 建议;⑰ 报告;⑱ 后设评价。他建议评价者可以在几个周期内使用这个检查表,前面的周期是形成性评价,后面的周期是终结性评价。

目标游离模式将评价的重点从课程的预期结果转向课程的实际结果,强调评价者不应当受到预期课程目标的影响,而应当注意收集有关课程实际结果的各种信息,无论这些结果是否在预期的目标之中。这种模式在一定程度上弥补了目标模式的弊病,但是,如果完全游离于既定目标之外,评价将是不可想象的,且价值也将是没有保证的。因此,目标游离模式只能作为目标模式的补充和发展。

(三) CIPP 评价模式

CIPP 评价模式是由斯塔弗尔比姆等人提出的,CIPP 是背景(context)、输入(input)、过程(process)、成果(product)的英文名称第一个字母的缩写。他们认为,评价最重要的目的不在于为评价对象的优劣提供证明,而在于改良评价对象,使评价对象更富成效。因此,课程与教学评价应当为课程与教学的决策服务。具体来讲,课程与教学的决策可以分为四类:规划性决策——指向确定课程与教学目标的决定;结构性决策——涉及修改计划或比较计划优劣的决定;实施性决策——指向计划具体实施的决定;考核性决策——了解改革的效果之后,决定是否纳入课程重新修订,或再次实验。与上述四种决策相对应,就存在四种方案评价:背景评价、输入评价、过程评价和成果评价,即 CIPP 评价模式。

1. 背景评价

确定课程与教学计划实施机构的背景;明确评价对象及其需要;明确满足需要的机会;诊断需要的基本问题,在此基础上确定目标,并判断目标是否已经反映了这些需要。背景评价常常从两个维度进行:关联性和符合性。所谓关联性即辨别学校系统以外影响课程与教学的力量(如社区的态度或政府政策);符合性是指比较教育系统的实际表现和预期表现,以确定实践的成功程度并分析差距,作为建立目标和决定变革的基础。

2. 输入评价

输入评价是为了帮助决策者选择达到目标的最佳手段,而对各种可供选择的课程方案所做的评价。输入评价通过对不同策略达到目标的可行性、成本效益和实际效益等进行分析,以寻求变通的实施策略,确定如何运用资源以达到目标的途径。输入评价应当回答以下问题:考虑过哪些课程计划?为什么选择该计划而不是其他计划?这个计划的合理性程度如何?有多大的成功把握?等等。

3. 过程评价

过程评价主要有三个目标,即为决策者提供反馈信息;预测课程在实施过程中可能出现的缺点并为修订或详细解说计划提供指引;记录课程的实施过程,包括实施涉及的成本、参与者和观察者如何判断实施的质量等。过程评价的范围包括实施步骤、教学法、学生活动等。评价常常回答的问题主要有:有关活动是否按照预定计划得到实施?现有资源是否得到有效利用?等等。通过对这些问题的回答为决策者提供修正课程计划的有效信息。

4. 结果评价

测量、解释和评判课程计划的成绩,并帮助决策者决定是否应当终止、修订或继续使用课程计划。它要收集与结果有关的各种描述和判断,把它们与目标以及背景、输入和过程方面的信息联系起来,并对它们的价值和优点做出解释。

CIPP 评价模式全面考虑到了影响课程方案的种种因素,把评价视为课程与教学方案开发的有机构成。这对我国目前课程改革中的新教材试验、校本课程开发等具有一定的指导意义。不过,由于其牵涉的因素很多,实施过程比较复杂,所需要的各种投入也相对较高,所以难以被掌握。

(四) 回应模式

回应(responsive)模式是由斯塔克(R. E. Stake)首先提出,再由他人进一步发展而形成的。回应模式是以所有与方案有利害关系或切身利益的人所关心的问题为中心的一种评价。斯塔克认为,评价应该向听取评价结果的人提供他们所关注的信息,评价者应该充分了解那些人感兴趣的问题和关注的焦点。他认为,如果一项评价,① 牺牲某些测量上的准确性以换取对评价听取人的有用性;② 更关心方案的活动而不是方案的意图;③ 更注意反映与方案有关的各方面人的意志而不仅是一部分人的意志,那么,这种评价就是回应式评价。

回应模式的评价步骤是:① 评价者与一切跟评价对象有关的人员广泛交谈,了解他们的愿望,从而确定评价的目的、意义;② 根据获取的信息,确定评价范围以及相应的评价事项或问题特征;③ 评价者亲自对整个评价活动做概括性的纵览;④ 通过对不同方面参与者的商谈,找出评价的真正目的;⑤ 找出并明确评估中最为关键和基础的问题,为确定收集哪些资料做准备;⑥ 通过对各种争议问题与实际事项的反复探讨,确认要收集的真正重要和需要的资料范围;⑦ 规划收集整理的活动,根据不同要求,选择不同的收集信息的方法;⑧ 观察并探讨各种潜在因素、实施因素和结果因素,探讨计划的理论基础等;⑨ 分析所得资料,找出其中的主题,以准备对计划进行描述或进行个案研究;同时,还要对计划的意向与实际观察资料间的符合程度、三种因素的联系进行分析;⑩ 通过有关各方人员对分析描述做出的各种反应,检验评价是否达到了向委托人提供服务的目的;⑪ 对各方人员的反应进行筛选并加以组合,报告组合的结果,使各方人员都能了解这一结果,以使评价产生最大的效用;⑫ 根据委托人的需要,准备正式的评价报告。

回应模式的评价步骤并不代表一种标准的操作程序,在实际的评价中,操作究竟如何运行,要视委托人的需求和问题而定。它只是提供了一个大体的框架,表明了回应性评价的内在精神,也就是,评价人员在与有关各方的实质性沟通贯穿整个评价过程,他们的疑问和关注焦点是评价进程随时调整的依据。

总之,重视评价为当事人服务的意识、重视实际的活动过程、反映多种价值观对课程计划的关照,这是回应模式的三个主要特点。它更适合一个多元的、复杂的客观世界的现实和处于不同地位、持不同观点的评价听取人的需要,它的结果具有相当的弹性和应变性。因此,它代表了评价发展的方向。

(五) 解释模式

课程与教学评价的解释模式是由英国课程评价专家帕勒特和汉米尔顿提出来的。这种评价模式重视历史、文化和社会等因素对计划的影响。它主张,评价者不应该在评价前就确定某些因素作为关注的焦点,而是应将计划及其背景脉络中的各项因素都视为重要的、相关的;评价的方法不只是对某些变量的预测和测量,而是对整个课程计划及其背景的描述和阐释。

解释模式主要包括三个阶段：观察、探究和解释。

在观察阶段，评价者充当的是社会学家的角色，他除了观察课程与教学计划进展的日常活动外，还要观察其他相关的事件，并且要把观察到的各种事件、进程以及非正式的言谈等，连续地记录下来。有些观察记录也包括观察者与师生进行的讨论，以便澄清观察中发现的问题。在整个观察过程中，评价者仔细观察复杂的学习环境，但决不试图控制和操纵环境。相反，观察的任务是找出其中所发生的复杂的交互作用，并对实践和活动的类型做连续的记录。

在探究阶段，评价者要寻找共通的原则。在这一阶段，评价者至少应该能够识别因果关系类型，并能够得到一些关于课程计划如何在实践中协调运行的陈述。要做到这些，通常需要对资料进行筛选，以便从几个不同的来源中找到确凿的证据。并且，为了解释整个类型的差别，也有可能需要寻找一些新的资料。

解释模式无意于为人们提供一些不变的评价方法，它提供的只是一种一般的研究策略。至于评价的目的、规模、方法和技术等，都要视具体的评价情境而定。

五、课程与教学评价的历史走向

（一）课程与教学评价的发展历程

课程与教学评价是一个既古老又年轻的领域。说它古老，是因为比较正规的课程评价可追溯到我国隋朝即已出现的科举考试，距今已有1400多年的历史；说它年轻，是因为从教育自身发展着眼的系统评价活动，是于19世纪末才出现于美国的。不同的学者根据各自的标准进行了不同的划分，提出了不同的见解。本文根据美国评价专家古巴和林肯（E. G. Guba & Y. S. Lincoln）对评价历史的划分，将评价理念分为以下几个阶段：

1. 测验和测量时期

这是第一代评价，盛行于19世纪末至20世纪30年代。这一代评价认为，评价在本质上是以测验（testing）或测量（measurement）的方式测定学生对知识的记忆状态或某项特质。20世纪初，随着自然科学的发展，各种统计、测量技术得以长足发展，一批教育、心理学家开始把这些技术运用于教育领域，如英国遗传学家、心理学家高尔顿（F. Galton）的《英国科学家：他们的禀赋与教养》、法国的"比奈—西蒙智力量表"、德国冯特（W. Wundt）的实验心理研究成果和美国桑代克（E. L. Thorndike）的《心理及社会测量理论》都相继问世，各种智力的、学业成就的、人格的测验工具也随之涌现，这一切都为评价的正规化、系统化创造了条件。同时，第一次世界大战后发展至顶点的工商业的"科学管理运动"也对学校教育产生了深刻影响："学校被视为工厂""学校被视为原料和产品""教师成为加工者"。学生这一"产品"是否符合需要，教师教学有何成效，学校教育是否成功，似乎都可以通过"测量"来检验，这为评价的发展提供了客观的社会需要。评价由此得以兴盛。

第一代评价的基本特点是：认为评价就是测量，评价者的工作就是测量技术员的工作——选择测量工具、组织测量、提供测量数据。因此，这一时期也被称为"测验"和"测量"的时期。

2. 描述时期

这是第二代评价时期，20世纪30年随着"八年研究"的兴起，一直持续到50年代。

这一代评价认为,评价在本质上是"描述"——描述教育结果与教育目标相一致的程度。

30年代,美国完成初等教育的人数激增,但经济大萧条又使大批青年找不到工作而无处可去,只好到中学注册学习,中等教育因而急剧膨胀,原有的中等教育目标、课程、评价标准都受到前所未有的挑战。由进步教育协会主持的"八年研究"就是试图面对这些挑战回答如下问题:除了学术性课程,中学是否还应增加其他课程以适应那些完成中等教育后并不打算进一步接受高等教育的学生的需要?增加了其他课程是否会降低教育质量,进而影响高等教育质量?等等。

"八年研究"推动了课程与教学评价领域的发展,可以说,在1935年以前,对学生的考查基本上都是依据事实性知识和掌握基本技能的情况。泰勒指出,通过简单的测验不能引发高级心理过程,促进事实性知识的教学并不可能促进甚至会干扰其他重要的教育目标。评价应该是一个过程,而不仅仅是一两个测验。评价过程中不仅要报告学生的成绩,更要描述教育结果与教育目标的一致程度,从而发现问题,改进课程教材和教育教学方案与方法。泰勒的成就和观点在评价领域产生了巨大影响,一时间,美、英等国出现了诸多针对评价而设计的教育目标体系,其中以布卢姆的教育目标分类学影响最为广泛。

第二代评价的基本特点是:认为评价过程是将教育结果与预定教育目标相对照的过程,是根据预定教育目标对教育结果进行客观描述的过程;评价的关键是确定清晰的、可操作的行为目标;评价不等于考试和测验,尽管考试和测验可以成为评价的一部分。与第一代相比,第二代评价使评价步入科学化的历程。

3. 判断时期

判断时期萌生于1957年以后美国因苏联卫星上天而发动的教育改革,持续至70年代。这一代评价认为,评价在本质上是"判断"(judgement)。在这一时期,评价人员开始关心一个问题,即对已经确定的目标是否需要评价?是否需要价值判断?判断是否应该成为评价的一项基本活动?判断是否需要标准?如果需要标准,能否建立科学、客观的"价值中立"的标准?这个时期的代表人物是艾斯纳、斯克里文、斯太克等人。

第三代评价的基本特点是:把评价视为价值判断的过程,评价不只是根据预定目标对结果的描述,预定目标本身也需要进行价值判断;既然目标并非评价的固定不变的铁的标准,那么评价就应当走出预定目标的限制,过程本身的价值也应当是评价的有机构成。由此看来,第三代评价是对第二代评价的重要超越,它走出了第二代评价"价值中立性"的误区,确认了价值判断是评价的本质,确认了评价的过程性。

4. 建构时期

建构时期的到来是与质性评价方法的应用联系在一起的。20世纪60年代末70年代初,随着对课程改革运动的深刻反省,传统的评价方式受到猛烈冲击,人们渴望发展新的评价理论和方法。1972年11月,在英国剑桥大学的丘吉尔学院,14位学者会聚一堂,讨论评价理论和方法的创新问题,以代替传统的占统治地位的目标模式。会议认为,传统的评价方法源于教育研究中一直占优势的实验或心理测量传统。这种评价方法适应范围狭窄,不能解决评价中所遇到的复杂问题。因此,会议建议采用新的、文化人类学的研究范式取代旧的范式,即评价不是对预期的教育结果进行测量,而是要对整个方案,包括前提假设、理论推演、实施效果以及困难等,进行全面而深入的研究。

第四代评价的基本特点是:它把评价视为评价者和被评价者"协商"进行的共同心理建构过程;评价受"多元主义"价值观的支配;评价是一种民主协商、主体参与的过程,而非评价者对被评价者的控制过程,学生(被评价者)也是评价的参与者、评价的主体;评价的基本方法是质性研究方法,如"档案袋评价""苏格拉底研讨法""教育行动研究"等评价方法。

第四代评价鲜明地突出了评价中的价值问题,从而突破了评价领域长期以来所寻求的"客观性"和"科学性",使评价的理念发生了质的飞跃。在过去的一个世纪中,大多数评价专家所追求的是评价在过程、手段以及结果上的客观科学化,这在某一方面是具有积极意义的,但把它强调到极端,就会导致忽略评价的价值特性,造成评价中的不合理现象,以致人们对评价失去信心。第四代评价意识到这一缺陷,回到起点,首先探讨"评价是什么",在确认评价的价值本质的基础上,再来探讨评价的方法、过程和结果,从深层次上促进了评价理论的发展。在此基础上,它所倡导的"协商"式的"共同心理建构",实质上是尊重每一个个体的主体性,并在此前提下寻求共识的达成。这反映了一种深刻的民主意识,极富时代精神。

(二) 课程与教学评价理念的走向

1. 在评价功能上:由侧重甄别转向侧重发展

传统课程与教学评价的一个基本假设是,只有极个别的学生学习优秀,而大多数学生属于中常。为此,评价就是要把优异的成绩给予极少数学生,其余的只获得较低的成绩。这样,评价无形变成了一种甄别过程。而这一过程,只有少数学生能够获得鼓励,体验成功的快乐,大多数学生则成了失败者。发展性评价不是为了给出学生在群体中所处的位置,而是为了让学生在现有基础上谋求实实在在的发展。它关注让学生学会更多的学习策略,给学生提供表现自己所知所能的各种机会,通过评定形成学生自我认识和自我教育、自我进步的能力。当前,透过课程与教学评价,促进学生各方面的成长和进步,促进教师专业发展,促进学校的发展已经成为课程与教学评价改革的热点,很多研究者和实践者已经在探索旨在促进被评价者发展的评价模式和方法。

2. 在评价内容上:重综合评价,关注个体差异

学业成就无疑应该是考查学生发展、教师业绩和学校办学水平的重要指标,但对成功或优秀学业成就的理解却又不同。随着信息化时代的到来,现代社会对人才的标准也有了新的要求。学会学习、学会生存、学会合作、学会做人,掌握知识与技能成为当今学生学习的重要任务,但是学生积极的学习态度、良好的学习习惯、正确的学习方法、创新精神、分析问题和解决实际问题的能力、正确的价值观和人生观、积极的情感态度、健康的体魄、良好的审美素质和技能等同样是学生发展不可或缺的。学生是有个体差异的,每个学生都有其潜在和已经发展的优势,在评价时不应只采取整齐划一的标准,评价的内容应依据学生的特点设定。教师是研究者,教师是学生学习的指导者、合作者等,一系列角色的新变化也要求教师评价从关注教师的专业知识和教学绩效到关注更为多元的目标。每个教师都有其各自的教学风格,在评价时同样要关注教师自身个体的差异。

3. 在评价方法上:强调质性评价与量化评价结合

量化评定具有简明、精确的特点,它能减少人的主观推论。然而,对课程与教学而言,量化的评价是把复杂的课程与教学现象加以简化,或只评价简单的课程与教学现象,它不仅无法从本质上保证对客观性的承诺,而且往往丢失了课程与教学活动中最有意义、最根本的内容。随着人们对量化评价的批判与反思,20世纪60年代后期,人们开始借助于社会科学研究中不断完善的质性研究方法,70年代起相继出现了回应性评价、解释性评价、教育鉴赏与教育批评等质性评价模式。需要指出的是,质性评定的出现,并不是对量化评定的简单否定和扬弃,作为研究的一种新范式,质性研究是对量化研究的一种反思、批判和革新。但从根本上讲,质性研究应该内在地包含量化研究。因为它作为一种新的评价范式,更逼真地反映课程与教学现象。质性评价和量化评价各有优势,在评价上发挥的作用不同,课程与教学评价应采取多样的评价方法,注重量化评价与质性评价的结合。

4. 在评价主体上:强调评价主体的多元和自评

将评价对象看作参与评价的主体,力求将自我评价与外部评价相结合是现代课程与教学评价发展的重要趋势之一。自我评价是一个不断自我反思、自我教育、激发内在动因的过程,它对提高师生的自我意识、培养自我评价能力及自主学习有重要意义。重视发挥被评价者的自觉性和积极性,承认被评价对象有能力认识自己的长处与不足,这不仅有利于被评价者的自我分析、自我认识,同时也有利于他们对他人评价的理解与感受。当今,许多国家在课程与教学改革评价方面,都关注评价的民主性和被评价者自身的主体性,评价时注重课程与教学有利益关系的各方面意见的采集,注重被评价者自身的感受和体验;课程与教学评价的主体除了专业人员和上级领导外,还有教师、学生、家长、社会人士等的参与,评价注重自评与他评相结合,使评价结果更为客观、公正,也利于被评价者自身的反思。

5. 在评价重点上,注重终结性评价与形成性评价相结合

长期以来,课程与教学评价的重心在于对课程与教学的结果进行评价,如对学生某一学习阶段成绩的测试。终结性评价不能正确评价学生在学习过程中的探究、努力以及情感态度方面的情况,也不能更好地了解学生在学习过程中的困难、问题等。缺少对思维过程的评价,会导致学生对思维过程的轻视,只关注问题的结论,这不仅有可能使学生在探究知识过程中形成一些似是而非的认识和习惯,不利于学生良好思维品质的形成,而且会限制学生对思维乐趣的深刻体验,进而抑制学生解决问题的灵活性和创造性。随着课程与教学评价观念的转变,对课程与教学的过程进行评价成为评价的重要转向。当前,西方世界正形成一场所谓的"评定改革运动"。在这场运动中诞生了一系列新的评定方式,如"档案袋评定""苏格拉底式研讨评定""表现展示评定"等。这种评价把学生置于课程教学中完整而真实地表现,可以及时了解课程与教学的情况,发现问题,及时指导、调整和解决,弥补了终结性评价的不足。课程与教学评价应将终结性评价与形成性评价相结合。

第二节 小学生学业成就评价

学生学业成就评价,就是评价者根据一定的标准,对学生的学业进行价值判断的过

程。科学地实施学业成就评价,既可使学生明确自身学业的发展方向,制定正确的发展目标,实现其自我认识、自我教育和自我发展,也可使教师树立正确的学生学业评价观,掌握科学的教育评价理论和方法,转变教育方式,促进自身专业发展。

一、小学生学业成就评价的内容与标准

评价的内容解决"评什么"的问题。学生学习成就评价的内容是以教育教学的培养目标为总体参照的。2002年教育部制定了新中国成立以来发布的第一个较为全面的中小学评价与考试改革的指导性文件——《关于积极推进中小学评价与考试制度改革的通知》,它提出对学生评价的内容要多元,既要重视学生的学习成绩,也要重视学生的思想品德以及多方面潜能的发展,注重学生的创新能力和实践能力的培养。为此,我们将小学生评价的内容分为基础性发展目标和学科学习目标两个方面。

(一) 基础性发展目标

基础性发展目标是评价学生发展的指标体系,是学生通过相应学段的学习应该达到的基本素质目标。它包括以下六个方面的内容:

1. 道德品质

包括爱祖国、爱人民、爱劳动、爱科学、爱社会主义;遵纪守法、诚实守信、维护公德、关心集体、保护环境。

2. 公民素养

包括自信、自尊、自强、自律、勤奋;对个人的行为负责;积极参加公益活动;具有社会责任感。

3. 学习能力

主要指有学习的愿望与兴趣,能运用各种学习方式来提高学习水平,有对自己的学习过程和学习结果进行反思的习惯;能够结合所学不同学科的知识,运用已有的经验和技能,独立分析并解决问题;具有初步的研究与创新能力。

4. 交流与合作能力

包括能与他人一起确立目标并努力去实现目标,尊重并理解他人的观点与处境,能评价和约束自己的行为;能综合地运用各种交流和沟通的方法进行合作。

5. 运动和健康

包括热爱体育,养成体育锻炼的习惯,具备锻炼健身的能力、一定的运动技能和强健的体魄,形成健康的生活方式。

6. 审美与表现

包括能感受并欣赏生活、自然、艺术和科学中的美,具有健康的审美情趣;积极参加艺术活动,用多种方式进行艺术表现。

(二) 学科学习目标

学科学习目标就是通过学科学习应该达成的基本目标。其中各学科课程标准已经列出本学科学习的目标和各个学段的学生应该达到的目标,并对评价方式提出了建议。如:小学语文学科关注小学生通过语文学习所获得的,以正确理解和运用祖国语文的能力为

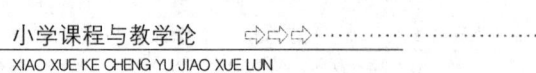

核心的语文素养水平。语文学科能力的内涵十分丰富,主要包括字词句篇等语文材料的积累,语感,识字写字、阅读、写作和口语交际的能力,语文学习方法和习惯,以及知识视野、思维品质、审美情趣,文化品位、情感态度,思想观念等内容。小学数学学科以关注小学生的数学素养为核心,表现在小学生掌握基本的数学知识和技能的基础上,具备数学思维和数学意识,能够借助数学语言、符号与他人合乎逻辑地交流;能够探讨一些基本的数学现象和问题,运用数学的方法解决现实生活和其他学科领域的一些简单问题。小学英语学科以关注小学生的英语素养为核心,表现在小学生通过英语课程掌握基本的英语语言知识,掌握基本的听、说、读、写技能,形成用英语与他人交流的综合语言运用能力,用英语做事的能力以及提高学生综合人文素养。

虽然各个学科都有自己的学习目标、评价标准,但是它们也包含着共同的部分,即都强调知识与技能、过程与方法、情感态度价值观三个方面的有机结合,综合评价小学生的学习水平。在实际教学中,学科学习目标和基础性发展目标是不可分割的,基础性发展目标蕴涵在学科学习目标中,学科学习目标的评价也要融合基础性发展目标。

二、小学生学业成就评价的方法

(一) 纸笔测验

测验是学生学业成就评价中最常用的传统方法,包括教师自编的测验和标准化测验两种基本类型。纸笔测验主要是用来评价学生认知领域的发展水平,它可以测量学生对知识的掌握程度以及对各知识点之间的理解;可以评价学生的分析、综合、归纳、演绎和判断等智力技能。传统的纸笔测验因其"重认知、轻能力,重甄别、轻发展"而备受批评和指责。但作为一种收集学生信息的工具和手段,从组织命题到实施考试,再到对结果进行分析处理,纸笔测验已经形成了一个相当完备的系统,它能够相对高效地完成评价目的,客观公正地反映评价结果。所以,纸笔测验是一种不可替代的评价方式,它能否发挥其正向价值,关键在于评价者如何去应用。

1. 纸笔测验的编制步骤

(1) 明确测验的目的。测验的目的和形式与试题的类型有着密切的关系。在测验之前,要先明确测验的目的,主要是测验什么,作什么用途。测验目的决定了测验内容,是了解学生现有水平还是发现学生发展潜力,是为了掌握学生学习全貌还是了解学生对某部分知识的掌握情况。课堂测验目的一般是考查学生某一学科的测验成绩,了解学生当前知识的掌握情况,为接下来的教学做准备。

(2) 设计测验蓝图。测验蓝图是试卷设计的最关键部分,试卷的蓝图通常是指命题双向细目表。命题双向细目表是将测验内容的分类与认识活动(即测验目的和学习结果)的分类综合成一个列表的做法。它既是教师命题时全面掌握内容及其比重大小的依据,又是最终进行测验评价的根据。有了双向细目表,教师命题时就可以做到心中有数,使测验所反映的内容全面而有重点。

在编制试题的过程中,一般运用双向细目表。双向细目表可以看成是一个二维矩阵:一维是内容维,它是由各科教学内容确定;一维是目标维,反映学生认知水平。整份试题结构要有合理的目标层次,试题一般应该包括三个以上的层次水平。可根据布卢姆的目标分类,将测验目标分为六大层次,即知识、领会(理解)、应用、分析、综合、评价。其特点是由低到高排列,高一层次包含了低一层次,体现了对不同程度测验的要求。各层次试题的比例可以根据不同的课程特点和要求具体确定。不可否认,从操作的角度看,双向细目表科学、规范地为教师命题提供了便利。如从内容及认知要求上,双向细目表具有较高的内容效度,也比较好地回答了一些该门考试在能力上"考什么"的问题,体现了基于标准命题的一些特点。但是,双向细目表也存在不足。首先,它关注测试的内容,而命题的其他必要因素,如试题背后所蕴涵的价值问题、评分细则、难度、题型、题量等,并没有得到应有的重视。其次,双向细目表缺乏总体规划。命题是由一定的程序组成,如命题目的、题目的评分方法、测试时间等,但双向细目表只关注了试题编制中的一部分。基于此,我们将双向细目表进行改进后呈现如下(如表7-1),为了便于陈述,我们称其为测试设计框架。由于课程和教师经验层次的差异,需要指出的是本表只是提供了一种命题分析框架,命题时,不同的教师应视具体情况灵活加以应用。

表 7-1 测验设计框架

命题的目的与试卷的总体难度:											
考查内容	考察目标						其他考量				
学期X单元	知识____%	领会(理解)____%	应用____%	分析____%	综合____%	评价____%	难度	题型	题量	价值取向	评分细则
知识点1											
知识点2											
……											
测试时间:____分钟											

(3)根据命题设计编制试题。测试题目可以分为客观性试题和主观性试题两大类。前者包括选择题、是非题、匹配题;后者可分为自由应答型和部分限制型试题两种,其中自由应答型包括论述题、写作题、实验题、翻译题、设计题、证明题,部分限制型试题包括简答题、名词解释、填空题、改错题等。客观性试题一般由主试通过试题把格式固定的答案提供给被试,给分标准易于掌握,评分不容易受主观因素的影响。主观性试题指应试者在解答问题时,可以自由组织答案。

主观试题和客观试题各有优势和不足,编制测试题应两类题型都包含其中,才能实现对学生多角度、多层次的测评。但是也要根据测试的特点与要求,有所侧重地选择具体形式。比如,当测验的内容多、范围广、覆盖面大时,可多用客观题。考查学生对事物内在的联系的深层把握,考查学生综合问题的能力及表达能力时,可以多用一些主观试题。但是,无论是主观性试题还是客观性试题,在编制的时候,都要遵循以下原则:试题的题材宜均匀分布,而且应包括教材的重要部分;试题的文字要简短,题意明确;各个试题彼此相互独立,不出现相同或相近的试题,不要有相互暗示或相互启发的现象;试题的答案要具体明确,不应有争议;要掌握好试题的区分度和难度;最好提供答题的时限和题目的分值。

2. 测试试题内容与方式的改进

相对于传统的测试试题,学生学业成就评价,应在以下方面做系列改进:

(1)加强考试内容与学生生活的联系。传统考试多以答案唯一的记忆性、技巧性、速度性的内容为主,而且试题内容的抽象性难以体现知识的应用价值,而加强试题与社会生活的联系有助于提高学生解决实际问题的能力,帮助学生学以致用。

(2)拓宽试题类型。多种类型的试题可以从不同角度、不同方面来考查学生知识掌握情况以及高级心智发展情况。试题设置既要注重对学生解题结果的考查,更要关注对学生解题过程的考查,据此有效评价学生的逻辑、推理、分析、判断等解决问题的能力。因此,在传统题型的基础上开发新的试题类型,如材料分析、任务表现题等,多角度测试学生掌握知识的情况,以及学生的综合应用能力及自身潜能的发挥。

(3)注重对基础知识与技能的考查。基础知识与技能依然是考试内容的重要方面,它与能力的发展是密切相关的。如果离开知识与技能的掌握去发展能力,则能力就成为无源之水,无本之木,同时能力的发展又会促进知识的掌握与技能的发展。我们应该辩证地看待二者关系,在考试中力求知识技能与能力考查并重。

(二)表现性评价

表现性评价(performance assessment)是与只有一个正确答案的客观纸笔测验相对的评价形式。它是指在尽量合乎真实的情境中,运用评分规则对学生完成复杂任务的过程表现或结果做出判断。表现性评价可以让评价者通过主观判断来搜集有关学生智力技能、表现性技能和成果创建能力的信息。

1. 表现性评价的特点

(1)关注学生知识的应用能力和实际生活的表现。表现性评价要求学生完成一系列比较复杂的任务,要求学生综合运用多学科的知识和技能解决复杂问题。同时,需要解决的问题是现实中比较实际的问题,是学生在现实生活中有可能会遇到的问题。表现性评价就是考查学生利用所学知识解决现实生活中遇到的实际问题的能力,因为在表现性评价中更强调直接的评价,更强调评价内容的真实性。

(2)强调评价的主体性。表现性评价强调学生对知识的自我决定、强调学生对知识的自我组织、强调学生自我鉴定与自我矫正的能力。由于表现性评价的评价目标和评价计划是教师与学生双方协商制定的,这样做就可以使评价活动变成了学生主动参与、自我反思、自我教育、自我发展的过程。在相互沟通协商中,增进了双方的了解和理解,易于形成积极友好、民主平等的师生关系。

(3)采用多元的评价方式。表现性评价对学生进行评价时,不仅仅单靠一次考试就给学生划等级、论成败,而是采取各种方式对学生进行评价。例如,对学生的学习作业进行比较,对学生参与活动的表现进行观察,对具体问题的解决能力、对生活的态度、对与人合作的能力、对交际能力等各方面进行观察,然后再给学生一个比较公正的评价。

(4)要有可供参考的评价标准。为了更好地完成表现性评价,教师必须在评价前给出一个完善、公正的评分标准。这个评分标准通常是教师与学生共同商量、讨论得出。表现性评价事先给学生一个评分标准,学生知道在学习完成后教师对自己的期望是什么,自己在学习结束时要达到什么样的标准,这样学生才有学习的目标和动力。表7-2和表7-3是某学校口语能力自评表和师评表:

表7-2　口语能力自评表

姓名： 评价日期：＿＿年＿＿月＿＿日				
等级	A 非常好	B 很好	C 一般	D 仍需努力
评价内容	等级			
能够自然大方地面对听众,不紧张				
能够按照发言需要,适时地用一些肢体语言				
发音标准,语速适中				
发言能够表达自己的观点				
表达内容完整,不会让人产生误解				
用词贴切,很少出现语法错误				
语言表达流利、连贯				

表7-3　口语能力互评/师评表

姓名： 评价日期：＿＿年＿＿月＿＿日			
评价内容	评分规则	得分	等级
语音语调25分	A. 发音标准清晰,偶尔的发音错误不会影响理解。(20～25) B. 大部分单词发音标准,只有少数单词发音含糊不清。错误发音有时会导致误解,但不影响对表达内容的理解。(14～19) C. 很多发音都不标准,经常出现明显错误,有一些发音问题,总是引起误解,对所要表达的内容理解困难。(8～13) D. 基本上听不懂所说词语。有不少问题,难以理解所要表达的内容。(0～7)		
词汇语法	A. 用词贴切,词汇量大,时而出现语法错误,但能够清晰地表达自己的观点。(25～30) B. 词汇选择偶尔不得体,词汇量有限,交流偶尔有障碍,时常出现语法错误,能够表达自己的观点。(18～24) C. 多次出现用词不当,词汇量小,经常出现语法错误,勉强能够正确表达自己的观点。(11～17) D. 词汇滥用、错用,词汇量小,几乎都是语法错误,完全不能够表达自己的观点。(0～10)		

(续表)

评价内容	评分规则	得分	等级
内容结构	A. 围绕主题发表观点,条理清晰,内容全面,具有一定的说服力。(16~20) B. 围绕主题发表观点,观点明确,但条理性稍差,且内容较肤浅,信息量较少。(11~15) C. 不能完全围绕主题发表观点,内容不全面并加入一些相关性不大的内容,条理较散乱,不能很好地说明问题。(6~10) D. 不能清楚地表述自己的观点,内容杂乱,几乎无法进行交际。(0~5)		
流利程度	A. 语言表达较流畅,偶尔反应稍慢,时而犹豫,但不影响交流。(20~25) B. 语言表达比较流畅,但经常犹豫,有时不成句,不连贯,但不影响交流。(14~19) C. 虽断断续续,有一小部分表达得还流畅。除固定短语及常用句子外,表达进行较慢,总是出现重复、啰嗦,交流困难。(8~13) D. 表达不连贯。时断时续,支离破碎,至多只能说些单词或短语,无法连贯地表达,根本无法正常交流。(1~7)		
我认为该同学在_____方面表现得较好,因为:			
我对该同学今后口语学习及运用的建议或意见是:			

（5）考查的是学生的高层次学习能力。表现性评价可以对高级的认知活动,如批判性思维、问题的解决技能等能很好地评价。它能使学生综合所学的概念、规则等灵活地运用到实际的问题解决当中,从而提高学生的分析问题、解决问题的能力。同时,评价的范围不仅仅局限于认知领域,还可以评价学生的情感与社会技能。

2. 常见的表现性评价类型

（1）纸笔任务(paper-and-pencil tasks)。表现性评价中的纸笔任务类型有别于传统的客观纸笔测试,但也不需要借助于其他设备或资源。如结构化的反应题(constructed response)和论述题(essay)并说明解决问题的方式。有时,评价所关注的是书写出来的东西,如故事、报告或者图画等;有时,可能对学生解决问题的过程更感兴趣(例如,学生记录他完成实验的各个步骤或者解释他是如何解决问题的)。下面是一些纸笔任务的表现性评价的例子:

① 解决算术应用题,并解释你是如何解决的。

② 理解所给的 Sally 时间表,然后根据表中所给信息写一段 Sally 的典型的生活短文。

③ 画图说明你解决以下应用题的思路。

（2）示范与展示。示范,需要学生能使用知识和技能来展示一个良好界定的复杂任务。示范不像项目那样历时长久,也不如它复杂。示范的任务一般都是良好界定的,并且学生和评价者都知道正确的解决方向。然而它也允许个体间有所差别。当学生示范时,他所采取的风格和方法都会被考虑在评价之内。在学习过程中,学生需要通过适当的技巧来展示他们的技能。例如:

① 示范做面包前的揉捏面团。

② 示范使用显微镜来观察污点的滑动。

③ 示范在绳子上爬行。

④ 示范在因特网上查询信息。

一般而言,示范关注学生如何使用他们掌握的知识技能,而不是看他如何解释他的思考或者表述现象背后的原理。

(3) 实验与调查。实验与调查是学生制定计划、执行计划,并且解释实验研究(调查结果)的过程。研究关注回答具体的问题(如,是否本校大多数学生都支持法律规定的死刑?)或者调查具体的研究假设(如,醒目的广告易于人们长久记住它)。实验或调查包含了发生在自然或者社会科学领域的广泛的研究活动,包括田野研究和调查研究,也包括实验或小组控制实验。它们可以是由学生个体执行,也可以是小组合作执行。

实验评价的是学生是否能合理运用所要检测的技能。可以评价学生是否掌握了合适的概念框架或理论,以及对研究现象的基于原理的阐释。评价后者,需要关注学生的文献资料质量,他们对研究问题的理解,他们如何设计研究,他们列举的问题和假设的质量,他们对数据间关联关系所提供的解释。通过实验或调查来进行评价,特别需要关注学生在以下学习目标维度的达成:

① 在收集数据之前做估算和预测。

② 综合数据,分析数据,展示数据结果。

③ 得出结论,并引用收集到的合理资料来支持结论。

④ 陈述假想,确定方法或数据上可能的错误来源。

⑤ 有效地交流实验或调查结果。

(4) 口头表达与戏剧表演。口头表达要求学生以访谈、演讲或其他口头表述等方式来展现他们所掌握的相关知识,运用他们的口头表达技能。明确学习目标是口头表达特别要强调的一点。例如,在口语交际课中,许多学习目标关注的是表达的风格和交流技巧,而不是内容的正确性。流利地讲一口外语是外语课程的重要目标。演讲是口头表达的重要形式之一;而辩论是口头表达的另一种形式,是双方学生就一个问题进行逻辑性辩解。评价关注逻辑性和辩解的说服力。

(5) 项目和课题。通过项目(课题),可以评价学生综合运用知识的能力。项目(课题)可以是学生独立完成,也可以是合作完成。

第一,学生个人项目(课题)。个人项目的结果可展示为:一个模型,一件科技作品,一个真实报告,或一项收集。下面是一些学生个人项目的例子:

① 收集假期里的报纸杂志广告,并给它们分类。

② 使用本学期所掌握的手工工具做一件小家具。

③ 用本单元所学的光学原理制作照相机的工作模型。

④ 收集和运用资料,写一个研究报告,分析在初选时选民人数稀少的原因。

图7-1展示的是一个经过完整设计的项目,它要求学生应用并整合一系列的知识技能。举例来说,当学生写研究报告时,学生将应用资料搜索、文献引用等技能,列提纲、组织结构、计划报告、使用书面语言遣词造句,呈现以及展示他对主题的理解等。一个好的项目任务将促进学生思维的严谨性、创造性以及问题解决等多项能力。虽然一般来说,项目在教育活动中都很有价值,但是它们作为学生个人的评价工具的效用要取决于评价者的设计。

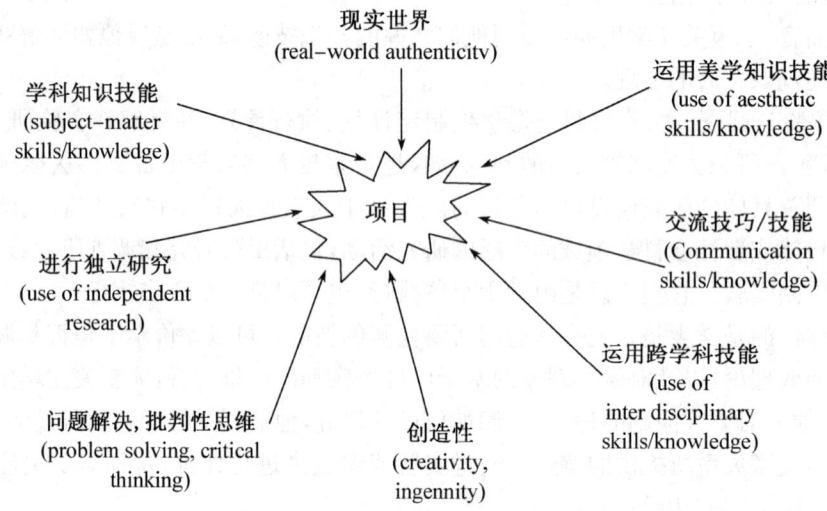

图7-1 整合各种知识和技能的项目图

第二,小组项目(课题)。小组项目要求两个或者两个以上的学生一起合作完成。将小组项目作为表现性评价的类型之一,主要是要评价学生是否能合作完成高质量的成果。小组项目的评价目标取决于学科性质以及学生的水平。通常我们可以从以下几种类型的目标出发来设计小组项目:

① 行为导向的学习目标(建立一个通信软件)。
② 学生兴趣导向的学习目标(写一篇感兴趣的主题论文)。
③ 学科性质导向的学习目标(理解河流是怎样形成的)。

第三,兼顾小组和个人的项目(课题)。在小组和个人结合的项目(课题)中,小组成员一起合作完成长期项目(课题),在项目(课题)结束后,个人准备好自己的报告,不得借助同组其他人的帮助。当项目(课题)复杂,并且要求几个学生在合理时间内展现合作能力来共同完成时,这种结合的方法很有用。这个学习目标要求学生有能力准备最后的报告,自己解释结果等。在这种情境中评价学生,需要同时准备小组和个人的学习目标以及评分规则。

> **美国中学历史课程中的一个小组项目**①
>
> 历史调查:最近几年,人们对于克里斯托弗·哥伦布的历史角色颇有争议。他是一个英雄还是一个恶霸呢?当我们去研究哥伦布时,我们会浏览一大堆由不同历史学家编写的充满了不同见解的资料。
>
> 合作小组至少选择两种资料来源,且这些资料都描述克里斯托弗·哥伦布发现新大陆这个事件,却相互有所冲突。讨论资料中的矛盾之处,找出历史学家秉持不同观点的原因。处理已获得的资料信息,说明冲突的根本原因所在,或者提供具体情节来澄清冲突。
>
> 小组成员向班级解释为什么历史学家报告同一件事情时,会有如此的区别。另外,还需要向班级同学提供冲突的想法。小组的报告可以以剧本表演、小组讨论或辩论等方式来展现。
>
> 项目为期三周。每周五由一位小组成员向大家报告过去一周的项目进程、任务解决过程中遇到的问题以及下周的项目进展计划。
>
> 将从以下几个学习目标维度对每位小组成员进行评价:
>
> 社会学习内容:理解历史记录受历史学家观点的影响;你对哥伦布发现和占领新大陆这一事件的看法。
>
> 复杂思考:历史调查
>
> 界定并解释历史事件的不确定性和冲突;
>
> 为应对历史事件的不确定和冲突,发展合乎逻辑的思辨能力。
>
> 有效交流:为不同的目的进行交流;用不同的方法进行交流。
>
> 合作学习:与其他学生一起合作成功完成项目(课题);为班级同学贡献好的想法,呈现搜集到的资料;通过不同的活动,帮助组员一起成功完成项目(课题)。

3. 表现性评价任务开发的步骤

(1)制定评价目标。在开发表现性评价的任务时,教师想要知道,或者说想要推论到的东西都是评价的目的,因此,开发表现性评价任务的第一步就是制定评价目标。

评价目标要体现三维目标的精神。在表现性评价的任务开发中,教师要依据三维目标的要求,将自己的评价目标明确地、具体地描述出来,以便在任务的开发过程中时常提醒自己。如让学生做一道应用题,以检验学生的运算能力,教师可以设计表现性任务来进行评价:让学生用10元钱(可以是模拟的)去书店或模拟书店购买低于10元钱的一本课外读物(可以是用图画画出的商品),售货员应找回多少钱。在这个过程中,教师要清楚地知道学生对减法知识掌握到什么程度,知识掌握不好的学生问题出在什么地方,知识基本掌握的学生为什么没有达到灵活运用的程度,知识掌握好的学生有哪些可取之处。同时,教师还要激发学生学习的热情,增强学生的学习信心。

---

① Student Outcomes: Performance Assessment Using the Dimension of Learning Model (p. 60) by R. J. Marzano, D. Pickering, and J. McTighe, 1993, Alexandria, VA: Association for Supervision and Curriculum Development.

（2）明确评价内容。表现性评价既要评价学生的知识建构，又要评价学生在解决问题时的思路策略，还要考查学生的表达能力。可见，它体现着新课改三维目标的基本要求，但三维目标的每一个方面还可以进一步被细化，因此，教师要根据细化的评价目标来明确评价内容，并进行严密论证。在明确了评价内容之后，教师还要将其分解为可观察的具体行为，只有这样，评价才可能顺利进行。一般来说，我们每次课选取其中的2~3个方面来进行观察，避免任务开发时所出现的偏差。同时，在明确了评价内容之后，我们要设计好任务指导语。指导语要把任务说清楚，让学生知道自己"要做什么"和"需要注意什么"。如上例检验学生运算能力的表现性评价任务，在确立了评价目标之后，教师可以将主要评价内容确定为：获得与组织信息的能力以及问题解决的策略。

（3）建立评价规则。表现性评价规则的建立是表现性评价任务开发的关键，因为制定的评分规则要符合其目标，真实反映学生参与评价时所表现出来的素质。评价规则至少有三方面特点：一是评价规则中要包含用来决定学生反应质量的各种指标；二是对于每一条评价标准，学生反应的质量区别到底如何表现，评价规则中要有具体的描述；三是评价规则必须说清楚，其标准是以整体评分法的形式使用，还是以分项评分法的形式使用。因此，教师在开发任务时，可以对要评估的活动自己先实际操作一下。这样做的好处有：研究自己的活动表现和可能成果，进而找出其中重要的部分作为评价学生活动表现的标准，并在此基础上按照活动的顺序列出评价标准，以便对学生进行观察和判断。在建立评价规则时教师要注意，评价标准的数量不要太多，要尽可能用可观察的、可量化的表现性评价标准。如在上例"购买课外读物"中，教师就应该将评价的标准告诉学生："展示买卖活动过程"的有10分，有创造性表现的另奖励5分等。

（4）考虑重要事项。测试规则的确定以及任务如何在学生中开展，是表现性评价任务开发的最后环节。常用的测试规则有：时间、参考资料、其他人、设备和评分标准。使表现性评价标准有效的关键是让学生参与评价，因此，在活动开始时，教师要多给学生一些鼓励，激发他们的好奇心，以便调动他们的积极性。如在"购买课外读物"中，教师可以让学生在上课的前一个小时内准备好他们的"书店""给课外读物标价"等，并将学生分成若干个小组，每个小组要进行买卖活动的展示以及确定展示的时间、提问时间的要求等。

（三）档案袋评价

档案袋评价（portfolio evaluation）也称成长记录袋评价，是20世纪80年代中期在美国教育实践中出现的一种学业成就评定方法，它属于质性评定方法。档案袋是指由学生在教师指导下搜集起来的，可以反映学生的努力情况、进步情况、学习成就等一系列的学习作品的汇集。它展示了学生某一段时间内、某一领域内的技能的发展。档案袋评价的主要目的就是通过大量材料的收集和学生本人对材料的反省，客观形象地反映出学生某方面的进步、成就及其问题，以增强学生的自信心，提高学生自我评价、自我反省的能力。

档案袋的内容包括：学生学习进步的证据、同伴的观察和评价、指正学习转移的项目（跨越教室进入生活）、来自家长的信息（家庭成绩单）、传达学习活动的事物、展现目前最佳作品的项目、发现成长和改变的事物（技能、兴趣和态度）、教师的观察、评定记录、可以诉说这一年来学习之旅的项目、学生自我反省、自我认识和自我评价等。

档案袋评价不仅能够考察学生的自我反思、自我调节、自我监控等自我认知技能，以及学生在学习过程中的努力程度、情感态度等,而且还可以帮助教师了解学生的发展历程。档案袋评价的这些作用是由其本身特点决定的。

1. 档案袋评价的特点

(1) 目的具有针对性。相对于传统评价方式的单一性,档案袋评价在明确的评价目标指导下,关注学生学习的三维目标的实现,材料的收集和选择目的明确,有针对性。无论从教师制定的评价体系还是档案袋的内容,都在以实现评价目标为根本的前提下进行操作。

(2) 选材体现自主性。相对于传统量化评价的内容单调,不能全面地评价学生的学习、发展过程等特点,档案袋评价则具有质性评价的优点。如评价的主体是学生本人、家长、同学、教师,学生既对档案的内容进行决策,同时也担任着对档案袋内容进行评价、分析、反思的职责。信息收集的过程就是学生体验学习、展示自己能力、自我了解的过程,这种评价有利于学生自我意识的获得和独立性的提升。

(3) 评价者具有交互性。传统评价的评价者主要为学科教师,将被评价者及其家长等屏障在评价体系之外。而档案袋评价的交互性则体现在评价人员的多样上,评价人员可以是教师,也可以是被评价者本人,同时还包括了同学及其家长。相互之间的交流与评价促进了被评价者与他人的沟通和交流,这种评价方式强调主客体的交往性,使得评价过程也成为相互尊重、信任和平等的交往过程。

(4) 资料呈现丰富性。档案袋评价中收集的资料形式多样,丰富多彩。可以是作品,操作与演示活动,典型作业,轶事记录,竞赛成绩,评定量表,连续性记录,测验及成绩,反思性文字,他人评论等。

(5) 过程重视反思性。档案袋评价的过程中,学生能够针对自己完成档案袋资料的搜集、整理、展示等过程进行反思,并主动地评价。评价客体的反思是否能切实地进行,直接决定了档案袋评价的效果。

(6) 效果体现发展性。档案袋评价通过大量资料的收集与被评价者对资料的反省,客观而形象地展现学生某个方面的发展过程,呈现被评价者成长过程中的问题。这一过程将会对学生的自信心和自我反思能力起到促进作用,并增强自我效能感。

2. 档案袋评价的类型

学生的档案袋由于各自的使用目的,所面对的评价对象以及对其某方面的发展也不尽相同,所以使得档案袋评价衍生出丰富的类型。

(1) 根据档案袋的不同功能划分的档案袋评价类型。莱德勒作为美国知名的教育心理学家,他从档案袋不同的功能划分出了五种类型,包括理想型、展示型、文件型、评价型和课堂型。① 表7-4从不同类型档案袋的构成和目的两方面进行表示:

---

① 霍力岩等著.多元智力理论与多元智力课程研究[M].北京:教育科学出版社,2003:56.

表 7-4　档案袋评价的五种类型

类型	构成	目的
文件型	评价主体的评价,体现评价客体进步的测试成果、考察成绩	完整记录评价客体的成果
评价型	由评价主体(教师)根据制定的评价目标整理出的评价客体(学生)的作品合集	对评价客体阶段的成绩进行系统地记录
展示型	由评价客体(学生)筛选的自己最好、最喜欢的作品	给由评价者参加的展览获得提供学生个性作品,强调自我反思与自我修正
理想型	入选的系列作品,学生的分析和说明	提升学习质量和信心,帮助学生成为善于反思的评价者
课堂型	教师对所教学生学习现状的描述；教师对学生的成绩进行的分析总结；教师对一学年课程以及教学计划的详细说明	为教师与学生家长等人进行交流时,作为对学生学习成绩评价的可借鉴资料

（2）根据入选材料的不同划分的档案袋评价类型。档案袋可收入的材料是十分丰富的,为了使档案袋的利用更具有针对性,国外一些教育家根据不同的使用目的,将其分为展示型档案袋、过程型档案袋和现状报告型档案袋。

一是展示型档案袋(Showcase Portfolios)。展示型档案袋中通常装入的是学生最喜欢的作品和特别的学业纪念品。例如教育家比尔·约翰逊提出,语言艺术课程可以收集一系列的最佳作品——说明的、创作的(诗歌、戏剧、短篇故事)、报刊的(报告、专栏作品、评论)、广告副本、讽刺作品或幽默等。科学课程可收集学生所做的最佳实验室成果、所提出的最佳原创假设、对较适合提出的科学问题的最佳解决方案、针对科学问题阐明自己主张的最佳论文等(采用科学家所用的风格撰写)、对科学杂志或期刊上的文章做的最佳评论以及最佳实验记录或日记。这些内容一般是由学生依据自己的评判标准进行选择的。展示型档案袋的主要目的就是,让学生学会根据特定的目的和参阅者的情况,来决定自己所要收集的作品。可收集内容见表 7-5。

表 7-5　展示型成长记录袋可收集的内容①

课程领域	可收集的内容
语文	优秀的作业、最佳的书法、最好的单元测试试卷、最满意的手抄报、最满意的作文、最佳的口语交际活动录音、最得意的阅读笔记、评论等
数学	优秀的作业、最好的测试试卷、最喜爱的数学小制作、印象深刻的问题解决过程的记录、最佳活动报告或数学小论文、自己特有的解题方法等
英语	优秀的作业、最好的测试试卷、最满意的口语录音、参加角色扮演和英语剧演出的录像、最满意的英语句子或作文、最满意的英文手抄报
艺术	自己创作的音乐曲谱、最满意的 海报或宣传画、最喜欢的自拍照片、最满意的手工制作、最满意的其他美术作品、参加音乐、舞蹈、戏剧的录音或录像等

---

① 国家基础教育课程改革"促进教师发展与学生成长的评价研究"项目组. 成长记录袋的基本原理与应用[M]. 西安：陕西师范大学出版社,2002：14.

二是过程型档案袋(Process Portfolio)。过程型档案袋主要用于收集一段时期内的学生作业样例,以展示学生某一能力、探索、努力、学习进步以及达成目标与成就的历程。过程型档案袋的建立,通常是学生依据师生共同确定的主体,并在教师的指导下,有计划、系统地收集学习过程中有代表性的,能证明学习与变化历程的一系列作品。例如收集学生最初的提纲、草稿、修改稿、最终稿等,以展示学生写作能力的发展变化。同时还可以收集教师与同伴的评定表以及学生自我反思报告等。另外,在评价过程型档案袋时,所采用的评价标准在一定时期内必须是一致的。

三是现状报告型档案袋(The Status Report Portfolio)。现状报告型档案袋用于了解学生当前获得的成就,它通常收入学生比较完善的、短期的作品。通过检查学生当前的学业状态记录,可以使教师了解学生是否达到了既定的学业目标,有助于学生更好地制定教学目标。

使用现状报告型档案袋时,一旦最新收集的学生作品已表明学生在某一学业方面有了进步,那么档案袋中以往的材料就须被删除。

虽然档案袋被分了多种类型,每种类型的档案袋中所装的材料都有细微差别,但来自哈佛大学教育研究院的一组研究人员(Seidel,Walter,Kirby,Olff,Powell,Scrip,Veenama)认为,任何档案袋都应涵盖以下基本要素:能反映学生已经学习并已掌握内容的作业;时间表;有助于收集以及解释分析的结构计划书和收集原则;学生自我评价表等。

3. 档案袋评价的应用步骤

(1) 确定档案袋评价的目的。评价的目的不同,档案袋中收集的材料也就不一样。一般而言,档案袋评价主要有三个目的:一是描述学生的进步,主要是收集一些学生的作品样本,进而向学生、教师和家长提供学生学业进步或退步的有关证据;二是展示学生的成就,主要是收集学生最佳或最喜欢的作品,而且包括学生对自己作品质量的反思;三是确定学生是否达到预期的表现水平,这种评价的要求高一些,档案袋要收集些什么,收集的作品样本如何评估,都要进行标准化处理。

(2) 决定收集的材料,即档案袋的内容。档案袋可以收集不同类型的作品样本,在选择作品样本时需要考虑两个方面:一是要联系评价的目的。比如,若反映学生的进步,就要收集哪些能表明学生进步程度的材料。二是要结合评价内容。不同的学科收集的内容不一样,教师可以和学生一起讨论决定收集的内容。

(3) 设计评价档案袋作品的标准。教师应与学生合作,确定可以用以评价档案袋作品质量的标准,解决如何给档案袋评分的问题。档案袋评分包括两个方面:一是给档案袋中所收集的材料进行分项评价;一是对档案袋进行总体评价,即综合评价。教师要与学生结合评价目的和内容共同商讨制定评价标准,然后针对各个评价因素或条目,确定等级,并且用文字明确而清晰地描述出来。

(4) 学生对档案袋作品进行评价和反思。学生的自我反思和评价是档案袋设计中必不可少的环节。档案袋应该留给学生足够的自我评价和反思的空间。教师要指导学生根据既定的标准评估自己的作品,其中包括作品的优点和不足,以及进行改进的设想。每一张自我评价表要与相应的作品订在一起存放。

(5) 制定评价结果的交流与分享计划。这一环节对发挥档案袋的发展性功能起着关键性作用。具体是指在一定范围内,如学校、年级、班级或小组中,将典型的档案袋拿出来在学生之间交流、讨论与分享的过程。这样不仅可以使学生感受到被认可和被表扬的喜悦,而且可以让他们体验到成长与发展的乐趣。

4. 档案袋评价的实施策略

档案袋在帮助教师了解学生的学习进展,促进学生发展等方面有着积极的影响,为了最大限度地发挥其作用,教师在使用时应遵循以下策略:

(1) 内容的选取要以学业标准与使用目的为准绳。使用档案袋评价时,要明确它不是将学生所有的作品都不加筛选地装入其中,它是用于评价学生学业的,而不是收集作品的文件夹。因此,明确收集到目的与要求是创建档案袋的基础,每个档案袋都应当服务于某个特定的目的。例如有些档案袋是反映学生数学能力的,有些是与学生的阅读和写作能力有关的,而其他一些档案袋则是关于理科技能的。只有这样才能提高档案袋评价的针对性,更好地反映学生各方面的发展情况。

(2) 鼓励学生自己选取档案袋评价所需的材料。学生在档案袋评价的应用过程中,承担着很大部分的任务,要想实现档案袋评价的各种潜在优势,必须要让学生进行作品的选取。通过让学生讲述他们选取了哪些材料,以及选取的原因,能使师生受益良多。当然,这并不意味着学生可以随意地将任何东西都放进档案袋,教师应给予明确的指导,例如告知学生什么是被期望的,以及选取材料的合理依据等。

(3) 引导学生学会正确的自我评价与反思。有研究表明,那些懂得如何正确自我评价与反思的学生,会通过该过程获得更多的知识与技能,同时有利于使他们对自己的优势与弱点总是保持一个清醒的认识。教育家阿特与斯班德指出,高水平的自我评价与反思应具备以下要素:覆盖性(Coverage)、准确性(Accuracy)、具体性(Specificity)、综合性(Integrating)与启发性(Revelation),同时他们还提供一些引导性的问题,以帮助学生进行自我评价与反思。例如:描述你完成这次作业的具体步骤,这些步骤有效吗?存在什么问题?下次你会做出什么样的改进?你效率最高的作业与效率最低的作业的差别在哪里?你还在哪些方面需要帮助?等。

(4) 制定并遵循清晰的评价标准。清晰明确的评价标准可以增强评价的公平性,标准的制定应以学生学业目标与档案袋创建的目的为依据。通常评价标准一般可以分为具体的细化的以及整体的评价标准两种类型。前者主要是档案袋的评分,后者主要用于对内容的整体以及档案袋的组织、外观等方面的评价。无论哪种类型,评价标准都应该能反映学生掌握特定技能的水平,或者学生符合合格作品标准的程度。

第三节 小学教师教学工作评价

小学教师教学工作评价是以小学教师个体教学工作为评价对象,对小学教师教学工作进行价值判断的过程。它居于学校内部教学管理工作的核心地位。教师教学工作特点不同于其他行业。影响小学教师教学质量的因素是多方面的,要找到一个反映多因素的完美无缺的评价方案是不可能的。我们只能从小学教师教学工作的整体出发对教师教学做出评定。小学教师教学工作评价包括教师素质评价和教师教学行为评价两部分。

一、小学教师素质评价

(一) 小学教师素质评价的内容与标准

教师素质是指教师在教育教学活动中表现出来的,决定其教育教学效果,对学生身心发展有直接而显著影响的心理品质的总和。其主要表现在教师的文化素质、业务素质和思想品德素质。

1. 小学教师文化素质的内容与标准

文化素质是教师从事教育教学的基础。教师文化素质的积累是一个动态的发展过程。小学教师文化素质的内容和应有的标准应从以下几方面来评价:

(1)学科基础知识要扎实。掌握学科的重点、难点、关键点,有丰富的实践知识和熟练的技能,对学生提出的问题能做到科学的回答,并能指导其理论联系实际,不仅了解学科发展的历史、现状和趋势,而且对临近学科的知识熟悉。这是教师教学最基本的文化素质。

(2)兴趣广泛,知识面宽。教师应通过多种渠道及时了解教育教学所属学科及相关学科的最新消息和动态,对学生答疑、解惑或提供解决疑惑的有关线索和方法。因此,教师的知识结构必须渊博,这是时代对教师文化素质提出的要求。

(3)勤于学习,善于学习。教师要有勤于学习的精神和善于学习的本领。只有具备这种素质,才能使自身知识不断充实和更新,才能适应教育改革的新要求。

2. 小学教师能力素质的内容与标准

教师的能力素质是一个相对宽泛的概念,既包括传统的教学科研能力,还包括协作与竞争能力、社会交往能力。小学教师业务素质应有的内容和标准表现在以下方面:

(1)要有敏锐、准确的观察能力,能及时发现倾向性的问题;要有分析问题的能力,能换位思考;要有解决问题的能力。

(2)要有建立良好的师生关系的能力。教师是学生的良师益友,做学生的知心朋友,在与学生平等的基础上,相互合作,彼此尊重,创建民主平等的教学氛围。

(3)要有组织管理学生的能力。善于发挥学生的主体作用,启发学生自我教育,自我管理,自我展示。

(4)要有对学生做思想品德教育的能力。

(5)要有转化后进生的能力。

(6)要有驾驭教材、处理教材,选择适当的教学方法的能力。教材是教师上课的依据,课前研读是教师上好课的前提,根据教材选择适当的教学方法是教师上好课的关键。

(7)要有较好的运用语言和非语言的手段进行表达的能力。语言的运用是一种艺术。教学语言必须是科学性和艺术性的结合。

(8)能以教育学、心理学等理论总结教学经验,并有运用教育教学规律,进行教学科研和教改实验等创新活动的能力。

3. 教师思想品德素质的内容和标准

良好的思想品德素质是教师人格素质的必然内容,包括正确的世界观、人生观和价值观,爱岗敬业、治学严谨的工作作风以及友好合作的团队精神。教师的职业道德是保证教育活动顺利开展的前提,对学生和社会具有深远的影响作用。教师思想品德素质的标准具体表现在以下方面:

(1) 树立正确的世界观、人生观和价值观是教师思想道德素质的基础。

(2) 树立正确的学生观是教师思想道德素质的基本要求。所谓学生观指的是在教学过程中如何认识学生和对待学生。

(3) "学高为师,身正为范",要以身作则,作风正派。

(4) 教师要有创新、拼搏精神。面临新的挑战,教师应当具有自觉的创新精神、开阔的知识视野以及富有开创性的思维方式和实践能力。只有这样,才有利于形成学生创新能力发展所必需的宽松环境和自由空间;也只有这样,才能使教师在教育学生、培养学生的同时,既锻炼提高自己,又在不断的创造实践中享受无穷的乐趣。

(二) 小学教师素质评价的原则

1. 方向性原则

《中华人民共和国教育法》和《中国教育改革和发展纲要》明确指出,各级各类学校必须"用马列主义、毛泽东思想和建设有中国特色的社会主义理论教育学生。把鉴定正确的政治方向摆在首位,培养有理想、有道德、有文化、有纪律的社会主义新人"。我们应该坚持德智能等方面全面发展的评价方向。

2. 整体性原则

教学是一个多因素、多变量、多层次的有序的动态系统,如果过分地强调了某一因素,就会导致系统失去平衡。因此我们要全面考虑各种因素,以整体性的观点来评价教师的素质。

3. 科学性原则

科学性原则是指教师评价工作一定要按客观规律办事,无论是制定评价方案或建立评价指标体系,还是实施评价,都要本着实事求是的态度,利用科学的手段和方法全面地反映评价对象,并做出正确分析和价值判断。

4. 激励性原则

评价的最终目的是要调动教师的积极性。因此,评价要针对教师工作的实际情况,要充分考虑教师工作的特点,要具有一定的鼓励性,这样才能有利于教师素质的提高。

5. 可行性原则

在设计方案、制定评价标准,实施评价手段和方法等各环节中都要考虑切实可行的、具有实践的可操作性。

(三) 小学教师素质评价的实施步骤

1. 提前一定时间公布教师素质评价方案

教师素质评价最重要的意图不是为了证明什么,而是为了改进教师教学工作。因此,评价工作要有充分的准备,要提前一定时间把评价方案向教师公布,组织教师学习讨论,充分理解评价工作的积极意义,只有教师的积极参与和认同,才能做好这项工作。同时在实施中,要注意评价方案的相对稳定性和延续性。

2. 收集教师素质评价信息

收集评价信息,包括选择和制作评价工具,测量评价指标,储存评价信息等过程。评价工具的选择要根据评价指标的特点。教师素质信息,可以通过教师日常行为表现出来,可以分出不同的等次,然后给不同的等次进行赋值。这类信息属于模糊信息,只有通过多次评价,而且参评者宜广,才能真正反映教师的教学行为。对教师素质的评价可以通过自我评价、教师同行评价、学生评价、学校领导评价来进行。

(1) 教师自我评价。这种评价是对教师的尊重,同时能取得被评教师的信任和支持。但作为教师本人,对自我评价应实事求是,通过自我评价,看到自己的长处与短处,明确自己后续工作的方向。当自我评价与其他评价差距较大时,此类评价收集的信息为无效信息。自我评价可选用的工具为"教师自我评价综合问卷"。

(2) 教师同行评价。在学校教师群体中,同年级组、同教研组的教师相互了解。为此,教师同行评价以同年级组、同教研组的教师为参评对象。参评者应本着对被评教师认真、负责的态度进行实事求是的评价。这种评价能激励教师同行之间处理好人际关系,激励教师之间共同协作、共同提高。对参加工作不到一年的教师一般不列入参评、被评对象。教师同行评价可选用的工具为"教师同行评价综合问卷"。

(3) 学生评价。学生是教师教学工作的感受者,教师的教是为了学生的学。为此,师生在教学、学习过程中应进行很好的合作,这是任何教师成功教学和任何学生成功学习的重要前提,通过学生评价,对教师转变教学思想,矫正教师的教学行为,其意义是深远的。学生评价可选用的工具为"学生综合问卷"。

(4) 学校领导评价。这是教师素质评价的主要环节,这个环节一般由学校行政会议人员参加。这项工作综合教师自评、教师同行评价、学生评价,结合日常积累的各种评价信息,经过审慎的研究评议,提出学校综合评价意见。这种评价意见由校行政会议人员对教师进行个别反馈,有利于教师改进教学工作。此环节要特别注重"学校领导加权评分",帮助教师形成自己的教学风格。

3. 对评价信息的处理

在获得大量评价信息后,要进行加工处理。加工处理的过程包括去伪存真的过程和量化的过程,从中得出评价结论。评价结论用评价值和评价性描述相结合的方式表示。评价结论不是评价的终结,而是改造教师教学行为的前提。为此,教师素质评价是一个与教师日常教育行为密切结合的动态过程,应强调发挥形成性评价的作用,重视诊断性评价、总结性评价的功能。

二、小学教师教学行为评价

(一) 小学教师教学行为评价的内容

小学教师教学行为评价的内容是与教学活动的内容相吻合的,教师的教学活动主要有以下几方面:

1. 备课

备课是进行课堂教学的基础，认真备课是提高教学质量的重要保障。备课工作主要体现为编写教案，评价备课情况主要是通过评价教案来进行的。教案必须在深入了解学生、认真钻研教材、掌握教材的特点与重点的基础上完成。

（1）教材分析。迅速准确地理解编者（或作者）的思路、意图，了解本节课在整个教材体系中的地位和作用，掌握本节课的主要内容及知识的内在联系，准确地提出教学目的（含思想教育、知识传授、能力培养三个方面），教学重点、难点和关键，讲清确定的依据以及实现教学目的、突出重点、突破难点的方法。

（2）教案设计。能从学生实际和教材内容出发，迅速而准确地确定教学目的、教学重点、难点、步骤和方法，并能从巩固、理解、有助形成技能的要求出发，选择作业练习，较快地写出内容完备、格式规范、教学适用的教案。教案的主要内容及要求是：课题和教学目标恰当、具体、明确，教学重点和难点清晰准确明了，课时安排恰当，教学方法和教具的选择恰当有效，教学步骤完整清晰，整个教学内容的容量应当是恰当的，而且应有一定的弹性，适应各类学生的需求。

2. 上课

上课是提高教学质量的关键环节，是教师履行职责的主要标志。课堂教学主要应从教学目标、教学过程及教学效果等方面进行综合考察与评价。

课堂教学是在特定的时间和空间进行的一种特殊的师生间的互动活动，具有很强的现场感，而其教学的效果并不是在课堂教学进行中和结束时就能完全地表现出来，一部分效果具有很强的潜在性。也就是说，这些效果会在很长时间里隐藏起来，在以后的学习和生活中以一种不易觉察的方式一点点地表现出来。不仅如此，这种效果可能会以一种变形的方式，或者和其他学习效果融合的方式表现出来。对于班级授课制来说，课堂教学对每个学生产生的效果具有很大的差异性，同一堂课对不同的学生可能产生相反的效果。所以，课堂教学质量是一个非常复杂的事件，不可主观武断地一概而论。

3. 辅导和命题

（1）辅导。作业批改准确、速度快，必要时能写出中肯、简明、有指导性的批语；批改后，能迅速了解学生对知识的掌握、理解和应用程度，分析问题产生的原因，善于解决共性问题，并借以改进教学。在这项活动中，教师能提供必要的辅导时间，根据学生的不同情况进行辅导，包括查漏补缺、学习方法指导、学习习惯的培养等方面，还要及时认真地批改作业，引导学生巩固提高。

（2）命题。考试命题能体现科学性、灵活性和实用性原则。命题速度快，覆盖面大，题量、难易、分数分配均符合大纲要求；试题内容科学、灵活，既能考查学生对知识的掌握、理解程度，又能考查出学生分析问题、解决问题的能力；试题题型具有启发性，符合标准化的要求，有较强的示范性。

4. 课外活动

组织和指导学生进行有计划、有目的的课外活动，培养学生的兴趣和特长，培养学生独自动手、团结协作和广泛接触社会的能力。

5. 学生学业成绩

学生成绩优劣是教学效果评价的最显著的指标,因而成为学校最重视的一项教学评价内容,所以评价学生学业成绩是教师必备的教学能力和工作,其结果也成为评价教师教学效果的最重要的指标。也就是说,学业成绩是学生学习评价的结果,同时也是教师教学评价的重要依据,通过评价学生的学业成绩来评价教师教学。

6. 教研活动

教师要经常参加一些学校组织的听课、评课及教学研讨活动,个人也应有意识地进行教学研究。通过教学研究活动,不仅可以加强教师间的交流合作,也可以提高教师的科研能力和教学能力。在这一项上对教师的具体要求是:能主动参与学校的科研课题或自己选择适当的课题;制定科研计划并按计划展开实验或研究工作,研究的态度要严肃认真,实事求是;有一定的研究成果,对教育教学工作有一定的促进,能够将自己的研究成果撰写成论文。

7. 出勤

对教师的出勤情况进行考核,是对教师坚守工作岗位、履行工作职责进行评价的一项重要指标。出勤考核的内容是:按课表规定的时间上课;能够严格遵守学校规定的各项规章制度;积极参与政治学习、文化学习、业务学习、教学研究、继续教育以及学校组织的各项活动,不迟到早退、不缺勤。

8. 工作量

教师工作量主要是指教师直接或间接从事与教学有关的工作数量的综合。教师的工作量主要是由备课、授课、作业批改、课外辅导、教研工作、实习指导等方面的工作量合成的。教师工作量的核算是一项复杂的工作,各学校应根据本校的实际情况进行合理的折算。

(二) 小学课堂教学评价标准

小学课堂教学标准的制定要以素质教育思想为指导,以国家课程标准为课堂教学内容质量标准依据,以国家教育法规赋予教师教学角色要求为课堂教学活动规范标准依据,以新课程学生发展理念要求为课堂学习活动规范标准依据,以课堂教学结构元素为课堂教学内容标准依据。从课堂教学结构基本元素着眼,小学课堂教学评价有以下六条标准:

1. 教学目标明确性

教学目标是课堂教学活动的出发点和落脚点,是选择教学策略、进行教学设计的基本依据。教学目标是课堂教学的指针,一个明确清晰的课堂教学目标要具有科学性、整体性、层次性和具体性等特点。第一,科学性。从理念上说,要依据素质教育思想理念。教学目标是教育目的的具体化,要指向人的培养目标,以学生发展为本,以培养学生创新精神和实践能力为核心,强调知识、能力、情感和人格的完善,体现全面和谐的发展目标;从内容上说,要符合课程标准和教材内容要求,深入研究学科的性质和特点,掌握每一节课教学内容的重点和难点,使学生掌握基本的知识与技能;从策略方法上说,要符合学生的认知实际,尊重教学规律,贴近学生学习的最近发展区,使学生学会学习。第二,整体性。依据新课程的多维目标理论,使知识与技能、过程与方法、情感态度与价值观的三维目标形成有机整体,利于学生个体生命的成长。第三,层次性。就是三维目标要根据学生不同学科不同年级有不同水平的要求。第四,具体性。主要是指教学目标的表述明晰,对学生行为主体要求准确适度,对学习者行为主体的学习行为描述尽力选用学生所形成的可观察、可测量的外显性行为动词,可评可测。

2. 教学内容科学性

教学内容的科学性是指教学内容的确定、设计和要求等方面要符合教学规律,要有其适当性、合理性和适度性。

(1) 教学内容适当。教学内容即所要完成的教学任务,包括教材中学科基本知识与技能的基础性教学内容,学生思维与能力培养的能力发展性内容,情感与价值观培养的教育性内容。教学内容与过程方法是一体化的,要使教学内容有利于学生的内化学习,需要对教学内容进一步地选择、深化、提炼与整合,教学内容确定要适当。要依据教学目标,与精选的学科知识体系相符,以使学生理解教材和消化教学内容。要依据学生认知规律和心理特点,从学生已有的知识基础和认知能力出发,筛选对学生发展有价值的教学内容,使学习有意义。

(2) 教学内容设计合理。教师在备课时整合课程教材资源,丰富、深化、合理设计教学内容,使学生生动活泼地学习。一要使课程内容情境化。教师在对课堂内容有深度理解的基础上,使教学内容情境化,抽象内容具体化,以利于引导学生把课程内容与所熟悉的社会生活典型事例联系起来,进入教学情境,使学生体验、感受知识生成过程,让课程知识深入内心。二要使教学内容问题化。要抓住教学内容的重点、难点,设计出具有内在联系性、思想性、探索性和一定挑战性的教学问题,使学生探究和思考,在探究和思考的过程中理解、内化知识,培养学生收集整理信息和分析解决问题的能力。三是新旧知识联系化。教师在充分了解学情和尊重学生个体知识的基础上,要找准新旧知识的内在联系,充分利用学生已有的知识经验和生活实际,引导学生从已知中探求未知,揭示矛盾,以利于学生认知。四是教学内容与方法设计一体化。要依据学科教学内容和学生认知思维水平设计教法与学法,使教学内容的呈现与教学过程中方法的使用和谐一致,使学生感受知识产生的过程与方法。

(3) 教学内容要求适度。教学内容要求,主要是指学生对教学内容的理解内化的程度要求,即对学生学习的知识、技能、方法、情感和态度的期望值。学生在必备的学科基本知识方面的理解掌握程度以及学生动口表述的准确度,在基本技能应用方面的动手演练、操作、计算的熟练程度,在动脑方面思考、分析、解决问题的实效等,都要有具体要求。教学要求并非是越严越高越有利,关键要适度,要符合素质教育,以提高学生综合素质为根本,以培养学生创新精神和实践能力为核心,在多维目标培养要求上有机把握。学科知识与技能的学习质量常规要求,要依据国家课程规定标准,接近学生"最近发展区",在面向全体的基础上适度分层。

3. 教师精讲启发性

教师精讲就要依据教学内容要求有针对性地适时启发点拨,引导学生自主、探究性学习。在吃透教材的基础上,教师以学生的知识基础和生活经验为背景,抓住教学的重点、难点和疑点,抓住新旧知识的联系点,把握教学契机和有效时间,举一反三,启发思考,解疑释疑。

教学最高的技艺在于精讲启发,因势利导。精讲启发需要充分发挥教学个性,灵活运用启发性教学策略和方法,把握好教学环节和节奏,给学生创造学习条件。要把握教学内容的"关节点",巧设教学问题情境,善于设问、激疑、点拨、诱导、激励和鼓舞,调动学生积极思考,把学生引导到其乐融融的自主学习的情境中,培养其学生学习的独立性和唤起对知识探求的快乐。精讲启发性表现为一定的教学艺术性,是教师真挚的情感、优美精湛的语言、过硬的教学处理与实施的基本功、启发性策略方法等教学艺术要素在教学活动上的综合性反映,是与学生的情感、需要、兴趣、认知、思维等学习要素和谐统一的教学艺术。

4. 学生主体参与性

学生主体参与性是由学生的主体地位决定的,学生是学习的主人,他们的成长是一种生命体验的过程,学习主要在于主体的亲历、感受、体验、思考、领域和内涵。教师传递的信息,只有通过学生的主动建构才能转化为认知结构中的知识,只有在教师指导下靠学生在自己动口、动手和动脑的学习实践中才能逐步提高。优化课堂教学,要让学生主动探索求知,积极参与学习讨论,质疑问难,参与整个教学过程。学生主体参与性,从过程上说,学生在导入、阅读、探究、质疑、讨论、练习、总结和反思等整个教学过程中,表现出生动活泼地学习;从整体上说,全体学生都积极主动参与了探索求知的教学活动,没有被动旁听者;从个体上说,全身心投入了学习中,求知欲望高,没有应付倦怠者。

5. 教学过程和谐互动性

教师在教学过程中与学生积极互动,共同发展,建立自主、探究及合作的学习机制,促使每个学生都得到充分的发展,这是由教学相长的规律决定的。教与学是一个复杂多变、互相联系、互相影响的教学矛盾统一体,教学活动本质上是教与学和谐互动螺旋式上升的探索求知共同发展过程。

教学过程的和谐互动,主要在于互动的实际性、有序性、协调性和配合性。课堂教学互动是以教学目标为导向、以教材为凭借、以教学内容呈现为导索、以学生知识经验为背景、以教学问题探究为契机的人与物、师与生、生与生之间多重的认知交流、情感激发和心灵碰撞的探索和研究过程,贯彻于从导入开始到教学结束的教学过程的各环节中。教师要关注学生的个体差异,满足不同学生的需要,激发学生积极性,培养学生掌握运用知识的态度和能力。要充分利用现代教育信息技术等多种教学优势条件,合理分配教学时间,为学生创设丰富多彩的教育情境,通过提问、质疑、探究、合作、讨论、交流、反馈、反思等多种教学互动方式,使教与学在良性和谐的互动过程中可持续发展。

6. 课堂教学实效性

一堂好课,最终落脚点是教学的有效性。教学目标是多维的,学生素质是综合的,课堂教学效果评价因素是多元的。因学科、年级、环境不同,每一节课都有其不同特点和随机性,教学效果评价要从实际出发,综合评价。课堂教学效果评价需要智力因素与非智力因素相结合,知识技能掌握应用与学习态度精神评价相结合,教学结果与教学过程评价相结合。具体来说,要从实、广、深、活、和、真等六个维度着眼。

一实。从基础性教学目标的达成度来说,学生"双基"学得扎实。学生对必备的学科新知识和技能的理解掌握与应用达到了目标要求,动口表述的准确度和回答问题的正确清晰度达到了具体要求,动手操作、演练和计算的熟练程度及回执动笔能力等达到了基本要求。

二广。从学生主体参与面上说有广度。不同情况的学生主动参与了探索求知的教学活动,学习精神状态好,有自己的体验和思考,激发了学习兴趣,培养了学生主动性。

三深。从对重点教学内容理解和教学问题认识的深刻性上说,动脑思考有深度。学生有问题意识,能提出有见解和深度的问题,培养了学生的思维能力。

四活。课堂教学机制活。在教材使用、教学内容呈现、教学方法运用、教学环节把握、教学时间分配等教学机制方面,表现出了灵活和创新性,激活了课堂,使学生感受到了学习成功的喜悦,培养了学生的实践能力。

五和。从教学矛盾关系处理上说,教学过程和谐。在整个教学过程中,教书与育人关系、知识传授与能力培养关系、教与学互动关系、教学任务与时间调配等各种教学关系处理得当,呈现出课堂教学的和谐艺术性,使学生在知识、方法、能力和思维等综合素质上都有提高。

六真。从课堂教学生态上说,教学真实、真情和真诚。课堂教学是在学生学习常态下进行的,教师以真诚的教学态度和真情激发迁移了学生情感,学生不但喜欢教师的教学,还进而培养了学科学习的情感态度价值观。

课堂教学是个复杂的、动态的、生成的教学系统,但是有教学规律可遵循的。上述课堂教学评价标准六个方面,是以常规性课堂结构元素为基点,重在从课堂教学中人的活动性教学和教学实效性等方面提出的,有利于教师发挥教学个性和创造性。

(三) 小学教师教学行为评价方法

1. 合理建构教学行为评价的指标体系

评价指标体系是对评价内容要求的具体规定,它是整个评价活动的基础,是衡量评价是否成熟的主要标志。教师行为评价指标体系是指从评价对象中分解出来的若干评价指标所组成的集合体,以及各项指标的权重和评价标准。

小学教师教学行为评价指标体系建构的原则如下:

第一,导向性原则。教师教学行为评价指标体系应有明确的导向性。即通过评价使被评价者的思想和行为不断地向评价标准靠拢。为此,在确定评价指标和标准时应充分体现新的评价观念:应充分体现促进教师专业发展的评价精神;应能促使教师反省自身的教学行为,对自身教学行为的方方面面有更为客观的认识,努力调节其不合理的教学行为,进一步促进其自身的发展。

第二,人本性原则。教师教学行为评价指标体系的确立应坚持人本性的原则,充分考虑教师的意见和建议。在促进教师发展的教学行为评价体系中,教师既是评价的客体,又是评价的主体。因此,要尊重教师在评价中的主体地位,充分调动每个教师的主动性、积极性和自觉性。在评价方案的制定中要广泛听取教师的意见与建议,这样才能使评价标准真正内化为教师的行为准则,使评价工作达到预期的目的。

第三,有效性原则。教师教学行为评价指标体系的确立要坚持有效性的原则,应符合教学的特点和规律,同时要体现从事教学的教师的认同与接受。评价对信度与效度有很高的要求,信度指评价的稳定性与一致性,效度是指通过评价达到预定目的的程度。评价的有效性在很大程度上取决于评价指标与标准的有效性。即使评价再客观、再准确,一旦有效性差,最终也很难达到评价的目的,发挥评价应有的作用。

第四,开放性原则。教学是一项动态复杂的活动,教学行为评价的标准应是相对灵活的、有弹性的开放体系。教师教学行为的评价指标只有开放,才为评价者在评价过程中具体掌握标准留下一定的余地,根据不同的情况体现不同特点的评价标准。

2. 具体操作方法

(1) 行动研究

教师对教学行为评价进行行动研究,是由于评价目的在于促进教师的专业发展,而要想达到这一目的,教师必须参与到这一过程中来,并渐渐地内化评价的内容与标准,使自身的教学行为得到改善。

行动研究具有实践性、反思性、合作性、开放性等特征。行动研究强调实践者的参与,注重研究过程与实践者的活动相结合,通过对自身工作进行审视性认识和批判性反思,并针对实际出现的问题,结合实际情况分析原因,最后寻找到问题解决的办法。小学教师教学行为评价的目的在于帮助教师分析自身的教学行为,使其发现自身的不足之处,并帮助其分析原因,指明今后发展的方向,并督促教师行为的改进,最终实现自身专业的成熟。

要充分地发挥教师在评价行动研究中的作用,需要进一步做好两方面的工作:一是增加教师评价的权力,进行评价"授权";二是通过校本培训,提高教师的评价能力。对教师"授权",并不等于教师就已经具备了评价能力,教师评价能力的提高除了可以通过教师自身的提高以外,另一有效途径就是鼓励教师不断地进行行动研究,在评价过程中不断地提高评价能力。教师需要不断地对课堂教学评价行为进行反思和批判,可以采取写一些反思日记或者教学案例分析等方式来进行。

(2) 教师同行、学生积极参与评价

在新课程评价理念的倡导下,教师教学行为评价提倡评价主体多元化,以教师自评为主,鼓励学生、同行、领导、家长等积极参与。

教师同行评价,其目的并不在于比试教师教学水平与能力的优劣与高低,而在于相互之间的交流感悟、观摩学习。为了达到这个目的,教师教学行为的同行评价建议在同一个教研组内展开,主要考虑到教师之间相互的熟悉程度、课程与教学方式的相似程度。如教师课堂教学行为评价可以采取观摩课的方式定期开展。观摩课的评价活动可以按照三个步骤进行:预备会议,课堂听课,课后讨论。在预备会议阶段,一方面是为了明确课堂听课的目的,是为了提高教学质量和促进教师的发展,而不是为了评判教师的优劣;另一方面是为了加强评价者与被评价者之间的交流,消除被评价者对评价活动的潜在抵触情绪,也便于为被评价者在课堂上的正常发挥奠定坚实的心理基础。在课堂听课的阶段,评价者进入课堂后要尽快地消除学生的怀疑和好奇心理,然后认真地按照教师课堂教学行为的评价标准来观察和记录真实的资料,应该尽量多采用描述性的评语,少用分数、等级等量化方式,必要时可以采用录音或录像等手段。在课后讨论阶段,评价者和被评价者应在课堂听课后立即一起来到事先安排好的讨论场所,保持轻松、友好的气氛,然后一起交流、探讨本节课上被评价者的教学行为的优点和不足之处。

学生是教师教学行为的主要感受者,他们应成为评价的主体之一。在实践中,应对学生"放权",并做好学生评价的指导工作,帮助学生掌握基本的评价知识和评价技能,提高学生在教师教学行为中的主动性,进而使学生有信心、有能力去完成对教师教学行为评价的工作。

(3) 观察与座谈

观察主要是指现场(即课堂教学)观察,而座谈一般是指在现场观摩之后所做的"诊断性"会谈。观察与座谈不仅是教师教学行为评价重点的一个重要方法,而且是促进教师专业发展的有效手段之一。当然,观察和座谈也有其自身的不足,即观察依赖于观察者事先所掌握的信息及其类型,而座谈则依赖于会谈者的已有的语言沟通能力和技能,以及被评教师在多大程度上有与会谈者谈论自己的教学工作的愿望。此外,评价者的"先见"也在很大程度上影响着观察和座谈的可靠性与有效性。

本章小结

课程与教学评价是指评价主体基于自己的需要、理想及价值观等而拟设一定的标准,依据评价需要采用合适的方法和手段收集、整理、分析必要的课程与教学信息,并依据这一标准对课程与教学的设计、活动实施过程以及结果等问题进行价值判断的活动。它的功能主要有:导向功能、诊断功能、反馈功能、激励功能、管理功能。根据评价时间不同,可把评价分为诊断性评价、形成性评价与总结性评价;根据评价者身份的不同,可把评价分为内部人员评价与外部人员评价;根据评价与目标的关系,可把评价分为目标本位评价和目标游离评价。课程与教学评价的基本模式主要有:目标评价模式,目标游离模式,CIPP模式,回应模式,解释模式等。在发展历史上,课程与教学评价经历了测验和测量时期、描述时期、判断时期、建构时期四个阶段。其发展趋势主要有:在评价功能上:由侧重甄别转向侧重发展;在评价内容上:重综合评价,关注个体差异;在评价方法上:强调质性评价与量化评价结合;在评价主体上:强调评价主体的多元和自评;在评价重点上,注重终结性评价与形成性评价相结合。

小学生评价的内容分为基础性发展目标和学科学习目标两个方面。学习成就评价的方法有:纸笔测试、表现性评价、档案袋评价。

小学教师教学工作评价包括教师素质评价和教师教学行为评价两部分。在评价教师素质时,应遵循方向性原则、整体性原则、科学性原则、激励性原则、可行性原则。小学教师素质评价可采用如下步骤实施:第一,提前一定时间公布教师素质评价方案;第二,收集教师素质评价信息;第三,对评价信息的处理。小学教师教学行为评价的内容包括备课、上课、辅导和命题、课外活动、学生学业成绩、教研活动、出勤和工作量。小学课堂教学评价有以下六条标准:教学目标明确性,教学内容科学性,教师精讲启发性,学生主体参与性,教学过程和谐互动性,课堂教学实效性。小学教师教学行为评价方法有,在合理建构教学行为评价的指标体系基础上,教师对教学行为评价进行行动研究,教师同行、学生积极参与评价,观察与座谈。

思考训练

1. 什么是课程与教学评价？课程与教学评价有哪些类型？课程与教学评价的发展趋势如何？

2. 小学生评价的内容有哪些？小学生学习成就评价的方法有哪些？如何对小学生学习成就进行评价？

3. 小学教师教学工作评价的内容包括哪些？如何根据课堂教学标准对教师的教学行为进行评价？

4. 案例分析：

我是差生行列中的一员，我也曾经努力过，刻苦过，但最后却被一盆盆冷水浇得心灰意冷。就拿一次英语考试来说吧，我学英语觉得比上青天还难，每次考试不是个位数就是十几分，一次教师骂我是蠢猪，我一生气下决心下次一定要考好。于是，我加倍努力，真的拿了个英语第一名。心想这次老师一定会表扬我了吧？可是出乎我意料，老师一进教室就当着全班同学的面问我："你这次考得这么好，不是抄来的吧？"听了这话，我一下子从头凉到脚，难道我们差生就一辈子都翻不了身了吗？

问题：透过份案例，深切地感受到学生对现在评价制度和评价方法的恐惧，不满与无奈。现行学习评价存在哪些问题？如何加以改进？

5. 应用有关知识设计一份学生学业成就评价的方案并实施。

6. 应用有关知识设计一份教师授课质量评价的方案并实施。

拓展阅读

1. 沈玉顺.课堂评价——新课程课堂教学改革丛书.北京：北京师范大学出版社，2006年版.

2. 余林主编.课堂教学评价[M].北京：人民教育出版社，2007年版.

3. 章叶英、张毓人主编.和谐课堂教学评价与实例[M].北京：华龄出版社，2006年版.

4. [美]比尔·约翰逊著，李雁冰主译.学生表现标准评定手册[M].上海：华东师范大学出版社，2001年版.

5. 李坤崇著.多元化教学评量[M].台湾：心理出版社，1999年版.

线上学习

1. 教育研究与教学评价中心：http://jyyjypjzx.hactcm.edu.cn/

2. 档案评价(Portfolio Assessment)：http://www.pgcps.org/~elc/portfolio.html

3. 实作评价(Performance Assessment)：http://www.pgcps.org/~elc/developingtasks.html

4. 中教网课程评价：http://www.teachercn.com/Kcgg/Kcpj/index_2.html

第八章
小学课程与教学改革

课程与教学改革案例

※ 学习目标

1. 了解国际小学课程与教学改革的新动向。
2. 熟悉我国小学课程与教学改革的历史与走向。
3. 掌握当前我国小学课程与教学研究的特点。

※ 章首语

进入 21 世纪,世界各国特别是西方国家纷纷掀起了小学课程与教学改革。你想了解美国、英国等这些发达国家的课程与教学改革特点吗?你了解我国自新中国成立后历次小学课程与教学改革的具体情况吗?作为一名小学教师,您一定会对这些问题有所兴趣。那么,本章让我们在解读、学习和反思的过程中了解小学课程与教学改革。

第一节 国际小学课程与教学改革走向

随着 21 世纪社会发展的需要和激烈的国际竞争,世界各国都不约而同地从提高国民素质教育入手,开始史无前例的大规模教育改革。在这场跨世纪的教育改革浪潮中,各国都把课程与教学作为整个基础教育改革的重点。全面了解 21 世纪国际课程与教学改革的新动向对我国具有重大意义,这将有助于我国教育界在新世纪教育改革中开阔视野,从中借鉴对我国课程与教学改革有益的经验。

第八章 小学课程与教学改革

一、国际小学课程改革的新动向

(一) 世纪之交国际课程改革的发展趋势

1980年,在联合国教科文组织第21次大会上,各国代表一致认为20世纪末世界各国"教育最主要使命是使人类顺利地进入21世纪,其关键则在于实现基础教育课程结构、教育内容的跨世纪更新换代。课程是教育改革的实质和关键环节,是沟通宏观与微观教育改革的桥梁。只有面向21世纪的课程体系才能孕育出跨世纪的一代新人。"[①] 随后,许多国家掀起了大规模面向21世纪的课程改革,它已经发展成为跨世纪的全球教育改革潮流的重要组成部分。其发展趋势和特点如下:

1. 课程研究的领域扩大

如今学生的大量知识与能力越来越多地来自课堂以外的各种活动以及报纸杂志、广播电视、多媒体等大众传播媒介;课程概念已经完全突破传统的学科课程的狭隘框架,扩展到社会生活和科学技术各个领域;课程内容成为真正意义上的无所不包的百科全书。因此,当前各国课程研究的领域已经扩大到人类生存的各个方面,除了研究基础学科课程以外,还特别注重学生在家庭、社区、各类课外活动、社会交往、职业教育培训等方面课程的研究,特别是学生从各种大众传播媒介中所获取知识、信息、能力和情感方面的调查研究,并努力在课程体系中实现正规教育、非正规教育和非正式教育这三种不同教育形式的整合。

2. 课程所涉及的学科内容深化

由于当今世界各个学术领域信息剧增、知识更新换代速度加快和大众传播媒介的迅速普及与发展,因而使得课程教育内容的选择变得复杂而困难,课程研究所涉及的学科内容也步步深化。如何使课程教育内容在保持系统性的基础上不断更新,适应社会发展的要求,并且还要避免学生课程负担过重,已经成为关系课程改革成败的大问题。

3. 课程的现代化教学技术手段广泛运用

随着信息高科技的飞速发展,以音像和计算机技术为代表的现代化教育手段不但大大改进和提高了教育和课程教学效果,而且预示着人类在教育方法和教育思想理论方面即将爆发前所未有的大变革。如今的远距离电视广播教学、网上图书馆和网上虚拟大学在各国如雨后春笋般地出现,已经揭开了这场大变革的序幕。

4. 课程目标的选择和确立视野扩大

过去制定教学大纲都由按学科划分、相对独立的专业委员会负责制定,致使各学科教学目标相互之前缺乏有机的联系,最终与学校教育总目标脱节。如今各国在课程改革中,确立和选择学科课程目标时,开始超越专业的局限性,扩大视野,将社会的需求、学生的愿望同学科体系的要求协调起来,以有利于学生未来全面的发展,有利于学生未来继续学习和终身教育,同时有利于学校培养社会各行各业所需要的各种人才。

5. 课程设置要有全球化观念的思想开始确立

2000年5月,在墨尔本举行的澳大利亚课程组织第七届全国大会上,提出了一个崭

---

① 国家教育发展研究中心编.发达国家教育改革的动向和趋势(第四集)[M].北京:人民教育出版社,1992:2.

新的课程概念——"全球化课程"(World class),即未来课程的设置要有全球观念,各国应在21世纪经济全球化的国际大背景下来重新构建本国中小学课程体系,使学校教育能适应21世纪信息化时代发展的需要,为本国培养具有国际竞争力的人才。"全球化课程"的基础就是保证从学前到高中毕业整个阶段的所有青少年,不管他们的背景和当前的情况,与世界同等国家相比,在相当标准甚至更高标准的水平上,都有机会发挥他们的最大潜能。

(二)世纪之交发达国家的小学课程改革

1. 美国

《美国2061年计划》是美国促进科学协会为了使美国学生受到足够的教育,确保美国在21世纪在国际上的科学技术竞争力而着手制定的普及科学基础知识的长远教育计划。美国2061年计划是基于下列信念而制定的,即"所有的儿童都需要和应该受到科学、数学和技术方面的基础教育,以便将来能够愉快地、有效地生活。……科学、数学和技术教育实行系统改革的第一步就是要对科学知识普及的内容有一个清晰的了解。"① 正是根据这些原则,美国教育工作者对21世纪课程改革达成了下列比较统一的认识:

"教育改革必须是全方位的、长期的、以全体学生为中心的改革。"

"课程改革必须以学生在每一个年级水平上所掌握的基本知识和技能为基础。"

"标准代表的只是一种界限或限度,而不能代表完美的成就。"

"课堂中使用的教材容量必须削减。教师要坚持'重质不重量''少就是多',理解重于记忆的原则。"

"标准并不意味着统一的课程、教学方法或教材,而是要使教师能够在考虑课程要求、学生背景与兴趣以及教师所能提供的帮助和当地的客观环境等前提下,甄选出能够适合学生个人的学习经验。"②

2. 日本

日本课程改革的基本方向是:"要让学生掌握人的形成必需的基础知识和基本内容,培养自我教育能力。"为达此目的,日本要求在制定新课程时要精选内容,培养学生的创造力、思维力、判断能力和表达能力。1987年11月,日本学校课程审议会根据这一方针,提出了改善课程标准的四项目标:① 旨在培养情操高尚、体魄健全的人;② 注意培养学生的好学态度和能够主动地适应社会变化的能力;③ 注意作为一个社会公民所必需的基础的基本知识技能,充实发展个性的教育;④ 加深国际理解,重视尊重日本文化与传统的态度。日本1987年课程改革的特点是:在维持1977年所制定的课程计划规定的学科基础上,对有些科目进行了适当调整。日本这次课程改革纲领体现了这样一个基本原则,即灵活设立必修课,扩大选修科目的种类和授课时数。日本这次面向21世纪的课程改革所制定的新学习指导要领和课程计划,已经于20世纪90年代初分步实施了。

3. 英国

为了迎接21世纪的严峻挑战,英国《1988年教育改革法》揭开了英国半个世纪以来

---

① 国家教育发展研究中心编.发达国家教育改革的动向和趋势(第四集)[M].北京:人民教育出版社,1992:7.
② 史静寰主编.当代美国教育[M].北京:社会科学文献出版社,2001:97.

最重要的一次教育改革的序幕。这次改革的突出标志就是抓住了课程改革这个核心,举起了统一国家课程这面改革大旗,不仅规定了中小学的核心课程,而且进一步规定了中小学的基础课程。在英国政府的支持下,1995年英国开始实施《提高中小学水平计划》。1966年,英国政府发表基础教育白皮书:《学会竞争:14~19岁青少年的教育和培训》。白皮书要求所有初中都能向学生提供"普通职业教育课程"5年级课程中的第一级。目前,英国正在实施全国教学大纲监察和修订计划,改革和加强教学体制。这一切都是为了使英国青少年能够在21世纪激烈的国际竞争中获得学会生存和参与竞争的本领。

二、国际小学教学改革的新动向

(一) 世纪之交教学改革的主要发展趋势

如今世界各国(尤其是发达国家)教学论发展十分迅速,"教学论者比过去任何时候都关注人类的学习问题,认为它是提高教学论科学化水平,改进学校课堂教学的一个极为重要的理论支点。德国著名教育家布兰凯尔兹说:今天,对于教学论研究的关注如此之高涨,建立教学科学的要求如此之强烈,是迄今为止的教育学史上未曾有过的。"① 把教与学这两方面有机地统一起来,已经成为科学地理解和把握教学概念的时代要求,进一步深化教学改革的必然趋势。主要发展趋势如下:

1. 重视学生智力和能力的发展

如今各国教学论者都强调要重视在教学活动中学生智力和能力的发展,使其能够适应时代前进的步伐和学习化社会对知识的需求,能够学会发现和解决在新世纪将要遇到的新问题。教学采用"探究—发现"式方法,引导学生像科学家那样探求知识,而不是被动地接受教师的灌输;试图通过让学生掌握基本知识,形成与当代科学发展相适应的知识结构。

2. 以人为本,注重发掘学生的内在潜能

如今各国教学论者受兴盛的人本主义教育思想的影响,已经普遍认识到学生作为一个具有完整精神世界的人,其发展具有很大的可能性,并且明确提出教育必须促使"完美人性的形成"和"人的潜能",即人的"自我实现";主张教育应该培养整体的、自我实现和创造型的人;要特别关注学生潜在能力的发掘,充分发挥学生的自身特长和自我价值。

3. 注重"范例"教学,激发学生的学习主动性

西方教学论者强调各学科的"基本目标""范例教学",了解学生的言行,为他们归纳有效的经验,激发学生对学科学习产生浓厚兴趣,鼓励学生依靠自己的主观能动性去发现和领悟所学知识。教师需要能够敏感地提问学生,认真聆听学生的发音,仔细批阅学生的作业,同时也要创造一些情景,让学生根据这些情景写作或谈论他们的经历,这就构建了学习者的知识基础。

4. 要做学习的倡导者,建立平等合作的师生关系

西方越来越强调教师要做学习的倡导者,和学生建立平等的合作关系。随着信息社

---

① 王坤庆著.20世纪西方教育学科的发展与反思[M].上海:上海教育出版社,2000:132.

会的到来,对教师来说要搞好教学工作,自身必须要不断获取高深的知识,来改进和提高实际工作能力。教师除了接受规定的职前教育之外,还要不断坚持在职教育。教师最好的学习途径是通过研究、实践和反思,通过与其他教师合作,通过密切观察学生以及他们的学习情况,通过和学生建立平等的合作关系,让学生在教学活动中获得无限快乐,积极主动地和其他教师互相合作,促进教学质量的提高。

5. 借用其他学科的现代科学手段和方法来研究教学问题

西方教育工作者已经广泛采用诸如"三论"(控制论、系统论和信息论)等其他学科新近出现的现代科学手段和方法,来研究和探讨教学问题,促使传统教学发生重大变革,不断推动新教学思想的产生、发展和完善。

(二)世纪之交国际上倡导的新型教师及其教学培训模式

西方教育家们普遍认为:为了应对日益复杂的社会和快速变化的、以科技为基础的经济的挑战,学校要最大限度地采用历史上前所未有的高学术水准培养教育各类学生。这个任务最终需要培养一支高素质的新型教师队伍采用高超的教学技能去完成。

1. 新型教师应当具备的素质

(1) 深刻理解教材,及时回应课堂反应。教师需要深刻、灵活地理解教材实质,来帮助学生创设有用的认知地图,把一些观点相互联系起来,针对性地解决错误概念。教师需要明白许多概念在不同学科领域是如何相互联系的,以及如何与日常生活密切联系的。教师是否能在课堂上及时了解听课学生的反应是教学成功与失败的关键:一个教学技能高超的教师,能够看得出学生对一个主题知道些什么,相信些什么,而且知道学习者如何可能对新观点"入迷"。

(2) 丰富知识结构,熟悉多元教学策略。教师需要了解有关学习方面的各种各样的知识和如何针对不同教学内容来选取必要的学习方式,以及为了不同目的而学习不同类别材料的意义;必须能够运用不同的教学策略来达到各种教学目标,采用不同方式来评估学生的知识水平和评定学生的学习方法,在指出不同学生弱点的同时要肯定他们各自的优点;另外,还需要用直观教具来同具有某种学习能力缺陷和特殊需要的学生一道学习。

(3) 熟悉理解学生,师生关系民主。"教师和学生间确立的强有力关系是教学过程的关键所在。……对几乎全部学生,尤其是尚未掌握思考和学习方式的学生而言,教师仍是无法取代的。如果说个人发展的继续必须以独立的学习和研究能力为前提,那么这种能力只有在向一位或数位教师求学一段时间之后才能获得。……教师的巨大力量在于做出榜样。"[①]教师要了解学生的言行,为他们归纳有效的经验,不仅需要了解小学生发育方面的知识,而且需要懂得在不同方面(如在认知、社会、身体和心理方面)如何促进他们的成长。"为使学生能够在独立自主能力、创造性和好奇心等方面摄取所必不可少的补充,教师应在学校和周围环境间绝对保持某种距离,以使学生和青少年有机会锻炼他们的批判意识。教师和学生要建立一种新的关系,从'独奏者'的角色过渡到'伴奏者'的角色,从此不再主要是传授知识,而是帮着学生去发现、组织和管理知识,引导他们而非塑造他们。

---

① 雅克·德洛尔著,联合国教科文组织中文科译.教育——财富蕴藏其中[M].北京:教育科学出版社,1996:138.

但在那些指引终生的基本价值方面,则始终要有极大的鉴定性。"①

(4)了解与课程有关的其他信息,加强各方面合作。教师需要懂得有关课程的来龙去脉,以及与知识和信息来源有联系的科学技术知识,如先进的电化教学技术、电脑和网络技术等。教师还需要懂得合作,具有团队精神——即懂得如何组织引导学生相互间进行沟通,在学习中形成相互交流的局面;如何与其他教师合作;如何与家长合作,来更多地了解他们孩子的情况,总结在学校和家庭里有助于学生学习的经验,力求获得家长对学校教学工作的更多支持。

2. 新世纪教师继续学习和教学培训的新模式

美国教育家班诺尔说:"就像在奥林匹克运动会上传递火炬一样,所有的教学活动都牵涉知识的传授。正像火炬的火焰在传递过程中必须是燃烧着的一样,教师向学生传授的知识也必须保持活力。如果知识的火花在教师那里已经熄灭,那么就是最好的学生也不可能将这火炬再点燃起来,并且把它传送到最终目的地——获得对知识理解的成就。"②为了有效地教学,教师必须更加深刻和全面地理解和掌握各种所需要的知识。

但是,面对新世纪对教育的严峻挑战,单靠教师本人刻苦地自学还是远远不够的,美国教育家主张必须为教师创造新的继续学习的环境,为了不断培训和提高教师队伍的能力和素质,专为教师职业培训提供的比较理想的学习环境正在美国许多地方出现,已有300多所教育学院创立新的教师培训专业。这些专业延长了传统的四年制学士学位专业学习时间,提供教育和学科题材课程,将课程学习与在中小学校的现场实习融为一体。有些专业是为最近毕业的或半路改行从事教师工作的新教师开设的1~2年的研究生课程;其他专业是为那些作为本科生考入师范专业的未来教师开设的五年制课程。延长了专业学习时间的研究生,如同许多有经验的教师一样,将会产生良好的教学效果。他们在和传统的四年制师范专业同时培训出来的学生相比,更容易很快进入学校教学第一线,并且在教学岗位上站稳脚跟。在美国,许多诸如此类的师范教育专业已经合并到地方校区中去,在那里创立教师职业进修学院。创办这样的学院有助于新教师的教学技能的培训和老教师专业知识水平的进一步提高,倡导合作性的研究和探讨。大学和中小学的许多教师正在计划或者已经在这些培训专业中任教。组织新教师与这些有经验的教师在一起工作,他们可以相互学习,获得连贯性的学习经验。高级教师在这里通过当辅导教师、助教、合作教师和教师领头人,可以加深他们的专业知识水平。

与美国一样,许多国家,如德国、比利时和卢森堡,长期以来也一直要求未来教师在讲授学科方面,在获得本科学位基础上还要有2~3年的研究生水平的研修。教育专业课程包括儿童发展和学习研究、教育学、教学法,以及在严格的指导下在大学附属学校的教学实习。发达国家越来越多的证据表明,这种教师职业化发展趋势不仅使教师们对他们的教学实践感到满意,而且也使学生有所收获,促使学生要更加挑战性地学习。综上所述,西方成功改进教学工作的教师职业发展战略包括以下几个特点:①让有经验和影响力的

---

① 雅克·德洛尔著,联合国教科文组织中文科译教育——财富蕴藏其中[M].北京:教育科学出版社,1996:136.

② [美]James M. Banner, JR. and Harold C. Cannon:"Teachers:Missionaries For Learning", from the American Educator[J]. (USA)the quarterly Journal of the American Federation of Teachers, Winter 1997/1998.

教师承担具体的教学、评估和监督任务,在学习和发展过程中起示范作用;② 参加者要在广泛的专业领域,以及发现问题、调查研究和实验方面有一定基础;③ 教育工作者要加强合作,分享信息资料;④ 这些战略涉及并取决于学科内容和教学方法测试,以及教师与他们学生的工作关系;⑤ 这些战略的持久性和严密性要有赖于确立模式、辅导和问题的解决来维持;⑥ 这些战略要与学校其他方面的变革联系起来。

这些正在从陈旧的"教师培训"模式向教师直接面对研究和理论模式转变的探索,正被美国等许多发达国家用于定期评估教师们的教学实践情况,以及检验教师与同事之间在教学工作上互帮互助的效果。和发达国家相比,我国中小学的课程与教学改革还任重道远。我国应努力开创有中国特色的课程与教学改革新模式,为全面提高中华民族的文化教育素质做出贡献。

第二节 我国小学课程与教学改革的历史与走向

新中国成立 60 多年来,小学课程与教学改革经历了一个曲折发展的过程。因为课程与教学改革是整个教育改革大系统中一个重要的子系统,它与其他任何改革一样,受到主观与客观、宏观与微观、内部与外部等多方面因素的制约和影响。社会政治经济的状况、历史文化传统(包括教育自身传统)的作用,以科学技术为核心的生产力水平,小学课程与教学本身的缺陷以及儿童、青少年身心发展特点和规律等因素是推动小学课程与教学不断改革的内在动力。

一、我国小学课程与教学改革的历史脉络

(一) 我国小学课程与教学改革的历史沿革

概览 50 多年来我国小学课程与教学改革的发展轨迹,大致可以分为以下六阶段:

1. 以俄为师:改造旧教育、学习苏联阶段(1949—1956)

新中国成立初期,百废待兴,全国来不及编写统一的教材,而教育的发展又刻不容缓。1949 年 12 月,第一次全国教育工作会议确定,借助苏联的经验来建设中国的教育,此后,各地先后开展了学习苏联教育经验的活动,在普通中小学普遍学习凯洛夫的《教育学》。第一次全国教育工作会议明确了建设新教育的三大方针:"以老解放区新教育经验为基础,吸收旧教育某些有用的经验,借鉴苏联教育建设的先进经验。"①新中国对小学课程教学的改造主要通过对国统区正规小学课程体系的改造来进行的。

(1) 教学计划的改革

教学计划是为达到教育目的和培养目标对学校教学工作做出的全面安排,它的主要

---

① 毛礼锐,沈灌群主编.中国教育通史(第六卷)[M].济南:山东教育出版社,1989:15.

内容是:确定设置哪些课程,对每门课程的基本要求,以及每门课程设置的年级和教学时间,这是课程教学改革的第一步。这段时期教学计划有:1952年3月18日,教育部颁布了新中国成立以来第一份五年一贯制小学的《小学教学计划》。这份教学计划具体设置了语文、算术、自然、历史、地理、体育、图画、音乐等八门课程,《小学教学计划》的颁布对于这一时期小学教学秩序的稳定和教学质量的提高都起了重要作用。对于尚未改行五年一贯制的"四二制"小学,教育部于1952年2月5日颁发了《"四二"旧制小学暂行教学计划》。1953年停止推行五年一贯制以后,教育部对1952年颁布的"四二"制教学计划又进行修订,于1953年9月22日颁发《试行小学(四二制)教学计划(草案)》,主要变动是:① 对课程名称的更改,如:把过去名为"工作"的美术课改为"美工",修订后又改为"图画",包括绘画、剪贴;② 增加学生每周集体活动时间;③ 减少中、高年级每周教学时数。1954年2月15日教育部又颁发了《小学"四二"制教学计划(修订草案)》,这主要是对1953年教学计划中的附注和说明做了一些修改,其余未变。1955年教育部根据1953年9月颁发试行并经1954年修订的《小学(四二制)教学计划(草案)》两年来试行的结果制定新的教学计划,同年9月2日颁发,同时发出《关于执行〈小学教学计划〉的指示》。这个教学计划在小学一至六年级首次开设了手工劳动课,以便实施生产技术教育。另外,为了减轻学生负担,有效保障学生身体健康,教学计划规定:四、五、六年级每周增加一节体育课,二至六年级每周上课总时数则减少两节。

为了使全国小学教育能从旧中国教育体系平稳过渡到新中国的教育体系,避免因社会政治变化带来的动荡与不必要的人为损失,从1952年到1955年,教育部共颁发了五个教学计划。其主要特征是:① 初步形成了较为稳定的小学学科体系。从1952年的教学计划开始,就设置了语文、算术、自然(高小)、历史(高小)、地理(高小)、体育、音乐、图画等八门基础课程。后来修订的教学计划,无论分科还是综合设置课程都以这八门课为主干。② 教学计划虽多次变更,但基本内容不变。从1952年到1955年,五个教学计划的颁布并没有凸显课程科目和教学课时的多大变化,只有美术课的设置差异较明显,四二制计划设为美工课,包括图画与劳作;五年制计划为图画课,包括绘画、剪贴。③ 强调综合技术教育和劳动教育,通过对苏联教育经验的借鉴,加强学生理论与实践相结合的能力,在小学开设手工劳动课,加强自然学科的教学。

(2) 教学大纲的改革

为推行五年一贯制,1950年7月,教育部制定了《小学课程暂行标准(草案)》,对语文、算术、历史、地理、自然、音乐、图画、体育等八科做了规定,教育部在对课程改造阶段,模仿苏联修订中小学课程标准,把"课程标准"的称谓改为"教学计划"和"教学大纲"。1956年,教育部编订并颁发了适合四二制小学使用的各科教学大纲,共有语文、算术、历史、地理、自然、唱歌、图画、体育八科。这是新中国完全以苏联小学教学大纲为蓝本而制定的第一部小学各科教学大纲,课程设置为单一必修课,实行全国统一的教学要求。这套教学大纲盲从苏联,忽视我国小学教育的实际,在实施中,教师和学生都难以适应,给我国初等教育发展造成了很大损失。

(3) 教材的改革

这一时期教材改革按照1950年公布的《小学各科课程暂行标准(草案)》,采用旧教材、修改旧教材然后编写新教材的策略,目的是确保教学的正常进行和教材的平稳过渡。为配合国民经济"一五"计划的执行,1956年出版了小学地理、历史、自然教材并在全国通用,根据大纲要求小学体育编辑组编订出版了《小学体育教学参考书》。这是新中国成立以来第二次全国通用教材。

这一时期的教材改革具有明显的"苏化"倾向。在向苏式教材学习的过程中,教材的系统性、科学性逐渐得到加强,但教材编排没有充分考虑到我国实际需要和小学生的学习水平、身心发展特点,从课程设置到教材编辑都深深打上苏联式的印记。苏联教材有许多有益的东西。例如,苏联从小学语文教材开始就选读了许多伟大作家包括普希金、果戈理、高尔基等的作品,给新一代提供丰富的精神营养。但也存在许多不足之处:首先,全国使用统一的教学计划、教学大纲和教材,这不能满足我国不同地区、不同学校的实际需要;其次,忽视了我国小学生身心发展的规律及水平,过分强调了学科知识的系统完整性,造成了学生学习负担过重及身心健康受到损害等不良影响;第三,课程教材管理制度过于僵化,中央统得过死,不利于发挥地方在课程教材建设中的积极作用。

2. 独立自主:尝试探索中国教育发展道路阶段(1957—1965)

1958年伴随中苏关系的恶化,教育领域展开了全面批判苏联修正主义教育理论的运动,我国教育建设步入尝试探索阶段。但是由于我国课程与教学改革的理论与实践彻底中断了与外部世界的联系,走上了"关门闭户"的道路。

(1) 教学计划的改革

这一时期颁发了与小学相关的教学计划。1957年7月,教育部颁发了《1957—1958学年度小学教学计划》,这个教学计划较1955年教学计划不同之处有:① 农村小学高年级增设农业常识课,每周1课时,农村小学依条件决定是否开设手工劳动课;② 从1到6年级每周增加1课时的周会,主要是对学生进行思想品德教育和做时事政策报告;③ 在执行中采取灵活性原则允许各地方各小学因地制宜,做适当变更。

1963年,在总结了1958年"教育大革命"的经验教训后,中共中央颁发了《全日制小学暂行工作条例(草案)》,根据这个条例,教育部重新制定了教学计划,即《全日制中小学教学计划(草案)》。新的教学计划对文化课、政治课和生产知识课,对教学、生产劳动和假期,都做了必要的安排,确立了以"双基"(基础知识、基本技能)为重点的课程模式。各学科根据新的教学计划,制定了教学大纲,编写了新教材。后因"文化大革命",1963年的教学计划、教学大纲和教材并没有全面实行。

1957年的小学教学计划全面强调教育与生产劳动相结合,与当时"教育大革命"所倡导的"教育必须为无产阶级政治服务,教育与生产劳动相结合"的教育工作方针相协调。从1957年开始,农村小学五、六年级专设农业常识课,"大跃进"期间高校学生和小学教职工经常性地停课参加生产劳动,严重影响了正常的教学秩序。

(2) 教学大纲的改革

在"教育大革命"的政治形势下,1956年颁发的教学大纲在实际的小学教育工作中名存实亡。1958年8月中共中央国务院发布的《关于教育事业管理权限下放问题的规定》使各地方踊跃自编教学大纲和教科书,教学大纲和教科书片面强调"教学必须为无产阶级政治服务,教育与生产劳动相结合"的倾向,质量难以保证。1963年的小学各科教学大纲重新确立了各学科的性质与任务,尤其指明了语文和算术两科目的基础性与工具性,这是1958年以后对语文和算术学科的重新认识,是对学校的劳动时间越多越好,减少知识教学等"左倾"教育思想的批判与纠正,使课程改革又重新迈入正规化的道路。

(3) 教材的改革

这一时期教材改革轰轰烈烈,在改革、试验各地自编教材的过程中,逐渐形成了与1963年教学大纲相配套的教材。国家首先下放权力,允许地方自编教材。这是新中国成立以来,开始第一次尝试探索课程由国家完全统一向局部多样化的教育改革实践。但自编教材和各地实验教材"贴政治标签",内容完全政治化,教材知识系统性差,除了"大跃进"之类的宣言与口号,又学不到什么实际知识。这个时期普遍推广使用的自编教材和乡土教材虽然有利于弥补统编教材的不足,有利于课程教材的丰富和完善,但从1958年至1961年在实践中过分夸大了它们的作用,甚至提到不适当的位置,反而阻碍了课程教材的发展。鉴于上述问题,1959年5月中共中央转发教育部党组《关于编写普通中小学和师范学校教材的意见》,建议由教育部重新编写普通中小学和师范学校的通用教材。从1960年到1966年,相继出版第三套、第四套全国小学通用教材。

3. 步入灾难:"文革"十年教育遭受重创破坏阶段(1966—1976)

"文化大革命"十年,彻底否定了原有的学校课程体系。统一的教学计划、教学大纲和教材失去了应有的价值。这一时期课程与教学改革的特点是:① 大搞"斗、批、改",即一斗教师,二批旧教材,三改旧课程;② 课程管理权限下放到地方和学校,下放到师生,各地自编教材,各行其是。各地自定教学计划,师生自选教学内容,中心是学"最高指示"。在课程编制和教学上,强调打破学科的逻辑和系统,从政治斗争和生产劳动的实际需要出发,需要什么就学什么,而且炮制了所谓的"朝农经验",这些谬误和错误的做法给课程与教学理论和实践造成了严重后果。

由于"文化大革命"特殊的历史原因,小学正常的教学秩序遭到严重破坏,教学计划、大纲和教材处于无政府状态。小学课程设置体系被改得面目全非,保留下来的只有语文、算术和劳动,教学实践随时可能被政治活动、生产劳动等挤占,极端的"活动"课程占据了主导地位。这是我国小学课程与教学改革的一次严重失败。

4. 走出迷途:教育恢复、整顿和调整阶段(1977—1985)

"文化大革命"结束后,大中小学教育教学秩序逐渐走向正常,课程与教学进入全面恢复与改革时期,小学课程与教学改革开始焕发出无限生机和活力。

(1) 教学计划的改革

从1978年开始国家逐步修订颁发了数种中小学教学计划。典型的主要有:1978年1月国家教育部颁发的《全日制十年制中小学教学计划(试行草案)》,1984年国家教育部提出了"关于全日制六年制小学教学计划的安排意见",并分别颁发了《全日制六年制城市小学教学计划(草案)》和《全日制六年制农村小学教学计划(草案)》,对城市小学和农村小学的数学、外语、自然常识、劳动课程分别提出了不同的要求,这是针对城市与农村不同需要和特点做出的新中国第一个具有灵活性和变通性的教学计划。主要特点有:① 在课程设置上较多地照顾了现实性与可能性之间的关系,增强了教学计划的可行性和灵活性,充分考虑不同地区、不同学校师资、设备等现实条件的差异,这既有利于教学计划的实施,又为义务教育教学计划的更改制定提供了实践来源。② 逐步走向科学化。注重学生在德、智、体、美、劳等方面的全面发展。将小学政治课改为小学思想品德课,避免了思想政治教育的成人化、政治化、教条化,使思想品德课更适合儿童的年龄特点。

(2) 教学大纲的改革

针对"文化大革命"后各地课程标准不一、教材五花八门、质量低下的状况,国家采取了统一的学制和教学大纲,统一编写、使用教材的政策。国家成立教材编审领导小组,重建人民教育出版社,确定中小学十年制为基本学制,制定颁布统一的教学大纲,教育部于1978年颁布了《全日制十年制学校中小学各科教学大纲(试行草案)》。这是新中国第四套教学大纲,规定了教材编写的新指导思想。这些大纲重新确立了各门学科的性质与任务,更新了教学内容及编排体例,开始加强对学生各方面能力的培养。

(3) 教材的改革

1977年教育部组织人民教育出版社为主力编写组,编写了"文化大革命"结束后的第一套全国通用小学教材,适用对象是五年制小学;1980年部分省市的小学改为六年制后,1984年教育部又专门颁布了小学六年制教学计划草案,并规定小学五年、六年学制并存。为适应这一需要,人民教育出版社在五年制小学课本的基础上改编出版一套小学六年制课本,这是全国通用的第六套小学教材。

这两套教材一直使用到九年制小学义务教育教材在全国范围内实施为止。两套小学教材的课程价值取向开始向学生倾斜,不仅注重发展学生的智力,而且通过教材表达范式的变化来培养学生能力,减轻学生负担。为调动小学生的学习积极性,教材中开始采用彩色插图,选用合乎儿童年龄特点的、有趣的和熟悉的内容作教材,用形象生动的编排方式来呈现。

5. 素质教育:实施九年义务教育、凸显地方特色阶段(1986—2000)

为适应普及九年义务教育的需要,促进儿童健康成长,国家教委从1986年开始,相继制定了九年义务教育教学计划和教学大纲,并组织编写了多套教材。

(1) 教学计划的改革

1988年9月国家教委制订了《义务教育全日制小学、初级中学教学计划(试行草案)》,包括六、三制和五、四制两种形式,规定小学开设思想品德、语文、数学、自然、社会、体育、音乐、美术、劳动等九门学科,主要以分科课程为主,适当设置综合课,并规定课程包括学科和活动两部分。① 这个计划体现了义务教育的性质、任务和培养目标,改革了课程结构,调整了学科比例,把活动课纳入学校课程,单一的学科课程体系被打破,适当设置了综合课,以社会课代替历史和地理课,教学计划加强了自然科学的启蒙教育,给地方一定的课程安排的自主权,增加了课程的灵活性和多样性,并成为当时编写义务教育教学大纲的依据。

(2) 教学大纲的改革

1988年新的教学计划颁发后,国家教委组织力量编订并通过了中小学各学科教学大纲(初审稿)。总共包括九年义务教育中小学教材大纲,小学阶段有语文、思想品德、数学、

---

① 石筠弢. 我国基础教育课程教材政策发展50年[J]. 课程·教材·教法,1996(3).

自然、社会、音乐、美术、教育、劳动等九科。同年,国家教委对教材编写工作做了规划。2000年,教育部又对部分学科的教学大纲做了修改,颁发了试用修订版,充分考虑到地区差异,以宏观指导为主,以地方特色和学生素质为本,精简内容,降低难度,并提出更具体更明确的教学要求。

(3) 教材的改革

这一时期的教材改革具有划时代的历史意义。首先是教材向多样化发展:教材出现了"一纲多本"和"多纲多本"。1988年,国家教委颁布《九年义务教育教材编写规划方案》,开始实施"一纲多本"的改革方案,以适应不同地区和不同经济文化发展水平。其次是课程教材实行多级管理:1992年《九年义务教育全日制小学初级中学课程计划》第一次规定了设置地方课程。三是教材实行审定制和编审分开,这是我国教材建设史上的重大变革,标志着我国中小学教材开始由国定制走向审定制,也标志着我国中小学教材的编审制度逐步走向完善。1993年2月,中共中央国务院颁发的《中国教育改革和发展纲要》指出:"中小学要由'应试教育'转向全面提高国民素质的轨迹,面向全体学生,全面提高学生的思想道德,文化科学、劳动技能和身体心理素质,促进学生生动活泼地发展,办出各自的特色。"实施素质教育已成为教育界乃至全国各界共同的呼声。

6. 为了发展:21世纪新一轮小学课程改革阶段(2001——　)

我国基础教育课程改革进入了新的阶段是以2001年全国基础教育工作会议的召开和《基础教育课程改革纲要(试行)》(以下简称"纲要")的颁布实施为根本标志的。这次改革的旨趣是为了中华民族的振兴,为了每位学生的发展,为了学生的全面发展。其特点有:

(1) 课程内容的综合性

《纲要》指出:"小学阶段以综合课程为主"。课程的综合性主要体现在注重学生生活经历与体验,加强学科间的融合与渗透,重视学科知识、社会生活和学生经验三者的整合,改变以往课程过于强调学科本位而漠视社会需求和学生需要的现象。设置的课程结构是:"小学低年级开设品德与生活、语文、数学、体育、艺术(或音乐、美术)等课程。小学高年级开设品德与社会、语文、数学、科学、外语、综合实践活动、体育、艺术(或音乐、美术)等课程。"①小学低年级开设的品德与生活课把儿童生活范围逐步从家庭扩展到学校、社会,促使儿童经验不断丰富,社会性逐渐加强。从小学三年级开始设置的科学课程旨在促进儿童从生活经验出发,体验科学探究过程,学习科学方法,发展科学精神。整个小学都开设艺术课程,目的是引导学生体验、感受多种艺术,陶冶审美情趣,提高审美能力。同时从小学三年级起,增设综合实践活动并作为必修课,其主要内容包括:"信息技术教育、研究性学习、社区服务与社会实践以及劳动技术教育。强调学生通过实践,增强探究和创新意识,学习科学研究的方法,发展综合运用知识的能力。增进学校与社会的密切联系,培养学生的社会责任感。"②

(2) 课程功能的发展性

《纲要》指出:"改变课程过于注重知识传授的倾向,强调形成积极主动的学习态度,使

---

① 钟启泉等主编. 为了中华民族的复兴 为了每位学生的发展[M]. 上海:华东师范大学出版社,2001:5.
② 钟启泉等主编. 为了中华民族的复兴 为了每位学生的发展[M]. 上海:华东师范大学出版社,2001:6.

获得基础知识与基本技能的过程成为学会学习和形成正确价值观的过程。"强调了课程的功能要从单纯注重传授知识与技能,转变为更关注情感、态度、价值观的培养,以及学习的过程与方法的指导。在小学阶段,注重培养他们的健康的情感、正确的价值观、掌握学习的过程与方法、形成良好的学习观,在某种程度上比知识的掌握更重要。

(3) 学习方式的自主性

《纲要》指出:"改变课程实施过于强调接受学习、死记硬背、机械训练的现状,倡导学生主动参与、乐于探究、勤于动手,培养学生搜集和处理信息的能力、获取新知识的能力、分析和解决问题的能力以及交流与合作的能力。"强调发现学习、探究性学习和研究性学习是本次课程改革的亮点。学生自主的学习方式将会带来学习过程的优化和学习方法的改进,使学习过程不只是单纯接受知识的过程,更应是学生运用知识去发现、提出和解决问题的过程。

(二) 我国历次小学课程与教学改革的经验与启示

1. 我国历次小学课程与教学改革的经验

(1) 社会变革影响课程改革。从我国历次基础教育课程改革的历程中,不难发现我国的课程与教学改革一直与经济发展及政治变革紧密相连。一次又一次的课程与教学改革为我国经济与政治人才培养做出了重要贡献。同时,稳定的经济与政治环境也为我国的课程改革提供了适宜的改革土壤。

(2) 教育目的的变化与社会对人才的需求影响课程改革。教育培养人才的规格与质量,以教育目的与社会对人才的需求作为基本依据。我国教育目的的变化,从培养劳动者到建设者、接班人,从有文化有觉悟到创新精神与实践能力,与我国对人才需求的质量与规格相一致。任何一个国家的教育目的,都来源于社会的经济与政治等发展与需要,同时为国家的经济与政治等发展服务。

(3) 历史传统与课程理论的发展影响课程变革。改革开放前,我国基本模仿苏联的课程体系,以学科中心课程理论做指导。重点学科之间的严格界限,培养出来的人专业知识扎实,技能突出,但由于专业口径窄,导致培养出来的人才社会适应能力不足。改革开放后,在借鉴各国课程发展的经验教训基础上,开始重视社会中心课程理论,在必修课的基础上增加选修课,增添综合课与实践课,开阔学生的视野与满足学生的兴趣及爱好;在以学科为中心的基础上增加与学生生活经验及经历相关联的课程内容,以便学习内容与社会生活紧密相连;改变传统的课程实施方式,重视启发教学、探究教学与合作教学的新模式。

2. 我国小学课程与教学改革的启示

梳理我国八次基础教育课程与教学改革,主要为我国未来课程与教学改革进一步推进和深化提供理论与实践基础。

(1) 顺应世界课程与教学改革的总体走势。世界已经开放,国家与国家之间已经成为"联系体"。作为人才培养中介的课程,它的变化及发展与国家实力与竞争力有着密不可分的关系。因此,我国课程与教学须顺应世界课程与教学改革的总体走势,高度关注国际课程变化,不断吸收他国课程变化与改革中适合国际型人才或者本国人才需要的课程内容。当今世界课程与教学改革在基本价值取向上主要受五对力量的拉动:一是高质量和平等之间的力量联系;二是民族性与国际性之间的力量联系;三是科学世界与生活世界之间的力量联系;四是人与自然之间的力量联系;五是个人与社会之间的力量联系。这五个方面是世界课程与教学改革的基本价值取向,也是我国课程与教学未来改革的基本理念。

（2）从本国实际出发,推进课程与教学改革。课程与教学改革要充分考虑本国经济发展与科技进步,考虑本国教育教学实际,考虑教师与学生的发展变化,在吸取以往课程与教学改革的经验教训基础上,深化基础教育课程与教学改革。当前我国进行的第八次基础教育课程改革,改革的深度和广度都远远超过了前几次的变革。它是在总结我国前几次课程改革的经验教训的基础上,通过广泛的调查与实践,虚心听取课程专家与一线优秀教师建议后,设置的基础教育课程改革。这次改革设计了各门课程的课程标准,即规定了各门课程的最低标准,改变过去学科课程中"繁、难、偏、旧"等问题;这次课程改革改变了传统的教师观与学生观,为培养学生的创新精神与实践能力,从教学方法、教学模式、教学组织形式等方面进行了彻底的变革;这次课程改革将课程管理权真正下放到地方,基础教育培养机构有权利选择适当的课程体系,同时可以研发地方课程和校本课程,改变过去课程体系与课程内容"大一统"的状况;这次课程改革设计了三位一体的课程目标,为培养全面发展的社会主义建设者与接班人提出了具体实施目标。

（3）以学生需求为中心,构建完整的课程改革体系。课程是联系教师与学生的中介,是以学生预期变化为宗旨的学习内容。因此,课程与教学改革必须考虑学生的发展与变化,学生个性发展与素质要求,以更好地达成人才培养目标。从国家发展层次看,国际竞争中尤以人才竞争最为激烈,目前人才的界定已不完全是高智商的知识占有者,更应该是高智商、高情商、个性完善、与人合作的"复合体";从个人发展层次看,每个人都有自身发展的期望与设想,每个人都有自我实现的愿望与憧憬;从二者的关系看,国家教育目标是通过个体目标的达成得以实现。这就要求基础教育课程改革要以学生需求为中心,构建符合学生发展需求和自我实现的课程体系。

（4）以教育实践为基石,多听取学校的呼声。实践是检验真理的唯一标准。小学课程与教学体系设计是否适当,要以课程实施过程中师生能否达成教育教学最优化及人才培养的质量与规格作为评价的依据。教师与学生是课程设计与课程学习的真正主体,他们对课程与教学改革的具体内容最具有发言权。课程与教学改革,不仅要考虑专家学者的远见卓识,还要充分考虑课程实施者的建议与看法,旨在设计出更符合需要的小学课程与教学体系,深化课程与教学改革。

二、我国小学课程与教学改革的走向

（一）"以人为本"导向是课程与教学改革的价值基础

以人发展为本的课程与教学才具有生命力和存在的价值。未来的课程与教学改革亟待在情感教育、审美教育、个性化和个别化上下功夫。教学形态个性化、教学时数弹性化、教学内容乐趣化、个别学习处方化、自我学习动机化将得到推崇。学校在培养社会合格公民的大前提下,需要综合考虑因地制宜、因人制宜、因时制宜,重视学生个体需要,提倡人文文化熏陶,注重学习环境建设,营造乐教宜教的校园,提供现实交融的课程与教学,将成为课程与教学改革的追求。

因此,新一轮课程与教学体系强调培养学生终身学习的愿望和能力,以创新精神及实践能力为目标。小学课程与教学目标以学生发展为本,并非以学生为中心,而是强调"社会需求""知识体系""学生发展"三者在小学课程与教学中的动态平衡与和谐统一,从而发挥小学课程体系的整体效应。

(二)"核心素养"培育是课程与教学改革的重要内容

社会不断变迁、知识迅速更迭、信息瞬息爆炸,传统的死记硬背的教育模式已经不适应当今时代发展的要求。学校里学什么?课程教什么?如何评价真正的人才?这些都呼唤课程改革的深化与出新。在此情势下,培养"核心素养"已成为社会各界的普遍共识与教育系统的实际行动。核心素养是指学生借助学校教育所形成的解决问题的能力。其关键在于要学以致用,要把所学知识转化为解决问题的能力,用自己的能力迎接生活中的各种挑战。因此,课程与教学改革重在培养具有创新能力、人际交往能力、团队合作能力的人。核心素养的培养不是把僵化的知识灌输到学生的脑子里,而是让知识保持活力运用到生活中。生计教育、环境教育、劳动教育、信息教育将成为"核心素养"培育的核心。课程中的基本知识、基本能力和正确的生活态度,也应成为课程与教学的要旨。

(三)"学科整合"是课程与教学改革的突破口

课程内容的整合是当代课程与教学发展的又一趋势。课程的整合化是社会发展渴望综合性人才的必然要求,当代科学的发展已经超越了学科的界限,正向着协同化、综合化的方向发展。这种新趋势要求加强学科之间的联系,使学生获得跨学科知识。为此,许多国家的课程与教学改革都打破了旧的学科"界限",出现了把若干课程门类整合成一体的倾向。例如早在1988年,日本就将小学的"社会"和"自然"两门学科合并为"生活课",以"认识社会、认识自然、认识人类"为学科目标。

课程结构的整合化就是以系统理论为指导,突出课程类型、设置以及内容的综合,从优化课程结构入手,充分发挥课程在培养人才方面的整体效应和作用。新的小学课程体系的结构应具有均衡性、综合性和选择性。构建小学分科课程与综合课程相结合的课程结构,加强自然科学与社会科学的综合课程,可以减少课程门类,扩大师生实践的空间;全面整合小学学科及活动课程,能够体现现代课程思想;廓清正式课程与非正式课程的概念内涵,调整必修课程和选修课程的比例,加强非正式课程或隐性课程的建设,如美化校园自然与人文环境、协调校内外各种人际关系以及端正校风、学风等,可使学科课程与活动课程相沟通;课内课程与课外(社会)课程相联结;基础型课程、拓展型课程和研究型课程相渗透,从而培养出素质全面、个性鲜明、富于创造、适应发展的学生。

所以,未来的课程与教学改革需要一如既往地把正式课程与非正式课程、学科课程与活动课程、显性课程与隐性课程不断整合。在"整合、选择、开放、减法"的原则下,整体设计学科课程的分层分类,通过知识模块重组、内容合并增删、学科内拓外延、内容交叉整合,搭建基础类、拓展类、研究创新类有机学科群,体现基础教育阶段的基础性、选择性、时代性特征,为学生立足现实、面向未来、选择专业、规划人生提供帮助。

(四)"类型多样"是课程与教学发展的重要特征

为了适应21世纪对人才的需求和信息化社会对教育的挑战,现代化的课程建设不能再是管理高度统一和模式单一的课程体系,而应该向多样化方向发展。

未来小学课程类型多样化趋势是:第一,优化学科课程。充分发挥学科课程在知识体系方面具有较强的科学性、系统性和连贯性特点的作用,以加强小学语文、数学等工具性学科的教学,利用现代信息技术手段,使学科课程的教材形式多样化,有"声"有"色"。第二,发展综合课程。在自然科学、社会科学以及其他学科领域努力开发综合课程,以减少课程门类,加强各科内容的联系,适应科学发展的需要。第三,强化活动课程。从学生的生活实际和兴趣、爱好出发,通过体验操作,培养学生的各项技能,活动课程要编写大量生动有趣的读本,并配备相应的多媒体软件与学具,形式多元化的课程体系,以推进小学生学习方式的革命。第四,开发潜性课程。通过有意识地营造校园文化、物质以及人际关系等多方面的环境氛围,发挥潜性课程潜移默化的作用,培养学生情感、意志、行为等非智力因素。第五,探索微型课程。根据学生的实际,以专题的形式,开设一些灵活多样的与学生生活密切相关的课程,以增强课程的实际性和实效性。

第三节　小学课程与教学改革研究的热点

21世纪初,我国就开始对过去的基础教育课程与教学进行系统的研究,并进行了大量的改革和创新。当前我国小学课程与教学研究的特点主要包括教育叙事研究、教育行动研究、课程整合研究、情境教学研究等。

一、教育叙事研究

(一)教育叙事的内涵

从词源上看,"叙事"(narrative)的拉丁词根(narrato)表明,它与知识、专业或需要技能的实践有密切的联系。"叙事"原本是文学中的一种样式。简单说,"叙"就是叙述,"事"就是故事。"叙事"就是告诉、表达、呈现或叙述故事,它可以是说出的、写出的或者在戏剧、动画、哑剧或舞台剧中演出的。"叙事"的最终产物是一个有组织、有情节的文本。

"叙事研究"被作为教师的研究方法运用于教育领域,是20世纪80年代的事情。当时几位加拿大学者提出"教师从事实践性研究的最好方法是说出和不断说出一个个'真实的故事'"[1]。特别是90年代以来,对课堂生活、教师发展等方面的研究使人们意识到"叙事研究"对教育变革、教师成长具有的突出意义,由此,我国教育界开始关注"叙事研究"。

教育叙事研究是指以叙事的方式开展的教育研究。它是研究者(主要是教师)通过对

---

[1] 邱瑜.教育科研方法的新取向——教育叙事研究[J].中小学管理,2003(9).

有意义的校园生活、教育教学事件、教育教学实践经验的描述与分析,发掘或揭示内隐于这些生活、事件、经验和行为背后的教育思想、教育理论和教育信念,从而发现教育的本质、规律和价值意义的教育研究活动。

(二) 教育叙事研究的特点

教育叙事研究的基本特点是教育研究者以叙事、讲故事的方式表达对教育的理解和解释。具体而言,叙事研究有以下几个特点:

1. 以真实的教育事件为对象

叙事研究所叙之事就是教师的故事,是教师日常生活、课堂教学、研究实践等活动中曾经发生或正在发生的事件。它不是教育者的主观想象,也不是与己无关的他人事件,而是真实的、情境性的,其中可能包含着丰富的内心体验,可能蕴含着细腻的情感变化,可能反映出潜在的缄默知识,可能预示着远大的理想追求……这些客观存在的、真实发生的"故事",对于叙事研究者尤为珍贵,因为它不仅具有第一手研究资料的价值,更具有心灵轨迹实录的意义。教育叙事研究就是教师从教育实践出发,从校园生活出发,从真实教育事实出发,从自然教育情境出发进行的研究。这种研究的显著特点在于"实",它是教师在教育活动中对实事、实情、实境和实际过程所做的记录、观察和探究,从而获得对事实或事件的解释性意见。可以说,教师的教育活动范围有多宽,教师的叙事研究就有多广。

2. 属于"质的研究"的范畴

从整体上看,教育叙事研究属于质的研究方法的范畴,因而具有质的研究方法的基本特征,如具有自然情境性、研究者的自身工具性、对事实的解释性和建构性等。"质的研究是以研究者本人为研究工具,在自然情境下采用多种方法收集资料,对社会现象进行整体性探究,使用归纳法分析资料和形成理论,通过与研究对象互动对其行为和意义建构获得解释性理解的一种活动。"[①]叙事研究则是质的研究方法运用于教育研究的一种形式。对于教师的叙事研究来说,"教育"是土壤,"质的研究"是方法论。叙事是为了研究,研究是为了剖析事件的质,解释现象背后的真实。

在教育叙事研究中,研究者本人是研究的工具,他(她)通过自身长期在教育教学实际生活中的体验,通过自己与对象的直接互动与实际交往以及其中发生的各种生活故事和教育教学事件进行研究。对这些事件,教师们通过观察、分析、反思,而获得一些见解或解释性的意见。质的研究根植于教师的日常生活,关注教师生活的故事,倾听教师内心的声音,探询教师存在的意义。对于教师来说,它不仅是一种教育研究的范式,更是一种看待教育世界和建构教育现实的方式。

3. "叙事"和"反思"交替进行

教师的叙事研究,是对教育过程中发生的一系列富有价值的教育事件和具有意义的教育活动的描述和揭示。它的根本特征就在于反思。教师在叙事中反思,在反思中深化对问题或事件的认识。在反思中提升原有的经验,在反思中修正行动计划,在反思中探寻事件或行为背后所隐含的意义、理念和思想。在叙事过程中,叙述者和研究者可以是同一

---

① 陈向明著.质的研究方法与社会科学研究[M].北京:教育科学出版社,2000:12.

个人,也可以是不同的人。教师-研究者或研究者解说的是教师的故事,故事的主线和研究者的分析交叉出现,使所叙之事通过研究者的解读具有了特殊的意义。在故事的叙事中,叙事者有时"在场",有时"隐身",在场的叙事更多地表现为研究者夹叙夹议,叙事者不仅对故事的过程进行描述,而且还就其中包含的价值观、情感、心境以及涉及的伦理等进行分析和判断,展示出叙事者的立场和理论视角;隐身的叙事则把所听到的、所看到的故事视作"社会真相",力求客观地再现故事本身,尽可能不夹杂叙事者本人的判断,以使读者(研究者)能凭借自己的"前见"对故事做出每个人独特的判断。

(三)叙事研究对教师专业发展的意义

1. 叙事研究有助于教师深刻认识专业经验的价值

杜威曾指出,"人类的思想始于经验,结束于经验"。教师的教学是一门实践艺术,它必须在教师的教学实践中经过不断的反思与监控才能得到提高与进步。因此,教师的经验是在其专业实践过程中持续累积的一切经验的集合。正是由于教师知识中包含着极高的经验成分,因此,教师的成长是其在教育现场中,在长期的教学实践中不断学习成长的历程(Clandinin,2000)。① 叙事研究的提出使得我们可以重新审视小学教师的成长,特别是使教师深刻地认识其自身经验在其专业发展中的重要意义。教师主要不是通过学习系统理论来提高其教学实践的,恰恰相反,他们是通过对其自身教学案例(叙事)的反思与体悟,从而促进其专业能力的提升。

2. 叙事研究使教师协同反思成为可能

运用教师团队进行叙事研究分享专业经验的方法,可以协助教师达成个人的、社会的以及专业的三个层面的提升。在个人发展方面,重视教师的声音和观点的自由表达,可以让教师获得应有的专业地位与尊严,从而建立起自信心与教学效能感;在社会发展方面,则能够突破教师的专业孤立,发展相互支持与合作的团队与学习共同体意识;在专业发展方面,可以通过分享经验与方法,使教师发展出更有效的教学策略,并反思自身的教学实践效果(Avalos,1998)。② 因此,叙事研究可以使教师避免走入狭小的专业视野,通过其他教师分享的故事和经验,拓宽自己的教学视角,了解他人的观点,并发展出个人独特的教学理论。

3. 现代网络 Blog 技术为教师叙事提供了技术平台

随着网络技术的飞速发展,教师叙事有了迅捷的平台。其中,Blog 是一种非常有助于教师叙事研究的工具。对教师叙事而言,博客通常是由简短且经常更新的张贴构成,这些张贴的文章都按照年份和日期排列,其内容主要是教师将其个人的故事、教育感受、在教育中所遭遇的震撼等叙述下来。博客的出现,使教师叙事研究更为方便。教师在博客日志中贡献的是他们的经验与故事。教师将工作、生活和学习融为一体,通过博客日志,将日常的思想精华及时记录并发布,提取并联接自己认为最有价值、最相关、最有意思的信息与资源,使更多的知识工作者能够零距离、零堡垒地汲取这些知识和思想。与电子邮件、BBS 和 QQ 这三种沟通方式相比,博客是一种比较严肃的专业化沟通工具。BBS 公

---

① Clandinin,D. J. & Connelly,F. M. (2000). Narrative inquiry. San Francisco:Jossey-Bass.
② Avalos,B. (1995). Issue in science teacher education,IIEP research and studies program.

共性很强,而个体性很弱,因此缺乏约束。电子邮件和 QQ 则多用于个人间的通信,而博客是个人性和专业公共性的结合。通过博客日志,教师既可以相互之间进行协作和交流,也可以接受远程培训。许多教师可以通过博客方式与其他教师分享自己的教学故事、感受体会和经验。

(四) 教育叙事的方法

一般来说,教育叙事研究的具体实施步骤如下:

1. 确定所探究教育现象之中的研究问题

教育叙事研究的研究问题来源于实践领域的教育现象。研究者可能同时关注多个教育现象,可以采用不断聚焦、凝练的方法来鉴别值得探究的教育现象以及内隐的研究问题。这一过程需要考虑三个方面的因素:一是所探究的教育现象与内隐的研究问题要有价值,如对学生发展,对学校教育质量提升有所贡献,对改善教师的教学生活有所帮助等;二是所探究的教育现象及内隐的研究问题要有新意,新意既包括这类教育现象或问题至今尚未探究,也包括对别人而言不是新问题,但相对于研究者本人而言,这些教育现象或问题仍然存在疑问或被其困扰;三是具有可行性,即具备主观条件、客观条件和时机条件。主观条件是指研究者要考虑自己的知识储备以及能力是否能够驾驭研究工作,是否了解叙事研究方法,研究过程中能否及时补充所需要的知识等;客观条件是指具备探究这类教育现象或问题的环境;时机条件是指研究者当前及其后一段时间内可以对这类教育现象或问题进行持续探究。

2. 选择研究个体

社会科学研究一般采用抽样的方法确定研究个体。教育叙事研究的特点决定了其需要采用综合抽样策略,即以目的抽样方式为主,兼顾就近和方便的方式选择研究个体,从而为研究问题提供丰富的个体作为研究对象。抽样的具体方法可以根据研究需要采用极端个案抽样、强度抽样、最大差异抽样、分层目的抽样等方法。

3. 搜集故事,建构现场文本

在教育叙事研究中研究者走进现场进行观察、记录,搜集个体教育故事,建构现场文本是一项基础性工作。如果现场文本积累较少,缺乏时间的连续性和内容的延续性,教育叙事研究将无法进行。叙事研究现场文本至少有两方面意义:

第一,现场文本能够帮助研究者处理与参与者以及现场的距离问题。当研究者身处其中的教育情境时往往处于两难处境:一方面,研究者如若不能全然涉入教育情景就无法探索、描述和解释所探究的教育事件;另一方面,如果研究者全然涉入教育情景,可能会带来有感情的倾向性而失去叙事研究的客观性,因而需要与现场保持适当的距离,以便看清研究者自己的故事,看清参与者的故事,以及研究者与参与者共同生活的场景。现场文本将帮助研究者往返于两种境界,既和参与者一起全然涉入,又和参与者保持一定距离。只要研究者能够勤奋地建构现场文本,就能够顺畅地处理与参与者之间因为研究需要建立的亲密关系。

第二,现场文本能够帮助研究者记忆以及补充被遗忘的教育故事及其丰富的细节。因此,必须定时、认真书写现场文本,注意个人的内在回应,注意现场文本必须有另外的现场文本来补充。如现场笔记与书写现场经验的日记加以结合,为研究者提供了一种反思现场发生事件的平衡手段。教育叙事研究现场文本的类型较多,研究对象的教育故事、生活故事、自传、札记、录音(像)材料,研究者和研究对象之间的讨论、对话、访谈的文本,研究日记,研究者或参与者所做的现场笔记,有关文件、照片、记事簿,研究对象个人或者他人、家庭、社会的交互中形成的作品、生活记录以及信件等都可以成为教育叙事研究有价值的现场文本。不同类型的现场文本的建构方式有所不同。如现场笔记是一种以现场记录为主的重要的书写体裁,它的书写可详可简,也可以穿插或多或少的诠释与思考。

4. 编码并重新讲述故事

重新讲述故事不仅对教育叙事研究新手是具有挑战性的工作,也是所有教育叙事研究者面临的困难工作之一。从纯粹技术的角度看,每一个教育故事的重新讲述一般需要以下三个阶段:

第一,写出原始故事。这一阶段相当于完成从现场到现场文本的建构工作。有些故事,如利用录音或录像设备搜集的故事需要在其转译基础上制作成现场文本。如果已经是研究对象提供的文稿形式的故事,或者参与者提供的某些反映自己教育故事的书面材料,就可以直接进入下一阶段。

第二,编码和转录故事,把搜集到的现场文本的故事由研究者按照故事所包含的基本元素进行编码、转录。研究者首先要根据研究目的和研究问题的特点建立一套编码体系。这里引用比较权威的确定故事基本元素的叙事结构,即奥勒莱萨提出的组织故事元素成为问题解决的叙事结构,将故事所包含的基本要素分解为:背景、人物、活动、问题和解答五个方面。①(见表8-1)

表8-1 组织故事元素成为问题解决的叙事结构

背景	人物	活动	问题	解答
故事背景,环境,地点条件,时间,地点位置,年代和纪元	故事中描述的个体的原型、个性,他们的行为、风格和做事模式	贯穿在故事中的个体的动作,说明人物的思维或者行为	要回答的问题,或者要描述或解释的现象	对问题的回答,对引起人物发生变化的原因的解释

研究者可以参考上述结构分析现场文本故事的基本结构,可以使用字母编辑并在现场文本中标记,如背景、人物、活动、问题和解答的语句可以分别用(英文名的第一个字母)S、C、A、P和R来标识。这些编码过程不一定出现在研究文本重新讲述的故事之中,但这一过程是规范的叙事研究实施中不可或缺的环节,它们是评估研究合理性与准确性的重要依据。编码完成后进入转录环节,它是将故事的基本元素从故事之中抽取出来的过程,即将上述标有字母S、C、A、P和R的句子按照顺序转录在一起,这样形成一个反映原始故事精神的压缩的精短的"骨架"型故事。

第三,利用故事的基本元素重新书写故事。研究者把已经转录出来的"骨架"型故事,按事件发生时间的顺序(用年代学方法)重新书写成清晰的包含故事基本元素的一个序列

---

① Creswell, J. W. Educational Research: Planning, Conducting, and Evaluating Quantive and Qualitative Research. New Jersey Merrill: Prentice Hall, 530.

性的文稿,往往以第一人称讲述。故事的重新讲述以地点(如某某学校)和人物(我)开始,然后是事件(如教育过程中出现的不愉快、困惑或者兴奋等行为)。

5. 确定个体故事包含的主题或类属

上述编码完成了一个故事的重新讲述,研究者面临的另外一个问题是如何处理多个重新讲述的故事之间的关系。有三种途径可供选择:一是演绎思路,即基于某种理论框架将故事分为不同主题或类属,已有的故事对号入座;二是归纳思路,类似扎根理论研究方法,根据故事基本元素的特点将故事归类,同一故事反映、支持共同的主题或类属,这些主题或类属代表着从故事里发展出来的主要思想;三是归纳与演绎相结合的思路,即主题或类属在先,它们来源于对编码、转录的故事的分析;主题或类属确定之后,可以考虑让某些理论加入,帮助分析主题。

6. 撰写研究文本,确认与评估研究

建构研究文本是教育叙事研究的一项复杂而困难的工作。呈现给读者的文本可以灵活多样。它的正文一般包括研究的背景和意义、研究对象的选择、研究实施过程、研究的结果与分析四个部分。研究文本之中不要求进行专门的文献综述,重新讲述的故事要置于研究结果与分析部分的中心。

确认和评估研究的准确性是教育叙事研究的一项非常重要的工作。为了确保研究结论真实可靠,研究者需要检查和确认这些问题:研究者的关注焦点是个人经验,是单一个体或少量的几个人;搜集了个人的教育故事;对参与者的教育故事进行重新讲述;形成的中期研究文本听到参与者以及研究者的声音;从建构现场文本的教育故事里浮现出不同主题或类属;教育故事里包含了有关参与者的背景或地点的信息;教育故事按照年代学顺序组织;研究文本有研究者与参与者合作的证据;教育故事恰当地表达了研究者的目的和问题。

二、教育行动研究

(一) 教育行动研究的含义

关于行动研究的定义,不同的研究者因其对行动研究的某些特征的不同选择和认可而不同。以下是对行动研究具有代表性的几种界定:

当今行动研究的主要倡导者埃利奥特认为:"行动研究的实施是实践者为了提高其对事件、情景和问题的理解,从而增加其实践的有效性。"[①]

在众多研究者对"行动研究"的定义中,引用频率最高的要数拉伯特(Rapoport)所下的定义,"行动研究的目的是做出两大贡献:一是对所处疑难情景中的人们的实践关注;二是通过在相互接受的伦理框架中共同合作而达到研究社会科学的目的。"[②]

麦克南(Mckernan)认为:"行动研究是个反思性的过程,因而在某个既定的问题领域(由于改进实践或个人理解的需要),首先对实践进行探究,然后,明确定义问题,阐述行动

---

① Elliot. j. (1981) Action Research: A Framenwork of SELF-evaluation in Schools. Cambridge Institute of Education, p. 1.

② Rapoport, R. N. (1970)Three Dilemmas in Action Research. Human Relations,23,(6):499.

计划,包括在问题中应用行动来验证假设,进行评价以监控并确定所采取的行动的方式,最后,参与者反思、解释进展情况,并与行动研究者团队交流这些结果。行动研究是由实践者系统地自我反思科学的探究,从而改进实践。"[①]这一定义强调了两个观点:行动研究是用科学的程序进行严格而系统的探究;参与者有权对其探究过程进行批判反思。

从以上行动研究的定义中,我们归纳出行动研究的基本特征:行动研究是情境的——它关注的是在具体情境中诊断问题,并试图在该情境中解决这个问题;它通常是合作的——研究者和实践者团体在某个计划中协同工作;它是参与的——实践者本身直接或间接参与到研究的行列中;它是自我评价的——在正在进行的情境中,对研究的修正不断地进行评价,其最终目标是以种种途径改进实践。

基于以上对行动研究的定义分析,本文认为,教育行动研究是指教师基于解决教学实践中存在的具体问题的需要,与教育专家、学者或教师团体的成员共同合作,将问题发展成研究计划或研究主题,运用多种研究方法收集资料,在批判反思的基础上进行系统的研究,以达到问题解决的一种方法,是把教师进修、研究与教学结合为一体的行动研究。

(二) 教育行动研究的特点

1. 参与

"参与"作为教育行动研究的一个重要特点,除了蕴涵为教师"授权""教师成为研究者"之外,它还内在地蕴涵了另一个重要特征,即"合作",它与"参与"一起表达"合作性参与者"的意义。这种合作包括教师与教师之间以及教师与校外研究者之间保持主题式的对话关系,也包括教师、专家、学校管理者、地方管理者之间的相互"协作"与"支持"。

2. 主张实地研究和质的方法论

行动研究根植于自然主义的现场研究,寻求理解和描述而牺牲了定量研究方法中常用的测量和预见,质的研究是行动研究的主要方式,质的参与观察者可能把对实物的感觉、记述和价值放在首位。当然,仅收集实物的事实和对实物的感觉是不够的,研究者必须脚踏实地地观察它们。质的参与的现场研究没有任何先入为主的理论或在研究中生搬硬套一些理论,而是使材料自然地出现,他们寻求事件中所存在的意义。这种程序上的研究是可以解决实际问题的行动研究。在教育行动研究中,课程实践者也是观察者,他们必须被纳入课程研究之中并支配这种探究的过程及结果。总之,教育行动研究必须具备参与、自然主义方法与实践及实地与质的方法论。

3. 自然主义的方法与实践

人类的行为受到产生该行为背景的高度影响,由于参与者和校外研究者都会干涉或影响研究的行为及研究的背景,为使研究者不对支配行动者行为发生规律的传统规范及角色造成影响,已有人倡导非干扰性方法的使用。因此,实践者必须在现场或在情境中研究行为,即调查研究自然情境之内发生的现象,及与发生这些现象有关的自然情境。

(三) 教育行动研究的过程

教育行动研究过程一般分为如下八个阶段:

---

① 转引自李双.教育行动研究的本土化探究[D].重庆师范大学硕士学位论文,2004:15.

第一阶段:界定问题。这是研究的开始,它是就每日教学情境中被认为值得批判的问题予以确定、评价和阐述。这里的"问题"应从广义上加以理解,它也包括根据需要对学校教学大纲的某些方面做出革新。在此阶段,我们应清楚,行动研究并不意味着小的计划,行动研究始于承认当下存在的一些困难或实践问题,如在哪种条件下,课程变革的效果最佳?造成有效的教育改革的限制因素是什么?行动研究的哪些强有力的优点可用于教育变革中?当然,这个阶段有个限制条件:不要尝试处理那些非实践的问题及对它无能为力的问题。在行动研究中,易操作性和可能性是教育行动研究的关键概念。

第二阶段:情境分析。教师、研究者对以上所界定的问题进行讨论和协商。因此这一步是与收集以上所提问题的答案相关联的。计划的每个教师设身处地地仔细反思在该讨论工作中,自己现在所处的位置及希望将来处于什么位置。研究者在该阶段可充当观察者或第二层次的促进者的角色,教师与研究者做互动分析,并从教师、研究者、学生的角度收集实践材料。在讨论工作的广泛访谈中,教师也可以通过回答问卷或自由式讨论来取得答案。

第三阶段:行动研究。紧跟着实施的是探索或阅读文献,该阶段就要形成可验证的假设或探讨的策略,并以明确、清晰、实用的语言予以叙述。

第四阶段:发展行动计划。这一阶段包括对最初所陈述的问题的修正或重新界定。它以事实观察和广泛的行动假设为基础。它可以验证假设的形式出现,也可以作为一套指导性目标。这一阶段基于计划的假设或设想必须十分明确地表示出来。

第五阶段:实施行动计划。对课程情境及问题了解之后,关键的一步是将已出台的计划付诸实践来检验计划。在实施计划的过程中,随时修正计划也是不可避免的。教师的行动策略是为了尝试不同的课程、教材与教学方式,基于螺旋循环的发展理念,教育行动研究的实施也是自我反思、问题澄清、材料分析等行动的开始。在计划本身的实施过程中,还包括材料收集的种种条件和方法、任务的监控和向研究小组传递反馈信息、材料的分类与分析等。

第六阶段:评价行动计划。该阶段最重要的任务就是观察实践中新行动所产生的效果。在课堂中,观察的重点放在了"教师即研究者"的角色上,由于这一角色对许多人来说很难做到,因此教师通常需要在校外非参与观察者的帮助下对自己的课堂教学记日记、日志、轶事记录、磁带记录等,非参与观察者也通过录音、录像、现场笔记、与学生和教师的访谈来收集材料。评价是关于内容和过程两方面的,也就是说,新材料和其他形式的"证据"是教师形成性评价的基础,也是教师运用策略处理讨论的主体。

第七阶段:反思行动。这一阶段,研究者必须停下来反思、解释、理解所采取的行动。同时揭示行动的效果并在计划的情境中解释这些效果。

第八阶段:修正问题,实施下一循环。

三、课程整合研究

课程整合是指一种关注学生个体统整学习的课程设计和教育教学理念,它基于知识的关联性、儿童个体的经验和社会生活。课程整合打破学科之间的限制,统整课程内容,以主题为依托开展教学,形成结构合理、内容冗余度少、框架明晰、整体协调的课程结构。

"课程整合"是目前世界各国基础教育课程改革中的一个焦点问题。英国面向21世纪的基础教育课程改革强调各门课程之间的联系,要求各门课程都应该发展学生的交往技能、信息技术、共同操作技能、改进学习的技能以及解决问题的技能;日本1999年3月颁布的初中和高中学习纲要主张沟通各类课程之间的联系,在各类课程中渗透国际理解教育、信息技术教育、环境教育和健康教育;在美国基础教育中,注重不同类型课程之间的联系更是课程设计和课程实施的传统。我国大陆地区对课程整合的探索从20世纪80年代中期就已经开始。浙江省在义务教育阶段课程改革中,率先将"社会"和"自然"两门综合课程纳入初中教学计划。2001年6月,我国教育部颁布了《基础教育改革纲要(试行)》,要求"改变课程结构过于强调学科本位、科目过多和缺乏整合的现状,整体设置九年一贯的课程门类和课时比例,并设置综合课程,以适应不同地区和学生发展的需要,体现课程结构的均衡性、综合性和选择性。"面对课程整合的趋势,如何建构课程整合的理论,在实践如何实现课程整合的目标呢?

(一) 小学课程整合的价值取向

1. 依托学科教材,联通多彩生活

教材是学生学习知识的重要教育资源,学生的生活本身和学生的经验是教育的基础。教师在进行课程整合的过程中,不仅要依托学科教材,更应该联通学生多彩的生活、联通广阔的世界,强化教育与生活关系,密切联系学生的经验世界和想象世界。根据小学生的身心发展特征,选择适合其身心发展规律、认知发展水平且丰富多彩的教学内容。教师要从寻找教材内容的学术性和生活性、基础性与发展性、科学性与人文性、知识性与实践性的融合出发,贴近学生的生活实际。

2. 丰富个体体验,关注全人发展

课程整合把学生的发展定位于"全人发展",让课堂教学贴近学生生活,使学生的内心世界在这一过程中获得积极的情感体验,从而开始对社会、自然、个体之间的内在联系有整体的认知,激发起对自我、对社会的强烈的自信心和责任感,从而发展学生主动创新的能力和对知识的综合运用能力,培养其发现问题、思考问题和解决问题的态度和实践能力,养成积极进取、乐于分享、善于合作的优秀品质。教师应多为学生创造体验性的学习机会,唯有亲身经历、切实感受、不断实践,实现对学科知识的实际运用,学生才能学会自己发现问题并寻求有效解决问题的方法与途径。

3. 师生平等互助,构建生活课堂

在"生活课堂"中,师生不再单一面向知识课堂,而更多的是面向他们共同的生活世界。在生活世界里,教师和学生都是知识的探索者和追寻者。师生双方各自向对方敞开自己独特的生活经验,并从对方的存在中获得启示,从而教学相长,提升各自认识事物的能力与水平。在生活课堂中,教学不再仅仅是为了知识而教学,更是为了他人的发展而教学。师生在不断的交流与碰撞中教学相长,互相影响,达成主体与主体间的理解,从而共同进步发展。

(二) 小学课程整合的基本模式

1. 聚焦目标,重组教材——学科教学内的课程整合

这里指的是学科内的整合。在学科内实现课程整合,即把与本学科相关联的或是有

联系的知识进行统整,让学生在一个教学单元内学习本学科的相关知识,对学习内容、学习方式进行整合,以让学生减少不必要的重复学习,对知识的掌握更加系统化,提升其学习质量和学习效率。

2. 跨学科设计,大单元教学——学科教学间的课程整合

这里是指学科间的整合。学科间整合,能消除分科知识间的隔阂,打破界限分明的学科和学科知识本身固有的结构体系,以统整的主题和大概念连接不同的学科,让学生在学习的过程中体验知识与知识之间的联系,从而建立系统、整合的思维方式。

学科间整合应具有以下特征:① 综合性。其综合性表现是真实地从一个综合、全面的视角反映知识,体现的是整体认知世界、综合看待生活本质的思想。学科与学科之间的联系,整合后的课程能使学生更好地认识各种现象和因素的相互联系、相互制约的关系,全面、正确地处理人和自然的关系。② 创造性。学科教学间课程整合要求教师、学生要有强烈的创新意识,才能能动地用所学的各科知识来解决实际问题。③ 开放性。学科间整合的这一特征改变了学科课程封闭性的缺陷,加强了教师、学生、教材三者之间的互动,让学科知识、学习者、社会生活之间形成联系。④ 灵活性。学科间课程整合的自我调节机制,它会对外界的变化做出适当的调节与反应,会随着不同维度、不同层次的变化而变化。知识系统的各要素会重新排列组合,形成新的课程结构,让整合后的课程更具有选择性和开放性。

3. 校内外联动,创设实践平台——课内学习和课外活动的课程整合

校内外联动,课内学习和课外活动的课程整合能很大程度上弥补学科课程没有将理论和实践很好地相结合、脱离学生实际生活的缺陷;激发学生主动学习的学习兴趣,促进其个性的养成和发展,培养学生综合运用知识解决实际问题的能力,让学生从被动接受知识,到主动建构知识,让学习充满趣味、具有实践意义。

在社会生活中进行的课程整合一般有以下几个特征:① 生活性。每一项整合的活动都有一个明确的主题,主题的选择应源于学生的生活,符合学生的需要和兴趣,让学生有内驱力去完成活动任务,激发学习的创造行为和能力。② 教育性。把对学生的教育从课堂延伸拓展到社会,鼓励学生走出校园,走进社区,走进大自然,走向自己的生活。③ 体验性。在课内外的教学中,要尤其关注学生的经历、体验、感受的过程,让学生在观察、实验等一系列研究活动中应用知识、感悟人生、积累经验,从而获得全面的发展。

四、情境教学研究

我们正处于一个人文精神凸显的时代,加强人文教育已成为当前小学教育改革必须顺应的时代精神。但是,如何才能有效地使人文知识内化为人文素质,情境教学已成为当前课堂人文知识内化为人文素质和人文精神的重要理论之一,情境的价值与功能已得到广泛的认可,并在教学实践中具有了积极的作用。

1. 情境教学的内涵

在哲学发展史上长期以来存在几种不同的情境观:

第一,客观情境观。这种情境观将"情境"看成是外在于个体的客观存在。主要代表是各种自然主义、经验实在论的顺应与适应理论。在他们看来,人的天性及其所发生的各

种改变,包括思想、情感、行为、性格、技能等,都是人按照一定的方式对情境发生反应、所产生的倾向。如以斯金纳为代表的行为主义心理学和帕森斯的社会行动理论始终没有逃脱"刺激—反应"这个理论框架。这种情境观虽然看到了不同社会传统和文化模式对人的发展功能,但是把情境仅仅看作人对环境、情境的反应,也就抹杀了人在情境中的主体地位。

第二,主观情境观。这种观点在新康德主义者、新黑格尔主义者、直觉主义者、唯意志论者、生命哲学家、现象学者、存在主义者以及一些内省的心理学家表现尤为显著。在他们看来,情境是人寂静中的反思、内心体验、纯粹静观中的理解和主观感受等。如狄尔泰强调生活经验"是一种纯粹的旁观和内在的精神活动",它形成一种心理结构,"这种结构是由一种内在的心理状态所决定的,按照这种心理状态,对事物和环境的评价是喜欢还是讨厌,是满足还是憎恶,是同意还是不同意,都是建立在人生真实概念基础上的。反过来说,这种对生活的估价是意志决定论的基础。"[①]这种情境观强调自我对生活情境的体验、理解和了悟,无疑具有积极意义。但是,把人与情境的关系仅仅看成是内心世界的体验、经验,也就走向了主观主义。

第三,主客情境观。这种情境观认为,任何情境既和眼前实际的文化情境和情势相关联,更和他的经验、知识、意识相关联。譬如,杜威认为,"情境,是有机体与环境不断相互作用而出现的,它们是不平衡、不稳定、不均衡、不统一和干扰、失常、故障等之类的情况或经历。探究始于有机体与环境系统的内在冲动,转变为一种可以使不稳定的各种因素互相作用的情境"[②]。在杜威看来,有效的学习情境并不是通过最快捷的途径掌握学习习惯和情感态度,而是能够引起学习者反思、实验和不断修正的情境。在这里,情境的"情"是一种主观的动机系统,"境"是客观的环境。这正是情境主客观统一的最好证明。

本文认为,任何情境都不是纯客观的,而是包含着自我的主观情感、意向、态度等色彩。这也区分了"情境"与"场景"的差别。除了肯定外在的"场景"外,更多关注的是"场景"是否能够引起活动主体内心的感受。情境教学就是教师从教学的需要出发,依据一定教学目标,创设特定的环境,以激发学习主体的兴趣、情感和思维,达到教与学最佳效果的一种教学活动。

情境教学,不是教学现代化的产物。我国古代的教育就十分重视环境对人的教育作用。"孟母三迁""择地而居"深刻说明了"近朱者赤、近墨者黑"的道理。孔子授业也要看学生"愤""悱"如何,才予以"启发"。在国外,相传苏格拉底是善于引发对方产生矛盾的情境才予以导出预期的结论,被称为"产婆术"。近代杜威认为传统教育的失败根源在于未能在教学过程中给学生以"引起思维"的情境。

情境教学作为一个专门的教学用语,并予以丰富的内涵和系统的阐述,当属李吉林老师。1978年,以李吉林老师为首的情境教学法正式开始。李吉林老师在小学语文教学实践的基础上,以"情"为经、以"境"为纬,通过各种生动、具体的生活环境的创设,拉近了学科教学与学生现实生活的距离,为学生的主动参与、主动发展开辟了现实的途径。最初,李吉林老师的情境教学以"创设情境,进行片段语言训练"为主。由于在课堂教学中展示了生活情景,学生学习情绪很高,教学效率显著。后来,李吉林老师确定了"带入情境,提

---

① 辞海编辑委员会.辞海[Z].上海:上海辞书出版社,1989:469.
② [美]约翰·杜威著,姜文闵译.我们怎样思维·经验与教育[M].北京:人民教育出版社,2004:94.

供作文题材"的主题,引导学生在创设的教学情境中,通过观察、角色扮演等操作性尝试,获取作文题材,以自己的所感去表达。在"运用情境,进行审美教育"的实验阶段,李吉林老师又将情境教学和审美教育统一于语文教育中,她开创了我国情境教育的新局面。

2. 情境教学的策略

(1) 以"情"为纽带开展研究

情境教学蕴涵的教育观念、教学观解决了长期以来因注重认知、忽视情感而带来的逻辑思维和形象思维不能协同发展的问题,有效地提高了学生的思维品质。其可贵之处在于以"情"为纽带,在审美体验和乐趣中培养学生。小学应该是充满情感和智慧的世界,是充满生机与乐趣的儿童天地。小学各科教学不是单纯的符号记忆,教师应该设法让儿童的情感充分参与到学习的认知过程之中,教师在为儿童打好基础的同时,让他们体验到人类文明史的进程,人类创造世界的灿烂光辉,从中获得一种精神的力量。如此日积月累,最终转化成儿童内心世界的精神财富。小学情境教学正是利用了儿童的情感,培养了儿童审美的、道德的、理智的高级情感。

(2) 丰富"境"的内涵的研究

在中国,最早提出"情境"一词的,是唐朝诗人王昌龄。在《诗格》中,他提出"诗有三境",即"物境""情境""意境"。在小学语文教学中,李吉林老师常常利用文字表意情境、生活情境、文本情境等在课堂营造实体情境、模拟情境、语表情境、想象情境、推理情境。这些做法还需要进一步在小学语文和其他学科教学活动中发展和创新,是值得研究的课题。

李吉林老师认为"情境"指有情之境。她在吸收王昌龄的"情境"概念内涵、刘勰的"心物交融"说和王国维的"境界说"基础上,认为情境是通过教学和教育过程所创设的"有情之境",是一种人为优化的适合儿童需要的典型环境。正因为如此,情境教学才特别重视情感的设置、虚拟情境的创设,强调情境的优化、形象化、典型化以及审美化等,并在此基础上创立了情境教学体系。

3. 向其他学科辐射的研究

情境教学研究由语文教学为核心向其他学科辐射,由内而外,扩展到语文以外学科和整个中小学教育。小学语文情境教学常常运用暗示导向、情感驱动、角色效应、心理场整合等原理。那么,在其他学科教学中应该怎样运用各种暗示手段并产生联动,以不同形式、不同途径渲染亲切、愉快、智慧及蓬勃向上的氛围,让儿童潜能得到充分的发展?怎样运用情感驱动,使儿童主动积极地投入认知活动?怎样运用角色效应,让儿童扮演角色或不知不觉进入角色,全身心地投入到学习活动中去?怎样运用心理场整合使儿童愉快地置身其中,也让教师即时感受到教学成功的快乐?这些问题都需要在小学其他学科教学研究中进行探究。

本章小结

世纪之交国际课程改革的发展趋势有:课程研究的领域扩大,课程所涉及的学科内容深化,课程的现代化教学技术手段广泛运用,课程目标的选择和确立视野扩大,课程设置要有全球化观念的思想开始确立。世纪之交教学改革的主要发展趋势有:重视学生智力和能力的发展,以人为本,注重发掘学生的内在潜能,注重"范例"教学,激发学生的学习主动性,要做学习的倡导者,建立平等合作的师生关系,借用其他学科的现代科学手段和方法来研究教学问题。世纪之交国际上倡导的新型教师应当具备的素质有：深刻理解教材，及时回应课堂反应；丰富知识结构，熟悉多元教学策略；熟悉理解学生，师生关系民主；了解与课程有关的其他信息，加强各方面合作。

新中国成立以来小学课程与教学改革经历了六个阶段。对我国历次小学课程与教学改革进行梳理分析可以看出：社会变革影响课程改革，教育目的的变化与社会对人才的需求影响课程改革，历史传统与课程理论的发展影响课程变革。梳理我国八次基础教育课程与教学改革获得的启示有：顺应世界课程与教学改革的总体走势；从本国实际出发，推进课程与教学改革；以学生需求为中心，构建完整的课程改革体系；以教育实践为基石，多听取学校的呼声。我国小学课程与教学改革的走向："以人为本"导向是课程与教学改革的价值基础；"核心素养"培育是课程与教学改革的重要内容；"学科整合"是课程与教学改革的突破口；"类型多样"是课程与教学发展的重要特征。当前我国小学课程与教学研究的特点主要包括教育叙事研究、教育行动研究、情境教学研究等。

思考训练

1. 简述国际课程改革发展的新动向。
2. 简述教学改革发展的趋势。
3. 论述我国小学课程与教学改革的历史及启示。
4. 简述教育叙事的内涵、特点及方法。
5. 简述教育行动研究的内涵、特点及过程。
6. 什么是课程整合？小学课程整合的基本模式有哪些？
7. 什么是情境教学？如何开展情境教学？

拓展阅读

1. 李定仁，徐继存主编．教学论研究二十年[M]．北京：人民教育出版社，2001年版．
2. 钟启泉，张华主编．世界课程改革趋势研究——课程改革专题研究[M]．北京：北京师范大学出版社，2001年版．
3. 钟启泉，崔允漷，张华主编．为了中华民族的复兴，为了每位学生的发展——《基础教育课程改革纲要（试行）》解读[M]．上海：华东师范大学出版社，2001年版．
4. 曾洁珍编著．国内外教育改革动态[M]．广州：广东高等教育出版社，2001年版．
5. 吕世虎，肖鸿民主编．中国基础教育课程与教学研究[M]．北京：中国人事出版社，2002年版．

线上学习

1. 美国国会图书馆：http://www.ed.gov
2. 美国教育科研协会：http://www.loc.gov
3. 香港教育网：http://www.education.org.hk
4. 美国教育资源信息中心：http:www.eric.ed.gov

主要参考文献

1. [德]赫尔巴特著,李其龙译.普通教育学·教育学讲授纲要[M].北京:人民教育出版社,1989年版.
2. [美]约翰·杜威著,王承绪译.民主主义与教育[M].北京:人民教育出版社,1990年版.
3. [日]佐藤正夫著,钟启泉译.教学论原理[M].北京:人民教育出版社,1996年版.
4. [美]拉尔夫·泰勒著,施良方译.课程与教学论的基本原理[M].北京:人民教育出版社,1994年版.
5. [美]约翰·杜威著,姜文闵译.我们怎样思维·经验与教育[M].北京:人民教育出版社,2005年版.
6. 徐继存,周海银等主编.课程与教学论[M].济南:山东人民出版社,2010年版.
7. 李森著.现代教学论纲要[M].北京:人民教育出版社,2005年版.
8. 钟启泉,汪霞,王文静编著.课程与教学论[M].上海:华东师范大学出版社,2008年版.
9. 张华著.课程与教学论[M].上海:上海教育出版社,2003年版.
10. 黄甫全主编.课程与教学论学程[M].北京:人民教育出版社,2006年版.
11. 蒋蓉,李金国主编.小学课程与教学论[M].北京:北京师范大学出版社,2013年版.
12. 汪霞主编.小学课程与教学论[M].上海:华东师范大学出版社,2011年版.
13. 钟启泉主编.课程论[M].北京:教育科学出版社,2007年版.
14. 王策三著.教学论稿[M].北京:人民教育出版社,2005年版.
15. 黄甫全,王本陆主编.现代教学论学程[M].北京:教育科学出版社,2003年版.
16. 李龙编著.教学设计[M].北京:高等教育出版社,2010年版.
17. 李朝晖主编.教学论[M].北京:清华大学出版社,2016年版.
18. 李森,陈晓端主编.课程与教学论[M].北京:北京师范大学出版社,2015年版.
19. 裴娣娜主编.现代教学论[M].北京:人民教育出版社,2005年版.
20. 徐学福主编.教学论[M].北京:人民教育出版社,2012年版.
21. 余文森,刘家访,洪明主编.现代教学论基础教程[M].长春:东北师范大学出版社,2007年版.
22. 谢利民,郑百伟主编.现代教学基础理论[M].上海:上海教育出版社,2003年版.
23. 李秉德主编.教学论[M].北京:人民教育出版社,2001年版.
24. 谢利民主编.教学设计应用指导[M].上海:华东师范大学出版社,2007年版.
25. [美]安德森等编著.蒋小平等译.布卢姆教育目标分类学:分类学视野下的学与教及其测评[M].北京:外语教学与研究出版社,2009年版.
26. 张楚廷著.教学论纲[M].北京:高等教育出版社,2008年版.
27. 廖哲勋,田慧生主编.课程新论[M].北京:教育科学出版社,2003年版.
28. 陈旭远著.课程与教学论[M].北京:高等教育出版社,2012年版.
29. 吴也显著.教学论新编[M].北京:教育科学出版社,1991年版.
30. 张传燧编.课程与教学论[M].北京:人民教育出版社,2008年版.
31. 郭元祥著.教育的立场[M].合肥:安徽教育出版社,2009年版.
32. 裴新宁著.面向学习者的教学设计[M].教育科学出版社,2005年版.